U0949302

高等政法院校必修课程学习指导丛书

行政法与行政诉讼法学习指导

（第二版）

撰稿人：张红 黄小波 赵阳 初瑞英

中国政法大学出版社

第二版说明

《高等政法院校必修课程学习指导丛书》出版至今已经一年有余,在这一年多的时间里,我国法学理论界和实务界有不少新的研究成果问世,国家也相继颁行和修订了一些重要的法律、法规和司法解释。在这期间,我们也收到了许多热心读者的邮件和电话,有些读者对本套丛书的不足之处提出了宝贵的意见和建议,有些读者对本套丛书给予了充分地肯定和赞扬,还有些读者对本套丛书的修订或再版充满了期待。面对法学研究和立法的客观形势以及广大读者的信赖和需求,我们决定对本套丛书进行全面修订。

在修订过程中,我们本着延续初版优良之处、紧扣时代发展步伐的原则,着力突出该套丛书的新颖性、实用性和针对性。修订后的丛书具有如下主要特点:

1. 新颖性

修订后的丛书更加关注最新法学知识动态,删除了过时的表述和理论观点,代之以在学界已经形成通说的、新的理论观点;根据立法实际的变化,采纳了最新的法律、法规和司法解释;增加了初版遗漏或未予重视的部分重要知识点;更新了配套习题及相关参考答案的内容。

2. 实用性

一套好的教辅用书应当有助于读者日常学习和应对考试。本套丛书根据法学专业最新的教学动态对基础知识图解和重点知识讲解的内容做了调整,力求突出各法学学科的重点内容;丛书的配套习题部分涵盖了法学专业学生课程考试、司法考试和研究生入学考试三类考试的题型和题目,能够帮助读者达到“一练三考”的效果。

3. 针对性

本套丛书的结构与高等学校法学专业核心课程教材的结构相一致,对于课堂学习具有较强的针对性,便于读者随学随练,夯实基础。

希望也相信本套丛书能够成为广大学子学好法学专业知识的良师益友。不足之处,欢迎批评指正!

《高等政法院校必修课程学习指导丛书》编写组

2008年9月

出版说明

《高等政法院校必修课程学习指导丛书》是一套针对国家教育部规定的法学专业必修课程策划的，以法学基础知识精解、学习方法、配套习题为主要内容的同步学习指导用书。目的在于帮助学生掌握“基本概念、基本原理、基础知识”，从某种角度讲，本丛书可以说是一套简明法学教材。

目前，全国接受不同层次法学教育的人数众多，且法学教材种类繁多、形式多样。面对各类篇幅大、内容广的法学教材，不少人学习时抓不住重点，考试时摸不着方向，确实下了工夫，却因不得要领而事倍功半。编者认为，不管使用何种教材，不管内容篇幅多大，万变不离其宗，我们只要紧紧抓住“基本概念、基本原理、基础知识”这个关键内容，其他问题就会迎刃而解。

本丛书完全从“基本概念、基本原理、基础知识”出发，总结、归纳、整理概念、原理之下的相关知识点，为在校生期末考试、研究生入学考试、国家司法考试提供知识体系保障。我们坚信，掌握了这些最基本的概念、原理和知识，就相当于掌握了教科书中最基础、最精华的部分，面对各种考试，就能应对自如，顺利过关。本丛书的特色主要包括：

1. 名师与你分享学习心得。工欲善其事，必先利其器。方法和手段对于法学学习至关重要。中国政法大学名师张晋藩、刘金国、焦洪昌、张树义、刘心稳、李永军、张今、李东方、宋朝武、阮齐林、刘玫、宣增益、杜新丽、赵威等教授亲自撰文讲述学习方法，帮你获得事半功倍的学习效果。

2. 基础知识助你触类旁通。加紧学习，抓住中心，宁精勿杂，宁专勿多。本丛书理论知识部分包括基础知识图解、重点知识讲解两部分。

基础知识图解以图表的形式归纳、总结基本概念和基本原理，条理清晰、框架鲜明，真正做到用最简洁的语言表达最完整的内容，解决学习过程中总结笔记的烦恼。

重点知识讲解针对图表中重要知识点进行深入解析，内容全面、考点突出，体现与基础知识图解的内在关联性，抓住中心，宁精宁专，避免舍本逐末。

3. 配套习题帮你举一反三。题在精不在多，因此，无论是针对**期末考试**的习题，还是**考研、司考真题**，本丛书旨在"一题一提示，一题一解析，题题设考点，题题高质量"。无论是基础记忆题，还是引申案例题，都将帮你举一反三，夯实基础。除每章的同步习题外，本丛书还将整个学科的综合测试题奉献给读者，以供自测。

本套丛书的出版，凝结了很多人的辛勤劳动。丛书编写组的作者和中国政法大学出版社的编辑为了本套丛书的出版，付出了艰辛的努力。希望这些劳动和努力可以为各位同学提供帮助。不足之处欢迎读者和同仁不吝赐教、批评指正！

《高等政法院校必修课程学习指导丛书》编写组

2007 年 6 月

【名师指导】

如何学好行政法与行政诉讼法

张树义

张树义，中国政法大学教授，博士生导师。中国政法大学诉讼法研究中心副主任，国务院行政审批制度改革领导小组专家组顾问。张树义教授长期从事本科、研究生教学，有丰富的教学经验，他善于理论联系实际，多方位启发学生理解难点，由点到面，全面掌握行政法的系统知识，教学效果很好，是深受学生欢迎的法大名师。主要著作：《走出低谷的中国行政法学——中国行政法学综述与评价》、《冲突与选择：行政诉讼的理论与实践》、《行政合同》等。在重要学术刊物上发表论文数十篇。

在法学诸学科中，行政法属于较难把握的学科。其中的原因，从学生的角度来说，一为陌生，二为行政法所特有的逻辑。民法所涉及的民事活动就是我们日常生活中每日每时所发生的事件，基于我们自己的经验就可以理解。而行政法所涉及的行政活动则距离我们较远，尤其是基本没有社会经历的大学生，几乎与行政机关没有打过交道，行政机构的设置、行政活动的运行，尤其是其中所蕴涵的逻辑，这些都隔膜得很，分析行政法方面的问题往往不得要领。要学好行政法，以我的经验，需要注意以下三个问题：

一、了解背景

任何知识都有其生存背景，而背景对该知识的形成具有重要意义。因此，如同对植物的认识离不开对其生存土壤的分析一样，对行政法知识的把握也需要先从背景入手。

就背景而言，行政法首先涉及的是公共活动。公共活动是一种集体活动，它有着不同于民事活动的“集体行动的逻辑”。民事活动讲求的是意思自治，公共活动则要求民主决策；民事活动追求真实意思表示，公共活动则奉行一个公共决策应当程序证成。显然，行政法具有很强的政治性，在某种意义上，行政法就是一种政治法。行政法的许多规则都与其政治性有关。例如，民事活动奉行的是“法无禁止即自由”的原则，而行政法的基本规则是“无法律即无行政”。因为，对于公民来说，这个世界原本就是其自由的天空，只是基于共同生活秩序的需要，法律才设定某些不可为的行为，如抢劫、杀人和放火等，除此之外，皆为公民可为之事。

然而，对于政府的活动来说，因其是运用权力强制性质，只有法律规定，才可以强制他人。比如税务机关征税，绝不能由税务机关自定税种、税率予以征收，必须按照法定税种、税率来征收。

因此，行政法是以宪政为背景，有自己特有的运行逻辑，它所涉及的是自由、人权、民主和法治等基本价值理念。这些基本价值理念是行政法的源头之水，有意识乃至自觉地将行政法置于这样一种背景下考虑，才不至于偏离方向，也才能深得行政法之精髓。

二、架构体系

任何学科都有其体系，因为一门学科并不是相关知识零散、无结构的堆聚，体系即意味着学科知识的系统化，借助对学科内在逻辑关系的把握，可以弥补实际生活经验之不足。

那么，行政法学科的体系是什么呢？

总体而言，行政法学由五个部分组成：行政法概述、行政主体、行政行为、行政救济和行政诉讼。行政法概述主要包括行政法的基本概念和基本原理，它所要解决的是行政法如何入门的问题。

与民事活动有所不同的是，行政活动是由一个庞大复杂的组织系统实施。中央人民政府、地方各级人民政府，各级政府还设有各种工作部门，如国务院各部委、各直属机构。面对这样一个庞大的组织系统，必须借助各种行政组织法规范才能正常建立和运转。然而，行政法学所要解决的问题是谁享有行政活动的主体资格。由于行政机关具有双重法律地位——行政主体与民事主体，并且在行政法上具有管理者主体资格的并不限于行政机关，因此，对行政组织与行政组织法规范的把握，应当从行政主体的角度入手进行分析。

复杂的组织系统必然产生复杂的活动。行政行为是行政法学上对行政活动的法律表达。行政行为的内容很多，但基于法学的研究方法，行政法学对于行政行为是从其分类、实施形式以及效力等方面展开分析的。

有权利必有救济，这是法学上的一个公理。在行政法学上，我们可以说，“有权力必有救济”，即有行政权力的存在，必有对公民的救济。因为有权力而没有救济，行政权力就可能成为专横、武断的权力，公民的权利也就荡然无存。但对行政权力的监督以及对公民权利的救济，包括行政复议和行政诉讼等，其中最有效的途径当属行政诉讼。行政诉讼最基本的功能，就是对公民权利的保障和对行政的监督。

三、抓住重点

行政法学体系只是勾勒了大致的框架，在此基础上，需要进一步把握行政法学的重点问题。行政法学有哪些重点问题呢?

行政法学的首要问题大概就是为什么会有行政法。任何一种制度的产生都是基于一定的目的,行政法的目的即在于对行政权力的规范与控制,其中既包含着对行政权力的性质认识,也有着政治发展史上宪政背景的出现,更有着中国现实生活中行政权力恣意行使的现象,只有从这三个方面才能获得对"为什么会有行政法"完整而深刻的理解。

任何一门学科都有其基本原理,它体现着行政法的基本精神,贯穿在所有活动之中,因此,行政法的基本原理当属行政法学的第二个重点问题。类似行政权力与民事权利的区别,行政法的基本原则等问题都是需要搞清的基本问题。

第三个重点则是行政诉讼。行政法学作为一种思想体系,其逻辑结构是从行政主体到行政行为,由行政行为再到行政救济以及行政诉讼。但生活或者法律活动的逻辑却是先有行政诉讼,然后从中发展出行政行为、行政主体理论。这一逆向的逻辑,或许从某种角度说明了行政诉讼的重要性。

最后,以行政诉讼作为重心,凡是与行政诉讼有关的内容都应当作为重点内容。当然,我们也可以换一种说法,即我们可以依照各部分的内容与行政诉讼的关联程度来把握,与行政诉讼关联程度越高的,就越为重要。

以上是我学习行政法的一些经验,也是有关行政法学的一些基本思路,希望这些经验或者思路对学生研修行政法学有所帮助,吾心足矣。

目录

第一章 行政法概述

内容提示

行政法，是指调整在公共行政过程中所形成的各种社会关系，以配置、规范行政权和确认、保障公民等一方权益为核心来规定各方主体之间权利义务的法律规范之总称。通过本章的学习，了解行政法学的研究对象及研究概况；理解行政法产生的基础、两大法系及我国行政法的历史发展脉络；重点掌握行政法的基本含义、特征、调整对象、渊源、地位和作用。

基础知识图解

一、公共行政

<table>
<tr><td rowspan="11">公共行政</td><td>概念</td><td colspan="3">具体包括：①公共行政是对公共事务的管理；②公共行政的主体，即行政主体，是国家行政机关和其他公共机构；③公共行政的手段方式多样</td></tr>
<tr><td rowspan="10">分类</td><td rowspan="2">以实施公共行政的主体为标准</td><td>国家行政</td><td>是指国家设立行政机关，直接管理公共事务的活动，又称直接行政。国家行政又可进一步划分为单一制国家的中央行政和地方行政；联邦制国家的联邦行政、州行政和地方行政</td></tr>
<tr><td>社会行政</td><td>是指社会公共机构管理公共事务的活动，又称间接行政</td></tr>
<tr><td rowspan="2">以公共行政的目的为标准</td><td>规制行政</td><td>是指以规范、限制公民等一方的自由来实现某种公共秩序的行政活动，如交通规制、经济规制等</td></tr>
<tr><td>给付行政</td><td>是指通过给公民等一方直接提供帮助或服务以实现某种公共目标的行政活动，如义务教育、社会保障等</td></tr>
<tr><td rowspan="2">以公共行政对公民等一方产生的不同影响为标准</td><td>授益行政</td><td>是指给予公民等一方某种权利和利益的行为，如行政许可、减免税收等</td></tr>
<tr><td>负担行政</td><td>是指给公民等一方设定义务、增加负担的行为，如行政罚款、行政收费等</td></tr>
<tr><td rowspan="2">以实施公共行政主动与否为标准</td><td>消极行政</td><td>是指主张无为而治，将公共行政限定在极小的范围内，只有在危及个人安全自由和公共秩序时才被动采取相关措施</td></tr>
<tr><td>积极行政</td><td>是指主动采取各种手段管理公共事务以推进经济社会的发展</td></tr>
</table>

二、行政法

<table>
<tr><td rowspan="14">行政法</td><td>概念★</td><td colspan="3">是指调整在公共行政过程中所形成的各种社会关系，以配置、规范行政权和确认、保障公民等一方权益为核心来规定各方主体之间权利义务的法律规范之总称</td></tr>
<tr><td rowspan="2">特点</td><td>形式上的特点</td><td colspan="2">主要包括:①行政法没有统一完整的实体法典;②行政法由效力层次不同的法律规范构成</td></tr>
<tr><td>内容上的特点</td><td colspan="2">主要包括:①行政法调整领域宽泛、内容丰富;②行政法融实体规范与程序规范于一体;③行政法富有变动性</td></tr>
<tr><td rowspan="7">分类</td><td rowspan="3">以行政法的调整领域为标准</td><td>行政组织法</td><td>主要规定行政权的设定、范围，行政管理体制，行政组织的形态、结构与规模，公共行政中的人、财、物等制度</td></tr>
<tr><td>行政活动法</td><td>主要涉及行政权的运作，包括行政活动的方式，行使各类行政权力的条件和程序</td></tr>
<tr><td>行政救济法</td><td>主要规定对行政权的监督以及对违反行政活动后果的补救，具体包括行政复议制度、行政诉讼制度和国家赔偿制度等</td></tr>
<tr><td rowspan="2">以行政法所涉及的内容为标准</td><td>行政实体法</td><td>涉及公民等一方在公共行政中的实体权利义务、行政机关及其他公共机构承担的公共职能、权力以及行使权力的条件等</td></tr>
<tr><td>行政程序法</td><td>规定行政机关及其他公共机构行使权力的程序，以及公民等一方参与公共行政的程序等</td></tr>
<tr><td rowspan="2">以行政法规范的对象为标准</td><td>一般行政法</td><td>对所有的公共行政领域都有规范作用，如行政组织法、行政程序法等</td></tr>
<tr><td>部门行政法</td><td>只对特定领域的公共行政活动进行规范，如经济行政法、教育行政法、卫生行政法、公安行政法等</td></tr>
<tr><td>渊源</td><td colspan="3">主要包括:①宪法;②法律;③行政法规;④地方性法规;⑤自治条例和单行条例;⑥规章;⑦国际条约与协定;⑧法律解释;⑨国家行政机关与执政党等联合发布的规范性文件</td></tr>
<tr><td>地位★</td><td colspan="3">(1)在依法治国中的地位:①行政法是推进依法治国的手段;②行政法的建设是依法治国的重心所在;③行政法的发展将推动依法治国的进程
(2)在法律体系中的地位:①行政法与宪法的关系十分密切;②行政法是重要的公法部门之一</td></tr>
<tr><td>作用★</td><td colspan="3">主要包括:①支持和保障公共行政的有效开展;②规范和控制行政权;③保障个人自由和权利;④促进经济和社会的发展</td></tr>
</table>

三、行政法的历史发展

行政法的历史发展			
	产生基础	理论基础	主要包括:①自然权利;②三权分立;③法治原理
		实践基础	主要包括:①国家行政机关由国家权力机关产生,向权力机关负责,这意味着国家行政机关的活动必须在法律规定范围内,受法律的制约;②近现代以来公共行政的积极扩张是行政法产生的直接根源;③市场经济本身也为行政法的产生和发展奠定了基础;④司法的独立以及司法对行政的制约也为行政法的产生奠定了基础
	大陆法系国家行政法的特点		主要包括:①存在独立的行政法院系统,与普通法院并列;②在法律体系上,公法与私法相对分立,行政法属于公法范畴;③大陆法系虽以成文法为主,但行政法例外,行政法以判例法为其重要渊源;④行政法重视行政实体法律制度,如行政组织法、行政处罚法、行政强制法等;⑤强调行政法的平衡和调控作用,即行政法一方面给予政府有效的执行手段,另一方面又控制政府的行政权力,以维护个人的合法权益
	英美法系国家行政法的特点		主要包括:①普通法制度是行政法制度的基础,所有的人适用同一的法律,由相同的法院管辖,不存在独立的行政法院系统,也没有独立的公法体系;②强调司法审查的作用,行政活动包括行政裁判所的活动都要接受司法审查,判例法是行政法的重要渊源;③重视行政程序制度
	中国行政法的历史发展		主要包括:①中国行政法的产生可追溯到中华民国时期的《临时约法》,在《临时约法》中第一次提到行政诉讼制度;②新中国的行政法萌芽于20世纪50年代,但真正受到重视、形成体系并走向成熟则是在20世纪80年代以后;③自20世纪90年代以来,我国已相继制定了《国家赔偿法》、《行政处罚法》、《行政复议法》、《立法法》、《政府采购法》、《行政许可法》和《公务员法》等一大批重要的行政法律,《行政强制法》、《行政程序法》正在制定过程中,《行政诉讼法》和《国家赔偿法》也已列入修订程序

四、行政法学

行政法学		
	研究对象	主要包括:①行政法基础理论;②行政法律制度;③行政法规范及适用
	研究概况	主要包括:①最早对行政法学进行研究的是法国,早在19世纪70年代,法国就出现了行政法学著作,比较注重实体法的研究;受法国的影响,德国也十分重视行政实体制度。②英国和美国起步晚,出现于19世纪末和20世纪初,而真正受到重视是在二战以后,重视行政程序制度的研究。③新中国的行政法学研究出现于20世纪80年代初期,经历了一个沿袭前苏联行政法学内容、吸收西方国家行政法学成果、创设自己行政法学理论的发展过程

重点知识讲解

一、行政法的概念

1.行政法是有关公共行政的法。行政法的调整对象主要有三部分:①在组织公共行政中发生的各种社会关系,如国家机关、社会组织及公民个人各自的权利义务,公共行政组织体系中人、财、物的制度以及组织形态等。②公共行政对外开展过程中发生的各种社会关系，如行政立法、行政决策过程中各类主体的权利义务，行政许可、行政处罚实施过程中的条件和程序等。③对公共行政的监督和救济过程中发生的各种社会关系，如谁有权申请行政复议、提起行政诉讼和请求国家赔偿，各类主体在具体的制度运行中的权利义务等。

2. 行政法是有关公共行政的法律规范之总称。在现实生活中，并没有一部法律被冠以行政法的称谓，也没有一部包罗万象的行政法典，行政法是由分散于宪法、法律、行政法规、地方性法规、自治条例和单行条例以及规章中的众多的行政法律规范构成的，是有关行政法规范的集合体。

3. 行政法的核心内容主要有两方面：①配置、规范行政主体的行政权。行政权的配置涉及行政权的范围、公共行政职能的界定和分配，既包括纵向的在各级政府之间的分工，也包括横向的在政府部门之间的职能分工，还包括从实体、程序上对行政权加以规范、实施监督以及对其造成的侵害予以必要的救济。②确认、保障公民等行政相对人一方在公共行政中的权益。这里的权益既包括实体上的权利和利益，也包括程序上的权利等。行政法制度的建立都是围绕着公共行政中行政主体的行政权和行政相对人的权益而展开的。以此为核心，行政法要合理恰当地规定行政主体的行政职权和职责、公民等行政相对人一方的权利和义务、监督机关的职权和职责等。

4. 行政法的目的是要将公共行政纳入法治轨道，实现公共行政的民主、公正、理性和高效的价值追求。

二、行政法的地位

1. 行政法在依法治国中的地位。

(1)行政法是推进依法治国的重要手段。依法治国的重要目标之一是实现行政法治，而行政法是行政法治得以实现的基础。依法治国要求将公共行政纳入法治的轨道，即公共行政的运作应遵循理性的规则，个人可以有序参与公共行政，人们对自己的行为能够合理预期，公共秩序相对稳定。而这一行政法秩序的确立需要建立健全各种行政法律制度。离开行政法，行政法治将无法实现，依法治国也将变得残缺和空洞。从数量上看，现代社会的法律规范绝大部分属于行政法的范畴，因此，必须运用行政法的手段来推进法治的发展。

(2)行政法的建设是依法治国的重心所在。当今社会，公共行政范围宽泛，行政法治任务艰巨。尤其是随着公共行政改革的推进，行政法律制度日趋复杂，由行政组织法、行政活动法、行政救济法构成的行政法体系，涉及大量具体行政法律制度的建立和完善，需要长期不断地努力。此外，由于历史文化的原因，我国公民的法治意识薄弱，行政法的制定有很大缺口，行政法的执行效果也很不理想，因此，行政法的建设任重而道远。在依法治国的过程中，行政法的建设是重点所在，也是难点所在。

(3)行政法的发展将推动依法治国的进程。依法治国呼唤行政法，同时，行政法的发展也推动着依法治国的进程。①各项行政法律制度的建立，在客观上要求理顺国家的立法体制，并建立健全独立、公正的司法体制。换言之，成熟的行政法律制度要有立法和司法的保障。②行政法的发展有助于民众广泛参与行政，有助于公民权利意识和法律素养的提高，有助于公民人格的独立与完善，而个人的权利意识及健全人格正是法治国家赖以存在的基础。可见，无论在法律制度层面还是在法律文化层面，行政法的发展都会推进依法治国。

2. 行政法在法律体系中的地位。

(1)从整体上看，行政法是一个独立的法律部门。①从调整对象来看，行政法调整着广泛而重要的社会关系，这类社会关系与国家权力、公民权利息息相关，是公民权利与国家权力关系的重要组成部分。②行政法是构成法律体系的最高层次的、独立的法律规范集合体之一。③行政法既不依附于其他的普通法律部门，也不能涵盖其他法律部门。

(2)从行政法与宪法的关系来看，行政法是与宪法最为密切的法律部门，是宪法重要的实施法。①行政法是实施有关现代国家机构之间关系的宪法规范的主要法律，具有保障和监督行政管理的作用。②行政法是实施宪法确定的各项国家政策的主要法律。因此，有些学者把行政法称为“小宪法”或者“动态的宪法”。

(3)从行政法与其他法律部门的关系来看，行政法对其他部门法的影响越来越大。①现代社会的发展，尤其是生产的日益社会化和公共事务的大量增加，迫切需要强有力的国家行政力量予以调整。行政管理职能的加强，必然导致行政法的发展。②在现代国家，行政机关已经越来越多地“干预”刑事、民事活动，行政法的调整范围也逐渐扩及某些传统上认为应属刑法、民法调整的领域。在我国，这一点表现得尤为明显，如行政处罚、行政裁决等制度的实施等。

三、行政法的作用

1. 支持和保障公共行政的有效开展。在一定程度上，行政法制度是支撑现代公共行政的一套法律技术或法律工具，行政法对公共行政的支持和保障主要体现在行政组织法律制度的建设和公共行政手段的提供上。公共行政的有效开展需要合理界定政府职能，建立健全公务员制度、公共财政制度和公务公产制度，需要充分的行政管理手段以确保政府职能的履行。因此，需要建立一套完备的行政组织和设定合理的公共行政的手段和程序。

必须指出的是，行政法对公共行政的支持和保障并不是“管理论”的翻版。行政法作为公共行政的制度平台，可以使复杂的公共行政不至于陷于泥潭，并使得广大的民众参与成为可能，以建立相对稳定的可预期的公法秩序。在这里，虽然也强调行政法的“工具”作用，但不是作为管理相对人的“工具”，而是实现公共行政目的的“工具”。

2. 规范和控制行政权。规范和控制行政权，确保行政权的运行不偏离既定目标，是行政法的重要功能之一。①规范和控制行政权就是要为行政权的运行设定边界，并确保行政权在法定范围内行使，不超越法律。行政权的行使主体、条件、内容和程序都要符合法律的规定。②规范和控制行政权也包括对行政自由裁量权的约束。行政自由裁量权是指行政权力的行使者在法定范围内，按照法律的基本精神或原则根据具体情况所做的处理。行政自由裁量权的存在是一种客观现实，因为立法再精细也无法预设以后可能发生的各种情况，因而必须为权力的运行留下必要的灵活处理空间。③对行政权的规范和控制既需要采用实体手段，如明确行政权的边界、合理配置行政权等；也需要采用程序手段，如建立信息公开制度、行政程序制度来制约行政权；还需要通过事后的救济手段，如行政复议制度、行政诉讼制度来约束行政权。

3. 保障个人自由和权利。保障个人自由和权利是行政法的根本宗旨。行政法对个人自由和权利的保障体现在三个方面：①通过行政法规范不断确认和扩展个人的自由和权利。在现代社会，个人的自由和权利有了更丰富的内涵。个人的权利除了传统的人身权、财产权和政治权以外，还包括经济自由权、受教育权、环境权、发展权、知情权、听证权等。行政法正是通过建立相应的行政法律制度来确认和扩展个人的自由和权利的，如建立行政公开制度以确保公民对公共行政的知情权，建立听证制度以确保个人对公共行政的直接参与。②通过服务行政制度的建立为个人提供各种服务，以促进个人的全面发展，从而在深层次上实现个人自由，如建立义务教育和终身教育制度、社会保障制度，建立城市生活中的供水、供电、供气、供热等服务制度。③通过事后的行政救济制度，如行政复议制度、行政诉讼制度和行政赔偿制度等恢复个人被侵害的权益，保障个人的自由和权利。

4. 促进经济和社会的发展。行政法的重要作用之一就是促进经济和社会的发展。这表现在：

(1)促进市场经济的建立与完善。市场经济在本质上是一种权利经济，要求经济自治，要求建立平等、自由、开放的竞争秩序。市场经济固然离不开民法的调整，同样需要行政法的保障。行政法的作用在于：①通过确认公民等一方的各种经济权利、建立公正的竞争规则、维护良好经济秩序来促进市场经济的发展。②通过严格设定行政权和规范行政权的运作来排除行政对市场的违法干预，保障市场的正常运转。

(2)促进社会自治的发展。①要通过行政法律制度建设来引导、培育和支持社会自治，构建社会自治秩序，如建立以分权为核心的行政主体制度等。②对社会自治进行有效地规范和控制。凡是有权力的地方都有滥用的可能，对社会自治也要进行监督和控制。因此，行政法的监督和救济制度需要扩展到社会自治领域。

(3)促进和谐社会的构建。和谐社会应该是民主法治、公平正义、诚信友爱、充满活力、安定有序、人与自然和谐相处的社会。和谐社会的大部分要求需要通过行政法律制度来实现。

配套习题

一、单项选择题

1. 按照公共行政的目的，可将公共行政划分为(　　)

A. 国家行政和社会行政

B. 规制行政和给付行政

C. 授益行政和负担行政

D. 消极行政和积极行政

2. 有关行政权，以下表述不正确的是(　　)

A. 行政权来源于国家宪法和法律的确认或设定，没有宪法和法律的确认和设定，行政权就失去了存在和行使的合理基础

B. 行政权由国家行政机关代表国家行使，与立法权、司法权相对应

C. 行政权是决定问题的权力，即决定国家发展方向的权力，是国家制定行为规则的权力

D. 行政权是国家权力的重要组成部分，是国家管理和服务于社会的一种公共权力

3. 下列关于我国行政法法源说法正确的有(　　)

A. 宪法是我国的根本大法，具有最高的法律效力，因此，当我国加入的条约或协定的内容与宪法不一致时，应当以我国宪法为准

B. 国务院关于法律具体应用的解释是行政解释，只对下级行政机关具有约束力，因此不是行政法的法源

C. 我国虽然不是判例法国家，但是最高人民法院在《最高人民法院公报》上发布的判例，下级法院应当参照，因此，这些判例具有准法源的作用

D. 因为宪法在我国人民法院的判决中不能直接引用，所以宪法不是我国行政法的渊源

二、多项选择题

1. 行政法与民法、刑法等部门法相比较，具有的特点包括哪几个？(　　)

A. 行政法没有统一完整的实体法典

B. 行政法由效力层次不同的法律规范构成

C. 行政法融实体规范与程序规范于一体

D. 行政法富有变动性

2. 宪法中包含的行政法规范主要有哪些？(　　)

A. 关于行政活动基本原则的规范

B. 关于行政区划和行政机关的设置及职权的规范

C. 关于国家管理的行政事务的规范

D. 关于公民基本权利和自由的规范

3. 下列各项中属于行政法调整和规范范围的有哪些？(　　)

A. 某税务局做出的行政处罚行为

B. 某市工商局租借办公用房的行为

C. 某公立高校对考试严重作弊的学生勒令退学的行为

D. 某省政府向全省企业进行投资建议和指导的行为

4. 以下哪些活动属于我国行政法调整的行政活动？（　）

A. 某市人大常委会办公厅组织召开常委会会议

B. 铁路局对在列车上酗酒闹事的乘客进行罚款

C. 某企业对严重违章作业的工人通报批评并记大过

D. 注册会计师协会吊销严重违反执业行为准则的会计师的执业资格证书

5. 有关行政法学上的"行政"，以下表述正确的是（　）

A. 行政法学上的"行政"是指公共行政

B. 行政法学上的"行政"包括国家行政和社会行政两个部分

C. 形式意义上的行政是指行政机关从事的活动，而实质意义上的行政是指除立法和司法行为以外的其他职能行为

D. 现代行政是指国家行政机关依法对国家事务和公共事务的决策、组织、管理和协调活动

三、名词解释

1. 国家行政与公共行政（考研中南财经政法大学2004年）

2. 行政法

3. 行政权力和公民权利（考研中国政法大学2002年）

4. 形式意义的行政与实质意义的行政（考研中国政法大学2001年）

四、简答题

1. 行政法的一般特征。（考研东南大学2004年）

2. 简述行政法的地位和作用。（考研中南财经政法大学2004年）

3. 行政权作用的双重性。（考研中国政法大学2001年）

4. 简述宪法与行政法的联系与区别。（考研中国人民大学2001年）

5. 简答行政权的性质和特征。（考研西南政法大学2003年）

五、论述题

1. 论行政法是规范和控制行政权的法。（考研北京大学2005年）

2. 行政法的特点分析。（考研武汉大学2003年）

3. 试就我国行政法如何适应WTO规则谈谈你的见解。（考研中南财经政法大学2003年）

4. 如何理解行政法的作用？（考研中国政法大学2002年、中南财经政法大学2004年）

参考答案

一、单项选择题

1. 答案：B

提示：本题考查的是公共行政的类型划分，参见本章"基础知识图解"中公共行政部分

2. 答案：C

提示：本题考查的是行政权的性质

解析：行政权是由宪法、法律赋予的国家行政机关及其授权的组织执行法律规范，实现行政目的所享有的各种权力的总称，它是国家权力的一种形态。它有以下性质：①它是国家权力的重要组成部分，是国家管理和服务于社会的一种公共权力；②它由国家行政机关代表国家行使，与立法权、司法权相对应；③它来源于国家宪法和法律的确认或设定，没有宪法和法律的确认或设定，行政权就失去了存在和行使的基础。因此，A、B、D项是正确的，不选。C项指的是立法权，应选。

3. 答案：C

提示:本题考查的是行政法的渊源

解析:宪法在我国法院审判活动中一般不直接引用,但是是否直接引用并非判断规范性文件是否为行政法渊源的标准。事实上,宪法具有最高的法律效力,是我国的根本大法,宪法的许多内容是和行政法有关的。因此,D项错误。A项是对国内法渊源的效力和国际法渊源效力的比较,一般认为,国际法渊源的效力高于国内法渊源的效力,我国声明保留的条款除外。国务院的法律解释,不仅约束下级行政机关,也约束行政相对人,所以也是行政法的法源。

二、多项选择题

1. 答案:ABCD

提示:本题考查的是行政法的特点

解析:与其他部门法不同,行政法由分散于宪法、法律、法规、规章中的行政法律规范组成,缺乏一部综合性的实体法典。A项正确。其他部门法如民法、刑法和诉讼法等多由法律规定,法律之下的规范性文件原则上不能涉及,而行政法则由法律、法规、规章等多层次的规范性文件构成。B项正确。从整体上说,行政法包含了大量的实体规范,也包含了大量的程序规范,如行政运行程序、行政诉讼程序等。从单一的行政法律文件来看,也常融实体规范与程序规范于一体,如《行政处罚法》既规定了行政处罚的实体规范,又规定了行政处罚的实施程序。C项正确。由于公共行政所面临的情况错综复杂,变动频繁,所以决定了行政法必须根据变化了的情况及时作出调整。需要指出的是,行政法富有变动性是就实体规则而言,相对来说,行政法的程序规则较为稳定。D项正确。

2. 答案:ABCD

提示:本题考查的是行政法的渊源

解析:宪法中的行政法规范主要有以下几个方面:①有关行政基本原则的规范。《宪法》第3条规定:"中华人民共和国的国家机构实行民主集中制的原则……"A项正确。②有关行政区划和行政机关的设置及职权的规范。《宪法》第30条对行政区划的规定,第89条对国务院职权的规定,第107条、第108条对县级以上地方各级人民政府职权的规定等。B项正确。③有关国家管理的行政事务的规范。国家的行政管理涉及国防、外事、经济、教育、科学、文化、卫生以及计划生育等各个方面。C项正确。④有关公民基本权利和自由的规范。公民的基本权利和自由规定在《宪法》第二章中,如公民具有人身自由权、受教育权、言论自由权等。D项正确。

3. 答案:ACD

提示:本题考查的是行政法的调整范围

解析:行政处罚属典型的行政行为,公立高校作为法律、法规授权的组织具有一定的教育行政管理权,省政府的行政指导虽不具有强制性,但也属行政权力行使方式之一,故A、C、D项均是行政法调整的范围。B项属于行政机关参与的民事活动,不在行政法规范的范围内。

4. 答案:BD

提示:本题考查的是对行政概念的理解

解析:人大常委会办公厅和企业都不是行使行政权的组织,其行为也属于一般意义上的管理活动,不是行政法意义上的行政活动,所以,A、C项不正确。铁路运输企业对在列车上酗酒闹事的乘客进行罚款是依据《铁路法》的授权行使行政处罚权的行为,本质上属于国家行政;注册会计师协会吊销严重违反执业行为准则的会计师的执业资格证书是根据《注册会计师法》对注册会计师的惩戒,本质上属于自治行政。此二者都是公共行政,属于行政法调整的行政的范围。所以,B、D项正确。

5. 答案:ABCD

提示:本题考查的是行政法学上的"行政"的含义,具体请参见本章"基础知识图解"中的公共行政部分

三、名词解释

1. 提示:参见本章"基础知识图解"中公共行政部分,从国家行政和社会行政的划分标准和各自概念等方面回答分类

2. 提示:参见本章"基础知识图解"中行政法部分,从行政法的概念和特点等方面回答

3. 提示:应从行政权力和公民权利的概念上回答

答案:行政权力是由国家宪法、法律赋予的国家行政机关执行法律规范、实施行政管理活动的权力,是国家政权的组成部分。公民权利是指国家通过宪法、法律确认的,由相应的义务所保证的公民的资格、利益、自由和权能。一切国家权力都源于公民权利,权力是权利的一种特殊形式。行政权力作为国家权力的一个重要组成部分,也源于公民权利。而

行政权力一旦形成，便与公民权利形成一种相互依存又相互对立的关系。在行政主体与相对方形成的关系中，一方权利(力)的实现，要求另一方履行相应的义务。每一方既是权利主体又是义务主体，双方的权利义务在总体上是平衡的。

4. **提示**：应从形式意义的行政和实质意义的行政的概念回答

答案：(1)形式意义的行政认为，行政是国家立法、司法以外的一类国家的职能，或者说是除立法作用、司法作用以外的所有国家作用。这种观点是建立在三权分立的基础上，以行使国家职能的机关作为区分国家职能的标准。由于现代行政的发展，出现了职权的交叉、混合，同样一个行政机关，可能同时具有行政职能、准立法职能和准司法职能。

实质意义的行政认为，行政是为了达到某种公益目的而主动进行的具有连续性的具体活动，而立法是制定普遍性规则的活动，司法是适用法律解决争议的活动。这种观点也建立在国家职能的分工、国家作用的分类的基础上，但它以国家职能的实质内容和目的作为区分标准。实质意义的行政说，对于理解行政及立法、司法活动的特征有较大意义，但是由于其所描述的行政除主要指向行政机关的管理活动外，还包括立法机关、司法机关内部的行政管理，而又不能涵盖行政机关行使准立法职能、准司法职能的活动，故这种观点存在较大的不足。

四、简答题

1. **提示**：参见本章“基础知识题图解”中行政法部分，从行政法的形式上的特点和内容上的特点两个方面作答

2. **提示**：参见本章“重点知识讲解”中行政法的地位和行政法的作用两部分

3. **提示**：应从行政权的概念和作用来回答

答案：行政权是由国家宪法、法律赋予的国家行政机关执行法律规范、实施行政管理活动的权力，是国家政权的组成部分。

在现代社会中，人们之间的交往越来越错综复杂，社会成员的个体利益之间，社会成员个体利益与社会公共利益之间的矛盾、冲突也日益增多。为了维护社会秩序，增进公共利益，保障公民、法人与其他组织的合法权益，现代国家赋予了行政机关广泛的职权，并保障其有效地行使，充分发挥其积极的能动作用。行政权的日益扩张及其积极作用的日益明显已是公认的事实。但是，由于国内外环境和社会的复杂性，行政机关工作人员在素质、觉悟、品德和能力上存在差别，加上人们认识上存在局限性，因而，行政权的行使与其公益目的相偏离的现象是无法完全避免的。而且，如果不根据一定的原则、规则，不通过一定的制度加以制约，行政权就更易被违法行使或被滥用。在这种情况下，行政权势必发生消极的甚至破坏的作用，侵犯公民、法人或者其他组织的合法权益，损害公共利益，破坏社会秩序。因此，对行政权的行使必须加强监督。

4. **提示**：应从宪法与行政法的联系和区别两个方面回答

答案：宪法与行政法有共同的理论基础，但在具体原理的构成上，实际存在一定的差异。

(1)宪法与行政法的共同基础。宪法与行政法在学科的构成上具有共同的基础。具体表现在：①宪法与行政法的调整领域是相互交叉的。宪法调整国家权力的整体活动与结构，而行政法的调整领域主要是行政权的构成与具体活动。宪法与行政法在行政权的调整过程中遵循共同的规则。②宪法与行政法共同研究公法现象，研究问题的意识方面具有一定的共性。在公法领域内，宪法与行政法体现国家权力与公益、他律及伦理的要求。

(2)宪法与行政法的差异性。其差异性主要表现在：①调整方法和调整原理上的差异。由于宪法的政治理念性比较强，在具体调整方法上往往与政治学、法哲学等学科相互联系，而行政法概念与体系的确定往往更多地依赖民法学及既存的法律部门，其技术色彩十分浓厚。②从法律规范等级序列角度看，宪法与行政法是上位法与下位法的关系，宪法规范是创设行政法规范的上位规范，是行政法规范发挥作用的基本依据。③宪法与行政法的具体原则运用过程有一定的差异性。作为国家根本法的宪法呈现出利益平衡与协调的政治理念性，与政治学等学科存在密切的联系。但行政法自确立起自主性权威以后，至少在具体原理的运用上与民法学等学科关系密切，在概念与体系的构成上，保持其自身的特点。如在行政行为的概念构成上，宪法学原理的理论支持是有限度的，但在民法学原理中的法律行为概念则对行政法发展，特别是行政作用理论的发展产生了重要的影响；行政法理论中的有关行政处罚的问题，更多地运用了刑法的原理等；而行政诉讼理念与结构的产生，除反映宪法理念外，更多地反映了

民事诉讼法的原理。

5. **提示**:从行政权的性质及特征来回答

答案:行政权是由国家宪法、法律赋予的国家行政机关执行法律规范,实施行政管理活动的权力,是国家政权的组成部分。这一定义有三层含义:①行政权来源于国家宪法和法律,没有宪法、法律的确认或设定,行政权就失去了存在和行使的合理基础。②行政权由国家行政机关代表国家行使,立法机关和司法机关就其各自所管理的事项行使的权力分别为立法权、司法权。③行政权系国家政权组成之一,是国家治理和服务社会的公权力的一种,因而行政权多含有强制或命令的性质。社会组织或个人之间,就无所谓行政权的存在了。有时,社会组织或个人经国家法律授权或经行政机关依照法律规定委托亦可行使一定的行政权,但权限范围较小,且受法律的严格限制。

行政权与其他国家权力和社会组织、公民个人权利相比较,有其自己的特点:①相对于其他国家权力而言,它具有自由裁量性、主动性和广泛性等特点。②相对于社会组织、公民个人而言,它则具有强制性、单方性和优益性等特点。

五、论述题

1. **提示**:应从为什么需要对行政权加以控制和规范以及行政法怎样控制和规范行政权两个方面作答

答案:行政法就其实质而言,可以界定为控制和规范行政权的法。所谓"行政权",从现代意义上讲,即是指国家行政机关执行国家法律、政策,管理国家内政外交事务的权力。行政权是国家权力的组成部分,是社会秩序的保障。

(1)我们需要对行政权加以控制和规范,这是因为:①行政权和其他国家权力一样,其作用有两重性:一方面,它可以为人们提供秩序,使人们能在一个有序的环境里生产、生活,它还可以起积极的组织、协调、指导的作用,促进社会经济的发展;但另一方面,国家权力也可能被滥用,国家权力被滥用,既会给人民的生命、自由、财产带来严重的威胁,还会阻碍、破坏社会经济的发展。②行政权不完全等同于其他国家权力,它与公民个人、组织有着更经常、更广泛、更直接的联系。立法权虽然会影响相对人的权利,但它对相对人的影响大多是间接的(需要通过司法或执法)。司法权对相对人的权益的影响虽然表面上看是直接的,但实际上,司法是一种裁判、一种救济。司法通常不是直接赋予权益或者剥夺权益,而是在相对人权益发生争议或受到侵犯时,对之予以裁判和救济。相比之下,行政权最经常、最广泛、最直接地涉及行政相对人的权益,且行政权实施的程序远不及立法权、司法权行使的程序严格、公开。因此,行政权最需要予以控制和制约。③在现代社会,行政权相对于立法权和司法权,有膨胀和扩张的趋势,现代行政权已经不再是纯粹的执行管理权,而是包含了越来越多的准立法权和准司法权:行政机关自己制定规范,自己执行规范,自己裁决因执行规范而发生的争议、纠纷,在这种数种权力集中在一个机关的情况下,如果没有控制和制约机制,权力的滥用将是不可避免的。正是由于以上原因,建立和完善对行政权的控制、制约、规范机制是必要的,而控制、规范行政权机制的最重要的环节就是行政法。

(2)行政法主要从三个方面控制和规范行政法:①通过行政组织法,控制行政权的权源。行政组织法的基本功能是规定各个不同行政机关的职权,行政机关只能在行政组织法规定的职权范围内实施行政行为,越权无效,而且要承担法律责任。这样,就可以防止行政机关的总权力和各个具体行政机关的分权力无限膨胀,使之限定在执行国家法律、政策,管理国家内政、外交事务的必要范围之内。②通过行政程序法规范行政权行使的方式。行政权对行政相对人权益的影响不仅在于其权限的范围,而且在于权力行使的方式,后者甚至更重要。行政程序法是行政法的重要组成部分,它是保证行政权正确、公正、有效行使的最重要的手段。③通过行政监督法、行政责任法、行政救济法等制约行政权的滥用。这是事后对行政权进行制约。监督法为行政权行使是否遵守法定权限、法定程序提供监督机制;责任法为滥用行政权的行为提供法律责任追究机制;救济法为受到行政权滥用行为侵犯的行政相对人提供法律救济机制。

2. **提示**:参见本章"基础知识图解"中行政法部分,从行政法在形式上的特点、在内容上的特点两部分回答

答案:行政法作为一个部门法,无论在形式上还是在内容上都有区别于其他部门法的特点。

(1)行政法在形式上具有下列特点:①行政法没有一部统一、完整的实体法典。由于行政法涉及的

社会生活领域十分广泛,内容纷繁复杂,又有较强的技术性、专业性,再加上行政关系变动较快,所以,制定一部系统的、完整的行政实体法典几乎是不可能的。行政法只能表现为众多的、各种各样的单行行政管理法规,只能是以一定层次的公共利益和个人利益关系为基础和调整对象的法律规范的组合体。②行政法具体表现形式多样,有宪法典、法律、法规、规章和法律解释等。这一特点反映了一定层次的公共利益与个人利益关系的多样性、行政职能的广泛性、行政法规范制定主体的多元性、行政法效力的层级性和地域性。③行政法规范的数量众多。行政法没有统一的实体法典,又有多种具体表现形式,使得行政法规范的数量以成千上万计。④行政法的变动性和灵活性较大。公共利益需要不断得到发展和经常予以分配,公共利益与个人利益关系变化迅速。为适应这种变化的需要,实现有效管理,国家必然会对行政管理法规及时予以相应的修改、补充或废止。同时,行政法规范制定主体的多元性、行政立法程序的简便性、行政法具体表现形式的多样性等,又为国家及时制定、修改、补充或废止行政管理法规提供了可能性。这样,行政法也就自然具有变动性和灵活性较大的特点了。

(2)行政法在内容上具有下列特点:①行政法是以公共利益为本位的法。其中行政实体法是行政主体维护和分配公共利益的规则,行政程序法是行政主体维护和分配公共利益的程序规则,行政诉讼法则只是人民法院审查行政主体的维护和分配行为是否真正体现公共利益的规则。这是行政法的本质特点。②行政实体法和行政程序法没有明确的区分。行政法包括规定行政权利义务的行政实体法和规定权利义务实现程序的行政程序法。在各行政管理法规中,往往既有行政实体法规范又有相应的行政程序法规范。同时,某些行政法规范,如关于行政行为有效成立要件和行政行为效力的法律规范,到底是行政实体法规范还是行政程序法规范,也很难界分。③行政法的效力具有多元性。行政法不是一个法典,而是以特定利益关系为基础和调整对象的,由众多立法主体所制定的各种法律规范的组合体。构成行政法的各法律规范的时间效力和适用范围是不同的,这就使得行政法在时间、空间上的效力和对人的效力并不具有统一性。④行政法和行政诉讼具有密切的联系。国家在行政诉讼这一实践活动中总结和概括出来的经验予以法律化后,就成了维护和分配公共利益的行为规则即行政法规范。因此,行政诉讼促进了行政法的健全和完善。

3. **提示**:应从 WTO 基本法律原则所体现的价值观念和我们应完成的几个方面的变革来回答

答案:(1)WTO 与中国行政法的关系。WTO 要求各成员国的管理遵循市场开放和公平竞争原则,所有涉及经济贸易的法律、法规和规章不得与此原则相抵触。入世意味着政府承认 WTO 规则对我国政府的限制和要求,意味着承诺建立一个开放、发达的行政法体系。WTO 的目标虽是自由贸易机制,但 WTO 规则主要是对各成员方政府行为的规范,从而与其国内的行政法相衔接。

(2)WTO 对中国行政法的影响。WTO 要求自由、公平、平等、公正、公开以及诚信。这就要求消除政府设置的各种制度障碍,如关税或非关税壁垒,范围过宽的地方保护主义及行政干预等;要求公共行政管理应当做到公平;要求政府职能转变,司法审查制度的改革;要求政府信息公开;要求政府遵循信赖保护原则等。

(3)WTO 促进行政法的变革。①在行政组织法方面,要求政府职能转变,重构政府与市场之间的关系;要求明确界定政府权力在市场中行使的范围,中央与地方的关系应当重新审视。②在行政程序法方面,WTO 规则和我国入世承诺主要在三个方面要求行政程序制度作根本性变革:一是“统一、公正和合理的法律实施原则”;二是“透明度原则”;三是 WTO 的价值理念,如非歧视原则、诚信原则等。③在司法审查方面,其一,要求赋予司法机关以独立的地位;其二,要求扩大司法审查的范围;其三,要求明确司法审查的标准;其四,要求扩大司法审查的保护范围;其五,要求兼顾公正与效率。

4. **提示**:参见本章“重点知识讲解”中行政法的作用部分,从支持和保障公共行政的有效开展、规范和控制行政权、保障个人自由和权利、促进经济和社会的发展等四方面来回答

第二章　行政法律关系

内容提示

法律是调整社会关系的工具，每一个部门法都有其特定的调整对象，即特定的社会关系。受行政法调整的行政主体在行政活动中发生的各种社会关系就是行政法律关系。行政法律关系是行政法中的一个非常重要的问题，是深入学习行政法其他知识点的基础。通过本章的学习，应当重点掌握行政法律关系的概念及其特征；了解行政法律关系的构成要素；理解行政法律关系的理论；辨析行政关系与行政法律关系。

基础知识图解

一、行政法律关系

<table>
<tr><td rowspan="12">行政法律关系</td><td>概念★</td><td colspan="3">行政法律关系是指行政法对在实现公共行政职能过程中产生的各种社会关系加以调整后，所形成的行政主体之间以及行政主体与其他各方之间的权利义务关系</td></tr>
<tr><td>特征</td><td colspan="3">主要包括：①在行政法律关系的双方主体中，行政主体一方具有恒定性；②行政法律关系主体双方互有权利义务，但不具有对等性；③行政法律关系中的国家权力具有不可处分性；④行政法律关系中个体权利行使具有有限性；⑤行政法律关系的设定具有灵活性与及时性</td></tr>
<tr><td rowspan="10">分类</td><td rowspan="3">以行政法调整对象的基本类型为标准</td><td>行政权配置关系</td><td>是行政主体相互之间的行政职权分配、分工及配合关系</td></tr>
<tr><td>行政权运行关系</td><td>是具有国家行政权力的行政主体在行使行政权时，与他方之间的管理、服务等关系</td></tr>
<tr><td>行政权监督关系</td><td>是各监督主体对行政主体的监督关系</td></tr>
<tr><td rowspan="2">以行政法律关系的属性为标准</td><td>实体法律关系</td><td>是决定人们之间具有本质属性的事实、状态和结果的权利义务关系</td></tr>
<tr><td>程序法律关系</td><td>是保障实体性权利义务关系得以形成和正常运行的权利义务关系，是手段性或过程性权利义务关系</td></tr>
<tr><td rowspan="2">以法律关系主体的隶属关系为标准</td><td>内部行政法律关系</td><td>是行政主体之间或者行政主体与其所属的公务人员之间因内部行政管理活动而形成的权利义务关系</td></tr>
<tr><td>外部行政法律关系</td><td>是行政主体与行政相对人之间因外部行政活动而形成的权利义务关系</td></tr>
<tr><td rowspan="2">以行政法律关系的功能为标准</td><td>积极行政法律关系</td><td>是行政主体为实现国家职能在积极组织发展经济、文化事业的建设、干预社会生活时与有关相对一方形成的权利义务关系</td></tr>
<tr><td>消极行政法律关系</td><td>是行政主体维护行政秩序、制裁违法者时与有关的相对人一方形成的权利义务关系</td></tr>
</table>

行政法律关系	分类	以行政法律关系主体的对应结构为标准	行政主体相互之间的关系	分为:①国家行政机关之间的关系,又分为纵向隶属上下级机关之间的关系、横向同级机关之间的关系以及斜向不同级机关之间的关系;②行政机关与法律、法规授权的组织之间的关系,主要为业务领导关系、公务协助关系以及互相监督关系。法律法规授权的组织相互之间也有配合协助关系和互相监督关系
			行政主体与其公务人员的关系	是各行政主体与隶属其的公务人员个人之间的关系。主要包括:行政主体对其公务人员的考试、录用、调用、任免、奖惩、培训等人事管理关系,以及公务人员以行政主体名义行使行政职权、履行行政职责的工作代表关系
			行政主体与行政相对人的关系	是行政主体与作为行政相对人一方的公民、法人和其他组织的关系,这是最常见的行政法律关系
			行政主体与监督主体的关系	是因对行政主体的行政活动实施监督而形成的关系
		以法律关系的形成过程和作用为标准	原初性法律关系	即行政法规范规定行政主体和行政相对人各自相互应当做什么或不应当做什么,可以做什么,禁止做什么或不禁止做什么的内容,其目的是建立原初的行政管理秩序或行政服务秩序
			保障性法律关系	分为针对行政相对人的关系和针对行政主体而形成的关系
			补救性法律关系	是专门针对行政相对人予以补救而形成的法律关系

二、行政法律关系的构成要素

行政法律关系的构成要素	主体★	又称行政法主体,或行政法律关系当事人,它是指行政法律关系中享有权利和承担义务的组织和个人
	内容★	行政法律关系的内容是指行政法律关系主体之间的权利义务
	客体★	是指行政法律关系主体的权利、义务所共同指向的对象或标的

三、行政法律关系的产生、变更与消灭

行政法律关系的产生、变更与消灭	产生	是指法定事由出现后,行政法律关系主体之间按行政法规定的权利义务规则形成的必然的权利义务联系。必须具备两个条件:①行政法已设定了权利义务的规则,即规定权利义务的行政法规范是行政法律关系产生的根据;②适用该权利义务规定的法律事实出现
	变更★	是指行政法律关系产生后,因一定的原因而发生局部的变化
	消灭★	是指原行政法律关系不再存在,包括主体、客体和内容即权利义务的消灭。但其核心应是主体双方原有权利义务的消灭

重点知识讲解

一、行政法律关系的概念

行政法律关系是指行政法对在实现公共行政职能过程中产生的各种社会关系加以调整后，所形成的行政主体之间以及行政主体与其他各方之间的权利义务关系。对这一概念需要进一步说明如下：

1. 行政法律关系是行政法规范对一定社会关系调整后所形成的特定法律关系的总称。这些社会关系是行政主体在实现公共行政职能的范围内发生的各种社会关系，其他范围的社会关系不在此列，也不由行政法规范调整。同时，对实现公共行政职能的范围，应作广义的理解，它不仅仅指行政主体为实现行政职能而进行行政的活动，还应当包括保证有效实现行政职能而必要的、对行政主体配置权力和实行监督的活动。在这个范围内的各种社会关系经行政法规范调整后，形成具有多样性的行政法律关系。

2. 行政主体在实现公共行政职能范围内发生的各种社会关系即行政权力配置关系、行政管理关系和监督行政关系，并不等于行政法律关系。这表现为：①行政主体在实现公共行政职能范围内发生的各种社会关系在范围上要大于行政法律关系，立法者往往要从需要与可能出发，通过制定行政法，将上述关系中的一部分加以调整，形成为行政法律关系。未被行政法调整的那一部分便不是行政法律关系。②行政权力配置关系、行政管理关系和监督行政关系都只是行政法调整的对象，而行政法律关系则是行政法对这些关系予以调整后所形成的结果。③行政权力配置关系、行政管理关系与监督行政关系在未被行政法调整之前，不具有法定的权利义务内容，它不受法律约束，因而往往是任意、无序的事实关系，或者是由政治、道德、宗教等其他力量来约束使之有序，而一旦被行政法调整成为行政法律关系之后，便是具有法定权利义务内容的关系，由国家强制力保障。

3. 行政法律关系的双方可以都是行政主体，也可以是以行政主体为一方，而以公民、法人或其他组织为另一方，双方形成由行政法所确定的权利义务关系。这里的“权利义务”特指行政法意义上的权利义务，即它们是由行政法所规定的权利义务。

二、行政法律关系主体

行政法律关系主体与行政主体的区别：

1. 行政主体是指依法享国家行政权、能以自己名义行使行政权并能独立承担因此而产生的法律责任的组织。它是任何种类的行政法律关系中都不可或缺的一方。

2. 行政法律关系主体则是参加行政法律关系的各方当事人，包括行政主体、行政公务人员、行政相对人以及行政监督主体。行政主体只是行政法律关系主体的一种。

三、行政法律关系的内容

1. 行政主体相互之间以及行政主体与其公务人员之间的权利义务。

(1)行政主体之间的权利义务：①上级机关对下级机关具有行政职权、职责的划分、配置权；指挥权、命令权和决定权；监督检查权；纠纷裁决权等。下级机关具有接受和服从的义务。②下级机关对上级机关具有请求权、建议权、申诉权和监督权等，而上级机关则相应地具有听取建议或申诉的义务、接受监督的义务、纠正错误决定的义务等。③横向同级机关之间以及斜向不同级机关之间则具有要求配合协助与给予配合协助的权利义务；委托与接受委托的权利义务；建议与听取建议的权利义务以及监督与接受监督的权利义务。

(2)行政主体与公务人员之间的权利义务。①公务人员的权利：代表行政主体执行公务的权利，公务人员身份受保障的权利，享有一定工作待遇、工资福利待遇的权利，参加培训、学习的权利，对行政工作提出批评、建议、申诉、控告的权利等。与之对应，行政主体对公务人员则有保障他们实现上述权利的义务。②公务人员的义务：对行政主体有服从命令和指挥的义务、忠于职务的义务、保守国家秘密和工作秘密的义务等。相应行政主体对公务人员则有工作上的指挥命令权、监督权、人事管理权等。

2. 行政主体与行政相对人之间的权利义务。

(1)行政主体对行政相对人的权力及行政相对人对行政主体的义务。①行政主体的权力分为：其一，实体上的权力。制定行政相对人行为规则的权力，对行政相对人的行政命令权、行政决定权、行政裁决权、行政确认权、行政强制权、行政处罚权、行政许可权、行政指导权以及检查监督权等。其二，程序上的权力。对行政相对人的调查取证权、强制执行权等。②行政相对人的义务：不得妨碍、阻扰各种行政权力合法、正确行使的义务，配合协助行政主体合法行使行政权力的义务，服从行政主体权力行使结果的义务等。

(2)行政相对人对行政主体的权利和行政主体对行政相对人的义务。①行政相对人的权利分为：其一，实体上的权利。以各种形式和渠道参与行政管理的权利、合法权益受保障的权利、受益的权利、受到公平对待的权利、要求并获得行政赔偿的权利等。其二，程序上的权利。对行政活动的了解权、对行政主体作出不利于自己的处理决定的申辩权、对行政主体提出申诉、复议、诉讼的权利等。②行政主体的义务：保障行政相对人各种合法权益得以实现的义务、保护行政相对人合法权益不受他人侵害的义务、服务并增进行政相对人利益的义务、对行政相对人作出的补偿和赔偿义务以及在行政程序上对行政相对人说明理由的义务、听取申辩意见的义务等。

3. 监督主体与行政主体的权利义务。监督主体包括国家权力机关、国家司法机关、国家行政机关自身、行政相对人、其他各种社会组织、团体及个人。其对行政主体的监督分为权力性监督和权利性监督。

(1)权力性监督主体与行政主体之间的权利义务。①权力性监督主体包括：其一，权力机关对行政主体的监督权力。对行政主体行政权力的撤销或改变权、对行政权力违法运用结果的撤销权或变更权、对行政领导人员的罢免权、对行政主体行政活动的检查权、调查权、质询权等。其二，国家行政机关对自身的监督权力。包括对行政权力的撤销权或改变权、对行政权力违法运用结果的撤销权或变更权、对在行政活动中违法、违纪的公务人员的行政处分权以及辞退权、专门的行政监察、审计权等。其三，国家司法机关对行政主体的监督权力。包括对行政主体具体行政行为的审查、裁判权；对作为具体行政行为依据的行政规章和规范性文件的判断权及其适用的否定权；对行政主体申请法院强制执行的决定的审查、否定权；对行政主体的司法建议权；对行政主体所作的行政裁决的否决权等。②行政主体对上述国家机关的各种权力性监督具有不得干扰和妨碍的义务、配合并接受监督活动的义务、服从并执行监督权行使结果的义务。

(2)权利性监督主体与行政主体的监督权利义务。权利性监督主体对行政主体的监督包括行政相对人、其他社会组织、团体、个人和新闻舆论机构等对行政主体的监督。①权利性监督主体的权利：对行政主体行政活动提出批评、建议的权利，申诉、控告、揭发的权利，来信来访的权利，提出行政复议、行政诉讼的权利，要求行政赔偿的权利等。②行政主体的义务：有受理请求、听取情况的义务，及时给予答复的义务，复查自己行政工作的义务以及依法定程序参加行政复议和行政诉讼的义务。

四、行政法律关系的客体

1. 物。作为行政法律关系客体的物主要包括：①行政奖励物。如奖金。②被行政确认或裁决物。如有争议的土地、草原、森林、水面、滩涂、矿产等资源。③行政罚没物。如罚款和被没收的财物。④被保护物。如受行政主体保护的公民合法财产或公共财物、公共设施等。⑤征收征用物。⑥救济物。⑦公益物。⑧行政活动保障物。如行政主体进行行政管理所具有的一定的物质保障。

2. 智力成果。智力成果是人们从事智力活动所取得的非物质财富。包括著作、科学发明、技术成果等。

3. 人身。人身是法律关系的主体在人格关系、身份关系上所体现的、与其自身不可分离并受法律保护的利益。

4. 行为。行为成为行政法律关系客体的情况主要有：①作为行政管理法律关系客体的行为，这主要是行政相对人的行为；②作为行政服务法律关系客体的行为，这主要是行政主体的服务行为；③作为监督法律关系客体的行为，这主要是指行政主体接受监督时应作出的行为等。

5. 行政权力。行政权力是指行政主体依宪法和法律而享有的执行法律、管理行政事务以实现行政职能的权力。在行政权力配置形成的行政法律关系中，行政权力本身就成为了国家权力机关等权力配置主体和获得权力的行政主体双方之间行使权利和履行义务所指向的对象。行政权力作为行政法律关系的客体，可以存在于行政权力配置法律关系之中，也可以存在于上下级行政主体之间的内部行政法律关系中，还可以存在于授权、委托的法律关系之中。

五、行政法律关系的变更

1. 主体的变化是指主体发生了不影响原权利义务的某种变化。这里的主体变化限于不影响原有权利义务的范围之内。如果它们发生的变化会带来权利义务即内容的改变，则属于消灭原行政法律关系而建立新的行政法律关系。

主体发生不影响原权利义务的变化主要是指以下两种情况：

(1) 主体在数量上的变化。主体在数量上的变化是主体人数的增减，增减均不改变原权利义务的质和量，如由原一个主体享有和行使原权利改变为由多个主体共同享有和行使原权利，或者由原一个主体履行原义务改变为由多个主体共同履行原义务。

(2) 主体在接替上的变化。主体在接替上的改变是原行政法律关系中主体被更替，更替后的主体继续原主体的权利和义务。权利义务本身均无质量、数量的变化。

2. 客体的变化是指客体发生了不影响原权利义务的某种变化，通常只能是具有可替代性的变化，即一种客体取代另一种客体。如果客体不具有可替代性，则不能发生变化。客体的变化也只限于不影响原有权利义务的范围之内。

能发生改变的客体主要是：①与特定人的人身没有联系的财物。这种物可以由同等价值的他物代替。②与特定人的人身没有联系的作为。这种作为行为只具有体力的内容，可以由他人的作为行为代替。

六、行政法律关系的消灭

1. 行政法律关系消灭的原因通常是：①主体双方之间产生的行政法律关系因没有存在意义或没有必要而终止。②原产生的行政法律关系已完成而使其消灭。原产生的行政法律关系，因权利得以实现或义务已被履行完毕，该行政法律关系因完成而得以消灭。③原适用的行政法律模式已取消使行政法律关系消灭。④行政相对人放弃权利使行政法律关系消灭。

2. 以行政法律关系主体、客体以及内容等要素的消灭为标准，可以将行政法律关系的消灭分为以下类型：

(1)行政法律关系内容即权利义务的消灭。这种消灭通常由于已被适用的设置行政法律关系的规则被废除、权利义务已行使或履行完毕以及行政相对人放弃自己的权利等。权利义务的消灭是行政法律关系的人为的消灭，即人们有意识、有目的地消灭已产生的行政法律关系。

(2)因主体消灭使权利义务归于消灭。主体的消灭可以形成行政法律关系的变更和消灭两种情况：①原主体消灭后，有新的主体承接原主体的权利义务，即权利义务并没有消灭，则行政法律关系只是变更而不是消灭。②原主体消灭后，没有主体承接或不能有承接主体，则权利义务要随之消灭。主体的消灭导致权利义务的消灭，属于客观的消灭，即是客观原因导致的、不以人的意志为转移的消灭。

(3)因客体的消灭使原权利义务归于消灭。客体的消灭也可以形成行政法律关系的变更和消灭两种情况，如果原客体消灭后，能以另一种客体代替原客体，则原权利义务仍可实现而并没有消灭，行政法律关系只是有了一定的变更。如果原客体消灭后，他物不能取代原客体，则原权利义务无法实现，只能随之消灭。

配套习题

一、单项选择题

1. 以什么为标准将行政法律关系划分为内部行政法律关系和外部行政法律关系？(　)

A. 行政法律关系的属性

B. 法律关系主体的隶属关系

C. 行政法律关系的功能

D. 法律关系的形成过程和作用

2. 公务员一经任用，非因法定事由和非经法定程序不被免职、降职、辞退或者行政处分。这是公务员的什么权利？(　)

A. 身份保障权　　B. 依法执行公务权

C. 享受福利权　　D. 享受保险权

3. 具有法人资格，能独立行使行政职权，有独立名称，有完整的编制及组织法规的行政单位是(　)

A. 行政组织　　B. 行政机关

C. 行政机构　　D. 行政性公司

二、多项选择题

1. 行政法律关系的主体有(　)

A. 行政主体　　B. 行政公务人员

C. 行政相对人　　D. 行政监督主体

2. 以行政法调整对象的基本类型为标准，可以将行政法调整的社会关系分为(　)

A. 行政权配置关系　　B. 行政权运行关系

C. 行政权监督关系　　D. 保障性法律关系

3. 某省卫生厅依照《药品管理法》对所属的药品公司进行管理而形成的相互关系属于(　)

A. 行政关系　　B. 行政法律关系

C. 内部行政法律关系　　D. 外部行政法律关系

三、名词解释

1. 内部行政法律关系和外部行政法律关系(考研中国政法大学 2002 年)

2. 行政优益权

四、简答题

简述行政法律关系的特征。(考研西南政法大学 2005 年、武汉大学 2005 年)

五、论述题

论行政法律关系的主体。(考研中南财经政法大学2004年)

参考答案

一、单项选择题

1. 答案:B

提示:本题考查的是行政法律关系的分类标准

解析:A项中以行政法律关系的属性将行政法律关系分为实体法律关系和程序法律关系,B项中以法律关系的主体的隶属关系为标准将行政法律关系分为内部行政法律关系和外部行政法律关系,C项以行政法律关系的功能为标准将其分为积极的行政法律关系和消极的行政法律关系,D项法律关系的形成过程和作用为标准将其分为原初性法律关系、保障性法律关系和补救性法律关系。所以,B项为答案。

2. 答案:A

提示:本题考查的是公务员的基本权利

解析:《公务员法》第13条规定了公务员享有的权利。其中"非因法定事由非经法定程序,不被免职、降职、辞退或者处分"指的是公务员的身份保障权。所以,A项正确。

3. 答案:B

提示:本题考查的是行政组织、行政机关、行政机构、行政性公司的概念区别

解析:行政组织是指承担行政事务、享有行政权的各级人民政府及其设置的行政机关的综合体。行政机关是指为实现行政目的而依法设置、承担行政事务并能独立进行管理的基本组织体。行政机构只是行政机关的组成部分,可以代表所在的行政机关对外管理,但不能独立行使职权。行政性公司指以公司的构成要件成立,从事经济活动,但同时又承担一定政府职能的组织。所以,B项正确。

二、多项选择题

1. 答案:ABCD

提示:本题考查的是行政法律关系主体

解析:行政法律关系主体又称行政法主体,或行政法律关系当事人,它是指行政法律关系中享有权利和承担义务的组织和个人。包括行政主体、行政公务人员、行政相对人和行政监督主体。所以,A、B、C、D项都正确。

2. 答案:ABC

提示:本题考查的是行政法律关系的分类,参见本章"基础知识图解"中行政法律关系部分

解析:以行政法调整对象的基本类型为标准,可以将行政法调整的社会关系分为行政权配制关系、行政权运行关系和行政权监督关系。所以,A、B、C项正确。以法律关系的形成过程和作用为标准,可以将行政法律关系分为原初性法律关系、保障性法律关系和补救性法律关系。所以,D项错误。

3. 答案:BD

提示:本题考查的是行政法律关系的概念和分类

解析:卫生厅为了对所属药品公司进行管理而形成的关系属于行政法律关系,而由于药品公司不是行政主体或公务机关,因此与卫生厅之间不是内部行政权的隶属关系,属于外部行政法律关系。因此,B、D项正确。

三、名词解释

1. 提示:参见本章"基础知识图解"中行政法律关系部分,从内部行政法律关系和外部行政法律关系的概念回答

答案:所谓内部行政法律关系,是指行政主体在内部行政管理过程中产生的行政法律关系,双方当事人均属国家行政系统,这种关系反映了国家的自身管理。所谓外部行政法律关系,是指行政主体在对社会实施行政管理活动过程中产生的行政法律关系,行政相对人一方不属于国家行政系统,这种关系体现了国家对社会的管理。内部行政法律关系适用内部行政法规范调整,外部行政法律关系适用外部行政法规范调整。内部行政法律关系的主体资格,

法律没有严格要求，外部行政法律关系主体资格，法律有严格的要求。所以在内部行政法律关系中具有主体资格的组织，不一定在外部行政法律关系中具有主体资格。内部行政法律关系不得适用行政复议和行政诉讼来调整，外部行政法律关系在符合法定条件的情况下，可以适用行政复议和行政诉讼程序。

2. **提示**：本题考查的是行政主体享有的权力

答案：行政优益权，是指行政主体在行使行政职权、实施行政管理活动过程中享有一定的行政优先权和行政受益权。行政优益权是指为保障行政主体有效地行使行政职权，实施行政管理活动，而赋予行政主体许多职务上或物质上的优先条件或资格。

四、简答题

提示：参见本章“基础知识图解”中行政法律关系部分，从行政法律关系五个特征来回答

五、论述题

提示：参见本章“基础知识图解”中行政法律关系和行政法律关系的构成要素部分，及“重点知识讲解”中行政法律关系主体部分，从行政法律关系的概念、行政法律关系主体的概念以及行政法律关系主体与其他相关概念的区别来回答

第三章　行政法的基本原则

内容提示

行政法的基本原则是指贯穿于行政法之中，指导行政法的制定和实施的基本准则。它可以是成文的，也可以是不成文的，在法律规范出现空白和漏洞时，作为共同理念可以弥补法律的不足，任何行政法律规范及其实施都不得与其相抵触。通过本章的学习，了解行政法基本原则的概念、功能、确立标准；重点掌握保障公民权利与自由原则、依法行政原则、比例原则、行政效益原则的涵义、基本内容及运用。

基础知识图解

一、行政法基本原则

行政法基本原则	概念	是指贯穿于行政法始终、指导行政法的制定和实施的基本准则或原理
	功能	主要包括：①引导行政法的发展；②指导行政法的制定；③指导行政法的实施
	确立标准	主要包括：①应当融入现代宪政精神；②应当体现法律的基本价值；③应当反映行政法的目的；④必须具有普遍性、统率性

二、保障公民权利与自由原则

保障公民权利与自由原则	概念	是指行政法规范及行政法律制度应当以保障公民等一方及自然人、法人和其他组织合法权利和自由为出发点和归宿点，确认并保证公民等一方合法权益得以实现
	内容★	主要包括：①行政法律制度的建立以保障公民一方合法权利和自由为主导；②行政法不得随意限制和剥夺公民一方的合法权利和自由；③对因行政活动而受到侵害的行政相对人提供有效的法律救济
	意义	主要包括：①有利于公民一方在行政法上主体地位的确立；②有利于市场经济的发展和完善

三、依法行政原则

依法行政原则		
	概念	是指行政机关行使行政权力、管理行政事务,必须依法进行。强调法律是行政机关权力活动的依据和标准
	与保障公民权利与自由原则的不同	(1)依法行政原则主要是针对行政机关等行政主体而言的,强调对行政主体的规范;而保障公民权利与自由原则则对国家的立法机关、行政机关以及司法机关都有指导意义 (2)依法行政原则主要是制度层面的原则,尤其在法律适用方面发挥作用,而保障公民权利与自由原则不仅是制度层面的原则,而且是价值层面的原则。就这两项原则的地位而言,保障权利与自由原则更为基本,依法行政原则不得与保障权利、自由原则相背离
	内容★	主要包括:①行政组织法定;②法律保留与法律优位;③符合法律规定;④法律面前平等
	意义	主要包括:①有利于对行政活动的规范和控制;②有利于保护相对人的合法权益;③有利于推进行政法治的进程

四、比例原则

比例原则		
	沿革	比例原则来自德国行政法,最早主要适用于警察行政领域。随着民主、法制的发展,比例原则后来超越了警察法领域,被德国联邦法赋予宪法地位,其核心内容主要是行政成本应与行政效果之间保持合理的比例关系,且比例原则要求行政主体的行政活动在合法的范围内,注意合理的比例和协调
	含义	广义的比例原则包含适当性原则、必要性原则和狭义比例原则: (1)适当性原则,又称适合性原则、妥当性原则,要求行政机关执行职务时,面对多种选择,仅得择取可达到所欲求之行政目的之方法而为之 (2)必要性原则,又称最温和方式原则,要求行政机关执行职务时,面对多种可选方法,应尽可能选择最少不良作用者 (3)狭义比例原则,要求行政机关执行职务时,面对多种可能选择之处置,应就方法与目的关系权衡更有利者而为之
	内容★	主要包括:①适当性原则;②必要性原则;③狭义比例原则
	意义	主要包括:①推动我国法治的发展;②控制行政自由裁量权;③促使政府行为理性、经济和效益

五、行政效益原则

行政效益原则		
	概念	是指行政法律制度要以较小的经济耗费获取最大的社会效果
	内容★	主要包括:①行政法律制度应符合效益要求;②行政立法要重视成本效益;③行政管理及服务活动要体现效益
	意义	(1)该原则是市场经济下行政法发展的需要。市场经济体制作为对社会资源进行高效、合理配置的一种模式,客观上要求与之匹配的法律制度能保持一定的运行效率,从而促进社会的全面发展 (2)行政管理的高效对公民来说本身就意味着一种利益,为公民提供更多的发展机会,与行政法的目的相一致,能促进行政法价值的实现

六、信赖保护原则

信赖保护原则	概念	是指当公民、法人或其他组织对行政机关及其管理活动已经产生信赖利益,并且这种信赖利益因其具有正当性而应当得到保护时,行政机关不得随意变动这种行为,或者如果变动必须补偿对方的信赖损失
	根据	其根据主要包括:①法治国家原则的必然要求;②法律安定性原则的必然结论;③基本权利保护原则的要求;④行政行为的效力和行政的自我约束性;⑤民法上诚实信用原则的影响
	内容★	其内容包括:①行政机关应当相互充分信任和忠实;②除非法律有明确规定,行政机关不得撤销或者废止已经生效的具体行政行为;③行政机关依法撤销或者废止具体行政行为之后,因该具体行政行为得到给付的当事人应当返还不当得利;④行政机关原则上不得制定对公民产生不利影响的具有溯及力的法律规范;⑤行政机关应当确保事实行为的真实性,接受行政惯例的约束,法院裁判也应当接受自己以前所作裁判的约束
	意义	其意义有:①丰富社会主义法治国家原则的内容,推动我国行政法律体系的完善;②密切和规范公民与人民政府之间的关系,加强行政管理的可靠性,提高行政效率;③带动市场行为的规范化,促进市场经济的健康发展

七、程序正当原则

程序正当原则	含义	程序正当原则有广义和狭义的区分,广义的程序正当原则是指整个行政法的程序性基本原则,包括行政公开原则、行政公正原则以及民主参与原则。狭义的程序正当原则是指英国行政法中古老的“自然公正”原则和美国行政法中的“正当法律程序”原则
	内容★	其内容包括:①公开原则;②公正原则;③民主参与原则

重点知识讲解

一、保障公民权利与自由原则的内容

1. 行政法律制度的建立以保障公民一方合法权利和自由为主导。公民所享有的基本权利和自由主要规定在宪法中,这些权利和自由在行政活动领域需要通过相应的行政法律制度加以落实和拓展。行政法的主要内容,是将公民一方的基本权利和自由具体化为国家行政管理过程中应享有的各种行政实体权利、行政程序权利和其他权益,并切实保障其得以实现。

2. 行政法不得随意限制和剥夺公民一方的合法权利和自由。这是从另一角度来保护公民一方的自由和权利不受侵犯。①行政法规范的制定(特别是行政立法)不能随意对公民一方权利和自由作出限制规定,更不得予以剥夺。②对公民一方的制约性、制裁性规定虽然在行政法中不可缺少,但属于行政法的次要方面。对在行政管理中确实需要的这类规范,在设定和适用上还应当严格加以控制。③行政机关在行政执法过程中也要尊重公民一方的自由和权利,不得违法予以侵害。

3. 对因行政活动而受到侵害的公民等应提供有效的法律救济,行政法应当保障公民一方在权利和自由受到违法行政行为侵害时有权得到补救，具体包括实体上的救济和程序上的申请行政复议权、提起行政诉讼权、请求行政赔偿权以及救济过程中的各项程序权利。

二、依法行政原则的内容

1. 行政组织法定。这里指行政组织的权限、中央和地方行政权的划分、行政机关的设置、职能以及行政编制等都要由法律设定，其他任何组织和个人都无权规定，通常法律设定行政组织的形式有两种：①通过制定行政组织法对行政组织的权限、结构、规模以及行政机关的设置、职权等进行规定。如《国务院组织法》、《地方组织法》。②在单行的法律、法规中规定行政组织的有关问题，如《行政处罚法》对行政处罚权的设定以及行政处罚的实施机关作了明确规定。

2. 法律保留与法律优位。行政法律规范不局限于由国家立法机关制定。在我国，行政法律规范由宪法、法律、行政法规、地方性法规以及规章等几个层次的规范组成。法律保留强调的是，在立法上，对于重要的事项如涉及公民的基本自由和权利的事项、国家的基本制度或重要制度的设定等，都只能由法律来规定。其他规范不得越位规定，法律也不得将应由自己规定的事项授权其他机关规定。法律优位强调的是在宪法之下，法律具有最重要的地位，在法律规范的效力层级方面，除宪法外，法律的效力高于其他法律规范。在已有法律规定的情况下，其他法律规范都不得与法律相抵触，凡有抵触，以法律为准。在没有法律规定的情况下，其他法律规范可在法定权限或授权的范围内就某事项作出规定，而一旦法律就同一事项作出规定时，以法律规定为准。

3. 符合法律规定。这里是指行政机关等行政主体行使行政权、实施管理活动要以法律为依据。此处法律泛指行政法律规范，不仅包括国家权力机关制定的法律，还包括行政法规、地方性法规和规章等。符合法律规定，主要包括三层含义：

(1)形式合法。即行政主体的管理活动应当符合法律的规定。具体包括：①行政主体进行管理时不得超越法定职权。无论是制定抽象的规范性文件，还是实施具体行政行为，或者是做出其他管理行为，都要严格依法进行。②行政主体的管理活动不仅要遵守实体法的规定，还要遵守程序法的规定。③行政授权和行政委托都必须具有法律依据，具备法定条件。

(2)实质合法。即行政主体的管理活动应当符合法律规定的内在精神和要求。具体包括：①行政活动要符合法律的目的。任何法律的制定都有特定的目的，行政活动不能与法律相背离。②行政主体在作出具体决定时要考虑相关因素。凡是法律要求考虑的因素必须考虑，不相干的因素不得考虑。③符合公正原则。这是实质合法最一般的要求。所谓公正，是指合乎理性。例如，对某一事物的判断和决定要符合常人的推理和行为标准。

(3)违法的行为无效，行政主体要对此承担法律责任。违法的行为不仅应被确认无效，予以撤销，而且给公民造成实际损失的还应依法给予赔偿。

4. 法律面前平等。这里包括两层内容：①法律必须平等地对待行政主体和公民。虽然由于管理的需要，行政主体被赋予许多个人所不拥有的权力，但行政主体不享有法定外的任何特权。行政主体违法越权也要承当相应的法律责任。②法律必须平等地对待每个公民。我国《宪法》第 33 条第 2 款规定：“中华人民共和国公民在法律面前一律平等。”这一宪法原则具体在行政领域中，要求机会平等、适用法律平等、负担的权利义务和责任平等，任何公民没有特权。

三、比例原则的内容

比例原则要求行政主体实施行政行为应平衡和兼顾行政目标的实现和保护相对人的权益，如果行政目标的实现可能对相对人的权益造成不利影响，则这种不利影响应被限制在尽可能小的范围和限度之内，二者应当有适当的比例。一般认为，比例原则包括以下三个具体原则：

1. 适当性原则。这一原则又称适应性原则、适合性原则、妥当性原则，是指行政主体所采用的手段必须能够实现行政目的或至少应有助于达成其所追求的目的。它针对的是行政手段与行政目的之间的客观联系，要求实现行政目的的手段必须适合于达成行政目的。如果行政主体采用的手段不利于行政目的的实现，即使其行为在形式上完全合法，也是违反比例原则，而不具有实质合法性的。

2. 必要性原则。该原则又称最小损害原则、不可替代原则、最温和之手段原则等，要求在对众多能同样达成行政目的的手段进行选择时，行政主体应选择对相对人权利限制或侵害最小的手段，即该手段对行政目的的达成是必要的。必要性原则确立的原因主要是基于保障人权的考虑。此处"必要"是指行政主体在用以达成目的的手段中，选择对相对人侵害最小、最温和的手段，也即所谓"不可用大炮轰小鸟"。例如，对城市违章建筑的拆除，可采用让相对人自行拆除、请人代为拆除、行政机关推土机推掉，甚至用炸药炸掉等手段。除非紧急情况，不能直接用炸药包炸，先要让相对人自行拆除，这样对相对人来说，损害最小。

3. 狭义比例原则。该原则又称均衡性原则或法益相称性原则等，是指行政主体所采用的为达到行政目的所必要的手段给相对人造成的侵害，应与行政主体欲实现之行政目的合比例或相称，即行政主体追求之公益与相对人被侵害之私益之间符合比例。

四、行政效益原则的内容

1. 行政法律制度应符合效益要求。行政法律制度的建立、健全和完善都要融入效益的要求，以最小的资源消耗，换取最大的社会效益。

(1)行政组织法律制度要体现效益精神。现代社会需要反应迅速、运转高效的政府，而这又以行政组织设置简洁、结构合理、职责分明为基础。为此，在行政组织法律制度中要融入效益的要素，要符合行政管理的规律。

(2)行政程序法要考虑效率要求。20 世纪以来，加强行政程序立法、行政程序的法典化已成为世界发展的趋势。行政程序法律制度的建立既要体现民主、公正的价值观，也要符合效率要求。只强调公正、牺牲效率，难以满足时代的需要；而仅追求效率、忽视公正，不利于对公民自由、权利的保护，与行政法的目的相左。在行政程序中，效率主要体现在程序的统一和简化，以及适用于紧急情况的特别程序的建立。

(3)具体行政法律制度要考虑成本效益。这里的具体行政法律制度既要包括具有普遍意义的行政许可制度、行政处罚制度、行政强制制度以及行政合同制度等，又包含具有专门意义的教育行政制度、经济行政制度、治安行政制度等。每一项具体行政制度的建立和完善，都应进行必要的成本效益分析，要从多个方案中选择最佳方案，以保证对社会资源的有效、合理使用。

(4)行政救济法律制度也要符合效益精神。无论是行政诉讼、行政复议，还是国家赔偿，或是其他救济制度，都不得忽视效率的要求。一方面，对受害的相对人应提供及时、便捷的救济，使当事人迅速从行政纠纷中摆脱出来；另一方面，要及时排除违法状态，确保行政法律秩序的稳定和有序。

2. 行政立法要重视成本效益。这里的行政立法是指所有制定行政法律、法规以及规章的活动。行政立法需要人力、物力的投入，因而也存在成本效益问题。为确保行政立法的高效：①要合理划分行政立法权，即享有行政立法权的国家机关确定各自的立法权限，以避免行政立法的交叉和冲突，同时保证重大事项由法律规定；②明确行政立法的程序和行政立法的技术要求，以保证行政立法的质量，劣质的行政法律规范会导致执行的困难以及管理秩序的混乱，是对资源的浪费；③行政立法要考虑时效性，不能久拖不决。

3. 行政管理及服务活动要体现效益。行政机关适用法律、实施管理和服务活动时，都要分析成本效益，避免资源的浪费，高效地为民服务。当然也不能因考虑效益的要求而牺牲自由、权利和公正等价值。

五、信赖保护原则的内容

1. 行政机关之间应当相互充分信任和忠实。在我国，相互充分信任和忠实是诚实信用原则在行政机关之间关系上的表现，是行政机关树立公民对行政的信任、保护公民对行政的合法信赖的前提，因此是信赖保护原则的必要内容。具体来说：

(1) 相互忠实和信任是行政机关在处理相互关系上应当履行的一个义务。

(2) 对一个行政机关依法作出并且生效的行政行为，其他行政机关应当承认其效力，接受其约束，除非符合法律明确规定的条件，不得作出与该行政行为冲突或者不一致的行政决定。

(3) 一个行政机关作出的行政行为可能涉及其他行政机关的职权职责时，应当及时告知其他行政机关。

(4) 一个行政机关作出的行政行为构成违法或者无效的，其他行政机关在知道情况后，应当及时告知作出行政行为的机关，而不得承认其效力。

(5) 在遵守管辖权的限制和其他法律规定的情况下，一个行政机关对其他行政机关提出的职务上的请求，应当尽力协助，但因协助产生的费用应当由请求机关承担。

2. 除非法律有明确规定，行政机关不得撤销或者废止已经生效的具体行政行为。

(1) 在法定救济期限内，具体行政行为处于不确定的状态，不产生关系人的既得利益，行政机关可以随时撤销。

(2) 对相对人不利的具体行政行为生效后，行政机关可以随时裁量决定是否撤销或者废止。①不利具体行政行为违法，行政机关可以随时裁量决定撤销。但是，具体行政行为明显违法、完全不可接受、不撤销即严重损害公众对行政的信任时，必须撤销。②不利具体行政行为合法，行政机关可以裁量决定是否废止，但是，如果行政机关有义务作出内容相同的行政行为，或者曾经对第三人承诺不废止的，不得废止合法的不利具体行政行为。

(3) 合法的有利具体行政行为生效后，行政机关原则上不得废止，除非法律作了特别明确的具体规定。但在出现下列情况时，行政机关可以全部或者部分废止：①具体行政行为附有废止保留条款。②相对人没有履行具体行政行为附款规定的义务。③事后发生新的事实，根据该事实，行政机关具有不作出该具体行政行为的合法理由，而且，不废止该具体行政行为，公共利益将遭受损害。④法规修改导致行政机关不能作出该具体行政行为，受益人尚未使用受益或者得到给付，而且不废止该行为，公共利益就会遭到侵害。⑤为防止公共利益遭到严重的侵害。

(4) 对违法的有利具体行政行为，行政机关可以裁量决定部分或者全部、向前或者向后撤销。但是，受益人对该行政行为的存续具有值得保护的信赖时，行政机关不得撤销。

3. 行政机关依法撤销或者废止具体行政行为之后，因该具体行政行为得到给付的当事人应当返还不当得利。

4. 行政机关原则不得制定对公民产生不利影响的具有溯及力的法律规范。

(1) 行政机关不得制定给公民增加负担的具有真溯及力的法律规范，但下列情况除外：①法律规定，根据法律生效时的情况，公民应当考虑或者预见到新制度可能建立；②相关法律规范不明确或者有争议；③受侵害的合法信赖轻微，小于立法机关需要实现的公共利益。

(2) 行政机关可以制定具有假溯及力的法律规范，但是不得限制或者损害公民已经依法取得的既得权益。

5. 行政机关应当确保事实行为的真实性，接受行政惯例的约束，法院裁判也应当接受自己以前所作裁判的约束。

六、程序正当原则的内容

1. 行政公开原则。它是指行政主体在行使行政权力的过程中，应当将行政权力运行的依据、过程、结果以及由此产生的政府信息，除涉及国家秘密、个人隐私和商业秘密的以外，主动或者依申请及时向行政相对人及社会公众公开。

从行政权力运行的不同阶段和不同形式来看，行政公开原则的要求主要有以下四项：

(1)行政权力运行的依据公开。行政权力的运行要有正当的依据，这是依法行政的基本要求。这些依据主要包括宪法、法律、行政法规、行政规章以及其他规范性文件。

(2)行政权力运行的过程公开。这一过程的公开包括行政立法及制定其他规范性文件过程的公开和行政执法过程的公开、行政司法活动的公开。

第一，行政立法及制定其他规范性文件的过程公开。在行政机关制定行政法规、行政规章和其他规范性文件的过程中，行政机关首先向社会公众说明立法目的，通过包括举行听证等方式，征求社会公众的意见，然后由有关机关制定出立法草案，向社会发布，并将立法的进展情况对外公布。公众对一些影响其自身权力的规定有权提出建议，行政机关应对此作出反应。

第二，行政执法过程的公开。在行政执法过程中，行政机关应当及时公开相应的信息。公开的内容主要包括：①行政执法行为的标准、条件公开。②行政执法行为的程序、手续公开。③一些涉及相对人重大权益的行政执法行为公开。

第三，行政司法活动的公开。行政司法活动主要包括行政裁决、行政复议。行政机关无论实施行政裁决行为还是行政复议行为，其裁决、复议的依据、标准、程序都应予以公开，让当事人事先知晓。

(3)行政权力运行的结果公开。行政权力运行的结果是多种多样的，根据结果的不同，其公开的方式也有所差别。行政立法以及制定其他规范性的产生，政府机关应当通过专门的刊物或网站，公开此类文件。行政执法的结果公开是指行政主体作出影响行政相对人合法权益的行政决定之后，应当及时将行政决定的内容以法定的形式向行政相对人公开。行政司法活动的结果公开，即对于行政裁决、行政复议活动的结果的公开。对于作为裁决、复议结果的裁决书、复议决定书，除应当及时送达双方当事人，让其知晓之外，对于其他与案件有利害关系的个人和组织也应该允许他们依法进行查阅。

(4)政府信息公开。政府信息公开是行政公开原则的一个非常重要的制度体现，也是公民知情权实现的重要保障。政府作为公共事务的管理者，在行使行政权力的过程中获得了大量的信息，公民有权要求政府公开这些信息，政府也有义务对其予以公开以满足公民的知情权需要。同时，政府信息公开还是公民实现参政议政权利的前提条件，唯有知政方能参政。

2. 公正原则。行政公正原则是确保行政机关行使行政权的过程和结果可以为社会一般理性人认同、接受所要遵循的基本原则。公正原则要求行政机关应当公正地行使行政权。

行政机关及其工作人员是人民的公仆，其权力是人民赋予的。因此他们必须运用这种权力为人民服务，做到办事公道、不徇私情、平等对待不同身份、民族、性别和不同宗教信仰的行政相对人。行政公正包括实体的公正和程序的公正两方面的内容。实体公正的要求主要包括：①行政机关行使行政权力，要以事实为根据，以法律为准绳，做到严格依法办事、不偏不倚。②合理考虑相关因素，不专断。所谓的“相关因素”，包括：法律、法规规定的条件、政策的要求，社会公正的准则，相对人的个人情况以及行为可能产生的正面或负面效果等。程序公正的要求则包括：①

自己不能做自己的法官,行政机关工作人员与所处理的行政事务存在利害关系可能影响程序公正进行的,应当予以回避。②禁止单方接触,行政机关就某一行政事项同时对两个或两个以上相对人作出行政决定或行政裁决时,不能在一方当事人不在场的情况下与另一方当事人接触、听取其陈述和接受其证据。③不在事先未通知和听取相对人陈述、申辩意见的情况下做出对相对人不利的行政行为。

公正原则主要是针对行政自由裁量权而提出的,由于行政自由裁量权在本质上是一种自由的权力,有可能导致行政自由裁量权的滥用。通过以上实体和程序两方面的规范,特别是行政程序,将可以较有效地规制行政自由裁量权,确保其正当行使。

3. 民主参与原则。民主参与原则是现代行政程序中的一项基本原则,民主参与原则是指行政权力的运行过程要有公民的有效参与,要为公民参与管理、参与决定自己的事情提供程序上的保障。该原则还特别强调那些受到行政权力运行结果影响的利害关系人应有权参与行政权力的运行过程,表达自己的意见,并对行政权力运行结果的形成发挥有效作用。

民主参与原则的政治基础是人民主权。国家权力来自于人民,人民有权以各种形式参与国家管理。选举、罢免等制度是公民参与国家管理的传统形式,但这种方式毕竟是一种间接民主制,是对民主妥协的结果。而通过设置合理的行政程序使人民直接参与行政权的运作过程则是一种直接民主,通过这样的方式使人民的意志得以影响行政决策和行政决定的作出。同时,随着20世纪以来行政权力的膨胀,行政逐渐成为国家权力的中心,政府的权力控制着人们“从摇篮到坟墓”的全过程,因而从法律上保障公民积极地参与行政过程,也是公民保护自己权利,监督政府依法行政的有效手段。

为了确保民众有效地进行民主参与,这就要求行政机关在行使职权的过程中,除法律规定的程序外,应当尽可能为行政相对人提供参与行政活动的机会,从而确保行政相对人实现行政程序权利,同时也可以使行政活动更加符合社会公共利益。

目前,世界上许多国家和地区的行政程序法都明确规定了参与原则。葡萄牙《行政程序法》第8条明确规定:“公共行政当局的机关,在形成与私人有关的决定时,尤其应借本法典所规定的有关听证,确保私人以及以维护自身利益为宗旨团体的参与。”澳门地区《行政程序法》第8条也明确规定:“公共行政当局之机关,在形成与私人有关之决定时,应确保有私人之参与,尤应透过本法典所规定的有关听证确保之。”在我国虽然尚未制定统一的行政程序法典,但某些单行法已经有了相关规定,例如《行政处罚法》、《价格法》、《行政许可法》等均作了有关听证的确定。

民主参与原则强调的是公民参与行政权的运行过程,而非简单的“出席”或“到场”,而参与过程实际上又是行政主体行使行政权与相对人参与行政形成的互动过程。这种互动过程使双方相互影响,双方的意志得以沟通和交流。“这种反复沟通和交流,可以将行政意志融化为相对人意志,也可以将相对人意志吸收到行政意志中,从而使行政法律关系真正具有双方性,使相对人真正成为行政法律关系的主体。”因此,民主参与原则的法律价值是使行政相对人在行政程序中成为具有独立人格的主体,而不是受行政权随意支配的客体。同时,由于各方参与到程序过程中去,行政主体和相对人已经进行了某种程度上的沟通,从而有利于消除双方的矛盾和磨擦,使最终结果具有相对的可接受性和公正性,相对方也更易于接受。

民主参与原则的内容在行政法上集中体现为行政相对人在行政程序中的权利,听证是其中的核心,即相对人享有听证权,也就是“被听取意见的权利”。这种权利意味着行政主体负有听取相对人意见的义务。行政主体在作出对相对人不利的决定时,必须听取其意见,不能片面认定事实,剥夺对方辩护的权利。在行政程序中,相对人的行政参与权还包括:①获得通知权。获得通知是参与的前提。②陈述权。陈述权是行政相对人就行政活动所涉及的事项向行政主体作陈述的权利，这有利于行政主体全面了解行政案件的事实真相，也有利于维护相对人的合法权益。③抗辩权。抗辩权是行政相对人针对行政主体提出的不利指控，依据其掌握的事实和法律向行政主体提出反驳，旨在从法律上消灭或者减轻行政主体对其提出的不利指控。④申请权。申请权是行政相对人请求行政主体启动行政程序的权利。行政相对人行使申请权的目的是希望通过行政程序来维护其自身的合法权益。

配套习题

一、多项选择题

1. 下列哪些属于行政公开的主要内容？（　）

A. 行政活动的依据必须公开

B. 行政决策过程应当让公众知晓并允许其参与

C. 公众有权了解行政机关掌握的所有信息

D. 行政决定必须说明理由

2. 下列表述哪些符合行政合理性原则的含义？（　）

A. 行政行为须考虑相关的、正当的因素

B. 行政行为可以违反法律但必须出于合理的动机

C. 行政行为应同样的事情同样对待、不同的人不同对待

D. 行政行为必须符合法律的目的和精神

3. 下列哪项不符合依法行政原则？（　）

A. 行政机关在法定范围内行使自由裁量权

B. 某工商局吊销违法企业的营业执照和卫生许可证

C. 公安局将严重拖欠国有企业贷款的某公司经理拘留

D. 某省政府制定一行政规章，该规章根据本省特点对法律有所变通

4. 关于依法行政原则的认识，以下说法哪些是正确的？（　）

A. 依法行政表明了行政机关对于立法机关具有从属性

B. 依法行政说明无法律即无行政

C. 依法行政要求行政活动不得与法律相抵触

D. 依法行政要求特定的行政活动必须有明确的法律依据或者取得立法机关的明确授权

5. 下列做法不符合比例原则的有（　）

A. 甲国计划在某海湾建立第十座核电站，经过多方面论证后，认为核辐射可能污染海水，对当地居民生活造成不良影响，并使栖居在此地的一种珍贵海鸟绝迹，遂取消建设计划，而改用成本较低的风力发电

B. 某文化主管部门在打击盗版活动中指示，要把盗版者及其销售者打个倾家荡产

C. 王某经过房管局批准建一座3层小楼，但在施工过程中，私自加至5层，房管局以其违章建房为由要求把楼房全部拆除

D. 张三和李四两人因纠纷发生口角，公安机关以扰乱社会秩序为由分别给予两人15天的行政拘留

二、名词解释

比例原则

三、简答题

1. 简述依法行政原则。（考研中南财经政法大学2003年）

2. 行政公开原则的内容。（考研武汉大学2003年）

3. 请简述我国行政法的基本原则——行政公正原则的基本内容。（考研北京大学2004年）

4. 法律优位与法律保留。（考研中南财经政法大学2003年）

四、论述题

1. 行政法上的比例原则。（考研东南大学2004年）

2. 论依法行政主体要求与行为要求。（考

研武汉大学2002年)

3. 行政法治原则的涵义是依法行政,依法办事。(考研北京大学2000年)

4. 论信赖保护原则及其在我国《行政许可法》中的应用。(考研武汉大学2004年、中国人民大学2007年)

5. 据报道,在城市建设中,有的政府部门发出有关土地使用的许可证照后,因法律、法规、规章的修改、废止,或城市规划修改等许可所依据的客观情况发生重大变化,为了公共利益而撤回已生效的许可。也曾有个别地方的政府部门在颁发土地使用证照的过程中确有审查不严的问题,为弥补过错过失而以公共利益需要为由收回已生效的许可;或为了以更高价位将土地出让给他人,而以公共利益需要为由收回已生效的许可。(司考2007年卷四,第七题乙题)

请就上述情况,根据行政法的有关原则,谈谈你的看法及建议。

答题要求:

(1)观点明确,论证充分,逻辑严谨,文字通顺;

(2)不少于500字。

五、案例分析题

某县卫生局为了加强对本县餐饮行业的管理,保护本县人民的身体健康,公告要求管辖区域的所有饭馆保持卫生,饭馆内不准出现苍蝇、老鼠等有害动物,否则将根据《食品卫生法》第41条的规定给予罚款。公告发出后,县卫生局的工作人员对各饭馆进行检查,检查人员一进门就查看饭馆内有无苍蝇或老鼠,如果有,即按照数量多少计算罚款数额,每只苍蝇罚款50元、每只老鼠罚款100元。(注:《食品卫生法》第41条规定:"违反本法规定,食品生产经营过程不符合卫生要求的,责令改正,给予警告,可以处以5 000元以下的罚款;拒不改正或者有其他严重情节的,吊销卫生许可证。")

试用行政合理性原则分析本案中县卫生局的行为。

参考答案

一、多项选择题

1. **答案**:AB

提示:本题考查的是行政公开的内容

解析:A项和B项当然属于行政公开的内容。C的错误之处在于并非所有信息都要公开,如国家秘密不得公开。D项的内容主要是行政合理性原则的要求,不是公开原则的要求。

2. **答案**:AD

提示:本题考查的是行政合理性原则

解析:行政行为需考虑相关的因素并符合法律的目的和精神均是行政合理性的内涵,但行政合理性是建立在合法的前提下,违反了法律就谈不上合理了,故B项错误;合理性要求同样的事情同样对待、不同的事情不同对待,而不是针对不同的人不同对待,对所有的人应平等对待、不歧视,故C项错误。

3. **答案**:BCD

提示:本题考查的是行政合法性原则

解析:行政自由裁量权须在法定范围内行使是依法行政在自由裁量领域的体现,故A项正确;工商局有权吊销营业执照但无权吊销卫生许可证,后者属超越职权;拖欠货款属民事纠纷,公安局介入一般民事纠纷属滥用职权;行政规章必须依据和符合法律和法规,而不能对法律进行变通,否则构成下位法违反上位法,故B、C、D项错误。

4. **答案**:ACD

提示:本题考查的是行政合法性原则

解析:依法行政原则强调的是行政机关与立法机关、行政与法的关系问题,基于民主制度的要求,行政机关必须遵守由代表民意的立法机关制定的法律;在我国,这是人民代表大会制度的根本要求。因此,行政机关在政治上对于立法机关具有从属性,其行政活动不得与法律相违背,对于法律保留的事项必须有明确的法律依据或者取得立法机关的授权才能活动。《立法法》第8、9条对此作了明确规定。但同时依法行政并不意味着无法律即无行政，行政活动也有一定的自主性。《立法法》规定，对于不属于法律保留的事项，行政机关在法律尚未制定前，有权制定行政法规、规章，说明不是所有的行政事项都必须有法律依据。

5. 答案：BCD

提示：本题考查的是比例原则

解析：A项符合狭义比例原则的要求，B、C项违反了必要性原则的要求，B项中打击盗版这应该按照法律的规定进行，而不能以“倾家荡产”的过火方式加以处理。C项中王某建楼是经过批准的行为，按照必要性原则的要求，应责令拆除私自加建的部分。D项中双方仅因口角，就被处以行政处罚中最为严厉的处罚种类幅度中最重的判罚，这对于实现行政目的并不适当。

二、名词解释

提示：参见本章“基础知识图解”中比例原则部分，从比例原则的概念和内容来回答

三、简答题

1. 提示：参见本章“基础知识图解”中依法行政部分以及“重点知识讲解”中依法行政的内容部分，应主要从概念和内容两部分回答

2. 提示：应从行政公开原则的概念和内容两方面回答

答案：公开原则，是指用以规范行政权的行政程序，除涉及国家秘密、商业秘密或者个人隐私外，应当一律向行政相对人和社会公开。行政相对人可以通过参与行政程序维护自己的合法权益，社会民众可以通过公开的行政程序，监督行政主体依法行使行政权力。公开原则应当包括以下主要内容：

(1)行使行政权的依据必须公开。这里的“依据”有两方面的内容：①如果行使行政权的依据是抽象的，必须事先以法定形式向社会公布；②如果行使行政权的依据是具体的，必须在作出决定以前将该依据以法定形式告知相关的相对人。

(2)行政信息公开。行政主体依据行政相对人的申请，应当及时、迅速地提供行政相对人所需要的行政信息，除非法律有不得公开的禁止性规定。

(3)设立听证制度。听证是行政主体在作出影响行政相对人合法权益的决定前，由行政相对人表达意见、提供证据的程序以及行政主体听取意见、接受证据的程序所构成的一种法律制度。它是行政程序法的核心。

(4)行政决定公开。行政主体对行政相对人的合法权益作出有影响的决定，必须向行政相对人公开，从而使行政相对人不服决定时及时行使行政救济权。应当向行政相对人公开的行政决定不公开，该行政决定不能产生法律效力，不具有行政执行力。

3. 提示：应从行政的实体公正的要求和程序公正的要求两方面回答

答案：行政公正原则的基本精神是要求行政主体及其工作人员办事公道，不徇私情，平等对待不同身份、民族、性别和不同宗教信仰的行政相对人。

行政公正原则包括实体公正和程序公正两个方面。

(1)实体公正的要求主要包括：①依法办事，不偏私。严格遵守法律规定，依法办事，即是行政法治原则的要求，同时又是公正原则的要求。②平等对待相对人，不歧视。这一原则是公民在“法律面前一律平等”的宪法原则在行政法领域的具体体现。③合理考虑相关因素，不专断。所谓相关因素，包括法律法规规定的条件、政策的要求、社会公正的准则、相对人的个人情况、行为可能产生的正面或负面效果等。所谓专断，就是不考虑应考虑的相关因素，凭自己的主观认识、推理、判断，任意地、武断地做出决定和实施行政行为。

(2)程序公正的要求主要包括：①自己不做自己的法官。就是行政主体的工作人员处理涉及与自己有利害关系的事务或裁决与自己有利害关系的争议时，应主动回避或应当事人的申请回避。②不单方接触。指行政机关就某一行政事项同时对两个或两个以上的相对人作出行政决定或行政裁决，不能在一方当事人不在场的情况下单独与另一方当事人接触和听取其陈述，接受其证据。③不在事先未通知和听取相对人申辩意见的情况下作出对相对人不利的行政行为。这一要求是实现公正原则的重要程序保障。

4. 提示：应从法律优位和法律保留的含义来回答

答案：(1)法律保留，是指在立法上，重要的事项，如涉及公民的基本自由和权利的事项，或者国家的基本制度或重要制度的设定，都必须由法律规定，其他规范不得越位规定，法律也不得将应由自己规定的事项授权其他机关规定。

(2)法律优位,是指在法律的效力层级方面,在宪法之下,法律具有最重要的地位,效力高于其他法律规范。在已有法律规定的情况下,其他法律都不得与法律相抵触,凡有抵触,以法律为准。在没有法律规定的情况下,其他法律规范可在法定权限或授权的范围内就某事项作出规定,而一旦法律就同一事项作出规定时,以法律规定为准。

四、论述题

1. **提示**:参见本章“基础知识图解”中比例原则部分,以及“重点知识讲解”中的比例原则的内容部分,从比例原则的历史沿革、概念、内容及意义作答

2. **提示**:应从依法行政的主体要求与行为要求两方面回答

答案:依法行政的基本要求体现在对行政主体及其活动的方方面面:

(1)主体上的要求。行政主体必须是依法设立的并具备相应的资格和条件,该项内容要求包括行政机关和其他行政公务组织都必须符合法律规定的主体地位、资格和组织及人员条件,这也是依法行政要求之一部分。对依法行政形式上的要求,即要求行政主体及其行政行为符合法律、法规的规定。这是对行政活动的当然要求或者是最低要求,具有客观外在性。

(2)行为上的要求。包括形式上和实质上的要求两个方面:①行政行为在形式上的要求。行政行为在形式上的要求是多方位的,它具体包括:行政行为必须要有法律或法规的依据,否则不得作出影响公民权利义务的行为;必须在法定的权限范围内进行活动,否则就会越权无效;行政主体不仅有消极的义务遵守法律的规定,而且要积极地采取行动或措施保证法律规范的实施;在内容上不得违反行政实体法规范和程序法律规范。②行政行为在实质上的要求。对依法行政实质上的要求,即要求行政主体的行政行为不仅要符合法律规则的规定,而且还必须符合法律原则、目的与法理等。这是对依法行政更高一个层次上的要求。这方面的要求主要有:其一,行政行为应有合法、正当的目的;其二,行政行为必须具有正当的动机;其三,行政行为的作出应考虑相关的因素而不应受无关因素的影响;其四,行政行为应符合人之常理;其五,行政行为应符合公正的基本要求;其六,行政应公开化。

(3)依法行政主体要求与行为要求还共同表现为责任上的要求。主要表现在:①职权与职责相统一。行政主体享有或行使行政权,但它必须行使而不能放弃或者任意转让,它有义务去行使法定的职权,即其职权与职责是统一的。②行为主体与责任主体相一致。在行政活动中,行政机关或者被授权组织是对外名义的组织体,而任何行政活动最终都必须通过具体的行政公务人员实际完成。为此,必须明确它们各自的责任。在行政主体与公民或组织这一组外部关系上,行政机关或被授权组织既是行政主体又是责任主体;在行政机关或被授权组织与其内部人员(以及内部机构或受委托组织)之间这一组内部关系上,应分清或明确它们的内部责任。③责任与违法相对应。凡违法或不当行为及其他造成公民或组织权益损害的行为,不仅要否定它的法律效力,而且还应对实施违法的行政机关或其他行政公务组织及其人员追究违法责任,而不能允许有凌驾于法律之上或不受法律制裁的特权。

3. **提示**:参见本章“基础知识图解”中依法行政原则部分和“重点知识讲解”中依法行政的内容部分

答案:行政法治原则不仅仅限于依法行政,依法办事。法治的基本意思是依法办事,依法治国。法治要求政府在法律范围内活动,依法办事。政府和政府工作人员如果违反法律,超越法律,应承担法律责任。法治的实质是人民高于政府,政府服从人民。因为法治的“法”反映和体现的是人民的意志和利益。

法治作为一种国家社会状态,它既包括对政府的要求:依法行政,依法管理;也包括对公民的要求:人人知法,人人守法。法治作为一种民主政治的形式,基本上只是对政府的要求。这种要求随着时代的变化或国度的不同,其内容会有所不同。目前,在我国计划经济向市场经济转轨,由民主政治初级阶段向较完善阶段转变的时期,法治的主要要求包括下述诸项:

(1)依法行政,依法办事。依法的“法”,包括法律、法规、规章。法规、规章的数量远远超过法律,但在效力上,法律的效力高于法规、规章,在法规、规章的原则、内容与法律相冲突时,法律应成为准则,执法机关应适用法律,除非法律对相应法规、规章有特别的授权。“依法”的内容包括依法定权限,法定实体规则和法定程序,未遵守法定权限、法定实体规则和法定程序的要求,均构成对依法行政原则的违反,从而构成对法治原则的违反。依法行政原则首先是

对政府执法行为的要求，同时也是对立法的要求。只有有法可依才谈得上依法行政。立法包括权力机关的立法和行政机关的立法。权力机关的立法主要是制定基准性规范。行政机关的立法主要是制定从属性、执行性规范。政府行为是大量的，基准性规范的数量则不可能很多。因此，法治原则要求行政机关加强行政法规和规章的制定，使尽可能多的政府行为有具体规则可循，以最大限度地减少政府行为的任意性以及由任意性导致的不公正和腐败。依法制定和发布行政法规、规章，这不仅是政府的一项权力，更是政府的职责。

(2)控制滥用自由裁量权。自由裁量权最易被滥用，导致对国家、社会利益和对公民、法人、组织的合法权益的损害。因此，对自由裁量权必须加以控制。对政府行政自由裁量权的控制包括事前控制和事后控制，事前控制主要是指授权控制和程序控制，事后控制主要为行政复议和司法审查。

(3)对违法、侵权行为承担法律责任。作为一个法治政府，它应该带头守法、切实保障公民的合法权益不受侵犯。如果其行为违法越权，侵犯公民、法人或者其他组织合法权益，则应依法承担法律责任；如其行为造成公民、法人或其他组织人身权、财产权的损害，则应依法赔偿受害者的损失。对其违法行为是否承担法律责任，是区别法治政府和专制政府的一个重要标准。

(4)保护人权，维护公民的基本权利和自由。法治原则在人权保障方面通常还要求政府做到以下三点：①在实施行政行为时充分尊重行政相对人的人格，这不仅限于遵守法的明文规定，不对相对人实施法律明文禁止的行为；也包括不对相对人实施精神折磨或其他侮辱人格的行为。②切实保障公民的各项基本自由，包括人身自由、言论自由、信仰自由以及出版、集会结社、游行、示威等自由。非因国家和社会公共利益的特别需要，不得限制公民的自由。即使是国家和社会公共利益特别需要，其限制也不能超过必要的限度。③切实保障公民的各项政治权利，主要包括选举权、被选举权、担任国家公职权、参与国家管理权、对国家机关及其政府官员监督权、申诉控告检举权等。

4. 提示：参见本章“基础知识图解”中的信赖保护原则部分，以及“重点知识讲解”中的信赖保护原则的内容部分，从信赖保护原则的概念、根据、内容以及意义作答。另外，在《行政许可法》的具体应用一问，请参见《行政许可法》第8条、第69条的规定

5. 提示：参见本章“基础知识图解”中的信赖保护原则部分，以及“重点知识讲解”中的信赖保护原则的内容部分，从信赖保护原则的历史沿革、概念、根据、内容作答

答案：信赖保护原则是二战后在许多国家的行政法制实践中得到广泛认可和运用的原则，它的兴起是行政伦理及责任政府理念的内在要求。在现代国家，无论是权利的行使还是义务的履行，都不得损害对方的信赖。根据该原则，经合法性和安定性、公共利益和个人利益的权衡，如果存在值得保护的信赖，行政机关不得撤销违法的行政行为，或者只能在给予合理补偿的前提下才能撤销，其包括两方面的内容：

(1)行政机关公布的信息应当全面、准确、真实，行政机关对其真实性承担法律责任；

(2)行政机关的职权行为具有法律的效力，不能随意改变，非经法定事由和程序，行政机关不得撤销、变更已经生效的行政决定；因国家利益、公共利益或者其他法定事由而改变行政决定的，由此给行政管理相对人造成的损失应当给予补偿。

我国的《行政许可法》首次规定了信赖保护原则。行政许可信赖保护原则应作如下理解：

首先，信赖保护原则适用于存在违法受益性行政行为的场合。比如，被许可人相信该行政行为存在，而且被许可人的信赖利益值得保护。所谓信赖利益值得保护是指被许可人通过合法的手段取得该利益，而非通过恶意欺诈、胁迫或者贿赂促成行政许可。这是如果撤销该行政许可行为对被许可人非常不公平。

其次，信赖保护的结果以维持现状为原则，以撤销并给予充分补偿为例外。即行政许可决定一经作出生效，非有法定事由和依法定程序，不得擅自废止或者改变；行政机关只有在下述情形下，才能废止或者改变已经生效的行政许可决定：①行政许可所依据的法律、法规、规章修改或者废止；②准予行政许可所依据的客观情况发生重大变化，且基于公共利益，需要变更或者撤回已经生效的行政许可。

五、案例分析题

提示：本题主要考查的是考生对行政合理性原则及行政裁量行为的理解

答案：狭义的行政裁量行为，是指在法定的范

围、条件和幅度内行政机关自主判断、自我斟酌的行为。行政合理原则适用于行政裁量行为,目的是防止行政机关对裁量权限的滥用,行政合理原则的核心含义是行政裁量决定应当符合理性,禁止行政决定的武断专横和随意。行政裁量行为应符合并体现法律的目的,不得以形式合法背离立法的实质要求;建立于相关因素的正当考虑之上,不得考虑不相关的因素;符合正当程序和最一般的法律正义要求等。具体到行政处罚领域,行政合理性原则要求行政处罚必须与违法行为的事实、性质、情节以及社会危害程度相当。

本案中,《食品卫生法》第41条规定的是行政处罚裁量权。包括如下几种:①种类裁量。不符合卫生要求的,可以责令改正,给予警告、罚款、吊销卫生许可证;②条件裁量。一般不符合卫生要求的,可责令改正,给予警告,还可以处以罚款,拒不改正或其他严重情节的,吊销卫生许可证;③作为与否的裁量。“可以”处以5 000元以下罚款,罚与不罚由卫生部门自主选择;④幅度裁量。罚款5 000元以下,卫生部门在这个幅度范围内自由选择。可见法律赋予了卫生行政部门很大的裁量余地,卫生部门应在法定的种类、条件、幅度之内,具体情况具体分析,客观、理性、适度地做出行政处罚,而本案中县卫生局却“一刀切”,采取绝对化、简单化的执法方式,不考虑相关因素,任意武断地做出罚款决定。这显然不符合行政合理性原则,不符合实质法治的要求。

第四章　行政组织与行政主体

内容提示

在行政法学理论体系中，行政组织和行政主体都是非常重要的内容。行政组织理论侧重于从整体对行政组织涉及的法律问题进行研究，以确保行政组织建立在理性基础上，对行政组织整体予以法律规范和控制。行政主体理论则侧重于解决在行政组织中哪些行政机关能够独立对外管理、具有独立的法律地位。通过本章的学习，了解行政公务人员的概念、范围及国家公务员制度；重点掌握行政组织的基本含义及我国行政组织的设置、行政组织法的概念和内容，行政主体的概念、范围、种类、资格及确认。

基础知识图解

一、行政组织

<table>
<tr><td rowspan="8">行政组织</td><td rowspan="2">概述</td><td rowspan="2">行政组织的界定★</td><td>行政组织，是指承担行政事务、享有行政权的各级人民政府及其设置的行政机关的综合体。主要从以下几点把握：①行政组织是行政机关的综合体，是行政机关组成的有机系统；②行政组织是各级人民政府的组织，由各级人民政府及其设置的行政机关组成；③行政组织是承担行政事务、行使行政权的组织</td></tr>
<tr><td>行政组织与相关概念的区别：①行政组织与行政机关；②行政组织与行政机构；③行政组织与公务员</td></tr>
<tr><td rowspan="2">设置★</td><td>中央行政组织</td><td>主要包括：①国务院；②国务院组成部门；③国务院直属机构；④国务院办事机构；⑤国务院部委管理的国家局</td></tr>
<tr><td>地方行政组织</td><td>主要包括：①地方各级人民政府；②地方各级人民政府的工作部门；③派出机关和派出机构</td></tr>
<tr><td></td><td>行政组织法定原则</td><td>是指行政组织的设置、权限、规模，中央和地方的权力划分、行政机关的设置、职能、行政编制以及公务员管理等都要依法进行</td></tr>
<tr><td rowspan="2">行政组织法</td><td>概念</td><td>是规定行政组织的结构、规模，行政权的范围及划分，行政机关的设置、地位、权限以及公务员管理的法律规范的总称。主要从以下几点把握：①行政组织法是规范行政组织的法律规范的总称；②行政组织法在内容上包括行政权的设定和对其承担者——行政组织的规范；③行政组织法的目的是通过对行政权及其承担者的规范和控制来确保相对人行政权益的实现，促进社会发展</td></tr>
<tr><td>特征</td><td>主要包括：①行政组织法主要是静态的法；②行政组织法原则上只能由国家权力机关制定；③行政组织法只规定行政权及行政权的承担者，不直接规定相对人的权利义务</td></tr>
</table>

<table>
<tr><td rowspan="3">行政组织</td><td rowspan="3">行政组织法</td><td rowspan="3">基本内容</td><td>行政机关组织法</td><td>内容包括:①行政机关组织法涉及的基本法律概念;②行政权的设定及标准;③中央与地方的关系;④行政机关的设置;⑤行政主体的资格;⑥行政机关管理中的其他问题</td></tr>
<tr><td>行政机关编制法</td><td>主要对以下问题做出规定:①行政机关编制自身;②行政机关编制管理;③违反行政机关编制法的法律责任</td></tr>
<tr><td colspan="2">公务员法</td></tr>
</table>

二、行政主体

<table>
<tr><td rowspan="12">行政主体</td><td rowspan="2">行政主体概述</td><td>概念★</td><td colspan="3">是指依法享有国家行政职权、能代表国家独立进行行政管理并独立参加行政诉讼的组织。主要从以下几点把握:①行政主体是一种组织,而不是个人;②行政主体是依法拥有国家行政职权的组织;③行政主体有权代表国家独立行使行政权力;④行政主体能够独立参加行政诉讼</td></tr>
<tr><td>地位</td><td colspan="3">主要包括:①行政主体在国家行政组织中的地位;②行政主体在对外管理中的法律地位</td></tr>
<tr><td rowspan="7">行政主体的范围和种类</td><td>范围</td><td colspan="3">行政主体包含以下十类:①国务院;②国务院组成部门;③国务院直属机构;④经国务院授权的办事机构;⑤国务院部、委管理的国家局;⑥地方各级人民政府;⑦地方各级人民政府的职能部门;⑧经法律、法规授权的派出机关和派出机构;⑨经法律、法规授权的行政机关内部机构、议事协调机构和临时机构;⑩法律、法规授权的其他组织,主要有以下几类:一是行政性公司,二是经授权的事业单位,三是经授权的企业单位,四是经授权的社会团体、群众性组织及其他社会组织</td></tr>
<tr><td rowspan="6">种类</td><td rowspan="2">根据行政职权来源的不同★</td><td>职权行政主体</td><td>是依据宪法和组织法的规定,在其成立时应具有行政职权并取得行政主体资格的组织</td></tr>
<tr><td>授权行政主体</td><td>是因宪法、组织法以外的法律、法规的规定而获得行政职权、取得行政主体资格的组织</td></tr>
<tr><td rowspan="2">根据管辖范围的不同</td><td>中央行政主体</td><td>是指行政职权的范围及于全国的组织</td></tr>
<tr><td>地方行政主体</td><td>是指行使行政职权的范围及于本行政区域的组织</td></tr>
<tr><td rowspan="2">根据行政主体的构成不同和行使行政职权的对象不同</td><td>地区性行政主体</td><td>是指以行政地域为基础,行使行政职权的范围和行政地域相联系的组织</td></tr>
<tr><td>公务性行政主体</td><td>是指承担某项公务不以地域为基础的组织</td></tr>
<tr><td rowspan="3">行政主体资格及确认</td><td colspan="4">行政主体的资格★:是指作为行政主体应当具备的条件,包括组织条件和法律条件</td></tr>
<tr><td rowspan="2">行政主体资格的确认</td><td colspan="3">对行政主体资格的确认具有直接、重要的意义:①有助于明确一个组织的法律地位;②有助于确定行政行为的效力;③有助于确认行政诉讼的被告</td></tr>
<tr><td colspan="3">有几个行政主体的确认较为复杂,有待明确:
(1)行政授权中的行政主体。按照行政主体理论,行政机关以外的组织经法律、法规和规章的授权后成为行政主体
(2)委托行政中的行政主体。委托人是行政主体,受委托的组织或个人是行政主体的代理人,其不因委托而享有行政主体资格
(3)行政派出关系中的行政主体。设立派出组织的行政机关是行政主体,派出组织本身不是行政主体,其行为后果归属于设立它的行政机关。但当法律、法规直接授权派出组织进行管理时,该派出组织获得行政主体资格
(4)非常设性机构是否成为行政主体。非常设性机构又称临时机构或议事协调机构。原则上,非常设性机构是代表设立它的行政机关行使职权,不具有行政主体资格。但当法律、法规明确授权非常设性机构进行管理时,该机构成为行政主体</td></tr>
</table>

三、行政公务人员

<table>
<tr><td rowspan="7">行政公务人员</td><td colspan="2">概念</td><td>是指依法享有职权或受行政主体委托，以行政主体的名义进行管理，其行为后果归属于行政主体的个人。主要掌握以下几点：①行政公务人员是个人而不是组织；②行政公务人员代表行政主体，以行政主体的名义进行管理；③行政公务人员所实施行为的后果由其所代表的行政主体承担</td></tr>
<tr><td colspan="2">范围</td><td>(1)国家行政机关公务员，是指依法履行公职、纳入国家行政编制、由国家财政负担工资福利的工作人员。国家公务员的范围包括在国家权力机关、行政机关、审判机关、检察机关、执政党机关、人民政协、民主党派机关中任职的除工勤人员以外的工作人员
(2)其他行政公务人员，指除国家行政机关公务员之外，其他执行国家行政公务的人员。具体包括：①行政机关非固定性借用的执行公务的人员；②在紧急情况下，经行政机关认可而协助执行公务的人员；③在法律、法规及规章授权的组织中不属于国家行政编制的执行公务的人员；④在受行政机关委托的组织中行使行政职权的人员</td></tr>
<tr><td rowspan="3">法律地位</td><td>普通公民</td><td>作为普通公民，行政公务人员享有宪法和法律、法规赋予的各项权利，负担各项法定义务，既可以民事主体的身份从事相关活动，出现在民事、劳动等法律关系中，也可以行政相对人的身份参与行政法律关系</td></tr>
<tr><td>国家行政机关公务员</td><td>公务人员与所属行政机关之间形成的行政职务关系是一种内部行政法律关系，作为内部行政法律关系的一方当事人，公务员接受行政机关人事、档案、财务、纪律等方面的管理。在对外执行公务时，公务员必须以行政机关的名义，而不能以其个人的名义进行，行为的后果应归属于其所在的行政机关，而不是归属于公务员个人</td></tr>
<tr><td>行政主体的代表</td><td>行政公务人员对外管理时不具有独立的法律地位，只能以所代表的行政主体的名义行使职权</td></tr>
<tr><td rowspan="2">国家公务员制度</td><td>概念</td><td>是指国家公务员的分类、录用、培训、考核、奖惩、职务升降、职务任免、辞退、辞职、退休、工资福利待遇、保险以及申诉控告等具体制度的总称</td></tr>
<tr><td>内容</td><td>主要包括：①公务员的义务和权利；②职位分类；③公务员的素质保障机制；④公务员的激励机制；⑤公务员的监控机制</td></tr>
</table>

重点知识讲解

一、行政组织与相关概念的区别

1. 行政组织与行政机关。行政机关是指为实现行政目的而依法设置、承担行政事务并能独立进行管理的基本组织体。在行政管理中，行政机关是最基本的管理单位，能够独立行使权力、履行职责，但其管理行为的法律后果归属于国家。

(1)二者的联系：行政组织与行政机关是一种包容关系，行政组织由行政机关组成。二者都承担行政事务、享有行政权力。

(2)二者的区别：①行政组织是一集合概念，偏重“学理性”；而行政机关是一实际用语，具有

"实际性"。②行政组织指一级人民政府的组织,由人民政府及其下设的各类行政机关组成;而行政机关是行政组织中的基础单位,不能再进行分解。③行政组织担当的行政事务具有整体性,享有的行政权也是全方位的;而行政机关担当的行政事务大多限于某一方面,享有部分行政权。

2. 行政组织与行政机构。行政机构一词与行政组织、行政机关一样缺乏法律的统一规定。通说认为行政机构是指行政机关的内部机构。国务院"三定方案"中的"定机构"就是取此含义。按照上述理解,行政组织与行政机构的区别主要表现在:行政组织是行政机关的集合体,而行政机构只是行政机关的组成部分。行政机构作为行政机关的一部分而存在,可以代表所在的行政机关对外管理,但不能独立行使职权。

3. 行政组织与公务员。公务员是在政府部门任职的工作人员。公务员是行政组织的基本构成要素之一,但公务员不是行政组织。在法律上,公务员代表行政组织进行管理,其管理行为的后果归属于国家。

二、行政组织的设置

1. 中央行政组织。

(1)国务院:指由国务院总理、副总理、各部部长、各委员会主任、审计长和秘书长组成的组织体。根据《宪法》第89条,其享有四类职权:①制定行政法规权;②领导全国各项行政工作权;③领导各级国家行政机关权;④国家最高权力机关授予的其他职权。

(2)国务院组成部门:包括各部、各委员会、人民银行和审计署。国务院共设组成部门28个。其职权概括为三类:①制定规章权;②本部门所辖事务的管理权;③机构、人事管理权。

(3)国务院直属机构:是指国务院设立的主办各项专门业务的行政管理部门。国务院现设19个直属机构(包括1个直属特设机构)。与国务院组成部门相比,直属机构有以下特点:①直属机构的级别低于国务院组成部门,其负责人不是国务院的组成人员;②直属机构由国务院自行设置,无需国家权力机关批准;③直属机构的主管业务单一,不具综合性;④直属机构没有规章的制定权,但在国务院以及法律、行政法规授权时制定的规范性文件具有规章的效力。

(4)国务院办事机构:是指国务院设立的协助总理办理专门事项的辅助性机构。现设国务院侨务办公室等4个办事机构。其主要职能是协调总理办理具体事务,一般不享有独立对外管理的权限。

(5)国务院部、委管理的国家局:是指国务院设置的主管专门业务,由部委归口管理但又具有相对独立性的行政机关。现设有10个部委管理的国家局。根据国务院有关文件的精神,国家局的业务受所在的部委领导。凡重要的事项,如政策的制定,行政规范的起草、修改以及重大业务问题要经部长、委员会主任批准才能上报国务院,或自行实施。国家局的人事编制和行政事业经费等由国家局自己负责。

2. 地方行政组织。

(1)地方各级人民政府。地方各级人民政府是指按照我国行政区域划分而分级设立的地方国家行政机关。我国地方各级人民政府具有双重性质:一是国务院领导下的国家行政机关,都要服从国务院;二是地方利益的代表,是地方权力机关的执行机关,对地方权力机关负责。其职权主要有以下几项:①制定规章权。省、自治区、直辖市,省、自治区的人民政府所在地的市以及经国务院批准的较大的市的人民政府有权根据法律、法规制定规章。②本行政区域内行政事务的管理权。③领导下级行政机关。

(2)地方各级人民政府的工作部门。根据《地方组织法》的规定,地方各级政府可以根据工作需要和精简的原则设立若干工作部门,省级政府工作部门的设置报请国务院批准,其他的报上级人民政府批准。地方各级人民政府的工作部门,一方面对本级人民政府负责,受本级人民政府的统一领导;另一方面又要接受上级人民政府主管部门的领导或指导。其职权是主管事务的决定权,或者说按照法律对具体事项做出处理的权力。

(3)派出机关和派出机构。派出机关是一级人民政府在一定行政区域内设立的派出组织。共有三类:①行政公署;②区公所;③街道办事处。

派出机构是由政府的工作部门根据需要在一定行政区域内设立的派出组织。其种类较多,如公安派出所、税务所和工商所等。

三、行政主体与其他相关概念的区别

1. 行政主体与行政法律关系主体。行政法律关系主体是指受行政法调整和支配的有关组织和个人,主要包括行政主体和行政相对人,以及行政活动的监督主体。可见,行政主体只是行政法律关系的一方当事人。两者的关系是:行政主体必定是行政法律关系主体,但行政法律关系主体不单是行政主体。

2. 行政主体与行政组织。行政组织是指担当行政事务、享有行政权的各级人民政府及其设置的行政机关的综合体。而行政主体则是行政组织中具有独立对外管理权限的行政机关以及法律、法规授权组织的总称,可见,行政主体与行政组织是从不同的角度来概括行政权的承担者。行政主体强调的哪些组织具有对外管理的权力;行政组织则是一个系统概念,突出行政机关的整体性和统一性。

3. 行政主体与行政机关。行政机关是指为实现行政目的而依法设置、承担行政事务并能独立进行管理的基本组织体。二者的关系表现在以下几个方面:①行政机关是一个法律术语,而行政主体为法学概念,是对在公共行政中依法享有行政职权、能代表国家独立进行管理的组织的抽象。②在我国,行政主体包括行政机关和法律、法规授权的组织两部分。③值得注意的是,行政机关往往具有双重身份,即行政主体和机关法人。当行政机关行使行政职权时,是以行政主体的身份出现的;当行政机关从事民事活动时,其身份是机关法人,或者说是以民事主体的身份出现。④行政机关的派出机关、派出机构以及行政机关的内部机构在法律、法规特别授权的情况下也可成为行政主体。

四、职权行政主体与授权行政主体的区别

职权行政主体与授权行政主体同为行政主体,但两者却有明显的区别:

1. 行政职权的性质不同。职权行政主体拥有的行政职权是固有职权;授权行政主体拥有的行政职权是非固有职权。

2. 行政职权的来源不同。职权行政主体的行政职权来自于宪法、法律和法规的明确规定,尤其是宪法和组织法的明确规定;授权行政主体的行政职权则来自于法律、法规的规定或有权机关的依法授予。

3. 取得主体资格的时间不同。职权行政主体自行政法人成立之日就取得了行政主体资格;授权行政主体常在成立之后,经法律法规的特别授权才有行政主体的资格。

4. 行政主体的性质不同。职权行政主体为国家正式的行政机关;授权行政主体则为行政机构或社会组织。

五、行政主体资格

行政主体资格,是指作为行政主体应当具备的条件。行政组织是行政权的承担者,但不是行

政组织中所有的行政机关都具备行政主体资格。另外,行政机关以外的组织也可能因取得行政主体资格而成为行政主体。我们认为,行政主体的资格要件包括组织要件和法律要件两类:

1. 组织要件。即作为行政主体的组织自身应具备的条件。由于行政机关和法律、法规授权组织的设立依据不同,因而其组织要件也不相同。

(1)行政机关的组织要件一般应包括:①行政机关的设立有法律依据,属于国务院行政组织序列。②行政机关的成立经有权机关批准。③行政机关已被正式对外公告其成立。④行政机关已有法定编制和人员。⑤行政机关已有独立的行政经费预算。⑥行政机关已具备必要的办公条件。

(2)法律、法规授权组织作为行政主体应具备两个组织要件:①该组织应具有法人资格。②该组织一般是不以营利为目的的事业单位、社会团体和群众组织。

2. 法律要件。即作为行政主体的组织在法律上应具备的条件。从目前的行政主体理论看,行政主体的法律要件只有一项,即必须具有法律、法规的明确授权。这里既包括宪法和行政组织法对中央和地方各级人民政府的授权,也包括法律、法规对其他行政机关和行政机关以外的组织的授权。

配套习题

一、单项选择题

1. 李某因住房紧张申请建房,村干部批给一处六间房的宅基地。动工建房期间,村委会以李某未经审批为由出面制止。李某以宅基地已批给自己使用和持有县政府颁发的房屋确权证为由不听劝阻,村委会报告乡政府并经其同意,责令李某限15天内拆除所建房屋,李某不服,欲提起行政诉讼,问此案所涉主体谁为被告?( )

A. 县政府　　B. 村干部

C. 乡政府　　D. 村委会

2. 在县委的指示下,某县政府所属林业局在某林区设立一木材检查站,对过往木材进行检查并行使处罚权,木材检查站应以谁的名义进行处罚?( )

A. 县政府　　B. 县林业局

C. 木材检查站　　D. 县委

3. 某工商机关工作人员在一集贸市场检查时,发现公民甲与乙打架斗殴,即上前制止,并当场询问制作调查笔录,最后对甲乙分别做出了罚款50元的行政处罚,这一处罚决定如何?( )

A. 合法,因为证据确凿、事实清楚

B. 违法,因为工商机关没有治安处罚的行政主体资格

C. 合法,因为国家行政机关都有维护社会公共秩序的法定职责

D. 违法,因为工商机关应当与公安机关联合执法

4. 下列哪种做法符合《公务员法》的规定?( )(司考2006年卷二,第49题)

A. 某卫生局副处长李某因在定期考核中被确定为基本称职,被降低一个职务层次任职

B. 某市税务局干部沈某到该市某国有企业中挂职锻炼一年

C. 某市公安局与技术员田某签订的公务员聘任合同,应当报该市组织部门批准

D. 某地环保局办事员齐某对在定期考核中被定为基本称职不服,向有关部门提出申诉

5. 下列有关行政机关、行政主体和行政法主体关系说法错误的是( )

A. 行政法主体是行政法调整的各种行政关系的参加人

B. 行政法主体是行政主体的一种

C. 行政主体只有在行政管理中才具有真正的行政主体的地位

D. 行政机关是最重要的一种行政主体

二、多项选择题

1. 下列不具有行政主体资格的有哪些？（ ）

A. 某技术监督局委托的技术检验所

B. 某区街道办事处

C. 某市公安局的消防科

D. 某税务局局长

2. 关于行政机关和行政机构的设立，下列哪些说法正确？（ ）

A. 省人民政府设立行政公署须经国务院批准

B. 国务院设立直属机构须经全国人大常委会批准

C. 国务院职能部门的设立、撤销、合并由总理提出报经全国人大或其常委会批准

D. 区政府设立街道办事处须经市政府批准

3. 下列何项属于国务院的职能机构？（ ）

A. 中国人民银行　　B. 国家税务总局

C. 国家海关总署　　D. 审计署

4. 下列哪些做法不符合有关公务员管理的法律法规规定？（ ）（司考 2005 年卷二，第 90 题）

A. 县公安局法制科科员李某因 2002 年和 2004 年年度考核不称职被辞退

B. 小王 2004 年 7 月通过公务员考试进入市法制办工作，因表现突出于 2005 年 1 月转正

C. 办事员张某辞职离开县政府，单位要求他在离职前办理公务交接手续

D. 县财政局办事员田某对单位的开除决定不服向县人事局申诉，在申诉期间财政局应当保留田某的工作

5. 王某为某县劳动与社会保障局的一名科长，因违纪受到降级处分。下列何种说法不符合《公务员法》的规定？（ ）（司考 2006 年卷二，第 93 题）

A. 王某对处分不服，可自接到处分决定之日起 30 日内向某县人事局提出申诉

B. 王某对处分不服申请复核时，复核期间应暂停对王某的处分

C. 王某受处分期间，不得晋升级别和享受年终奖金

D. 处分解除后，王某的原级别即自行恢复

6. 关于国家行政机构，下列哪些说法是不正确的？（ ）（司考 2004 年卷二，第 74 题）

A. 国家粮食局是国务院直属机构

B. 国务院台湾事务办公室是主管台湾事务的办事机构

C. 财政部的司级内设机构的增设由财政部审核，国务院机构编制管理机关批准

D. 国务院学位委员会是国务院组成部门

7. 下列哪些情形违反《公务员法》有关回避的规定？（ ）（司考 2007 年卷二，第 85 题）

A. 张某担任家乡所在县的县长

B. 刘某是工商局局长，其侄担任工商局人事处科员

C. 王某是税务局工作人员，参加调查某企业涉嫌偷漏税款案，其妻之弟任该企业的总经理助理

D. 李某是公安局局长，其妻在公安局所属派出所担任户籍警察

三、名词解释

1. 受委托组织与被授权组织（考研武汉大学 2003 年、西南政法大学 2003 年）

2. 行政组织

3. 派出机关与派出机构（考研武汉大学 2005 年）

4. 行政主体和行政法（或行政法律关系）主体（考研西北政法学院 2004 年）

四、简答题

1. 行政主体的概念和种类。（考研武汉大学 2003 年、西北政法学院 2003 年）

2. 简述行政机关与公务员的关系。（考研西南政法大学 2001 年）

3. 行政主体资格的构成要件有哪些？（考研西北政法学院 2005 年、武汉大学 2005 年）

4. 行政机关职责与职权的关系。

五、论述题

论行政组织法治化。

六、案例分析题

1. 李某1994年承包某国有农场6亩土地种蔬菜。在承包的土地中有5棵芒果树为承包给个人,收益仍属农场。由于树木遮荫,对蔬菜损害较大,李某向农场反映,要求砍去芒果树。农场未经调查,误以为只有一棵芒果树,遂即同意。事后,农场发现有5棵芒果树,就改口说李某的行为是乱砍滥伐,并依据《森林法》对李某进行处罚。

请根据行政主体理论评析农场的处罚行为。

2. 某交警大队警察徐某下班回家途中,看到一辆轿车驶入自行车道,便将车拦住,司机看到警察拦车就停了车,徐某告知这是自行车道禁止机动车行驶,司机说对不起、走错了。对话中,徐某闻到司机有酒味,便问他是否喝酒了,司机承认是喝了点酒,但又说你已经下班了就别管闲事了。徐某说不行,酒后驾车属于违章,罚款50元,并暂扣驾照。

试分析,本案中交警徐某的行为属公务行为还是个人行为?

参考答案

一、单项选择题

1. 答案:C

提示:本题考查的是行政主体资格

解析:县政府和村干部的行为不是原告的诉讼标的,自然不是被告,A、B项错误;村委会作为群众自治组织没有独立主体资格,而乡政府是一级行政机关,具有行政主体资格,从案中可知村委会只是受乡政府的委托,根据行政委托原理,行政委托机关为被告,故本案的被告为乡政府,C项正确。

2. 答案:B

提示:本题考查的是行政主体资格

解析:县林业局是县政府的职能部门,具有行政主体资格,木材检查站只是县林业局内部临时机构,对内部机构行为不服以它所属的行政机关为被告,故AC两项不正确;县委不是行政主体,而是党的机关,故D项不正确。

3. 答案:B

提示:本题考查的是行政主体的职权

解析:行政主体必须在法定权限范围内实施行政行为,越权无效,治安处罚权仅限于公安机关行使,税务机关或其他机关及其工作人员无权随意行使,故A、C、D项均不正确。

4. 答案:B

提示:本题考查的是公务员的不称职

解析:《公务员法》第47条规定,公务员在定期考核中被确定为不称职的,按照规定程序降低一个职务层次任职,故A项错误;《公务员法》第66条规定:“根据培养锻炼公务员的需要,可以选派公务员到下级机关或者上级机关、其他地区机关以及国有企业事业单位挂职锻炼。”故B项正确;《公务员法》第97条第2款规定:“聘任合同的签订、变更或者解除,应当报同级公务员主管部门备案。”并非批准,故C项错误;根据《公务员法》第90条的规定,对定期考核定为不称职的可以申诉,并非对基本称职可以申诉,故D项错误。

5. 答案:B

提示:本题考查的是行政主体与行政机关、行政法主体的区别

解析:行政法主体即行政法律关系主体,行政法律关系主体是指受行政法调整和支配的有关组织和个人,主要包括行政主体和行政相对人,以及行政活动的监督主体。可见,行政主体只是行政法律关系的一方当事人。因此,A项正确,而B项错误。

二、多项选择题

1. 答案:AD

提示:本题考查的是行政主体资格

解析:A项属行政委托,受委托组织不具有行政主体资格;B项为区政府的派出机关,具有行政主体资格;C项虽为行政机关内部机构,但得到《消防条例》的授权,在授权范围内具有独立的行政主体资

格;D 项为公务员,不具有行政主体资格。

2. 答案:ACD

提示:本题考查的是行政机关和行政机构的设立

解析:根据《地方各级人民代表大会和地方各级人民政府组织法》第 68 条可知 A、D 项正确;由《国务院组织法》第 11 条可知国务院自主决定设立直属机构,故 B 项错误;由《国务院组织法》第 8 条可知,C 项正确。

3. 答案:AD

提示:本题考查的是国务院的职能机构

解析:国务院组成部门包括各部、委员会、中国人民银行和审计署,简单的识别方法是根据其名称判断,除中国人民银行和审计署外,其他机构应当是"……部"或者"……委员会"。B、C 项都是国务院直属机构。因此,A、D 项正确。

4. 答案:ABD

提示:本题考查的是公务员的辞退

解析:《公务员法》第 83 条规定,年度考核连续两年被确定为不称职才能被辞退,故 A 项做法错误。第 32 条规定,新录用的公务员试用期为一年,不得缩短,因此,B 项的做法不符合法律规定。第 91 条第 2 款规定,复核、申诉期间不停止人事处理的执行,故 D 项也是错误的。第 86 条规定,公务员辞职或者被辞退,离职前应当办理公务交接手续,因此,C 项正确。

5. 答案:ABCD

提示:本题考查的是对公务员的处分

解析:《公务员法》第 90 条规定,公务员对涉及本人的人事处理不服的,可以自知道该人事处理之日起 30 日内向原处理机关申请复核,故 A 项错误;《公务员法》第 91 条第 2 款规定:"复核、申诉期间不停止人事处理的执行。"故 B 项错误;《公务员法》第 58 条规定,公务员在受处分期间不得晋升职务和级别,没有规定不得享受年终奖金;第 74 条规定,公务员在定期考核中被确定为优秀、称职的,按照国家规定享受年终奖金。故王某虽受处分,但如果处分期间的定期考核被确定为优秀或称职,仍然可以享受年终奖金,故 C 项不正确;《公务员法》第 59 条规定,解除降级、撤职处分的,不视为恢复原级别、原职务,故 D 项错误。

6. 答案:ACD

提示:本题考查的是国家机构

解析:国家粮食局是国家发改委管理的国家局,不是国务院直属机构,A 项错误;国务院台湾事务办公室是主管台湾事务的办事机构,B 项正确;根据《国务院行政机构设置和编制管理条例》第 14 条,财政部的司级内设机构的增设应当经国务院机构编制管理机关审核方案,报国务院批准,C 项错误;国务院学位委员会设置于教育部内,不是国务院组成部门,D 项错误。

7. 答案:ABC

提示:本题考查的是公务员回避制度

解析:根据《公务员法》第 69 条的规定:"公务员担任乡级机关、县级机关及其有关部门主要领导职务的,应当实行地域回避,法律另有规定的除外。"可以知道 A 项违反了地域回避的规定。根据《公务员法》第 68 条的规定:"公务员之间有夫妻关系、直系血亲关系、三代以内旁系血亲关系以及近姻亲关系的,不得在同一机关担任双方直接隶属于同一领导人员的职务或者有直接上下级领导关系的职务,也不得在其中一方担任领导职务的机关从事组织、人事、纪检、监察、审计和财务工作。因地域或者工作性质特殊,需要变通执行任职回避的,由省级以上公务员主管部门规定。"可以知道 B 项违反了有关回避的规定。根据《公务员法》第 70 条的规定:"公务员执行公务时,有下列情形之一的,应当回避:①涉及本人利害关系的;②涉及与本人有本法第 68 条第 1 款所列亲属关系人员的利害关系的;③其他可能影响公正执行公务的。"可以判断 C 项也违反了有关规定。故 A、B、C 项应选。

三、名词解释

1. 提示:应从受委托组织和被授权组织的概念回答

答案:受委托组织,是指受行政机关委托行使一定行政职能的非国家机关的组织。被授权组织是指因法律、法规授权而行使特定行政职能的非国家机关组织。

被授权组织在行使法律法规所授行政职能时,是行政主体,具有与行政机关基本相同的法律地位。被授权组织以自己的名义行使法律、法规所授职能,并由其本身就所授职能范围内的行为对外承担法律责任。

被委托组织不是行政主体,不因行使所委托的职权而获得行政主体资格。被委托的组织以委托组织的名义行使职能,并由委托组织承担法律责任。

2. 提示:参见本章"基础知识图解"中行政组织部分,从行政组织的概念和界定等方面回答

3. 提示:从派出机关与派出机构的概念来回答

答案:派出机关是指县级以上地方人民政府因工作需要,经有权机关批准在一定区域内设立的,承担该区域内各项行政事务的国家行政机关。派出机关并不是一级政府,但却依法行使着一定区域内所有行政事务的组织和管理权,并能以自己的名义作出行政行为和对行为后果承担法律责任,因而他们都是行政主体。

派出机构是指政府职能部门根据工作的需要而在一定区域设置的,代表该职能部门管理某项行政事务的派出工作机构。只要是所在机关的职权,派出机构都可以行使,但不能以行政主体的身份出现,即不能以自己名义来行使,而应以所在机关的名义来行使,代表所在机关行使职权,行政机关是行政主体。

派出机构与派出机关有严格的区别:首先,设立机关不同。派出机关是由各级人民政府设置的;派出机构则是由各级人民政府的职能部门设置的。其次,职能范围不同。派出机关的职能是多方面的或综合性的,相当于一级政府;派出机构则只限于管理某项专门的行政事务。再次,主体资格不同。派出机关是职权行政主体;派出机构则只能成为授权行政主体。

4. 提示:参见本章"重点知识讲解"中的行政主体与其他相关概念的区别部分

四、简答题

1. 提示:参见本章"基础知识图解"中行政主体部分,从行政主体的概念和范围回答

2. 提示:应从行政机关和公务员的职责划分、权利义务回答

答案:公民按照法定程序进入公务员队伍,在一定的行政机关中担任职务,从而享有并行使行政职权。此外,非公务员公民经有权机关授权而产生职权,并依法行使该职权。国家赋予公务员一定的职权,公务员代表国家、以国家的名义实施行政权;国家规定公务员以一定的职责,公务员必须依法履行职责,否则,国家可以追究其法律责任。

(1)行政机关的职权、职责、权限和优先权涉及公务员。即行政机关的职权成为公务员的职权,行政机关的优先权同时成为公务员的当然权利,行政机关的职责和权限同样拘束公务员。

(2)公务员在分享行政机关的职权、优先权和分担行政机关的职责、权限时,行政机关有权对分享和分担物进行"再分配"。公务员不仅不能超越其所属行政机关的权限,而且同样不能超越本机关内部公务员之间的权限。

(3)公务员实施行政管理活动,必须以行政机关的名义,按行政机关的意志进行。在符合形式要件和实质要件的前提下,公务员的行为引起的一切法律后果,都归属于行政机关。行政机关对公务员的过错行为承担责任,支付行政赔偿费用后,再根据公务员是否有故意或重大过失,决定是否行使追偿权。

(4)为保障公务员以行政机关的名义并按行政机关的意志从事公务活动,行政机关可以在法律范围内规定公务员的纪律,并行使监督权和奖惩权。

3. 提示:参见本章"重点知识讲解"中行政主体资格部分,从行政主体资格的概念、组织要件、法律要件等方面回答

4. 提示:应从行政职权和行政职责的概念、联系、区别来回答

答案:(1)行政职权是国家行政权的转化形式,是行政主体实施国家行政管理活动的资格及其权能。行政职责是行政主体行使国家行政权力、管理行政事务所必须履行的职务责任。

(2)行政职权与行政职责的关系是:职权因职责而产生,法律首先赋予了行政机关各种职责,为保证这些职责的完成,授予行政机关以相应的职权。离开了职责,职权就失去了存在的根据,而离开了职权,职责就无法实现。

(3)行政职权和行政职责又有所区别。在逻辑上,职责是先于职权的,是职权产生的依据。另外,职权和职责并非是一一对应的关系,为了实现某项行政职责,可能需要多项行政职权。

五、论述题

提示:应从行政法治的理论来回答

答案:(1)行政组织必须受制于法治原则的理念和相关制度,民主、促进和保障人权、政府对公众负责等一直是其内涵。行政组织法治化,应当符合以下要求:①行政组织必须由宪法和法律予以规范,而不能由行政机关自行其是。即使是出于对现代行政复杂性和机动性的考虑,行政机关也只能在宪法与

法律的明确授权之下,对行政组织的部分问题作出决定。②关于行政组织的法律规范必须具有公开性、确定性和一致性。③关于行政组织的法律规范必须确保国家与社会的良性互动关系,促进经济发展和保障人权。这是法治原则在行政组织领域的一个实质性要求。④行政机关必须依法对行政组织进行运作,实施任何违法行为都要承担相应的法律责任。法治原则的核心是要求政府守法。政府与普通公民一样,其违法行为也必须受到法律的追究,有关机关或官员必须承担相应的法律责任。

(2)完善行政组织的法治化,进行组织立法时,应着重注意:①授权条款。②公民权利保障条款。行政机关的权限职责直接关涉公民的权利义务,如果行政组织法只是笼统地规定各个行政机关的管理权范围,势必给一些行政机关在其管理领域任意限制公民权利和任意设定公民义务留下余地。③权限冲突解决条款。权限冲突在很多情况下直接影响公民的权益,为及时解决权限争议,使公民相关的权利义务尽快摆脱不稳定状态,有必要在行政组织法中规定专门的条款。④监督机制和法律责任追究机制条款。违反行政组织法的行为必须承担一定的法律责任,并由国家有权机关通过监督机制予以追究。

六、案例分析题

1. **答案**:本案中,农场不具备行政主体资格,无权实施行政处罚。因为农场是一个国有企业,而不是行政机关,只可以因为法律、法规的授权或行政机关的委托而进行行政处罚,但《森林法》及有关法规并未授权,林业主管部门也未委托,故农场不能以自己的名义行使处罚权,其行为是违法的。

解析:本题主要考查的是考生对行政主体的理解和运用。

2. **答案**:国家公务员具有两种身份:公务员和普通公民。以公务员身份在公务场合行使职权,以行政机关而非自己的名义,行为后果由行政机关承担,包括充当行政诉讼被告及赔偿义务主体;以公民身份在非公务场合以自己的名义从事的行为是个人行为,其法律后果由个人承担。判断某一行为是公务行为还是个人行为,需要从多方面综合考虑,通常包括下列几个因素:①行政行为人一般是国家公务员;②执行公务的人员在执行公务时表明了身份;③公务员在行政职权范围内实施行为;④行为者应是出于执行公务的目的和动机等。据此,应该认为,本案中交警徐某的行为属于公务行为。

解析:本题主要考查的是对公务行为与个人行为的识别。

第五章　行政相对人

内容提示

行政相对人是指参与行政法律关系，对行政主体享有权利或承担义务的公民、法人或其他组织。通过本章的学习，应当理解行政相对人的概念，能够从一般法律特征上将行政相对人与民事主体等区分开；重点掌握行政相对人的范围、权利义务及其具有行政法上法律效果的行为。

基础知识图解

一、行政相对人概述

<table>
<tr><td rowspan="7">行政相对人概述</td><td>概念</td><td colspan="3">是指参与行政法律关系，对行政主体享有权利或承担义务的公民、法人或其他组织</td></tr>
<tr><td>特征</td><td colspan="3">(1)相对于在行政活动中具有并行使国家行政权力的行政主体而言，行政相对人是不具有也不能行使国家行政权力的公民、法人或其他组织
(2)行政相对人是与行政主体具有行政法上权利义务关系的公民、法人或其他组织，而不是一般意义的公民、法人或其他组织。这种特定权利义务关系可以这样理解：①是由行政法规定或确认的，而不是由宪法、民法或刑法等其他法律部门来规定的；②是与行政主体之间的具体权利义务关系
(3)行政相对人形成与行政主体之间的权利义务关系具有多种形式，大体有三类：①以对行政主体积极主张权利的方式，参与形成行政法律关系；②以对行政主体享有权利、行政主体必须积极对其履行义务的形态，形成行政法律关系；③以积极主动向行政主体履行义务，或者被行政主体要求履行义务，形成行政法律关系</td></tr>
<tr><td rowspan="5">基本类型</td><td rowspan="3">以行政相对人自身存在形式为标准</td><td>个体的行政相对人</td><td>是自然人形态的行政相对人，主要指公民。包括：中国公民，外国人，无国籍人</td></tr>
<tr><td>组织的行政相对人</td><td>是团体形态的行政相对人，包括法人和非法人组织两种</td></tr>
<tr><td colspan="2">区分意义：①他们在不同的法律关系中有各自不同的行政相对人资格；②他们有各自不同的权利义务；③他们依法各自有不同的行为方式</td></tr>
<tr><td rowspan="2">以行政主体与相对人在具体法律关系中的地位为标准</td><td>权利相对人</td><td>是向行政主体主张权利并要求其履行相应义务的相对人，通常是行政受益人，主要指行使参与行政管理权利的人、受到行政奖励、行政救助、行政保护、行政指导、行政许可的相对人等</td></tr>
<tr><td>义务相对人</td><td>是受行政主体权力约束并向其履行义务的相对人，通常是行政行为的受损人，主要指被行政征收、行政命令、行政裁决、行政处罚、行政强制的相对人等</td></tr>
</table>

<table>
<tr><td rowspan="12">行政相对人概述</td><td rowspan="8">基本类型</td><td rowspan="2">以行政行为的对象是否确定为标准</td><td>特定相对人</td><td>是行政行为所指向的、可确定的对象，是与行政主体有特定权利义务关系的公民、法人或其他组织</td></tr>
<tr><td>不特定相对人</td><td>是行政行为所指向的、广泛而不确定的对象，通常是抽象行政行为的相对人</td></tr>
<tr><td rowspan="2">以受行政行为约束和影响的方式为标准</td><td>行政行为明指的相对人</td><td>是行政行为明确针对和指向的人，也是行政主体在作出行政行为时，主观上就明确指向且客观上也对其权益发生影响的相对人</td></tr>
<tr><td>受行政行为结果影响的相对人</td><td>是行政主体在做出一个行政行为时主观上并没有指向他的目的，但做出行政行为后，该行为在客观结果上却影响了其利益的人</td></tr>
<tr><td rowspan="2">以与行政主体发生法律关系的人不同</td><td>外部相对人</td><td>行政主体与社会上的公民、法人和其他组织之间的权利义务关系</td></tr>
<tr><td>内部相对人</td><td>行政机关或机构与其内部公务人员之间的权利义务关系</td></tr>
<tr><td rowspan="2">以对行政主体的认同关系为标准</td><td>积极的行政相对人</td><td>以积极态度主动配合、协助行政主体，使其顺利行使行政权力、实现行政目标</td></tr>
<tr><td>消极的行政相对人</td><td>以消极的态度对待行政主体，使行政权力的行使受阻碍</td></tr>
<tr><td rowspan="4">行政相对人的权利能力和行为能力</td><td rowspan="2">公民的权利能力和行为能力</td><td>权利能力</td><td>(1)一般权利能力：泛指参加一般行政法律关系的法律资格，它始于出生，终于死亡
(2)特殊权利能力：指参加特定的行政法律关系所要求的法律资格，它与主体的法定身份密切相关</td></tr>
<tr><td>行为能力</td><td>(1)一般行为能力：要求年龄条件和智力条件，而且这两个条件具有普遍适用性
(2)特殊行为能力：是指公民在行政法上因具体行政法律关系的不同而有特定要求的行为能力</td></tr>
<tr><td rowspan="2">法人的权利能力和行为能力</td><td>权利能力</td><td>(1)一般权利能力：在成立时就赋予了每个法人和其他组织，它始于法人和其他组织的成立，终于法人和其他组织的消亡
(2)特殊权利能力：由行政法赋予特定的法人和其他组织</td></tr>
<tr><td>行为能力</td><td>与其权利能力是一致的：①存续时间相同；②范围相同</td></tr>
</table>

二、行政相对人的权利与义务

<table>
<tr><td rowspan="5">行政相对人的权利与义务</td><td>概念</td><td>是指行政法所规定或确认的、在行政法律关系中由行政相对人享有和履行,并与行政主体的权利义务相对应的权利义务</td></tr>
<tr><td>特征★</td><td>主要包括:①行政相对人的权利义务必须是行政法所设定或确认的权利义务;②是在行政活动过程中予以行使或履行的权利义务;③是与行政主体的权利义务相对应的权利义务,即仅仅是行政相对人与行政主体之间的权利义务</td></tr>
<tr><td rowspan="2">行政相对人的权利★</td><td>主要包括:①参政权利;②受益权利;③自由权利;④受平等对待的权利;⑤程序权利</td></tr>
<tr><td>行政主体对行政相对人的义务:①保障行政相对人各种合法权益状态及其正常行使的义务,即有不得非法妨碍、阻挠、剥夺行政相对人各种合法权益的义务。②保护行政相对人合法权益不受侵害的义务。③对行政相对人的指导义务。④对行政相对人的补救和赔偿义务。⑤增进行政相对人利益的义务</td></tr>
<tr><td>行政相对人的义务</td><td>主要包括:①维护行政主体各种行政权力正常行使的义务,即有不得妨碍、阻扰各种行政权力依法正常行使的义务;②配合行政主体正常行使有关权力的义务;③服从行政主体具有法律效力的决定的义务;④遵守法定程序的义务</td></tr>
</table>

三、行政相对人的行为

<table>
<tr><td rowspan="10">行政相对人的行为</td><td>含义</td><td colspan="3">是指在行政活动中,行政相对人做出的能产生行政法效果的各种行为之总称</td></tr>
<tr><td>特点</td><td colspan="3">主要包括:①行政相对人行为是一种法律行为,这是它的本质属性。②行政相对人行为是由行政法规定的行为,即行政法规定了该类行为的模式及后果。③行政相对人行为是能产生行政法效果的行为,这是该类行为在法律后果上的特征。④行政相对人行为是行政法律关系结构中由公民个体一方做出的行为。⑤行政相对人行为具有形式多样化和目的多重性的特点。⑥行政相对人行为对行政主体没有直接的强制执行力</td></tr>
<tr><td>种类★</td><td colspan="3">主要包括:①合法行为与违法行为;②权益性行为与义务性行为;③实体行为与程序行为;④强制性行为与任意性行为;⑤主动行为与被动行为;⑥行政法禁止、奖励、授权和命令的行为</td></tr>
<tr><td rowspan="2">内容</td><td>实体行为的内容</td><td colspan="2">主要包括:①获取权益;②行使权利;③放弃权利;④履行义务</td></tr>
<tr><td>程序行为的内容</td><td colspan="2">(1)请求实体性权利义务:①请求获得特定权利或资格;②请求恢复权利或减免义务;③请求确认权利义务关系或法律事实;④请求保护合法权益
(2)证明法律事实和法律地位</td></tr>
<tr><td rowspan="4">效力</td><td>含义</td><td colspan="2">是指行政相对人的行为所发生的法律效果,即它所产生的特定法律约束力。其内容包括:①对行政主体的约束力;②行政相对人行为能协同国家机关的监督权力,从而对行政主体产生强制力</td></tr>
<tr><td rowspan="3">生效条件</td><td>行为的主体条件</td><td>主要包括:①行为主体必须是以自己的名义就自身的权益事项做出行为的主体;②作为公民的行为主体应达到法定年龄;③其他法定的主体资格条件</td></tr>
<tr><td>行为的内容条件</td><td>要求行政相对人行为在内容上符合法律规定的范围</td></tr>
<tr><td>行为的形式条件</td><td>要求行政相对人行为符合法定形式</td></tr>
</table>

重点知识讲解

一、行政相对人权利义务的特征

1. 行政相对人的权利义务必须是行政法所设定或确认的权利义务。行政法以规定行政主体与行政相对人之间权利义务的方式来调整行政活动范围内的社会关系。由行政法所规定或确认的权利义务又可分为以下几种情况：

(1)单纯由行政法规定的权利义务。这一类权利义务仅由行政法来加以规定，其他部门法不会也不可能作出规定。

(2)既由其他部门法如民法规定，又由行政法规定的权利义务。这一类权利义务其他部门法已做出了规定，而行政法又予以强化规定，特别是还专门规定了行政主体与之对应的权利义务。

(3)其他部门法如民法规定了权利义务后，行政法为保护这类权利义务的实现而规定的从属性权利义务。在这里，民法等其他部门法规定的权利义务纯属公民等一方"私人"之间的权利义务，它是主要的权利义务；而行政法在此基础上派生规定的权利义务，是为保障前者得以实现的权利义务，是从属性的权利义务。没有前者，后者的规定没有意义，但没有后者，前者则难以得到真正的实现。

2. 行政相对人的权利义务是在行政活动过程中予以行使或履行的权利义务。行政法只调整一定范围内的社会关系，这个范围就是行政活动的范围，行政法规定了这一范围内行政主体与行政相对人之间的权利义务，换言之，行政相对人的权利义务也就是在这个范围内行使或履行的权利义务。公民、法人和其他组织的许多权利义务既可以在行政活动范围内运用或履行，也可以在民事活动等其他领域内运用或履行。但只有在行政活动范围中运用或履行的权利义务，才是行政相对人的权利义务。

3. 行政相对人的权利义务是与行政主体的权利义务相对应的权利义务，即仅仅是行政相对人与行政主体之间的权利义务。在这里，行政法律关系已将行政相对人的权利义务固定化了。它表明：行政相对人的权利只是对应行政主体义务的一种特定权利，它对应的不是其他法律主体的义务，也不是行政主体作为机关法人而具有的义务。行政相对人的义务则只是对应行政主体权力的特定义务，它对应的不是其他法律主体的权利，也不是行政主体作为机关法人而具有的权利。

二、行政相对人的权利

1. 参政权利。是指参加国家行政管理的权利，是行政相对人依法以各种形式和渠道参与、影响或帮助行政权力依法有效行使的权利。这种权利应是宪法规定的公民部分政治权利在行政法中的具体化。行政相对人参与国家行政活动有两条基本界限：①要以行政相对人的身份或者是行政相对人代表者的身份参与；②参与的是以国家行政管理为内容的活动。这一权利主要包括：批评建议权；控告检举权；协助公务权；知情权；行政契约权；担任国家行政机关公职的应试权和因条件合格的被录用权。

2. 受益权利。是行政相对人通过行政主体的积极行为而获得各种利益及利益保障的权利。这些利益可以包括财产利益、人身利益和其他各种利益。由行政活动受益的权利，从利益享有程度和方式上，可分为保障性受益权、发展性受益权、保护性受益权。

(1)保障性受益权是指因行政主体提供物质和其他条件保障而受益的权利,主要包括:①基本生活水平的受保障权;②特定群体福利优待的受保障权;③劳动就业和劳动安全受保障权;④义务教育的受保障权;⑤参加基本性社会生活的受保障权。

(2)发展性受益权是指因行政主体提供各种条件而发展自身利益的权利,主要有:①符合条件者有受行政许可的权利;②受行政奖励的权利;③从事某种生产经营活动而受政策优待的权利;④得到行政指导的权利。

(3)保护性受益权是指行政相对人的各种合法权益在受他人妨碍、侵害时,受行政主体保护的权利。一般包括:①在紧急情况下受行政主体救助的权利;②合法权益受他人侵害后请求行政主体予以处理的权利;③合法权益受行政主体确认的权利。

3. 自由权利。它不仅仅是人身自由、财产自由或言论自由等,而是一切合法权益和自由,不是具体权利,而是抽象了各种权利和自由的共性的一种权利,即行政相对人的各种合法权益与自由不受行政主体违法行政行为侵害的权利。这一权利主要包括:①各种合法权益和自由的自主享有。要求行政主体履行一种不作为的义务,对合法权益和自由不得以违法行使权力予以妨碍和侵害,否则要承担行政赔偿等行政法上的责任。②企业、事业单位的经营、管理自主权利。③抵制行政主体非法侵害的权利。这一权利是由自由权利所派生的权利。④合法权益受侵害后获得赔偿的权利。

4. 受平等对待的权利。是指行政相对人在行政活动中应当得到行政主体的平等对待。受平等对待的权利以平等权利为基础,但不等于平等权利。平等权利是就行政相对人的相互关系而言的,而受公平对待的权利是就行政相对人与行政主体的关系而言的,它基于公民之间的平等权利,要求作为执法者的行政主体予以公平地对待,平等地适用法律。

这一权利的最基本的内容是,行政相对人在同等条件下受到行政主体的同等对待。具体包括:①行政立法上的同等对待;②行政执法和行政司法上的同等对待。

5. 程序权利。行政相对人参与的程序主要是行政程序和救济程序。行政程序是行政主体作出涉及行政相对人权益的行政决定的过程,为形成行政决定的“事前程序”。救济程序是对违法行政决定造成损害后予以补救的过程,为“事后程序”。行政相对人在行政程序中的权利主要有:①了解权;②申请权;③得到通知的权利;④评论权;⑤申请回避权;⑥举证权;⑦辩论权;⑧程序抵抗权。此外,行政相对人还有委托代理人的权利、取得档案资料副本的权利等其他程序权利。

行政相对人在事后救济程序中的权利主要有:①被行政主体告知救济途径和方法的权利;②提出申诉、复议和诉讼的权利;③委托代理人的权利;④申请回避的权利;⑤陈述和辩论的权利;⑥上诉的权利;⑦申请执行的权利。

三、行政相对人行为的种类

1. 合法行为与违法行为。

(1)合法行为是不违反行政法规定的行为。它又分为消极的合法行为和积极的合法行为。①消极的合法行为包括行政相对人的守法行为和做出法未明文禁止的行为。其一,守法是行政法对行政相对人行为的最低要求,是行政相对人服从并遵守行政法规定的行为,其偏重于要求行政相对人依法履行义务或不得滥用权利。其二,实施法律未明文禁止的行为是行政相对人的自由行为,对行政相对人的这种自由行为,行政主体负有不得干预和限制的义务。②积极的合法行为是行政相对人运用法律规定积极参与行政管理和主张并保护自己的权益的行为。

(2)违法行为是违反行政法规定的行为。它又可分为第一性违法行为与第二性违法行为。

①第一性违法行为是行政相对人违反行政法基本规定，不履行行政法原初义务的行为。②第二性违法行为是行政相对人在不履行行政法规定的原初义务后，行政主体依法施以第二次惩罚性义务，而行政相对人对惩罚性义务仍不履行的行为。第二性违法行为往往是行政强制执行发生的前提条件。

2. 权益性行为与义务性行为。

（1）权益性行为是行政相对人主张、享有和行使权利及自由的行为。其中，主张权利是在权利的享有和行使受侵害或阻碍时，要求予以恢复和补救的权利。享有权利和自由是对权利与自由享有的状态，如具有人身自由；行使权利是对某项权利的诸权能的具体运用，如对财产的使用。

（2）义务性行为是行政相对人履行法定义务的行为。

3. 实体行为与程序行为。

（1）实体行为是行政相对人行使实体性权利和履行实体性义务的行为。

（2）程序行为是行政相对人行使程序性权利和履行程序性义务的行为，前者如行政相对人对行政许可的申请行为，后者如行政相对人接受行政主体调查取证的行为等。

4. 强制性行为与任意性行为。

（1）强制性行为是法律对行政相对人规定了明确、具体的行为模式，行政相对人只能按法律规定的行为模式做出的行为。这种行为有利于行政相对人正确行使权利和切实履行义务。

（2）任意性行为是法律对行政相对人没有固定的行为模式规定，只要行政相对人有意愿地表达，无论采用何种方式都可能发生效力的行为。如行政相对人对行政主体的监督，就可以采用任意形式，不能对行政相对人加以严格限制，这是方便行政相对人行使权利的需要。

5. 主动行为与被动行为。

（1）主动行为是行政相对人以其意愿，为达成一定的目的而主动实施的行为，如行政相对人对法定义务的主动履行行为。

（2）被动行为是行为人非按自己的意志而被迫做出的行为，如行政相对人被行政强制执行而承担法定义务的行为。

6. 行政法禁止、奖励、授权和命令的行为。

（1）行政法禁止的行为是在行政法的价值判断上予以否定的行为。因而这类行为受到行政法约束，一旦公民做出这种行为，就要承担行政法律责任，导致行政主体行政处罚、行政强制行为的处理，形成对自己不利的行政法后果。

（2）行政法奖励的行为是行政法在价值判断上大力提倡和奖励的行为。

（3）行政法授权的行为是行政法授权行政相对人有权做或不做的行为。

（4）行政法命令的行为，是行政法要求必须做出的行为。这是行政法对行政相对人提出的最低要求，是行政相对人必须做出的行为。

配套习题

一、单项选择题

1. 下列有关行政相对人的说法错误的是（　）

A. 行政相对人是指在行政管理法律关系中，其权益受到行政主体行政行为影响的个人、组织

B. 行政相对人是指处在行政管理法律关系中的个人、组织

C. 行政相对人是指行政管理法律关系中作为与行政主体相对应的另一方当事人的个人、组织

D. 行政相对人受行政行为的影响,指的是直接影响,而非间接影响

2. 下列不属于行政相对人权利的有( )

A. 申诉、控告、检举权

B. 参与权

C. 维护公共利益的权利

D. 了解权

3. 下列说法错误的是( )

A. 间接相对人有时不能提起行政诉讼

B. 行政相对人也是行政管理的参与人

C. 区分授益相对人和侵益相对人的标准是行政行为对相对人权益影响的性质而不是行政主体行为的种类

D. 抽象行政行为的相对人就是抽象相对人

二、多项选择题

1. 下列可以成为行政相对人的有( )

A. 一个在中国旅游的英国人

B. 韩资企业

C. 某市公安局

D. 县政府的公务员

2. 下列说法正确的是( )

A. 行政相对人既是行政主体行政管理的对象,又是行政管理的参与人

B. 行政相对人的法律地位包括实体法上的地位和程序法上的地位

C. 行政相对人只能对损害性行政行为申请法律救济,而对受益性行政行为不能申请救济

D. 当法律完全是为了实现公共利益,而不是以保护特定个人利益为目的时,行政行为依法实施给私人带来的利益是反射利益,该反射利益受到侵害,行政相对人无权以此为由申请救济

三、名词解释

行政相对人与行政第三人(考研武汉大学2005年)

四、简答题

1. 简述行政相对人的权利。(考研中南财经政法大学2002年、中国人民大学2005年)

2. 简述行政相对人的法律地位。

3. 简述行政相对人参与权的内容。

参考答案

一、单项选择题

1. 答案:D

提示:本题考查的是行政相对人的概念和特征。参见本章“基础知识图解”中行政相对人概述部分

解析:不仅受行政行为直接影响的个人或组织是行政相对人,受行政行为间接影响的个人或组织也是行政相对人。

2. 答案:C

提示:本题考查的是行政相对人的权利,参见本章“重点知识讲解”中行政相对人的权利部分

3. 答案:D

提示:本题考查的是行政相对的基本类型

解析:抽象行政行为的相对人称为不特定相对人,而抽象相对人是行政行为尚未对其权益产生实际影响而仅具有潜在影响的相对人,D项错误。能提起行政诉讼的相对人,必须是认为自己的权益受到侵害,不是所有的行政相对人都能提起行政诉讼,A项正确。行政相对人就是参与行政法律关系,享有行政权利和履行行政义务的个人、法人和组织,也就是参与行政管理关系的参与人,B项正确。以行政主体行为的种类不同可以划分为特定行政相对人和不特定相对人,C项正确。

二、多项选择题

1. 答案:ABCD

提示:本题考查的是行政相对人,参见本章“基础知识图解”中行政相对人概述部分

2. 答案:AB

提示:本题考查的是行政相对人的行政救济,及

行政相对人的地位

解析:随着公民对行政的依赖度的提高以及公民权利意识的提高,传统上认为是反射利益的事项尽量被解释为法律保护的利益,当难以判断时,则推定为个人的法律利益,以此加强对行政相对人利益的保护,所以,D项错误。

三、名词解释

提示:本题考查的是行政相对人和行政第三人的异同,从二者的概念、联系和区别等方面回答

答案:行政相对人是指参与行政法律关系,对行政主体享有权利或承担义务的公民、法人或其他组织。行政相对人是行政法律关系中处于被管理地位的一方当事人。

行政第三人是指与已作出的行政行为有间接利害关系的,受行政权间接作用或约束的、在行政法律关系中潜在的或暗示的公民、法人或者其他组织。

行政第三人与行政相对人两者都受行政权作用或行政行为约束,而且两者都与行政主体形成了行政法上的权利义务关系。其区别主要在于:首先,从实质特征看,行政第三人与行政行为有间接的利害关系。同时,行政第三人受行政权的间接作用或行政行为的间接约束;而行政相对人与行政行为有直接的利害关系,他受行政权的直接作用或行政行为的直接约束。其次,从形式特征上看,行政第三人是暗示的或潜在的行政法律关系主体,不能从行政决定书上直接看出来,而行政相对人是明显的行政法律关系主体,从行政决定书上可直接找到。

四、简答题

1. **提示**:参见本章“重点知识讲解”中行政相对人的权利部分

答案:行政相对人的权利是行政相对人所具有的专对行政主体主张的权利,包括实体上的权利和程序上的权利两类:

行政相对人实体上的权利主要有:①以各种形式和渠道参与行政管理的权利。②为保护自身合法权益而抵抗行政主体非法侵害的权利。③合法权益受行政主体保护的权利。④受益权。⑤受到行政主体公平对待的权利。⑥对因行政主体违反行政行为而受损害的,有获得行政赔偿的权利。

行政相对人程序上的权利主要有:①对行政主体作出不利于自己的处理决定时的申辩权。②对行政主体有关行政活动的了解权。③对行政主体的行政处理不服而提起行政复议、行政诉讼的权利。

2. **提示**:参见本章“基础知识图解”中行政相对人概述部分

答案:(1)行政相对人是行政主体行政管理的对象。行政相对人必须服从行政主体的管理,履行行政主体行政行为确定的义务,遵守行政管理秩序。

(2)行政相对人是行政管理的参与人。在现代社会,行政相对人要通过各种途径、各种形式,积极地参与行政管理。行政相对人对行政管理的参与是现代民主的重要体现。此外,行政相对人在行政救济法律和行政法制监督关系中可以转化为救济对象和监督主体。

(3)行政相对人在其合法权益受到行政主体侵犯后,可以依法申请法律救济,成为行政救济法律关系的一方主体。另外,行政相对人对行政主体行使国家行政权的行为可以实施监督,成为行政法制监督的主体。

3. **提示**:参见本章“重点知识讲解”中行政相对人的权利部分

第六章　行政行为

内容提示

行政行为是行政法学研究中最重要的对象之一，是行政主体实施国家行政管理的手段和方式。它有着广泛的范围和多样化的形式。为了保证行政主体有效实施行政行为，实现行政管理的目的，同时防范行政主体以行政行为侵害公民、法人或其他组织的合法权益，法律应当对行政主体的行为作出科学、详细的规范。通过本章的学习，了解行政行为的概念、特征和分类；理解行政行为的无效、撤销、变更和终止的原因及其后果；重点掌握行政行为效力的内容、合法生效的条件及生效规则。

基础知识图解

一、行政行为概述

行政行为概述	概念	是指行政主体为实现国家行政管理目的、行使行政职权和履行行政职责所实施的一切具有法律意义、产生法律效果的行为
	特征	主要包括：①行政行为是行政主体所实施的行为；②是行政主体行使行政职权或履行行政职责的行为；③是能产生法律效果的行为；④行政行为有着多种多样的行为方式
	与相关概念的区别及联系★	主要包括：①行政行为与国家行为；②行政行为与民事行为；③行政行为与行政机关的行为；④行政行为与职务行为；⑤行政行为与行政法上的行为
	构成要件	主要包括：①行政行为的主体是行政主体，在行政主体委托其他组织实施行政行为的情况下则必须以行政主体的名义进行；②行政行为的本质是国家行政权力的运用，这是行政行为的权力属性要件；③行政行为必须是客观存在的，这是行政行为的客观要件
	内容	主要包括：①设定权利和义务；②实现权利和义务；③剥夺、限制权利和减、免义务；④确认和恢复权利、义务；⑤确认法律事实

二、行政行为的分类

行政行为的分类			
	以行为功能的不同以及对象的不同为标准	抽象行政行为	是指行政主体针对广泛、不特定的对象设定具有普遍约束力的行为规范的活动
		具体行政行为	是指行政主体针对特定对象具体适用法律规范所作出的、只对特定对象产生约束力的行为
	以行政行为所针对的问题为标准	内部行政行为	是指行政机关对本机关内部的行政事务管理所实施的行政行为
		外部行政行为	是指行政主体依管理范围对社会上的行政管理事务所实施的行政行为
	以实施行政行为的权力来源为标准	依法定职权的行为	是指行政主体中的国家行政机关直接按法定的固有职权而实施的行政行为
		依授权的行为	是指行政主体中的非行政机关的组织按法律、法规的专门授权而实施的行政行为
		依委托的行为	是指某些非行政机关的组织经国家行政机关委托后,在委托范围内代行政机关实施的行政行为
	以行政行为是否由行政主体单方意志就可形成并发生法律效力为标准	单方行政行为	是指以行政主体单方意志作出并发生法律效力,无需相对一方的同意
		双方行政行为	是指以行政主体与相对一方的共同意志作出,需双方合意才能发生法律效力
	以行政行为受法律约束的程度为标准	羁束行为	是指严格受法律的具体规定约束、行政主体没有一点自己选择余地的行为
		自由裁量行为	是指法律只规定原则或一定的幅度或范围,行政主体根据原则或在法定幅度或范围内,根据具体需要和实际情况,可以自主作出的行为
	以行政行为产生法律效力是否必须具备法定形式为标准	要式行为	是指行政法规范要求必须具备特定形式才能产生法律效力的行政行为
		非要式行为	是指行政法规范没有要求产生法律效力必须具备特定形式的行政行为
	以行政主体是否主动实施行政行为为标准	依职权行政行为	又称主动行政行为或积极行政行为,是指行政主体无须行政相对人的申请就能根据自身职权主动实施的行政行为
		依申请行政行为	又称被动行政行为或消极行政行为,是指行政主体只有在行政相对人提出申请后才能被动实施的行政行为

三、行政行为的效力

<table>
<tr><td rowspan="6">行政行为的效力</td><td>含义</td><td>是指行政行为发生的法律效果。行政行为的效果表现为它产生的特定的法律约束力和强制力</td></tr>
<tr><td>特点★</td><td>主要包括:①效力先定;②单方意志性</td></tr>
<tr><td>内容★</td><td>主要包括:①公定力;②确定力;③拘束力;④执行力</td></tr>
<tr><td>合法生效的条件★</td><td>主要包括:①主体条件;②法定职权条件;③内容条件;④程序和形式条件</td></tr>
<tr><td>生效规则</td><td>(1)即时生效:是指行政行为一经作出即具有效力,对相对人立即生效
(2)送达生效:是指将表达行政行为内容的法律文书送达给当事人,一经送达即发生法律效力
(3)告知生效:是指行政主体采取有效方式将行政行为的内容告知行政相对人,使行政相对人了解行政行为的具体内容,行政行为才开始生效
(4)附条件生效:是指行政行为的生效附有专门的日期或条件,一旦日期届满或条件具备,该行政行为就发生效力</td></tr>
</table>

四、行政行为的无效、撤销、变更和终止

<table>
<tr><td rowspan="6">行政行为的无效、撤销、变更和终止</td><td rowspan="3">行政行为的无效</td><td>概念</td><td>是指因具有重大、明显的违法情形,从而自始至终不发生法律效力的行政行为</td></tr>
<tr><td>条件</td><td>主要包括:①行政行为具有特别重大的违法情形或导致犯罪;②行政行为具有明显的违法情形;③不可能实施的行政行为;④行政主体受行政相对人胁迫或欺骗作出的行政行为;⑤行政主体不明确或明显超越相应行政主体职权的行政作为</td></tr>
<tr><td>后果</td><td>(1)行政相对人可以不受该行为的约束,可以不履行该行为所确定的任何义务,并且不会引起任何法律责任
(2)行政相对人可在任何时候请求有权国家机关宣布该行政行为无效,有权国家机关也可以任何时候宣布该行政行为无效。有权宣布的机关有:原行政机关、原行政机关的上级行政机关、权力机关和人民法院
(3)行政行为被宣布无效后,行政相对人因无效行政行为而受到的一切损害均应予以恢复,行政相对人因无效行政行为而获得的一切权益均应收回;如果此种收回给善意的行政相对人或第三人的合法权益造成损害,行政主体应予以赔偿;如因行政相对人的过错、违法导致行政行为无效,使国家和社会公共利益遭受损失的,行政相对人应予以赔偿</td></tr>
<tr><td rowspan="3">行政行为的撤销</td><td>概念</td><td>是指因行政行为不符合有效成立的条件,由有权的机关对其予以撤销,使其向前向后均失去效力</td></tr>
<tr><td>条件</td><td>主要包括:①合法要件缺失;②不适当,是指行政行为具有不合理、不公正、不符合现行政策、不合乎有关善良风俗习惯等情形</td></tr>
<tr><td>后果</td><td>(1)行政行为撤销通常使行为自始失去法律效力,但根据社会公共利益的需要或行政相对人是否存在过错等情况,撤销也可以使行政行为自撤销之日起往后失去效力
(2)如果行政行为的撤销是因行政主体的过错引起,而因社会公共利益的需要又必须使行政行为的撤销效力追溯到行为作出之日起,那么,由此给行政相对人造成的一切实际损失应由行政主体予以赔偿
(3)如果行政行为的撤销是因行政相对人的过错或行政主体与相对人的共同过错所引起的,行政行为撤销的效力通常应追溯到行政行为作出之日。行政主体通过行政行为已给相对人的利益、好处均要收回;行政相对人因行政行为撤销而遭受到的损失均由行政主体予以适当的赔偿;行政公务人员对行政行为的撤销具有过错时,应承担一定的内部行政法律责任,如给予行政处分等</td></tr>
</table>

行政行为的无效、撤销、变更和终止	行政行为的变更		是指因行政行为的内容不适当而加以改变。变更通常是让行政行为仍然存在,只是在种类、幅度等内容上作出一些变化,使之更为合理、适当。在我国,有权对行政行为予以变更的有权机关主要包括:行政主体的上级行政机关、行政复议机关和人民法院。人民法院依照我国《行政诉讼法》的规定只具有很有限的变更权,仅对行政处罚显失公正的才予以变更
	行政行为的终止	概念	是指行政行为的效力因某些法定因素而不再向后发生法律效力
		原因	主要包括:①行政行为的目的已经达到、任务已完成而自然终止效力;②期限届满;③行政行为针对的事项已不复存在或因情况有了较大变化而被行政主体终止;④行政行为附有一定的解除条件,一旦条件具备,其效力即被终止
		后果	(1)行政行为终止后,其效力自终止之日起失效。行政主体在行政行为终止之前已给予行政相对人的利益、好处不再收回;行政相对人依原行政行为已履行的义务亦不能要求行政主体予以任何赔偿 (2)行政行为的终止如果是因法律、法规、规章、政策的废除、改变、撤销或形势变化而引起的,且此种终止给行政相对人的合法权益造成了比较大的损失,行政主体应对其损失予以适当补偿

重点知识讲解

一、行政行为与有关概念的区别及联系

1. 行政行为与国家行为。国家行为也称政治行为或统治行为,是指不属于司法审查对象的、具有高度政治性的、涉及国家重大利益的、最高国家机关的行为,如外交行为、国防行为等。

行政行为与国家行为的区别:①可诉性不同。所有国家行为都是不可诉的,而具体行政行为是可诉的。②承担责任的方式不同。国家行为只能通过承担政治责任的方式来加以监督,而行政行为可以用直接承担行政责任的方式进行监督。

2. 行政行为与民事行为。民事行为是指能够引起平等主体之间民事法律关系产生、变更和消灭的行为。行政行为与民事行为的区别在于:①当事人地位不同。在民事行为中,双方当事人的地位是平等的,而在行政行为中,双方当事人的地位是不对等的,行政主体始终处于优势地位。②行为的性质不同。民事行为属于私法行为,属于私法调整的范围;行政行为是公务行为,属于公法的调整范围。

3. 行政行为与行政机关的行为。行政机关是行政主体的最主要形式,而行政行为是行政主体所作出的,因此常常有人把行政机关的行为看作是行政行为。这种看法是片面的,因为行政机关所拥有的法律身份在不同的场合是不同的,从而也导致了其行为性质的不同:当行政机关以民事主体身份出现时,其行为是民事行为,如购买办公用品;有些行政机关甚至可以以司法主体的身份出现,如公安机关在进行刑事侦查活动时,其行为属于司法行为;只有当行政机关在进行行政活动时,其行为才是行政行为。

4. 行政行为与职务行为、职务相关行为及职务中的行为。行政行为是职务行为,是指行政主体直接执行职务的行为。职务相关行为是指虽不是职务行为本身,但这种行为的发生与职务有关联,如公安人员在审讯时殴打嫌疑犯,这种行为就是职务相关行为。职务中的行为是指行政主体的工作人员在执行职务过程中所做出的各种行为，可能是职务行为，也可能是职务相关行为，甚至可能是个人行为。

5. 行政行为与行政法上的行为。行政法上的行为是指受行政法调整的行为，它既包括行政主体作出的行政行为，也包括行政相对人作出的行为。也就是说，行政法上的行为要比行政行为的范围广，行政行为只是行政法上的行为的组成部分之一。

二、行政行为效力的特点

1. 效力先定。所谓效力先定是指行政行为一经成立，就具有法律约束力。即使它不符合法定条件，在没有被有关国家机关经过一定程序确认为违法并撤销之前，它仍然是有效的，对有关当事人具有法律约束力。这是因为行政行为是一种国家权力的运用，而国家权力对一国范围内的对象是不具有绝对约束力的，同时这也是为了稳定行政管理秩序的需要。当然这并不是说违法的、不符合法定效力条件的行政行为永远是有效的，它有时候完全可以通过一定的法律程序被撤销，但在未被撤销之前它被先行推定为有效，有关当事人应当暂时受其约束。

2. 单方意志性。行政行为是行政主体运用国家行政权力的活动，这种权力的性质决定了行政行为通常单方面就能决定相对人的权利义务，这也是行政行为的效力的一个主要特点，即行政行为的作出一般无须征得行政相对人的同意，它的成立、生效，可以不取决于相对人的意愿。当然，这种单方意志性也不是绝对的，在现代行政活动中也有双方合意行为，如行政合同、行政委托等，行政主体的此类行为单方意志性就比较弱。

三、行政行为效力的内容

行政行为效力的内容，是指行政行为生效后，对有关各方主体所产生的法律约束力。这种约束力主要表现为以下几个方面：

1. 公定力。行政行为的公定力是指行政行为一经作出，一般都被推定为合法有效，任何个人和组织都应予以尊重和服从。也就是说，行政行为即使被当事人认为违法或不当并发生争议，它在尚未被有权机关撤销或变更前，任何人和组织都不得否认它的法律效力，尤其是在紧急状态和应急管理中更是如此。行政行为的公定力是基于国家行政权力的严肃性、权威性和行政效率的要求，也是为了保障国家行政管理活动的连续性和稳定性。当然，行政行为的公定力是有限的、相对的，如果行政行为存在重大或明显违法情形，法律要规定它不具有公定力并失去效力。

2. 确定力。行政行为的确定力也称不可变更力，指行政行为成立、生效后，其内容具有确定性，非法定主体不可随意变更和撤销。行政行为的确定力来源于国家行政权的权威性。

行政行为的确定力在于稳定行政管理秩序，使行政相对人一方服从必要的国家行政管理。但行政行为也并不是绝对不能变更，经过法定程序、具有法定理由，有权的国家机关可以依法变更或撤销行政行为。行政行为依法被改变的情况主要是：①由国家权力机关行使监督权予以撤销；②经行政复议机关作出复议决定予以变更和撤销；③由上级行政主体行使监督权予以变更和撤销；④经行政诉讼由人民法院判决予以撤销和变更；⑤因发现确有错误，由作出该行政行为的行政主体自己变更和撤销。

3. 拘束力。行政行为的拘束力，是指行政行为成立、生效后，其内容对有关对象产生法律上的约束性，有关对象都必须遵守和服从，否则将要承担法律后果。行政行为的这种拘束力主要表现在以下两个方面：

(1) 对行政相对人的拘束力。行政行为主要是针对行政相对人的，它要对行政相对人的权利义务产生约束，而且行政相对人必须服从。

(2)对行政主体自身的拘束力。行政行为成立生效后,行政主体也受其拘束,行政主体必须依照行政行为的内容履行自己的职责,否则要承担相应的法律责任。

4. 执行力。行政行为的执行力,指行政行为成立、生效后,行政主体依法有权采取强制手段使行政行为的内容得以实现。但需明确的是:

(1)行政行为具有执行效力,并不等于行政行为都必须强制执行,如果行政相对人自动履行了行政行为所要求的义务,就不存在强制执行的问题。一般来说,必须是在行政相对人无正当理由而拒绝履行义务的情况下,行政行为才需要予以强制执行。

(2)行政行为具有执行力,并不是说都要立即执行,有些行政行为可以立即执行,有些则可以根据条件暂缓执行。行政行为的执行力使行政行为实行"不停止执行原则",即行政行为一旦作出,除特殊例外情况可以有条件地暂缓执行外,一般都不予停止执行。无论行政相对人对行政行为是否存在异议,还是相对人正处于申请行政复议、提起行政诉讼期间,都是如此。这种对行政行为执行力的保障,主要是为了维护国家权力的威严,保证行政管理活动的连续性和稳定性。

四、行政行为合法生效的条件

1. 主体条件。主体条件要求作出行政行为的主体必须具有行政主体的资格。具体讲,必须是合法成立的国家行政机关,或者是依法被法律、法规授权的组织,或是得到行政机关委托职权的组织。不具备行政主体资格的组织和个人所做的行为不能是行政行为,更不可能具有行政行为的效力。

2. 法定职权、职责条件。所有行政主体依法都具有一定的权限分工,法定职权、职责条件要求行政主体作出行政行为时,运用的是自身法定的职权或履行的是自身法定的职责,符合自身法定的权限分工范围,如果超越范围则是超越职权或滥用职权的无效行政行为。符合法定的权限分工具体包括下列要求:

(1)行政行为手段、方式上的特定性。一定的行政职权总是通过一定的行为方式表现出来,因此,行政主体拥有某种行政职权,就只能实施与之相应的某种行政行为。

(2)管理事项的特定性。一定的行政职权都是针对一定的行政事项而分配的,因此,行政主体只能就其管理范围内的行政事务实施行政行为,如果行政主体对不属于自己管理范围内的事项运用职权,将会构成越权,该行政行为因此而无效,如公安机关对违反工商法规的公民实施的治安管理处罚就属于这种情况。

(3)管辖地域的特定性。行政职权的范围和一定的行政区域是相联系的,每一个行政主体只能对一定地域范围内的行政事务享有管辖权。行政职权的运用不能超越地域的限定。行政主体只有在法定地域内行使职权的行政行为,才是合法、有效的,否则就构成地域范围上的超越职权,也是无效的行政行为。

3. 内容条件。内容条件要求行政行为的内容必须合法、适当、真实、明确。

(1)行政行为的内容合法,是指行政行为的权利义务的处理必须完全符合法律、法规的规定,包括符合法律规定的目的、原则和条件等。

(2)行政行为内容适当,是指行政行为的作出必须公正、合理、符合实际,不能畸轻畸重,带有不良动机。

(3)行政行为内容真实,是指行政行为必须基于行政主体的真实意思表示。行政主体非出于真实意思表示而作出的具体行政行为不具有合法性和有效性,因为它不是出于行政行为主体的本意。

(4)行政行为的内容明确,是指行政行为所表达的内容清楚、具体,不至于产生模棱两可、使行政相对人无所适从,进而不能产生行政行为应有的作用的情形。

4. 程序和形式条件。行政行为的程序和形式条件,是指行政主体作出的行政行为必须符合法定程序和具备法定的形式。所谓程序,是指行政行为所要求的必不可少的过程。行政行为的程序必须合法,包括行为作出和实施的法定过程不能缺少、不能颠倒法定的环节和顺序、必须符合法定期限等。此外,对一些特定具体行政行为还必须符合法定的程序要求,如依申请的行为需有申请程序等等。所谓形式,是指行政主体作出行政行为应具备一定的形式。行政行为应当符合法定形式,特别是要式行政行为要符合特定的形式,如行政处罚必须具备行政处罚决定书,不具有这类特定形式的不能有效成立。

配套习题

一、单项选择题

1. 当事人可以直接视之为无效的行政行为有哪些情形?( )

A. 某乡政府向农民征收超出法定限额的统筹费

B. 某工商人员不表明身份向个体摊贩收取市场管理费200元

C. 某税务局在进行处罚时应当听证而未听证

D. 某派出所警察以该派出所的名义对当事人罚款2 000元

2. 行政裁决的对象是( )

A. 行政争议

B. 合同纠纷

C. 与行政管理密切相关的特定民事纠纷

D. 行政纠纷和民事纠纷

3. 某造纸厂因超标污染影响了周围环境,在附近居民多次请求下,1996年8月12日,环保局对造纸厂作出责令停止排污并罚款5 000元的处罚决定。此后,造纸厂既不按期履行行政处罚决定也不向法院起诉。起诉期过后,环保局也未向法院申请强制执行。居民就此问题再次找到环保局,环保局却以已经作了处罚尽到职责为由一再推托。你认为造纸厂和环保局的做法违背了行政行为的何种法律效力?( )

A. 公定力　　B. 确定力

C. 拘束力　　D. 执行力

4. A省人民政府为实施一项目,占用某村农民的土地,对农民给予了各种补偿费用与安置费,并安置了部分劳动力,该行为属于何种行政行为?( )

A. 行政征购　　B. 行政合同

C. 行政征用　　D. 行政征收

5. 下列哪一选项是对于具体行政行为拘束力的正确理解?( )(司考2006年卷二,第40题)

①具体行政行为具有不再争议性,相对人不得改变具体行政行为

②行政主体非经法定程序不得任意改变或撤销具体行政行为

③相对人必须遵守和实际履行具体行政行为规定的义务

④具体行政行为在行政复议或行政诉讼期间不停止执行

A. ①②　　B. ①②④

C. ②③　　D. ③④

6. 李某系甲县人,当兵3年后回到甲县,甲县民政部门将其安排在某公司工作。县民政部门的行为属于( )

A. 行政奖励行为　　B. 行政给付行为

C. 内部行政行为　　D. 不属于行政行为

7. 下列哪一选项是对具体行政行为拘束力的正确理解?( )(司考2006年卷二,第40题)

①具体行政行为具有不再争议性,相对人不得改变具体行政行为

②行政主体非经法定程序不得任意改变或撤销具体行政行为

③相对人必须遵守和实际履行具体行政行为规定的义务

④具体行政行为在行政复议或行政诉讼期间不停止执行

A. ①②　　B. ①②④

C. ②③　　D. ③④

二、多项选择题

1. 某市税务局责令该市某企业补缴10万元税款，对下列何项有约束力？(　)

A. 该市税务局　　B. 上级税务局

C. 该企业　　D. 同行业的其他企业

2. 关于行政行为的确定力，下列理解正确的是何项？(　)

A. 行政机关非经法定程序不得随意改变已做出的行政行为

B. 行政相对人不得任意请求改变已生效的行政行为

C. 行政相对人必须遵守并履行行政行为确定的义务

D. 行政行为一经作出便被推定为合法有效

3. 下列属于行政征收的有哪些？(　)

A. 所得税　　B. 超生费

C. 排污费　　D. 电费

4. 下列关于被废止的具体行政行为的法律后果的说法中哪些正确？(　)

A. 自废止之日起失去法律效力

B. 在废止前所发生的法律效果不受法律保护

C. 在废止前发生的法律效果仍受法律保护

D. 由此对相对人的合法权益造成的损失行政机关应给予合理补偿

5. 某市国有资产管理局1994年6月发布某国资字第5号文，对该市两个国有企业之间的产权纠纷作出界定。该行为属于何种行为？(　)

A. 抽象行政行为　　B. 具体行政行为

C. 行政裁决行为　　D. 内部行政行为

6. 行政机关根据法律规定做出的下列行为哪些属于羁束行政行为？(　)

A. 不满14周岁的人有违法行为的，不予行政处罚

B. 行政机关实施行政处罚时，应当责令当事人改正或者限期改正违法行为

C. 偷开他人机动车辆的，处15日以下拘留、200元以下罚款或者警告

D. 到期不缴纳罚款的，每日按罚款数额的3%加处罚款

7. 下列哪些行为属于具体行政行为可撤销的情形？(　)

A. 适用法律错误　　B. 程序违法

C. 超越权限　　D. 未送达行政相对人

8. 下面哪些行为属于超越职权的行为？(　)

A. 北京市工商局执法人员在天津查处违法经营行为

B. 陕西省长安县工商局拘留投机倒把的个体户胡某

C. 税务机关在王某偷税10年后发现其违法行为，对其予以罚款

D. 公安派出所拘留殴打他人的李某

三、名词解释

1. 具体行政行为(考研中国人民大学2000年)

2. 行政行为的确定力(考研中国人民大学2003年)

3. 行政不作为与行政不能作为(考研武汉大学2002年)

4. 公定力(考研中国政法大学2001年)

5. 监督行政行为(考研中国政法大学2001年)

6. 抽象行政行为与具体行政行为(考研中南财经政法大学2002年)

7. 应申请行政行为与双方行政行为(考研武汉大学2004年)

8. 行政行为的转换与变更(考研武汉大学2005年)

四、简答题

1. 简述行政行为撤销的条件与法律结果。(考研北京大学2001年)

2. 行政行为的效力内容。(考研武汉大学2003年)

3. 行政行为的要素。(考研武汉大学2003

年）

4. 简述依职权行政行为与依申请行政行为的异同。（考研武汉大学2004年）

5. 行政行为的成立要件有哪些？（考研华东政法学院2005年）

6. 简述抽象行政行为的特征及其种类。（考研西北政法学院2003年）

7. 简述行政行为合法生效的条件。（考研中南财经政法大学2003年、2004年）

五、论述题

论行政行为的效力。（考研中国人民大学2004年）

参考答案

一、单项选择题

1. 答案:B

提示:本题考查的是无效行政行为

解析:不表明身份属明显违法,当事人可直接视之为无效而不遵从。A项属超越法定权限、C项属违反法定程序、D项属主体不合法,三者均属可撤销的情形。

2. 答案:C

提示:本题考查的是行政裁决的对象

解析:行政裁决的对象是与行政管理密切相关的除合同之外的民事纠纷,故A、B、D项均不正确。

3. 答案:D

提示:本题考查的是行政行为的执行力

解析:行政行为的执行力意味着行政主体和相对人使得行政行为内容得以实现的效力。本案中,造纸厂不履行环保局的行政处罚决定、环保局在相对人不自动履行的情况下不采取强制措施或申请法院强制执行,均直接违背了行政行为具有的执行力。故D项正确,A、B、C项则不符合题意。

4. 答案:C

提示:本题考查的是行政征收、行政征用、行政征购的区别

解析:行政征用,是指行政机关依法强制征用相对人的财产或劳务的行为。它与行政征收的区别在于:行政征收只限于相对人的财产,而行政征用的范围包括相对人的财产和提供的劳务;行政征收是对财产的永久性占有,而行政征用是对财产的暂时性地使用;行政征收是无偿的,而行政征用具有补偿性,对相对人应给予一定的经济补偿。据此,本题中的行为属于行政征用。行政征购,是指行政机关通过合同方式取得相对人财产所有权的行为。其与行政征收的区别在于:征收是典型的单方行政行为,无须同相对人协商;征购属于行政合同行为,是双方行政行为。因此,C项正确。

5. 答案:C

提示:本题考查的是行政行为的效力

解析:行政行为的拘束力,是指具体行政行为一经生效,行政机关和对方当事人都必须遵守,其他国家机关和社会成员必须予以尊重的效力。对于已经生效的具体行政行为,不但对方当事人应当接受并履行义务,而且作出具体行政行为的行政机关不得随意更改,其他国家机关也不得以相同的事实和理由处理同一案件,其他社会成员也不得对案件进行随意的干预。A项的表述是错误的,B、C项符合行政行为拘束力的要求,D项涉及行政行为的执行力。因此,本题应当选C项。

6. 答案:B

提示:本题考查的是行政行为的分类。参见“基础知识图解”中行政行为的分类部分

解析:民政部门给李某提供了工作,应该属于行政给付行为。

7. 答案:C

提示:本题考查的是具体行政行为的拘束力

解析:行政行为的拘束力是指具体行政行为一经生效,行政机关和对方当事人都必须遵守,其他国家机关和社会成员必须予以尊重的效力。对于已经生效的具体行政行为,不但对方当事人应当接受并履行义务,作出具体行政行为的行政机关不得随意更改,其他国家机关也不得以相同的事实和理由处理同一案件,其他社会成员也不得对同一案件进行

随意的干预。①的表述是错误的，②和③的表述符合行政行为拘束力的要求，④涉及行政行为的执行力。因此，本题应选C项。

二、多项选择题

1. 答案：ABC

提示：本题考查的是行政行为的约束力

解析：行政行为的拘束力对行为指向的相对人、作出行为的行政机关及相关的行政机关均有效。

2. 答案：AB

提示：本题考查的是行政行为的确定力

解析：C项为行政行为的执行力，D项为行政行为的公定力。

3. 答案：AC

提示：本题考查的是行政征收

解析：行政征收是指行政主体凭借国家行政权，根据国家和社会公共利益的需要，依法向个人和组织强制地、无偿地征集一定金钱或实物的行政行为。超生费具有行政处罚（罚款）的性质，故B项不选；电费是用户用电所支付的合理对价，故D项不选。

4. 答案：ACD

提示：本题考查的是废止的行政行为的法律后果

解析：行政行为废止并非因为存在违法情形，废止前发生的法律效果仍受法律保护，故B项不正确，A、C、D项均为行政行为废止的法律后果。

5. 答案：BC

提示：本题考查的是行政行为的分类

解析：该行为虽然表面上是红头文件的形式，但并不具有普遍约束力，也不能反复适用，故A项不正确；该行为也不属于行政系统内部的行为，故D项不正确；该行为是国资局作为行政机关依法对企业间的产权纠纷（民事纠纷）做出的行政裁决，是具体行政行为，故B、C项正确。

6. 答案：AD

提示：本题考查的是羁束行政行为

解析：AD为羁束行政行为，BC为裁量行政行为。

7. 答案：ABC

提示：本题考查的是行政行为的撤销

解析：行政行为可撤销的情形包括：行政主体超越权限；适用法律错误；程序违法等。具体行政行为如果未送达行政相对人，则不成立，不存在撤销的问题。A、B、C项正确。

8. 答案：ABCD

提示：本题考查的是超越职权的行政行为

解析：是否超越职权，首先要判断行使权力的主体是否享有特定的事务管辖权，即主管某一方面行政事务的权力；其次要看其是否具有特定的权限，B项中工商局虽可查处投机倒把行为但无权拘留当事人，D项中派出所具有警告和500元以下罚款的行政处罚权，但不具有拘留的行政处罚权；最后要分析行使职权的时间、地域，即时间管辖权和地域管辖权，C项中偷税行为已过追诉期，A项中已超出地域管辖范围。

三、名词解释

1. 提示：应从具体行政行为的概念来回答

答案：所谓具体行政行为，是指在行政管理过程中，针对特定的人或事采取具体措施的行为，其行为的内容和结果将直接影响某一个人或组织的权益。具体行政行为最突出的特点，就是行为对象的特定化和具体化，属于某个个人或组织，或者某一具体社会事项。具体行政行为一般包括行政许可行为与确认行为、行政奖励与行政给付行为、行政征收行为、行政处罚行为、行政强制行为、行政监督行为、行政裁决行为。

2. 提示：参见本章“重点知识讲解”中行政行为效力的内容部分行政行为，从确定力的概念、内容等方面回答

3. 提示：应从行政不作为和行政不能作为的概念来回答

答案：行政不作为也称为不履行行政法定职责，它是指行政主体对法律、法规规定应当履行的某种义务明确拒绝、拖延履行或不予答复的行为。不作为有三种表现形式：不予答复、拖延履行和拒绝履行。

行政不能作为是行政主体因客观因素的约束而无法将行为过程推进到法定终端的行为，它既具有作为的积极性特征，又具有不作为的行为定势，即没有把行为过程推进到法定的行为过程终端。即行政主体有作出行为的积极性，只是受行为环境的制约，未能作出行政法规定的行为。这类行为是既区别于作为又区别于不作为的行政不能作为。

4. 提示：参见本章“重点知识讲解”中行政行为效力的内容部分

答案:所谓公定力,是指行政主体作出的行政行为,不论合法还是违法,都推定为合法有效。相关的当事人都应加以遵守或服从,这是行政效率原则的要求。

5. **提示**:应从监督行政行为的概念来回答

答案:监督行政行为,是指各类有权监督的主体对行政活动的监督,主要是指行政主体以外的其他国家机关、组织或个人对行政主体及其公务员是否依法进行行政管理活动所实施的监督。

6. **提示**:应从抽象行政行为和具体行政行为的概念来回答

答案:行政行为以其对象是否特定为标准,可分为抽象行政行为和具体行政行为。所谓抽象行政行为是指以不特定的人或事为管理对象,制定具有普遍约束力的规范性文件的行为,如制定行政法规和行政规章的行为。

所谓具体行政行为,是指在行政管理过程中,针对特定的人或事采取具体措施的行为,其行为的内容和结果将直接影响某一个人或组织的权益,具体行政行为最突出的特点,就是行为对象的特定性和具体化,属于某个个人或组织,或者某一具体社会事项。

7. **提示**:参见本章"基础知识图解"中行政行为的分类部分,从依申请行政行为和双方行政行为的概念来回答

8. **提示**:从行政行为的转换和变更的概念、区别来回答

答案:行政行为的转换是指行政主体将确应实施但形式违法的行政行为转换为另一合法的行政行为。行政行为的变更是指行政主体将不当的行政行为转变为适当合理的行政行为。

二者的区别是:①适用范围不同。前者适用于违法行为,后者适用于合法但不当的行为。②实质不同。前者是基于事实基础和所适用的法律依据的改变,后者仅是权利义务范围的扩大或缩小。

四、简答题

1. **提示**:应从行政行为撤销的条件、法律后果等方面回答

答案:行政行为撤销是在相应行为具备可撤销的情形下,由有权国家机关作出撤销决定而使之失去法律效力。

(1)行政行为撤销的条件:①行政行为合法要件缺损。合法的行政行为必须具备主体合法、内容合法、程序合法等要件。某种行政行为只要缺损其中一个要件,该行政行为就是可撤销的行政行为。②行政行为不适当。所谓"不适当"是指相应行为具有不合理、不公正、不符合现行决策、不合时宜、不合乎有关善良风俗习惯等情形。在有些情况下,不适当的行政行为并不违法。因此,"不适当"亦可成为撤销行政行为的条件之一。但人民法院一般不能以"不适当"为由撤销行政行为。

(2)行政行为撤销的法律后果:①行政行为撤销通常使行为自始失去法律效力,但根据社会公益的需要或行政相对人是否存在过错等情况,撤销也可仅使行政行为自撤销之日起失效。②如果行政行为的撤销是因为行政主体的过错引起的,而依社会公益的需要又必须使行政行为的撤销效力追溯到行为作出之日起,那么,由此给相对人造成的一切实际损失应由行政主体予以赔偿。③如果行政行为的撤销是因为行政相对人的过错(如其通过虚报、隐瞒有关材料而获取行政主体的某种批准、许可行为等)或行政主体与相对人的共同过错(如行政行为是在相对人行贿,行政主体工作人员受贿的情况下作出的)所引起的,行政行为撤销的效力通常应追溯到行为作出之日。行政主体通过相应的行为已经给予相对人的利益、好处均要收回;行政相对人因为行政行为撤销而受到的损失由其本身负责;国家或社会公众因为已撤销的行政行为所受到的损失,应由行政相对人根据其过错程度予以适当赔偿;行政主体或其工作人员对导致行政行为撤销的过错则应承担内部法律责任,如接受行政处分。

2. **提示**:参见本章"重点知识讲解"中行政行为效力的内容部分,从行政行为的公定力、确定力、拘束力和执行力来回答

3. **提示**:参见本章"重点知识讲解"中行政行为合法生效的条件部分,从行政行为的构成要件来回答

4. **提示**:应从依职权行政行为和依申请行政行为的概念和划分的意义来回答

答案:依职权行政行为又称主动行政行为或积极行政行为,是指行政主体无须行政相对人申请就能根据自身职权主动实施的行政行为。

依申请行政行为又称被动行政行为或消极行政行为,是指行政主体只有在行政相对人提出申请后才能被动实施的行政行为。

二者的相同点是:都需要行政机关的行政行为才能实现行政目的,都可构成行政不作为违法。

二者的不同点是:①二者的开始程序不同。依申请行政行为是行政机关应申请而作出的,没有申请就没有行为;但是依职权行政行为的开始则不取决于相对人的意思表示。②二者在行政程序中举证责任的分配不同。在依职权行政行为中,一般由行政机关主动调查证据,因此,由行政机关承担举证责任;但是在依申请行政行为中,行政机关首先要审查相对人提供的证据是否充分,一般由相对人承担举证责任。

5. **提示**:参见本章“基础知识图解”中的行政行为概述部分,从行政行为的构成要件来回答

6. **提示**:从抽象行政行为的概念、特征和种类来回答

答案:抽象行政行为是指由行政主体针对不特定的行政相对人单方作出的具有普遍约束力的行政行为。它具有以下特征:①抽象行政行为是由行政主体作出的行为。②抽象行政行为是依职权的单方行为。③抽象行政行为是具有普遍约束力的行为。④抽象行政行为具有往后的反复适用性。⑤抽象行政行为具有依据性。⑥抽象行政行为具有不可诉性。

抽象行政行为有四种形式:①行政法规;②行政规章;③行政措施;④决定和命令。这四种抽象行政行为的形式,形成了四种抽象行政行为,即:①制定行政法规的行为;②制定行政规章的行为;③制定行政措施的行为;④发布决定和命令的行为。

7. **提示**:参见本章“重点知识讲解”中行政行为合法生效的条件部分,从行政行为的主体条件、法定职权条件、内容条件、程序和形式条件等方面来回答

五、论述题

1. **提示**:参见本章“重点知识讲解”中行政行为效力的内容部分,从行政行为的公定力、确定力、拘束力、执行力等方面回答

第七章　行政程序

内容提示

行政程序是行政主体实施行政行为时所应当遵循的方式、步骤、时限和顺序。通过本章的学习,应当了解行政程序法的发展概况,充分认识行政程序在行政法中的地位以及在推进依法行政、建设法治政府中的作用;重点掌握行政程序的概念、特征以及行政程序的基本原则和主要制度。

基础知识图解

一、行政程序概述

<table>
<tr><td rowspan="6">行政程序概述</td><td>概念</td><td colspan="3">行政主体实施行政行为时,所应当遵循的方式、步骤、时限和顺序。方式是指行政主体实施行政行为时采用的各种具体方法和形式。步骤是指行政主体完成某一行政行为所要经历的阶段。时限是指行政主体实施行政行为的时间限定。顺序是指行政主体实施行政行为所必经的步骤的先后顺序</td></tr>
<tr><td>特征</td><td colspan="3">主要包括:①行政程序的法定性。这表明:一方面,尽管任何行政行为都是由实体和程序两部分构成但并不是所有的行政行为的程序都必须法律化,只有那些能够对行政行为产生控制功能的程序,才有必要成为法定程序;另一方面,行政程序的法定性要求行政主体在实施行政行为时必须严格遵循法定的方式、步骤、顺序和时限,这是行政法治的基本要求。②行政程序的多样性。③行政程序既有统一性又有分散性</td></tr>
<tr><td rowspan="4">分类</td><td rowspan="2">以抽象行政行为与具体行政行为的分类为基础</td><td>抽象行政行为程序</td><td>是指行政主体实施抽象行政行为所必须遵循的方式与步骤。抽象行政行为具有普遍性与后及性的特征,它比具体行政行为的影响要广泛、深远得多,因而它在程序的设计上就比较正式、严格,更注重民主</td></tr>
<tr><td>具体行政行为程序</td><td>是指行政主体实施具体行政行为所必须遵循的方式与步骤。具体行政行为具有执行性特征,因而在程序的设计上相对简便、灵活,更注重效率,注重保护行政相对人的合法权益</td></tr>
<tr><td rowspan="2">以内部行政行为与外部行政行为的分类为基础</td><td>内部行政行为程序</td><td>是指行政主体实施内部行政行为时必须遵循的程序。如国家公务员的任免程序、报告审批程序、公文处理程序等</td></tr>
<tr><td>外部行政行为程序</td><td>是指行政主体作出外部行政行为所遵循的程序。如行政许可程序、行政处罚程序、行政征收程序等</td></tr>
</table>

<table>
<tr><td rowspan="7">行政程序概述</td><td rowspan="7">分类</td><td rowspan="2">以法律规定行政主体实施行政行为时，对所遵循的程序是否可以自由选择为标准</td><td>强制性程序</td><td>是指法律对行政行为的程序作出了详细、具体、明确的规定，行政主体在实施行政行为时没有自由选择的余地，必须严格遵守法律规定而适用的程序</td></tr>
<tr><td>任意性程序</td><td>是指法律对行政行为程序未作出详细、具体、明确的规定，行政主体在实施行政行为时可以自由选择而采取的程序</td></tr>
<tr><td rowspan="2">以行政程序适用的时间顺序不同</td><td>事先行政程序</td><td>是指行政行为实施前或实施过程中应遵循的程序</td></tr>
<tr><td>事后行政程序</td><td>是指行政行为实施后，为确定该行政行为的合法性与适当性以及纠正违法、不当行政行为而适用的程序</td></tr>
<tr><td rowspan="3">根据实施行政行为形成法律关系的特点不同</td><td>行政立法程序</td><td>是指行政机关制定行政法规和行政规章时所适用的程序</td></tr>
<tr><td>行政执法程序</td><td>是指行政机关在行使行政职权、实施具体行政行为过程中所适用的程序</td></tr>
<tr><td>行政司法程序</td><td>是指行政机关以第三方公断人的身份，依法解决行政管理范围内的纠纷所必须遵循的程序</td></tr>
</table>

二、行政程序的基本原则和主要制度

<table>
<tr><td rowspan="9">行政程序的基本原则和主要制度</td><td>基本原则</td><td colspan="2">★主要包括：①程序法定原则；②公开原则；③参与原则；④公正原则；⑤效率原则</td></tr>
<tr><td rowspan="8">主要制度</td><td>表明身份制度</td><td>是指行政主体及其公务人员在进行调查或者作出行政决定之前，应当向行政相对人出示履行职务的证明，表明其有权从事该项活动的制度</td></tr>
<tr><td>告知制度</td><td>是指行政主体在作出行政行为时，将有关事项告诉行政相对人的制度。告知的内容主要有：①告知决定；②告知权利；③告知其他事项。告知的要求：①告知在合理的时间内进行；②告知的内容必须包括与被告知者利益有关的充分信息，以使相对人能够充分地准备相关的证据支持自己的主张</td></tr>
<tr><td>调查制度</td><td>是指行政主体在作出一项决定或裁决前，应当查明事实、收集证据的制度。具体包括询问证人、查账、鉴定、勘验等各种方法</td></tr>
<tr><td>听证制度</td><td>是指行政主体在实施抽象行政行为和具体行政行为时，尤其是在作出不利于相对人的决定之前，应当听取相对人的意见。在正式听证中，相对人享有下列权利：①由无偏见的官员作为听证主持人的权利；②在合理的时间以前得到通知的权利；③提供证据和进行辩论的权利；④聘请律师陪同出席听证会的权利；⑤通过质证及其他正当手段驳斥不利证据的权利；⑥要求行政主体根据行政案卷所记载的证据作出裁决的权利；⑦取得全部案卷副本的权利</td></tr>
<tr><td>说明理由制度</td><td>是指行政主体在作出影响行政相对人权利义务的决定时，除法律有特别规定的外，必须向行政相对人说明作出该决定的事实根据、法律依据以及进行自由裁量时所考虑的政策、公益等因素的制度</td></tr>
<tr><td>辩论制度</td><td>是指行政主体在裁决当事人之间的争议时，应当通知双方当事人到场，在行政主体的主持下，由双方当事人就有关事实问题和法律问题进行对质的一种法律制度</td></tr>
<tr><td>回避制度</td><td>是指行政主体在决定和处理其管辖范围内的各种事项或裁决相应争议时，其工作人员若和所处理的事项或裁决的争议有某种利害关系，可能影响到公正处理或裁决时，应主动回避或应当事人的申请而回避的制度</td></tr>
</table>

行政程序的基本原则和主要制度	主要制度	职能分离制度	是指为了加强对行政权力的制约,防止行政机关及其工作人员以权谋私和滥用权力、侵犯相对人的合法权益,而将行政机关的某些相互联系的职能加以分离,使之分属于不同的机关或不同的工作人员掌管和行使的制度
		情报公开制度	是指行政主体应通过各种方式和途径让相对人知晓有关行政活动的情况及有关的信息资料
		不单方接触制度	是指行政主体在处理两个以上的相对人的、具有相互排斥利益的事项时,不能在一方当事人不在场的情况下,单独与另一方当事人接触,听取其陈述、接受其证据材料的制度
		时效制度	是指行政行为的全过程或其各个阶段受到法定时间限制的程序制度
		行政救济制度	是指在行政相对人不服行政主体作出的影响其权利义务的行政决定时,法律应为其提供申诉或申请复议以获得救济的途径与机会,由上级行政机关或法定行政机关对原行政决定进行审查并作出裁决的制度

三、行政程序法

行政程序法	概念	行政程序法是关于行政程序的法律规范的总和,即规定行政行为的方式与步骤的所有法律规范。它主要包括以下几层意思:①行政程序法所规范的主要对象是行政机关的行政行为;②行政程序法是规范行政行为的方式、步骤、时限与顺序方面的法律规范,而非包括规范行政行为所有方面的法律规范;③行政程序法是关于行政程序的法律规范的总称
	作用	主要包括:①规范与控制行政权。主要表现在:其一,行政程序法使行政程序成为行政行为发生法律效力的必要条件;其二,行政程序法是杜绝失职和滥用职权等行政违法行为的有效手段。②保护行政相对人的合法权益。③提高行政效率。④促进行政民主
	发展概况	(1)行政程序法的产生和发展是20世纪行政法发展的重要内容之一,引起行政程序法产生的直接动因,来自于国家行政权力的扩张、依法治国原则的贯彻以及“程序理性”观念的深化等多种原因的交融。行政权的扩张必然带来两个客观后果:①行政效率问题日益严重;②侵害相对人权益的可能性增多,这就促进了行政程序法的发展 (2)行政程序法发展的最突出标志是行政程序法的法典化。最早以法典形式规定行政程序的国家是西班牙,它于1889年就制定了《行政手续法》。其他国家纷纷效仿,形成了行政程序法典化的第一次高潮 (3)20世纪30年代罗斯福新政时期,行政权力的急剧集中和扩张使人们对行政程序的作用有了迫切的期待。1946年美国通过了《联邦行政程序法》(APA),之后,各国纷纷制定或修订行政程序法典,出现了行政程序法典化的第二次高潮。这次高潮以保障公民在行政权力运行中的权利为中心 (4)20世纪90年代以来,出现了行政程序法典化的第三次高潮。已经制定行政程序法的国家,纷纷对原法案进行修改,赋予其新的时代精神,没有制定行政程序法的国家及地区积极制定行政程序法。第三次高潮是第二次高潮的延续,其主题仍然是保证行政的公开、透明、保护公民在行政程序中的权利

行政程序法	目标模式	效率模式	此种模式主要以提高行政效率为目标,在此基础上进行行政程序设计,形成相应的程序体系。主要特征:①行政官员的自由裁量权大;②行政行为的过程、步骤紧凑、简便易行;③对行政人员的职权和职责规定明确;④注重行政程序规范的科学性,合理性;⑤为了实现行政的高效率,在程序制度上特别注重时效制度、简易程序制度、紧急处置制度、申诉不停止执行制度等
		公正模式	此种模式主要以控制行政权的滥用、保护公民的合法权益为目标。因此又被称为权利模式。主要特征:①注重对影响公民权利义务的行政行为的程序控制。②注重行政职权行使中对公民权利的程序保障。③注重相对人对行政行为的参与。④重视行政救济程序。⑤为了保障行政公正,保护相对人的合法权益,行政程序立法特别重视以下制度建设:回避制度、听证制度、辩论制度、告知制度、职能分离制度、代理制度、救济制度等
	法体模式		行政程序法的法体模式,是指一国行政程序法律规范的载体所表现出来的总体特征。主要有两种: (1)统一式,是指一国制定一部统一的、适用于所有行政领域的、规范各部门、各类别行政行为基本程序的行政程序法典。在统一式下,并不排除同时制定某些单行行政程序法,规定某一特定领域或特定事项的较具体的行政程序,也不排除个别行政法律、法规中规定行政实体问题的同时,规定有关的行政程序的内容 (2)分散式,是指一国行政程序法规范分散规定于各单行法律、法规之中,不制定统一适用于各行政领域、各部门、各类别行政行为基本程序的专门行政程序法典。这种模式更不排除在个别行政实体法律、法规中规定有关具体的行政程序

重点知识讲解

行政程序的基本原则

行政程序的基本原则是指反映现代行政的内在要求,对行政程序立法和行政执法具有指导意义,且贯穿于整个行政程序具体规范之中的基本准则。从其产生根源来说,行政程序的基本原则一般源于行政管理和行政诉讼的实践。同时,也取决于人们对行政程序的理性认识。借鉴各国的经验,结合我国的实际情况,可将程序法定原则、公开原则、参与原则、公正原则、效率原则确立为我国行政程序的基本原则。

1. 程序法定原则。是指行政活动的主要程序必须由法律加以规定,行政主体实施行政行为时必须严格遵循,不得违反法定程序。程序法定原则是行政法治原则在行政程序领域的具体体现。其基本内容包括:①行政主体实施行政行为时必须严格按照法律规定的方式、步骤、顺序和时限进行。②行政主体行使职权所选择适用的程序必须有利于保护相对人的合法权益,不得侵犯公民的基本权利和自由。③行政主体实施行政行为违反法定程序,应当承担相应的法律责任。

2. 公开原则。是指行政主体的一切行政活动除涉及国家秘密、商业秘密及个人隐私并由法律规定不得公开的以外,一律向相对人和社会公开,以增强行政活动的透明度,接受相对人和社会的监督。行政公开已成为现代行政活动应遵循的一项基本原则。在现代行政法中,行政公开主要包括行政活动的依据公开、过程公开与结果公开,以及情报信息资料公开等诸方面的内容。确立行政公开原则,有助于实现公民的知情权,促进公民对行政的参与。为了贯彻行政公开原则,必须建立一系列的程序制度,例如,执法依据的公布制度,执法人员表明身份制度、告知制度、说明理由制度、行政资讯获取制度、行政法律文书送达制度等。

3. 参与原则。相对人参与原则是指行政机关在进行行政决策、制定规范性文件和实施其他行政行为时，在程序上要保障公民的了解权和参与权得以实现。该原则的具体内容包括：①行政机关应当保障公民及时了解有关情况。②行政机关在实施行政行为时，要保证让相对人参与，为利害关系人举行听证，广泛听取各方面的意见、建议，并允许相对人提出反对意见等。③行政机关在实施行政行为时，要事先通知利害关系人，允许相对人查阅或复制公文案卷，以收集有关资料，维护自己的合法权益。事后要允许相对人向行政机关申诉，通过行政复议等获得救济。

4. 公正原则。公正原则是指行政机关在实施行政行为时应合理处理公共利益与个人利益之间的关系，并在程序上平等地对待相对人，其宗旨是公平、正义。公正原则包括以下内容：①行政机关在实施行政行为时，要尽可能地兼顾公共利益和个人利益，在两者之间保持平衡。②对所有的行政相对人要一视同仁，不偏不倚，如在行政裁决中要给利害关系人以同等的辩论机会等。③行政机关要公正地查明一切与作出行政决定有关的事实真相。④在作出影响相对人权益的决定时要排除偏见，如实行回避、审裁分离、禁止单方面接触制度等。

5. 效率原则。效率原则是指行政程序要适应现代行政的需要，以迅速、简便与经济的方式达到行政目的。这一原则包含的内容有：①任何行政程序的设定都要考虑到时间性，防止拖延，保障快速实现行政目标。行政程序中的时效制度即体现这一要求。②行政程序的设定要有一定的灵活性，以适应行政管理复杂多变的需要。行政程序中的紧急处置制度体现这一要求。③行政程序应建立在科学、合理的基础上，以保证行政决策的正确以及行政活动为公众所接受，通过减少失误和保证执行顺畅来提高行政效率。④行政程序的设计要有利于排除行政管理的障碍、保证行政目标的实现。如行政程序中的不停止执行制度即体现这一要求。

配套习题

一、单项选择题

1. 下列属于行政程序的是（　）

A. 某公安局对王某给予治安处罚时应遵循的程序

B. 某公安局到某商场购买办公设备时应遵循的程序

C. 人民法院审理王某不服公安局治安处罚案件时应遵循的程序

D. 李某在申请工商局颁发营业执照时应遵循的程序

2. 现代行政程序的核心制度是（　）

A. 信息公开制度　　B. 说明理由制度

C. 听证制度　　D. 回避制度

3. 行政效率原则并不能通过下述哪项制度加以保证？（　）

A. 时效制度

B. 代理制度

C. 申诉不停止执行制度

D. 听证制度

二、多项选择题

1. 行政机关吊销企业许可证的处罚应该适用的听证程序属于（　）

A. 任意性程序　　B. 强制性程序

C. 外部程序　　D. 具体行为程序

2. 以下哪些属于行政机关信息公开的内容？（　）

A. 对违法行为给予行政处罚的规定

B. 作为行政许可依据的规定

C. 行政许可的实施和结果

D. 行政机关负责人的家庭成员情况

3. 以下关于说明理由制度，正确的说法是（　）

A. 城市管理部门的执法人员发现占道经营的小贩后，不由分说将其货摊装上汽车拉走，违反了说明理由制度

B. 行政机关及其执法人员在作出处罚决定前，未向当事人说明处罚理由的，行政处罚决定不能成立

C. 所有对相对人合法权益产生不利影响的行政行为，都必须说明理由

D. 行政机关在作出对相对人合法权益产生不利影响的行政行为时，需要说明行政行为的合法性理由

三、名词解释

1. 说明理由制度（考研西北政法学院 2005 年）

2. 告知制度

3. 不单方接触制度

四、简答题

1. 简述行政程序的基本制度。（考研中国人民大学 2003 年）

2. 如何理解行政程序法。（考研中国政法大学 2002 年）

3. 听证程序的四个特征。（考研中国政法大学 2003 年）

五、论述题

1. 论行政程序法的意义及主要制度。（考研北京大学 2003 年、西北政法学院 2004 年）

2. 论行政听证的意义。（考研中国人民大学 2003 年）

3. 论行政程序法的目标模式。（考研中国政法大学 2001 年）

4. 试论行政程序的基本原则和基本制度。（考研华东政法学院 2002 年）

六、案例分析题

1. 某肉食水产公司从外地市场购买猪肉 4 万余斤，其中部分未经检疫，这 4 万余斤的猪肉全部销售到本市各家著名酒店、宾馆，当晚，有的饭店出售未经检疫的猪肉，并造成了 15 人食物中毒的重大事故。接到报案后，某市卫生检验所对猪肉来源、某肉食水产公司未对猪肉检疫的事实、造成的后果等情况进行了调查，并经该卫生检验所有关领导批准，对本案的有关证据进行了证据保全，在对保全的证据进行鉴定的情况下，该卫生检疫所认定某肉食水产公司购买的 4 万余斤的猪肉大部分未经检疫，造成了 15 人中毒的严重后果，据此，该卫生检疫所立即根据《食品卫生法》的规定，对某肉食水产公司作出罚款 3 000 元的处罚决定。

问题：该卫生检疫所的处罚行为存在哪些违反法定程序之处？这些程序属于行政程序的什么种类？该程序违法对处罚决定有什么影响？

2. 李某在院内翻建房屋时，邻居张某认为侵犯了自己的宅基地，阻碍李某施工。李某为解决该纠纷，多次找乡政府解决争议，但乡政府一直不给处理，李某遂于 2001 年 6 月 1 日向县政府申请行政复议。县政府于 6 月 5 日依法受理后，向乡政府下达了限期履行通知书，责令乡政府自收到申请书副本之日起 30 日内对李某和张某的宅基地权属纠纷作出处理，并将处理结果书面报告县政府。乡政府于 2001 年 7 月 2 日作出了处理决定，并送达给李某一份。李某对此处理决定不服，县政府随即根据《土地管理法》第 16 条第 3 款和《行政复议法》第 8 条第 2 款的规定，作出了行政复议终止通知书，并告知李某可以自接到处理决定之日起 30 日内向人民法院起诉。

请问：县政府在行政复议活动中存在哪些程序违法之处？

参考答案

一、单项选择题

1. 答案:A

提示:本题考查的是行政程序与其他程序的区别

解析:B 项属于行政机关作为民事主体时的行为,C 项属于司法程序,D 项属于相对人的行为,都不存在行政程序。

2. 答案:C

提示:本题考查的是行政程序的基本制度

解析:听证制度是行政程序公开、公正、公平原则的具体化,被认为是行政程序基本制度的核心,所以,C 项正确。

3. 答案:D

提示:本题考查的是行政效率原则

解析:时效制度和申诉不停止执行制度能保证效率是显而易见的,至于代理制度,能够帮助行政相对人很好的行使自己的权利,并且能及时的行使,所以在一定程度上是会保证行政效率的。听证制度是保证公正的,并且在一定程度上与行政效率相违背。D 项正确。

二、多项选择题

1. 答案:BCD

提示:本题考查的是行政程序的分类

解析:对吊销企业许可证的处罚应该举行听证,属于行政处罚法明确规定的程序,行政机关必须适用,不能自由选择适用,所以,A 项错误,B 项正确。行政处罚中的听证程序是对行政机关以外的相对人实施的听取意见的程序,属于外部程序,所以,C 项正确。行政处罚中听证程序是具体的处罚行为中受到处罚的相对人及利害关系人等参加的程序,属于具体行政行为程序,所以,D 项正确。

2. 答案:ABC

提示:本题考查的是信息公开制度

解析:A、B、C 项均属于行政处罚法和行政许可法明确规定应该公开的内容。行政机关应当公开行政主体法定代表人的姓名,但没必要公开法定代表人的家庭成员情况,所以,D 项错误。

3. 答案:AB

提示:本题考查的是说明理由制度

解析:说明理由制度,是指行政主体在作出影响行政相对人权利义务的决定时,除法律有特别规定的外,必须向行政相对人说明作出该决定的事实根据、法律依据以及进行自由裁量时所考虑的政策、公益等因素的制度。法律有特别规定的,行政机关也可以不说明理由,所以,C 项错误。同时要区分对当事人不利的行政行为不一定就是行政处罚,行政征收也是对相对人不利的行政行为。说明理由包括合法性理由和合理性理由,所以,D 项错误。行政处罚法规定,对相对人的处罚,必须说明理由,未说明理由的,行政处罚不成立,所以,A、B 项正确。

三、名词解释

1. 提示:参见本章“基础知识图解”中行政程序的基本原则和主要制度部分

2. 提示:参见本章“基础知识图解”中行政程序的基本原则和主要制度部分

3. 提示:参见本章“基础知识图解”中行政程序的基本原则和主要制度部分

四、简答题

1. 提示:参见本章“基础知识图解”中行政程序的基本原则和主要制度部分,从表明身份制度、告知制度、调整制度、听证制度、说明理由制度、辩论制度、回避制度、职能分离制度、情报公开制度、不单方接触制度、时效制度、行政救济制度等方面回答

2. 提示:参见本章“基础知识图解”中行政程序法部分,从行政程序法的概念、作用、行政程序的相关内容回答

3. 提示:应从听证程序的阶段性、局部性、选择性、准司法性等特征回答

答案:我国听证程序有以下四个特征:①阶段性。听证只是处罚过程中的一个阶段,而不是处罚的全过程,尽管听证主持人有权提出案件的处理建议,但不能代替行政处罚决定,这与行政处罚的简易程序和一般程序相区别。②局部性。听证并不适用于全部行政处罚,按照法律规定,听证仅限于对当事

人的权益产生较大影响的行政处罚,如责令停产停业、吊销许可证或执照以及数额较大的罚款等。③选择性。听证并不是必经程序,主动权掌握在当事人手中,即使属于听证的适用范围,如果当事人不提出听证要求,听证程序就不能启动。④准司法性。听证程序既有司法的特点,也有非司法的特点。从司法角度看,听证主持人的地位比较超脱,听证程序比较正规、严格;从非司法角度看,听证属于事前监督,这与行政诉讼的事后监督相区别。

五、论述题

1. 提示:行政程序法的主要制度参见本章"基础知识图解"中行政程序的基本原则和主要制度部分

答案:现只对行政程序法的意义做一下回答,它包括以下几点:

(1)扩大公民参政权行使的途径。①传统的公民参政权在20世纪之后,新的社会法治化过程中已显露出无法弥补的缺陷。这种缺陷表现在,公民监督行政机关行使权力的间接性,即公民只能通过自己在议会中的代表,在例会中行使对行政机关的监督,而且这种监督基本上是事后监督,对有效防止行政机关滥用职权起不到理想的作用。②从监督行政机关依法行使职权的最佳方案选择来看,事先监督显然优越于事后监督,预防性监督显然优越于追惩性监督。③行政程序可以让公民越过自己的代表直接介入行政权的行使过程。在这个过程中,公民权可以成为约束行政权合法、正当行使的一种外在力量,并随时可以提出抗辩,为行政机关行使职权提供一个反思的机制,如果行政机关发现其行政行为有不合法或欠缺正当性的情况,即可以自动纠正。这是符合现代行政法的法治精神所要求的合作和协商原则的。

(2)保护行政相对人程序权益。①行政相对人的法律程序权益是一种长期不为人们所重视的法律权益。其结果往往是行政主体以国家神圣为理由剥夺公民实体法上的权利。若没有相应的法律程序权益予以保障,则立法赋予再多的法律实体权利也是没有任何意义的。②在行政法律关系中,行政相对人的法律程序权益只能通过相应的行政程序来保障。③当行政实体法发展到一定程度时,行政程序也必然会逐步发展起来。对于任何一个国家来说,行政机关首先必须要有足够的力量控制社会秩序,当行政相对人对其行政行为提出异议并诉诸法院时,不会影响行政机关对社会秩序的有效控制,只有在这样的情况下,国家才能通过立法程序制定行政程序,让行政相对人介入行政行为的过程,以维护其合法权益。

(3)提高行政效率。①行政效率是行政权的生命。对行政权运行机制的设定,在许多情况下都是受制于行政效率。②通过行政程序让行政相对人介入行政行为,看似有可能降低行政效率。但是,行政程序也有促进行政效率的功能,这表现在行政机关以暂时的行政过程中的低效率换来行政行为执行中的高效率,表现在行政相对人对行政行为的认同并自觉履行上。

(4)监督行政主体依法行使职权。①行政程序本身所具有的可控制行政行为的功能,决定了行政程序具有监督行政主体依法行使职权的作用。行政程序要求行政主体应当给予行政相对人同等、充分的机会来陈述理由和要求,明确告知其程序权利以及程序结束后产生的法律后果。同时,行政主体不得基于不正当的动机来解释有关行政程序的模糊概念,从而偏袒一方当事人或者自身的利益。因此,许多国家都将听证、告知、回避等法律程序制度列为行政程序法不可缺少的内容,其目的旨在监督行政主体依法行使行政职权。②行政程序可以对行政自由裁量权实施可行性的监控。行政实体法规定的对行政自由裁量权的监督难以起到制约作用,而行政程序却可以较有效地起到这方面的作用。③行政程序可以为行政权趋于正当、合理起一种引导功能。

2. 提示:应从行政听证的概念、意义来回答

答案:所谓行政听证制度,是指行政机关在行使行政权作出影响行政相对方的权利和义务的决定前,就有关事实问题和法律问题听取利害关系人意见的程序性法律制度。

(1)行政听证作为一项法律制度,是实现行政民主化的一个重要途径。在行政立法过程中,行政机关通过听证程序,广泛听取来自各个方面的意见,便于及时地将更为广泛的人民群众的利益要求全面、准确地吸收到行政立法中来,便于及时发现拟制定的行政法规中存在的问题和不妥之处,及时修正、完善,以使尽可能多的人民群众的利益在行政立法中得到最大限度的体现。可见,行政听证制度是一种能够更加准确反映公众意愿和要求的新的法律制度,它以公众的直接参与弥补了立法代表制和行政首长制在反映民意方面不够充分的不足和缺陷,它

拓展了民主的广度,推进民主向纵深发展。

(2)行政听证是公众参与的有效渠道。建立行政听证制度的最根本的目的就是要赋予公民参与权,从行政立法和行政执法这两个方面为公民政治参与渠道的畅通提供法律保障。在行政立法过程中,设置听证程序的最大好处在于可以通过公众参与立法决策,使民意在立法中得到最大限度地体现,从而大大增强了行政立法的民主化程度。至于行政执法听证制度,其目的也正是在于为相对人特别是与行政行为有利害关系的一方当事人提供一个陈述和表达自己意愿的机会,使相对人的参与权得以实现,从根本上防止行政机关为自己的便利性而限制利害关系人参与权的不当行为发生。

(3)行政听证是公正行政的程序保障。作为公正行政的程序保障,行政听证制度的作用主要体现在两个方面:①从法律程序上为行政相对人提供了陈述主张的机会。行政机关在进行职权活动时,经常要为行政相对人增加义务和减损权利,而行政相对人的合法权益是受宪法和法律保护的,如果行政机关的职权活动影响到行政相对人的合法权益,应当听取行政相对人的意见后再做决定,才能体现出行政的公正性,为行政相对人提供陈述主张的机会,这正是行政公正的最基本的要求。②为行政机关作出公正的裁决提供了程序保障,公正的程序是保障公民权益的重要手段,权益保障必然要求程序公正。程序公正的关键在于做决定的人必须中立,不偏袒任何一方。行政听证制度规定,作为主持听证的机关,首先必须保持不偏向任何一方行政相对人的中间立场,否则,不可能获得公正的听证结果。因此,在听证制度中行政程序法为主持听证的机关公正听证设置了诸如职能分离、回避、决定必须基于听证记录、决定必须说明理由等措施,进而为行政机关的公正裁决提供了程序保障。

(4)行政听证是权利平等的生动体现。在行政法律关系中,行政机关行使行政权并以国家强制力予以保障,行政机关占主导地位,双方的权利义务不对等。在行政程序法律关系中,为防止行政机关因在实体法上享有单方面强制权力而违法或不当行使,行政听证制度加重了行政机关有关程序上的义务,如查明事实的义务、告知义务、说明理由的义务等,从而在程序法律关系中实现了双方法律地位的平等。在行政执法程序中采取听证制度,允许行政相对人参与行政程序。作为行政权的承受对象,行政相对人在听证程序中可以对作为行政权行使者的行政机关的行为提出质疑,并可要求与行政机关处在平等的法律地位上,进行辩论、论证,提供有利于自己的证据等,使行政相对人与行政权立于统一平等的基础上,由公正的第三者进行裁决,相对人不再是行政权支配的客体,相对人的意思表示和主张反映到行政自身之上,使行政机关的职权行使更趋民主,从而使相对人享有行政程序中的主体性。

(5)行政听证是行政公开的重要内核。行政公开是现代法治国家的一个基本价值。行政听证中反映着行政公开的精神实质。行政程序法中的听证制度不仅要求行政立法过程要增加透明度,要求行政机关在立法过程中必须事先向公众通告制定中的法规草案或者草案的主要内容,充分听取有关团体、专家学者,尤其是直接利害关系人的意见,以提高行政立法的民主性、科学性和可行性。我国的《行政处罚法》就明确规定,行政机关的案件调查人员应当在听证会上公开掌握的确认违法行为的证据材料,并应当说明给予行政处罚的理由和依据,使当事人事先知晓行政机关将要作的行政处罚决定的全部内容,以便让其充分行使陈述权和申辩权。此法还规定,除了涉及国家秘密、商业秘密和个人隐私外,听证要公开举行,即使与行政处罚案件没有利害关系的其他群众,也可参加听证会。这些都是行政决定公开性的具体体现。

通过以上分析,我们看出,行政听证制度反映了现代民主制度所倡导的平等、公开、公正等理念,无论是从行政立法方面来看还是就行政执法领域而言,行政听证制度都充满着民主的价值内涵和精神意蕴,它对于实现政府管理的民主化和法治化具有极为重要的意义。

3. **提示:**应从行政程序法目标模式的概念、作用、地位及基本价值的具体内容和关系等方面回答

答案:行政程序法的目标模式,是指各个国家行政程序法根据所要达到的目标而形成的总体特征。行政程序法可以发挥多方面的作用,立法机关可以按照自己的目的进行选择,强化某一方面作用,这种选择将使一国的行政程序法形成一定的目标模式。行政程序法目标模式在行政程序法理论研究中可以说占据枢纽地位。它统率行政程序法的基本原则,进而涵盖行政程序法的基本制度,对行政程序法立法模式选择的影响也不可忽视。

在行政程序法典化的历史发展过程中,目标模

式(即立法目的和价值目标追求)是行政程序法立法实践中涉及的最基本问题,主要有公正模式(亦称权利模式)和效率模式之别。所谓公正模式,就是通过一系列规范、监督、制约和限制行政权行使的程序来防止和控制行政权的滥用,从而达到保障行政相对人的合法权益和实现社会公正的目的;所谓效率模式,是以提高行政效率为宗旨,着眼于通过行政程序法保障社会公共利益,提高行政权运行的科学性、合理性和可操作性。

(1)作为行政程序法基本价值之一的公正,可分解为以下具体内容:①对相对人权益的保障。在行政过程中,由于行政主体在实体法上具有的强大权力及优越地位,在程序上为相对一方提供必要的权益保障制度就是保证行政过程中公正的最基本要求。对相对人权利的保障,也就要求在程序上设置一套防止行政权恣意或滥用的机制。②确认相对人了解行政过程、参与行政过程的权利。行政过程的主导者往往是行政主体,作为被动一方的相对人要想通过行政程序保障自己的权益,首先必须要了解行政活动的有关内容。相对人的"参与权"则使相对人在行政活动内容涉及其权利义务时有机会表达自己的意见,为保障自己权益提供现实的途径。可见,通过行政过程公开化,使相对人了解行政活动的内容并参与行政活动,本身就是一种对行政过程公正性的监督,也是保障相对人权益必要的基础。③行政过程的公平和无偏私。在行政活动中,听取对方意见、不能作为自己案件的法官等排除行政"偏私"的制度是公正的起码要求。④行政活动过程顺序的合理性。行政过程表现为一系列步骤,这些步骤的先后安排应当反映出行政活动内在的时间上的先后安排,防止因时间顺序上的差异或错位而使公正名存实亡。

(2)作为行政程序法另一基本价值目标的效率,则主要包括以下几方面内容:①行政活动应贯彻经济、便利原则,应尽可能地节约人力、物力、财力,消除不必要的成本消耗,以较小的成本获取较大收益。这就需要设置明确的时效制度,根据行政过程的专业性,设置代理制度等。②为保障行政活动的效率,必要的灵活性规定是必不可少的,为克服成文法之缺陷,行政主体有一定程度上的自由裁量权也是同样必要的。在这一点上,应注意到"行政程序的基本功能是研究如何设计一个使行政机关官僚武断和伸手过长的危险减少到最低限度的制度,但同时也应保持行政机关进行有效管理的灵活性"。③行政程序的可操作性与规范性。规范性要求程序规则应当是明确的、清楚的,可操作性规则要求这些规则具体而便于操作。程序规则若不能具备上述特征,则陷于模糊或空洞,使程序参加者无所适从,必然有损行政活动的效率。

(3)行政程序法效率与公正价值目标是对立统一的,二者应平衡兼顾。行政程序法应在效率与公正两个价值目标间寻求平衡,只是在整体上确定了其目标模式的选择,这仅是行政程序立法的出发点。行政过程总是表现为具体的管理过程,它决定了行政程序法必须是制度化和可操作体系。效率与公正的平衡绝不是形式上自我标榜所能实现的,它有赖于一系列程序制度的设置,通过这些程序制度,使效率与公正的平衡得以落实,才能使效率与公正的平衡得以实现。

上述两项使命有机结合的意义体现在行政程序"硬件"的设计上就是以"自然公正"为核心的行政制度和以效率为中心的时效制度及行政自由裁量制度。在行政程序法上应设定这些制度并使之有机结合,可以使效率与公正这两个基本价值目标得到制度上的落实并在二者的张力中得以平衡。

4. 提示:参见本章"基础知识图解"中行政程序的基本原则和主要制度部分及"重点知识讲解"中行政程序的基本原则部分

六、案例分析

1. 提示:本题主要考查的是说明理由制度和行政程序分类

答案:根据《行政处罚法》第 31 条的规定:"行政机关在作出行政处罚决定以前,应当告知当事人作出行政处罚决定的事实、理由及依据,并告知当事人依法享有的权利。"本案中,某卫生检疫所在对案件的事实、证据进行调查后,并没有告知某肉食水产公司其将要作出的处罚决定的事实、理由和依据,违反了行政程序中的说明理由制度。行政机关作出处罚决定之前说明理由的程序,属于行政程序中的外部程序、事先程序、具体行为程序和强制性程序。根据《行政处罚法》第 41 条的规定,行政机关作出处罚决定之前不依照第 31 条的规定告知当事人给予处罚的事实、理由和依据的,行政处罚决定不能成立。所以,某卫生检疫所未履行告知程序,将使该处罚决定因不能成立而被行政复议机关或人民法院确认违法。

2. **提示**:行政复议程序属于行政程序,本题主要考查的是考生对行政复议一些基本程序的掌握情况

答案:本案中,县政府在多处违反了行政复议法的程序规定:

(1)县政府依法受理复议申请后,向乡政府下达限期履行通知书没有法律根据。根据行政复议法规定,只有在被申请人不履行或者无正当理由拖延履行行政复议决定的情况下,行政复议机关或者有关上级行政机关才会责令其限期履行。本案行政复议程序刚开始,县政府尚未作出行政复议决定,故不存在责令限期履行的问题。

(2)县政府作出行政复议终止通知书没有法律依据。《土地管理法》第16条第3款规定:“当事人对有关人民政府的处理决定不服的,可以自接到处理决定通知之日起30日内,向人民法院起诉。”《行政复议法》第8条第2款规定:“不服行政机关对民事纠纷作出的调解或者其他处理,依法申请仲裁或者向人民法院提起诉讼。”可见,县政府是将该纠纷看作民事纠纷来处理的,但既然是民事纠纷,县政府就不应受理李某的复议申请,既然已经受理,就应当作出行政复议决定,而不能随意终止复议程序,况且行政复议法并未规定此种终止行政复议的情形。县政府在本案中将行政复议程序和一般的行政处理程序互相混淆,造成了程序的混乱。

第八章　行政违法与行政责任

内容提示

通过本章的学习，熟悉行政责任的追究与承担；了解行政违法的种类；掌握行政违法与行政责任的概念、特征及其构成，对实践中出现的行政违法行为能够准确认定，并能够清晰地判断如何追究其法律责任。

基础知识图解

一、行政违法

<table>
<tr><td rowspan="6">行政违法</td><td>概念</td><td colspan="3">是指行政主体及行政公务人员违反行政法律规范尚未构成犯罪的、应当承担行政责任的行政行为。它包括以下几层含义：①行政违法是行政主体及行政公务人员实施的行政行为违法。②行政违法是违反行政法律规范的行为，是指行政违法违反的是行政法律规范，而不是对宪法规范、刑事法律规范、民事法律规范的违反，否则就不属于行政违法，而是应属于违宪行为、犯罪行为、民事违法行为。③行政违法是尚未构成犯罪的行为。④行政违法是一种应当承担行政责任的行为</td></tr>
<tr><td>构成条件★</td><td colspan="3">(1)行政违法的主体是行政主体及行政公务人员。这是行政违法的主体要件
(2)行政违法侵害了受行政法律规范保护的行政关系。这是行政违法的客体要件
(3)行政违法主体实施了违反行政法律规范的行为。这是行政违法的客观要件
(4)行政违法主体实施行政行为时主观上有过错。这是行政违法的主观要件</td></tr>
<tr><td rowspan="4">分类</td><td rowspan="2">根据违法行为侵害的对象是否特定的不同</td><td>抽象行政行为违法</td><td>是指行政机关制定行政法规、行政规章和其他行政规范性文件的行为违法</td></tr>
<tr><td>具体行政行为违法</td><td>是指行政主体及其公务人员实施具体行政行为时不符合法定的要求和原则</td></tr>
<tr><td rowspan="2">根据违法行为主体形态的不同</td><td>行政主体的行政违法</td><td>行政公务人员按照行政主体的意志进行活动时，该行为视为行政主体的行为，而不是行政公务人员的个人行为，若构成违法，则属于行政主体违法</td></tr>
<tr><td>行政公务人员的行政违法</td><td>行政公务人员代表行政主体实施了违法行政行为，且该公务人员主观上存在故意或过失时，则行政主体和该行政公务人员均构成违法</td></tr>
</table>

行政违法	分类	根据行为方式和状态的不同	作为行政违法	指行政主体及其公务人员主动实施的违反行政法律规范的行为
			不作为行政违法	指行政主体及其公务人员不履行行政法律规范所规定的作为义务的行为
		根据违法行为发生范围的不同	内部行政违法	指行政主体在对其内部机构、人员及内部事务的管理中所发生的行政违法行为,包括内部实体违法和内部程序违法,行政编制和机构设置违法,对行政公务人员管理行为违法等
			外部行政违法	是行政主体行使行政职权,对外部事务进行管理时发生的违法行为
		根据违反的行政法律规范是实体法律规范还是程序法律规范	行政实体违法	是对行政法律规范所规定和保护的实体权利义务的违反
			行政程序违法	是对行政程序法律规范所确定的权利义务的违反
		根据行政行为违反的是羁束裁量权还是自由裁量权的不同	行政违法	是狭义上的行政违法,或称形式意义上的行政违法,是指行政主体实施的违反法律明确规定的内容、范围、方式、手段和程序等的行政行为
			行政不当	是指行政主体不合理行使自由裁量权作出的行政行为,是实质意义上的行政违法,即它在形式上没有违反行政法律规范的明确规定,但实质上却违反了法的目的和精神,与法的目的、基本原则等要求不相符合
		根据行政公务人员的行政违法行为的不同	行政职务违法行为	是指行政公务人员在执行职务过程中违反其职务上的要求的行为
			行政违纪行为	是指行政公务人员违反纪律(或称政纪)的行为
		根据行为主体的数量不同	单一行政违法	行政违法行为仅由单一的行政主体作出,即单一行政违法
			共同行政违法	行政违法行为同时由两个或两个以上的行政主体作出,即共同行政违法

二、行政责任

行政责任	概念	是指行政主体及行政公务人员因违反行政法律规范,构成行政违法而由有权国家机关依法追究或主动承担的否定性法律后果。主要包括以下几层含义:①行政责任是一种否定性法律后果。它是对责任主体违法行为的一种否定性评价。②行政责任是行政主体及行政公务人员应承担的一种否定性法律后果。③行政责任是行政主体及行政公务人员违反行政法律规范,构成行政违法而应承担的否定性法律后果。④行政责任既可以由有权国家机关依法追究,也可以由责任主体主动承担

<table>
<tr><td rowspan="7">行政责任</td><td>特征</td><td colspan="2">(1)行政责任是行政法确立的、违反行政法律规范而应承担的法律责任
(2)行政责任在性质和程度上,既不同于刑事责任那样偏重于惩罚性,也不同于民事责任那样偏重于补救性,而是兼具两种性质
(3)行政责任的主体包括行政主体和行政公务人员。两类责任主体在承担责任的对象上有所不同,行政主体的法律责任有的要向国家承担,有的要向相对人承担;行政公务人员的法律责任是一种个人责任,这种个人责任主要是对国家(由行政机关代表)承担的
(4)行政责任的追究机关不像刑事责任、民事责任追究机关那样只限于司法机关。由于行政责任的多样化,因而追究行政责任的机关也是多样的,而不是单一的</td></tr>
<tr><td>构成要件★</td><td colspan="2">(1)主体要件。行政责任的主体与其特定的法律身份及其职权、职责内容紧密相连,没有特定的法律身份及其职权、职责内容就不可能构成行政违法,也就不承担行政责任。因此,行政责任的主体是行政主体和行政公务人员
(2)行为要件。行政主体及其行政公务人员有行政违法行为的存在,这是构成行政责任的必备前提条件
(3)法律规范要件。行政责任需要由行政法律规范确认</td></tr>
<tr><td rowspan="2">追究</td><td>追究行政责任的主体</td><td>主要包括:①由权力机关以作出决定的方式追究。②由司法机关以行政诉讼和行政赔偿诉讼裁判的方式追究。③由行政复议机关以复议裁决的方式追究。④由上级行政机关以作出决定的方式追究。⑤由行政机关中专门的监督部门如审计、监察部门以作出决定的方式追究。⑥由行政主体自己主动承担法律责任</td></tr>
<tr><td>追究行政责任的原则</td><td>主要包括:①责任法定原则。②责任自负原则。③责任相称原则。④补救、惩戒与教育相结合的原则</td></tr>
<tr><td rowspan="2">承担</td><td>行政主体承担责任的方式</td><td>主要包括:①通报批评;②赔礼道歉、承认错误;③恢复名誉、消除影响;④返还权益;⑤恢复原状;⑥停止违法行为;⑦责令履行职责;⑧撤销违法的行政行为;⑨纠正不当的行政行为;⑩宣布无效;⑪赔偿损失</td></tr>
<tr><td>行政公务人员承担责任的方式</td><td>主要包括:①罢免行政领导的职务;②行政处分;③对违法所得的没收、追缴或者退赔;④赔偿损失;⑤其他责任形式</td></tr>
</table>

重点知识讲解

一、行政违法的构成要件

1. 行政违法的主体是行政主体及行政公务人员,这是行政违法的主体要件。行政违法是一定主体的行为违法,主体是行为的载体,离开了载体就无所谓行为,更无所谓行为违法。我们所界定的行政违法是指行政行为违法,而实施行政行为的主体是行政主体及行政公务人员。因此行政违法的主体必须是行政主体和行政公务人员,非行政主体及行政公务人员的行为不能构成行政违法。

2. 行政违法侵害了受行政法律规范保护的行政关系。这是行政违法的客体要件。行政行为只有客观上侵害了合法的行政关系,破坏了正常的行政管理秩序,才构成行政违法。应当指出的是,行政违法不能仅仅被看成是对某个个体或组织的侵害,还应当看到它对整个国家、社会公共利益与公共秩序的侵害和破坏。同时,要把行政违法的客体和行政违法的对象——行政违法行为所直接影响或侵害的物与人区别开来。大多数行政违法行为,往往对行政相对人的合法权益造成侵害从而构成行政侵权行为,此类违法行为既有侵害对象也有侵害客体;但某些行政违法并不一定存在侵害对象,它可能不直接侵犯特定人的特定权利,却直接侵害了行政法所保护的社会关系或行政权力的运行秩序。

3. 行政违法主体实施了违反行政法律规范的行为。这是行政违法的客观要件。行政违法必须有一定的客观外在表现,即必须实施了违反行政法律规范的行为,如果仅有主观意图而无客观的行为时,不能构成行政违法。行政违法是在行使行政职权过程中产生的,或者与行政职权密切相关,如果与行政职权没有任何关联,就不能构成行政违法。另外,作为行政违法的一般要件,只需考虑其客观的、外在的违法事实状况即可,并不意味着必须产生一定的危害结果,危害结果只是某些行政违法必备的条件,并不是行政违法的一般要件。

4. 行政违法主体实施行政违法行为时主观上有过错。这是行政违法的主观要件。所谓主观过错,是指行为人实施行为时的主观心理状态,包括故意和过失两种形式。这一原理适用于行政违法上,却表现出一定的特殊性,对于行政主体而言,只要其在客观上有违反行政法律规范的作为或不作为就推定其主观有过错,不必再深究其主观因素;对于行政公务人员而言,由于其承担的行政责任是一种个人责任,必须将主观上的故意或过失作为要件之一,行政主体对行政公务人员违法行为的认定上要考虑其主观上是否有过错,因为这涉及对该公务人员是否要给予行政处分或者是否要予以追偿的问题。

二、行政责任的构成要件

1. 主体要件。行政责任的主体与其特定的法律身份及其职权、职责紧密相连,没有特定的法律身份及其职权、职责内容就不可能构成行政违法,也就不承担行政责任。基于此,行政责任的主体是行政主体和行政公务人员。

2. 行为要件。行政主体及行政公务人员有行政违法行为存在,这是构成行政责任的必备前提条件。行政责任是行政违法所产生的法律后果,无行政违法行为即无法律责任。因此,有行政违法行为存在是构成行政责任必不可少的条件。

3. 法律规范要件。行政责任需要由行政法律规范确认。根据现代国家法治行政的原理,不仅要求行政主体及其公务人员的职权、职责法定,而且要求对其行政责任的追究与承担也是法定的。这不仅要求行政责任的方式必须为行政法律规范确认,而且要求行政责任的内容也必须为行政法律规范确认。没有行政法律规范对行政责任予以规定,就不能进行责任追究。

配套习题

一、单项选择题

1. 根据什么标准,可将行政违法分为行政违法和行政不当?( )

A. 行政公务人员的行政违法行为

B. 行政行为违反的是羁束裁量权还是自由裁量权

C. 违法行为主体形态

D. 违法行为侵害的对象是否特定

2. 实质性行政违法具体表现为( )

A. 行为主体不合法

B. 意思表示不真实

C. 行为超出了行为主体的法定权限

D. 行为内容同行政法律规范所规定的目的、原则相悖

二、多项选择题

1. 下列哪些可以成为行政违法主体?(　)

A. 行政机关

B. 公务员

C. 法律、法规授权的组织

D. 行政相对方

2. 下列属于行政主体承担行政责任的方式的有(　)

A. 通报批评、履行职务

B. 撤销违法的行政行为

C. 赔礼道歉、承认错误

D. 返还权益、恢复原状

三、名词解释

1. 违法行政行为与不当行政行为(考研武汉大学2003年)

2. 行政滥用职权与行政越权(考研西南政法大学2003年)

3. 行政行为的违法与无效(考研武汉大学2004年)

4. 行政不作为与行政默示行为(考研武汉大学2005年)

四、简答题

简述行政违法的构成要件。

五、论述题

论述追究行政责任的原则。

参考答案

一、单项选择题

1. 答案:B

提示:本题考查的是行政违法行为的分类

解析:根据行政公务人员的行政违法行为不同可以分为行政职务违法行为和行政违纪行为。根据违法行为主体形态不同,分为行政主体的行政违法和行政公务人员的行政违法。根据违法行为侵害的对象是否特定分为抽象行政行为违法和具体行政行为违法。所以,B项为正确答案。

2. 答案:D

提示:本题考查的是行政违法中的实质违法

解析:不当行政行为是行政主体不合理行使自由裁量权作出的行政行为,是实质意义上的行政违法,即它在形式上没有违反行政法律规范的明确规定,但实质上却违反了法的目的和精神。

二、多项选择题

1. 答案:ABC

提示:本题考查的是行政违法的主体,参见本章"基础知识图解"中行政违法部分

解析:行政违法主要包括行政主体的违法和行政公务人员的违法。其中行政主体又包括行政机关和法律、法规授权的组织。因此,A、B、C项正确。

2. 答案:ABCD

提示:本题考查的是行政主体承担行政责任的方式参见本章"基础知识图解"中行政责任部分

三、名词解释

1. 提示:应从违法行政行为与不当行政行为的概念来回答

答案:违法行政行为,是指行政法律关系主体违反行政法律规范,侵害受法律保护的行政关系,对社会造成一定程度的危害,尚未构成犯罪的行为。不当行政行为主要是指行政主体的不当行为,它是专门针对行政自由裁量权的不合理行使而言的。

违法行政行为与不当行政行为的划分是与羁束行为和裁量行为的划分相联系的。行政违法既可以针对羁束行为,又可以针对裁量行为,且主要是针对羁束行为而言;不当行政行为则仅仅基于裁量行为。

不合法的行为构成违法行政行为，不合理的行政行为属于不当行政行为。从广义上讲，不当行政行为同样是一种违法行政行为，因为它违反了行政法对合法性和合理性的基本要求。从狭义上讲，不当行政行为是以行政合法为前提，与行政违法相并列的一种有瑕疵的行为。

2. **提示**：应从行政滥用职权与行政越权的概念来回答

答案：行政滥用职权，是指行政机关行使职权时背离法律、法规的目的，背离基本原理，其所实施的具体行政行为虽然形式上在其职权范围之内，但其内容与法律、法规设定该职权的用意相去甚远。

行政越权，是指行政机关超越了法律法规授予的权限，实施了其无权实施的行为。

因此，严格意义上的行政滥用职权并未违反法律法规为行政权行使设定的条件、方式、程序和范围，其违法之处在于违背了法律法规的目的和基本精神，属于不合理行政行为的范畴，属于法院对行政行为司法审查的合理性审查标准。行政越权则属于典型的违法行为，违反了法律法规为行政权行使设定的范围，属于法院对行政行为司法审查的合法性审查标准。

也有人将行政权归入广义的行政违法范畴，认为违反法律法规的目的和基本精神也是违法。英国行政法上的核心原则“越权无效”原则实际上也包含了行政滥用职权行为。

3. **提示**：应从行政行为违法的概念和行政行为无效的概念来回答

答案：行政行为的违法即行政违法，是指行政主体及行政公务人员违反行政法律规范尚未构成犯罪的、应当承担行政责任的行政行为。

行政行为的无效，是指具有重大、明显的违法情形，从而自始至终不发生法律效力的行政行为。

4. **提示**：应从行政默示行为和行政不作为的概念来回答

答案：行政默示行为又可以称为以默示形式作出的行政行为，是指行政主体以使人推知的作为或不作为方式间接地表示其内在意思的表意形式。它又可分为作为的默示和不作为的默示两种。

行政不作为是指行政主体负有某种法定的行政作为义务，并且具有作为的可能性而在程序上逾期有所不为的违法行为。

区别：行政不作为要基于法律对权利时效和作为义务的规定而成立，但默示行为的成立还得取决于法律对行政主体意思表示内容的推定，且往往以发生有利于相对人的法律效果为原则。行政不作为因其客观上表现为行政主体未作应作之行为而只能是不合法的，但经法律推定而成立的默示行为则是合法有效的，因而这种推定的目的实际上是对行政不作为不合法性的一种法律补救。

四、简答题

提示：参见本章“重点知识讲解”中行政违法的构成要件，从主体要件、行为要件、法律规范要件等三方面回答

五、论述题

提示：应从行政责任的追究的概念出发，分别论述责任法定原则、责任自负原则、责任相称原则、补救、惩戒与教育相结合原则

答案：行政责任的追究，是指有权机关根据法律规定和行政责任的构成要件，按法定程序和方式对行政法关系主体的行为责任的认定和追究的过程。认定行政责任是追究行政责任的前提。追究行政责任的原则：

(1)责任法定原则。责任法定原则是指行政主体及行政公务人员应当承担的行政责任，要用法定形式固定下来。哪些行为属于行政违法行为，应当承担何种行政责任，都应有法律上的明文规定，以此作为承担行政责任的依据。对行政责任的确认和追究必须依法进行，防止追究责任的随意性。

(2)责任自负原则。责任自负原则的主要含义包括：①违法行为人应该对自己的违法行为负责。②不能让没有违法行为的人承担法律责任，即反对株连或变相株连。③要保证责任人受到法律追究，无责任人受到法律保护，即不枉不纵，公平合理。责任自负原则是现代法的一般原则。对行政违法行为，不论涉及谁，都要依法追究其行政责任。在国家行政机关中，不允许存在担任职务、行使职权而不承担责任的现象，也不允许出了问题推卸责任或强加责任、包揽责任或代负责任。

(3)责任相称原则。责任相称原则要求责任的轻重和种类应当与违法行为的危害程度相一致，必须根据违法行为的程度适用适当的责任形式，选择适当的强度和方式。追究违法行为人的责任，目的在于对受损害的权益给予补救，惩戒违法行为人，促

使其以后不再实施违法行为。如果确认违法责任畸轻,遭受损害的权益就得不到有效的补救,对违法行为人也起不到警戒作用;反之,如果确认违法责任畸重,同样也不能达到追究法律责任的目的。因此,追究行政责任,必须遵循责任相称原则,做到罚过相当。

(4)补救、惩戒与教育相结合的原则。追究法律责任,往往表现为对责任者的惩罚,其最终目的在于对受损害的权益的补救,以恢复法制社会的正常秩序。但是,仅靠惩罚或科处补救性义务,并不一定能有效地控制和防止行政上的违法行为的发生。一定程度的惩罚是必要的,而惩罚的目的是为了使违法行为人受到教育,促使其合法有效地履行职责或义务,也使其他行政主体及其公务人员引以为戒,达到警戒、防范的效果,最终建立良好的社会法制秩序。所以,在确认和追究行政责任时,对责任种类、方式和强度等的选择,都应体现补救、惩戒和教育相结合的原则。

第九章　行政立法

内容提示

行政立法是行政主体针对不特定的相对人制定普遍性规范的抽象行政行为。通过本章的学习,应当理解和掌握行政立法的概念和性质;熟悉行政立法的原则、行政立法的权限划分以及行政立法的过程;明确行政立法效力等级、效力范围与适用规则;认识行政立法监督的意义、基本类型和主要形式,并理解行政规范性文件的作用及其适用效力。

基础知识图解

一、行政立法概述

行政立法	概念	是指行政机关根据法定权限、按照法定程序,制定和发布行政法规、规章的活动
	性质★	抽象行政行为:①与具体行政行为比较。②与其他抽象行政行为比较。③与权力机关立法相比较。详见重点内容讲解
	分类	主要包括:①职权立法与授权立法。②中央行政立法与地方行政立法。③执行性立法与创制性立法
	原则	主要包括:①统一性原则。②民主性原则。③适应性原则。④协调性原则
	程序	立项—起草—审查—决定与公布—解释

二、行政立法效力、审查〔1〕★

立法	效力	制定机关	制定权限	批准备案	审查撤销
行政法规	低于宪法、法律	国务院	主要包括:①执行法律的规定。②《宪法》第89条的规定。③法律制定前,根据人大及其常委会授权先行制定的	报全国人大常委会备案	全国人大常委会

〔1〕 注意:本表为了比较的清晰,列出了地方性法规、自治条例、单行条例以及经济特区法规的内容,读者应明确它们不属于行政立法的范畴。

地方性法规	低于宪法、法律、行政法规、上级地方法规	省、自治区、直辖市、较大市[1]人大及其常委会	主要包括:①根据本地实际情况执行法律、行政法规。②地方性事务	市级法规须经省级人大常委会批准	全国人大常委会;上级人大
部门规章	低于宪法、法律、行政法规	国务院各部委、中央人民银行、审计署、具有行政管理职能的直属机构	执行法律或国务院的行政法规、决定、命令;本部委自身建设	报国务院备案	国务院改变或撤销
地方规章	低于宪法、法律、行政法规、上级地方性法规、上级地方规章	省、自治区、直辖市、较大的市政府	执行法律、行政法规、地方性法规;本地具体管理事项	省级规章报国务院和本级人大常委会备案;市级规章报国务院、省级与本级人大常委会、省级政府备案	国务院改变或撤销、上级政府改变或撤销、本级人大常委会撤销
自治条例、单行条例与经济特区法规	类似本级地方法规,但可作变通规定在本区域内优先适用	民族自治地方的人民代表大会;经济特区所在地的省、市的人民代表大会及其常务委员会	地方自治事务和经济特区自身事务	自治条例由全国人大常委会批准;州县条例由省级人大常委会批准;经济特区法规根据全国人大授权制定	全国人大及其常委会

重点知识讲解

一、行政立法的性质

1. 与具体行政行为的区别。行政立法属于抽象行政行为的范畴,与具体行政行为主要的区别在于:

(1)主体的有限:拥有行政立法职权的机关才能进行行政立法,而可以做出具体行政行为的机关是广泛的。

(2)对象的普遍:行政立法涉及和规范的对象具有普遍性,针对不特定的公民、法人或其他组织;具体行政行为针对具体的人或事。

(3)效力的反复适用:稳定性和反复适用性。

(4)程序的规范:行政立法遵循严格、规范的程序;具体行政行为过程简单、灵活。

(5)效力的向后性:行政立法只对其生效后发生的调整对象发生拘束力,对此前的人或事不

---

〔1〕 较大的市是指省、自治区的人民政府所在地的市,经济特区所在地的市和经国务院批准的较大的市。

具有拘束力。

2. 与其他抽象行政行为的区别。

(1)主体的范围不同:行政立法的主体是较高层次的行政机关,而几乎所有的行政机关都可以实施抽象行政行为。

(2)功能作用不同:行政立法弥补权力机关的不足和空缺,减轻立法负担,其他抽象行政行为没有此作用。

(3)权力来源不同:行政立法权来源于《宪法》、《立法法》和有关法律赋予或特别法律的授权;其他抽象行政行为是以各自的职权范围为依据。

(4)效力强度不同:行政立法具有法的普遍性、规范性、强制性,效力高于其他抽象行政行为。

(5)行为程序不同:行政立法按照严格的立法程序;其他抽象行政行为的程序化不高。

3. 行政立法与权力机关立法。

	地位	主体	权力来源	内容	程序	形式	效力等级
权力机关立法	主要、主导地位	各级人大及其常委会	人民授权	政治、经济、社会生活的基本问题	正规、严格、细致、民众参与、周期长	法律	上位法、高
行政立法	从属、补充	有行政立法权的行政机关	自身职权、法律和有权机关授予	社会政治、经济管理中的具体问题	简便、灵活、注重高效	条例、规定、办法等	下位法、低

二、行政立法的效力

所谓行政立法效力,指行政机关制定的行政法规、规章的法律规范性效果和强制约束力程度。

1. 行政立法效力等级。效力等级从高到低依次为:宪法、法律、行政法规、地方性法规、行政规章。省、自治区规章高于较大的市的规章,部门规章之间、部门规章和地方政府规章之间具有同等效力,在各自权限范围内实行。

2. 行政立法效力范围。

(1)地域效力:行政法规和部门规章效力原则上适用于全国范围,但本身有特别规定的除外。地方政府规章在本行政区域内有法律效力。

(2)时间效力:①生效时间:自发布之日起生效;特别规定生效时间。②终止时间:新的法规、规章明令废止的时间;行政法规、规章本身规定的终止时间;因行政法规、规章所规定的社会关系事实不存在自然失效。

(3)对人效力:对我国公民、法人或其他组织;在我国境内的外国人、无国籍人、外国组织有效,但按照国际惯例和法律、行政法规特别规定不适用的除外。

3. 规则冲突及适用。

(1)上位法优于下位法。

(2)特别规定优于一般规定。

(3)新规定优于旧规定。

(4)行政法规之间对同一事项的新的一般规定与旧的特别规定不一致,由国务院裁决。

(5)同一行政机关制定的规章之间对同一事项的规定不一致时,由指定机关裁决。

(6)地方性法规与部门规章之间对同一事项的规定不一致,由国务院提出意见,国务院认为应适用地方性法规的,则适用地方性法规;认为应适用部门规章的,则应提请全国人民代表大会常委会裁决。

(7)部门规章之间、部门规章与地方政府规章之间对同一事项的规定不一致时,由国务院裁决。

三、行政立法的监督

行政立法监督是指对行政立法活动的监督,即对行政机关制定行政法规、规章的监督。

1. 行政立法监督的基本类型。

(1)权力机关的监督。

(2)上级行政机关对下级行政机关立法的监督。

(3)其他社会主体对行政立法的监督。

2. 行政立法的改变或者撤销。

(1)撤销情形:①超越权限的;②下位法违反上位法规定的;③规章之间对同一事项的规定不一致,经裁决应当改变或者撤销一方的规定的;④规章的规定被认为不适当,应当予以改变或者撤销的;⑤违背法定程序的。

(2)改变或撤销的权限:①全国人民代表大会常务委员会有权撤销同宪法和法律相抵触的行政法规,有权撤销同宪法、法律和行政法规相抵触的地方性法规,有权撤销省、自治区、直辖市的人民代表大会常务委员会批准的违背宪法和《立法法》第66条第2款规定的自治条例和单行条例。②国务院有权改变或者撤销不适当的部门规章和地方政府规章。③地方人民代表大会常务委员会有权撤销本级人民政府制定的不适当的规章。④省、自治区的人民政府有权改变或者撤销下一级人民政府制定的不适当的规章。⑤授权机关有权撤销被授权机关制定的超越授权范围或者违背授权目的的法规,必要时可以撤销授权。

四、行政法规的立法权限

根据《立法法》第9条和第56条的规定,行政法规的立法权限分为一般立法事项和授权立法事项两大部分:

1. 一般立法事项。

(1)为执行法律的规定需要制定行政法规的事项,包括:为执行法律制定综合性的实施细则、实施条例和实施办法,对法律实施中的问题作出较为全面、具体的规定。为实施法律的某一项制度或具体规定而制定的专门规定。对法律实施的过渡、衔接问题和相关问题作出的规定。

(2)《宪法》第89条规定的国务院行政管理职权的事项。在全国人大及其常委会对有关事项尚未制定相应的法律时,国务院可以出于行政管理的需要制定相应的行政法规,其内容不得侵犯全国人大及其常委会的专属立法权。

2. 授权立法事项。

(1)国务院可以通过授权决定制定行政法规的事项范围,其是属于全国人大及其常委会专属立法权的事项中除有关犯罪和刑罚、对公民政治权利的剥夺和限制人身自由的强制措施和处罚、司法制度等事项外的其他事项。

(2)以上事项必须是尚未制定法律、且制定法律的条件不成熟而又为实际所需要。

(3)国务院根据全国人民代表大会及其常务委员会的授权决定先制定的行政法规,经过实践检验,制定法律的条件成熟时,国务院应当及时提请全国人大及其常委会制定法律。

五、行政法规的制定程序

(1)立项。国务院有关部门对认为需要制定行政法规的事项,于每年年初编制国务院年度立法工作计划,向国务院报请立项,同时应当说明立法项目所要解决的主要问题、所依据的方针、政策和拟确立的主要制度。国务院法制机构根据国家总体工作部署,对部门报送的行政法规立项申请汇总研究,突出重点,统筹兼顾,拟订国务院年度立法工作计划。国务院对法制部门的立法工作计划进行审批,编制本年度的立法工作计划。

(2)起草。国务院年度立法工作计划可以确定行政法规由国务院的一个部门或者几个部门具体负责起草工作,也可以确定由国务院法制机构起草或者组织起草,由起草部门负责人签署后,形成送审稿。

(3)审查。国务院法制机构对送审稿进行审查,在此基础上征求听取意见、协商协调,形成行政法规草案。

(4)决定。国务院常务会议对草案进行审议,法制机构根据国务院对行政法规草案的审议意见进行修改,形成草案修改稿后报总理签署。

(5)公布与施行。总理签署后以国务院令的形式公布。行政法规应当自公布之日起30日后施行;但涉及国家安全、外汇汇率、货币政策的确定以及公布后不立即施行将有碍行政法规施行的,可以自公布之日起施行。

六、行政规章的立法权限

1. 部门规章的权限。

(1)部门规章必须根据法律和国务院的行政法规、决定、命令制定。只有在法律和国务院的行政法规、决定、命令对某一事项已有规定的情况下,才可以制定规章。如果对于某一事项,法律没有规定,国务院也没有制定行政法规、发布决定、命令,不得以部门规章的形式予以规定。

(2)部门规章的目的是执行法律和国务院的行政法规、决定、命令,其内容是对法律和国务院的行政法规等的规定的具体化,而不能另行创设法律和国务院的行政法规、决定、命令所没有规定的内容。

(3)法律和国务院的行政法规、决定、命令在执行过程中需要具体化才能付诸实施的,国务院各部门可以制定规章。如果法律和国务院的行政法规、决定、命令已经明确规定的内容,不必再作规定就可执行的,规章原则上不做重复规定。

(4)有关行政机关的职权、地位、机构设置等组织法的内容,部门规章无权规定。对于涉及国务院两个以上部门职权范围的事项,一般应当提请国务院制定行政法规;如果制定行政法规的条件尚不成熟且需要制定规章的,国务院有关部门应当联合制定规章,单独制定的规章无效。部门规章应当同时符合以上规定,否则视为越权,可被国务院依法改变或撤销。

2. 地方政府规章的权限。

(1)执行法律、行政法规、地方性法规的规定需要制定规章的事项。

(2)属于本行政区域的具体行政管理事项。

七、行政规章的制定程序

(1)立项。国务院部门内设机构或者其他机构认为需要制定部门规章的,应当向该部门报请立项;省、自治区、直辖市和较大的市的人民政府所属工作部门或者下级人民政府认为需要制定地方政府规章的,应当向该省、自治区、直辖市或者较大的市的人民政府报请立项。

报送制定规章的立项申请,应当对制定规章的必要性、所要解决的主要问题、拟确立的主要制度等作出说明。国务院部门法制机构,省、自治区、直辖市和较大的市的人民政府法制机构对制定规章的立项申请进行汇总研究,拟订本部门、本级人民政府年度规章制定工作计划,报本部门、本级人民政府批准后执行。

(2)起草。部门规章由国务院部门组织起草,地方政府规章由省、自治区、直辖市和较大的市的人民政府组织起草。起草单位在广泛听取和征求意见后,拟订规章草案送审稿及其说明,同时应当将对规章送审稿主要问题的不同意见和其他有关材料按规定报送审查。

(3)审查。规章送审稿由法制机构负责统一审查。在征求和听取意见、协商协调等程序之后对规章送审稿修改,形成草案。

(4)决定。部门规章应当经部务会议或者委员会会议决定。地方政府规章应当经政府常务会议或者全体会议决定。

(5)公布与实施。法制机构应当根据有关会议审议意见对规章草案进行修改,形成草案修改稿,报请本部门首长或者省长、自治区主席、市长签署命令予以公布。规章应当自公布之日起30日后施行;但是,涉及国家安全、外汇汇率、货币政策的确定以及公布后不立即施行将有碍规章施行的,可以自公布之日起施行。

配套习题

一、单项选择题

1. 关于行政法规,下列哪一选项是正确的?(　)(司考2007年卷二,第46题)

A. 行政法规可以设定行政拘留处罚

B. 行政法规对法律设定的行政许可作出具体规定时可以增设行政许可

C. 行政法规的决定程序依照国务院组织法的有关规定办理

D. 行政法规之间对同一事项的新的一般规定与旧的特别规定不一致,不能确定如何适用时,由国务院法制办裁决

2. 下列有关法律规范的适用和备案的哪一种说法是正确的?(　)(司考2005卷二,第43题)

A. 地方性法规与部门规章对同一事项的规定不一致不能确定如何适用时,由国务院作出最终裁决

B. 不同行政法规的特别规定与一般规定不一致不能确定如何适用时,由国务院裁决

C. 地方政府规章内容不适当的,国务院应当予以改变或者撤销

D. 凡被授权机关制定的法规违背授权目的的,授权和所制定的法规应当一并被撤销

3. 人民法院审理行政案件过程中,发现地方规章与部门规章不一致时,应当选择下列哪种做法?(　)(律考2000年卷一,单选第18题)

A. 由受理该案件的人民法院送请上级人民法院裁决

B. 由最高人民法院送请国务院做出解释或者裁决

C. 由受理该案件法院的上级人民法院送请同级权力机关裁决

D. 由受理该案件法院的同级权力机关解释或者作出裁决

4. 下列关于行政机关其他规范性文件的表述正确的是哪些?(　)

A. 其他规范性文件虽可在具体执法中适用但并不具有法律效力

B. 其他规范性文件制定的主体是除享有行政立法权的行政机关以外的其他行政机关

C. 制定其他规范性文件不能与行政法规、规章相抵触

D. 权力机关对行政机关制定的其他规范性文件有权撤销

5. 关于行政法规的制定程序,以下说法不

正确的是(　)

A. 行政法规应当由国务院法制机构起草

B. 行政法规应当由总理签署的国务院令公布施行

C. 行政法规一般应当自公布之日起30日后施行,但是涉及国家安全、外汇汇率、货币政策的确定的,可以自公布之日起施行

D. 国务院各部门以及省级人民政府有权提请国务院对行政法规进行解释

6. 关于立法性文件的冲突,下列正确的解决规则是(　)

A. 部门规章之间、地方规章之间对同一事项的规定不一致时,由国务院裁决

B. 地方性法规与部门规章之间对同一事项的规定不一致时,适用地方性法规

C. 行政法规之间对同一事项的新的一般规定与旧的特别规定不一致,不能确定如何使用时,由全国人大常委会裁决

D. 部门规章之间对同一事项的规定不一致时,制定机关协商解决。

7. 下列关于行政规章的说法正确的是(　)

A. 国务院组成部门有权制定规章,国务院直属机构和其他机构则无权制定规章

B. 部门规章可设定警告或一定数量罚款的行政处罚以及临时性行政许可

C. 规章的名称可采用条例、规定、实施细则

D. 部门规章之间、部门规章和地方政府规章之间具有同等效力

二、多项选择题

1. 关于规章制定,下列说法哪些是正确的?(　)(司考2003年卷二,第76题)

A. 起草的规章直接涉及公民切身利益的,起草单位必须举行听证会

B. 部门规章送审稿,由国务院法制机构统一审查

C. 除特殊情况外,规章应当自公布之日起30日后施行

D. 规章应当自公布之日起30日内,由法制机构依法报有关机关备案

2. 按照《立法法》和相关法律的规定,下列哪些机关或者机构具有制定规章的权力?(　)(司考2003年卷二,第77题)

A. 国务院办公厅　　B. 国家体育总局

C. 国务院法制办公室　D. 审计署

3. 关于较大市地方性法规的制定程序,下列说法哪些是正确的?(　)(司考2002年卷二,第80题)

A. 省人大常委会有权对较大市人大制定的地方性法规进行适当性审查

B. 省人大常委会有权对较大市人大制定的地方性法规进行合法性审查

C. 省人大常委会有权对较大市人大制定的地方性法作出不批准的决定

D. 省人大常委会批准较大市人大制定的地方性法规后,由大会主席团发布公告予以公布

4. 下列属于行政立法主体的是(　)(考研西南政法大学2003年)

A. 国家发改委

B. 广西壮族自治区人民政府

C. 西安人大常委会

D. 宁波市人民政府

5. 石家庄市人民政府制定的行政规章应当报送何机关备案?(　)

A. 河北省人大常委会

B. 石家庄市人民代表大会

C. 国务院

D. 河北省人民政府

6. 下列哪些是有权制定规章的主体?(　)

A. 国务院各部委　　B. 审计署

C. 国务院办公厅　　D. 中国人民银行

7. 在下列何种情形下行政法规应当予以改变或撤销?(　)

A. 超越立法权限

B. 违反上位法规定

C. 规定了限制公民人身自由的事项

D. 违反法定程序

8. 关于立法性文件的等级效力正确的说法是哪些?(　)

A. 行政法规的效力高于地方性法规和行政规章

B. 法律的效力高于行政法规、地方性法规和规章但低于宪法

C. 地方性法规的效力高于地方规章但低于国务院部门规章

D. 部门规章之间、地方政府规章之间具有同等效力

9. 根据《立法法》的规定，国务院行政法规有权规定的事项是哪些？（　）

A. 国务院行政管理职权的事项

B. 执行法律规定的事项

C. 对非国有财产的征收

D. 全国人大常委会特别授权的事项

10. 在我国，有权制定地方行政规章的主体有哪些？（　）

A. 省级人民政府

B. 国务院批准的较大的市人民政府

C. 经济特区和特别行政区政府

D. 自治州人民政府

三、名词解释

1. 行政立法（考研中国人民大学 2004 年、西北政法学院 2005 年）

2. 行政法规

3. 行政规章

4. 行政规范性文件

四、简答题

1. 简述《立法法》中关于行政立法权的规定。（考研武汉大学 2003 年）

2. 行政立法应当遵循哪些原则？

3. 阐述行政立法的效力等级和冲突适用规则。

五、论述题

试论述行政立法监督的主要形式。

六、案例分析题

《某市林业行政处罚条例》（以下简称《条例》）第 5 条规定："林政处罚的种类包括警告、责令赔偿损失、补种树木、没收非法财物、罚款、封存、销毁、暂扣或者吊销许可证。"第 22 条第 1 款规定："木材检查站扣留的木材或规定林产品，由林业主管部门按下列规定处理：无木材或规定林产品运输证的，予以没收；属树种、材种、品名、数量、规格与运输证填写内容不符的，没收不符部分或超运部分。对没收实物有困难的，可收缴实物变价款，并出具专门收据。违反规定运输的林产品，按有关规定处理。"《行政处罚法》第 8 条第 3 项规定："没收违法所得、没收非法财物。"

试根据《立法法》、《行政处罚法》及有关理论对本案中《某市林业行政处罚条例》进行分析。

参考答案

一、单项选择题

1. 答案：C

提示：本题考查的是行政法规的事项权限、制定程序以及冲突解决规则

解析：《行政处罚法》第 9 条规定："法律可以设定各种行政处罚。限制人身自由的行政处罚，只能由法律设定。"第 10 条规定："行政法规可以设定除限制人身自由以外的行政处罚。法律对违法行为已经作出行政处罚规定，行政法规需要作出具体规定的，必须在法律规定的给予行政处罚的行为、种类和幅度的范围内规定。"因此，A 项错误；《行政许可法》第 16 条规定："行政法规可以在法律设定的行政许可事项范围内，对实施该行政许可作出具体规定。地方性法规可以在法律、行政法规设定的行政许可事项范围内，对实施该行政许可作出具体规定。规章可以在上位法设定的行政许可事项范围内，对实施该行政许可作出具体规定。法规、规章对实施上位法设定的行政许可作出的具体规定，不得增设行政许可；对行政许可条件作出的具体规定，不得增设违反上位法的其他条件。"因此，B 项错误；《立法法》第 60 条规定，行政法规的决定程序依照《中华人民共和国国务院组织法》的有关规定办理。因此，C 项正确。《立法法》第 85 条规定，行政法规之间对同一事项的新的一般规定与旧的特别规定不一致，不能确定如何适用时，由国务院裁决，国务院法制办是国

务院的办事机构,二者不能等同。所以,D 项也是错误的。

2. 答案:C

提示:本题考查的是法律规范的适用和备案

解析:地方性法规与部门规章之间对同一事项的规定不一致,由国务院提出意见,国务院认为应适用地方性法规的,则适用地方性法规;认为应适用部门规章的,则应提请全国人大常委会裁决。因此,A 项不正确;不同行政法规的特别规定与一般规定不一致不能确定如何适用时,应当遵循特别法优于一般法的规则,因此,B 项错误;授权机关有权撤销被授权机关制定的超越授权范围或者违背授权目的的法规,必要时可以撤销授权,因此不是一定要撤销授权,D 项不正确;国务院有权撤销或改变政府规章,因此,C 项正确。

3. 答案:B

提示:本题考查的是规章的冲突适用

解析:本题是直接考查法条的。《行政诉讼法》第 53 条规定:"人民法院认为地方人民政府制定、发布的规章与国务院部、委制定、发布的规章不一致的,以及国务院部委制定、发布的规章之间不一致的,由最高人民法院送请国务院做出解释或者裁决。"因此,B 项正确。

4. 答案:C:

提示:本题考查的是规范性文件的效力和撤销

解析:其他规范性文件是行政机关发布的除行政法规、行政规章以外的规范性文件。A 项的错误在于其他规范性文件一旦作出虽不具立法效力但仍具有法律效力;具有行政立法权的行政机关也可制定行政法规、规章之外的其他规范性文件,故 B 项不正确;权力机关有权撤销行政机关立法性的规范性文件,但其他规范性文件依法由上级行政机关撤销,故 D 项错误;根据依法行政原则,其他规范性文件不得与法律、法规和规章相抵触,故 C 项正确。

5. 答案:A

提示:本题考查的是行政立法的程序

解析:依据《立法法》和《行政法规制定程序条例》的有关规定,B、C、D 项属于行政法规的公布、施行以及解释应当遵守的程序;行政法规应当由国务院组织起草,具体起草机构可以是国务院部门,也可以是国务院法制机构,故 A 项错误,因此符合题意。

6. 答案:A

提示:本题考查的是行政立法的冲突适用规则

解析:地方性法规与部门规章之间对同一事项的规定不一致,由国务院提出意见,国务院认为应适用地方性法规的,则适用地方性法规;认为应适用部门规章的,则应提请全国人大常委会裁决,因此,B 项错误;行政法规之间对同一事项的新的一般规定与旧的特别规定不一致,由国务院裁决,因此,C 项错误;部门规章之间、部门规章与地方政府规章之间对同一事项的规定不一致时,由国务院裁决,因此,D 项错误。

7. 答案:D

提示:本题考查的是行政规章

解析:《立法法》第 71 条规定国务院具有行政管理职能的直属机构有权制定规章,故 A 项不对;根据《行政许可法》,部门规章无权设定行政许可,故 B 项错误;根据《规章制定程序条例》,规章的名称一般用"规定"、"办法",但不得用"条例",实践中规章有时也用"实施细则",故 C 项错误;据《立法法》第 82 条,部门规章之间、部门规章和地方政府规章之间具有同等效力,故 D 项正确。

二、多项选择题

1. 答案:CD

提示:本题考查的是规章的制定过程

解析:根据《规章制定程序条例》第 15 条,起草的规章直接涉及公民、法人或者其他组织切身利益,有关机关、组织或者公民对其有重大意见分歧的,应当向社会公布,征求社会各界的意见;起草单位也可以举行听证会。据此,听证会并不是必须举行的,因此,A 项错误。根据《规章制定程序条例》第 18 条,规章送审稿由法制机构负责统一审查,这意味着,部门规章由各部门内设的法制机构审查,而非国务院法制机构统一审查。因此,B 项错误。根据《规章制定程序条例》第 32 条,规章应当自公布之日起 30 日后施行;但是,涉及国家安全、外汇汇率、货币政策的确定以及公布后不立即施行将有碍规章施行的,可以自公布之日起施行。据此,C 项正确。《规章制定程序条例》第 34 条,规章应当自公布之日起 30 日内,由法制机构依照立法法和《法规规章备案条例》的规定向有关机关备案。据此,D 项正确。

2. 答案:BD

提示:本题考查的是部门规章的制定主体

解析:依《立法法》第 71 条规定,国务院各部、委员会、中国人民银行、审计署和具有行政管理职能的直属机构,可以根据法律和国务院的行政法规、决定、命令,在本部门的权限范围内,制定规章。国务院办公厅不属于国务院的组成部分,也不属于行政管理职能的直属机构;国务院法制办公室属于国务院办事机构。故选 B、D 项正确。

3. 答案:BC

提示:本题考查的是地方性法规的制定程序

解析:《立法法》第 63 条第 1、2 款规定:"省、自治区、直辖市的人民代表大会及其常务委员会根据本行政区域的具体情况和实际需要,在不同宪法、法律、行政法规相抵触的前提下,可以制定地方性法规。较大的市的人民代表大会及其常务委员会根据本市的具体情况和实际需要,在不同宪法、法律、行政法规和本省、自治区的地方性法规相抵触的前提下,可以制定地方性法规,报省、自治区的人民代表大会常务委员会批准后施行。省、自治区的人民代表大会常务委员会对报请批准的地方性法规,应当对其合法性进行审查,同宪法、法律、行政法规和本省、自治区的地方性法规不抵触的,应当在四个月内予以批准。"因此,省人大常委会有权对较大市的人大制定的地方性法规进行合法性审查并有权做出是否批准的决定,但不能进行适当性审查。《立法法》第 69 条第 3 款规定:"较大的市的人民代表大会及其常务委员会制定的地方性法规报经批准后,由较大的市的人民代表大会常务委员会发布公告予以公布。"因此,公布权不是由省人大主席团行使。所以,A、D 项错误,B、C 项正确。

4. 答案:ABD

提示:本题考查的是行政立法的主体

解析:行政立法包括行政法规和规章,国家发改委属于国务院组成部门,有权制定部门规章;广西壮族自治区人民政府有权制定地方规章;宁波市属于较大的市,有权制定地方规章;西安市人大常委会制定的属于地方人大及其常委会制定的地方性法规,不属于行政立法的范畴。因此,选 A、B、D。

5. 答案:ACD

提示:本题考查的是较大市规章的备案

解析:《立法法》第 89 条第 4 款规定:"部门规章和地方政府规章报国务院备案;地方政府规章应当同时报本级人民代表大会常务委员会备案;较大的市的人民政府制定的规章应当同时报省、自治区的人民代表大会常务委员会和人民政府备案。"石家庄市属于省级人民政府所在市,因此属于较大市的范围。根据规定,石家庄市的政府规章应当向国务院、石家庄市人大常委会、河北省人大常委会、河北省人民政府备案。B 项中的石家庄市人大是不对的,应当是人大常委会。故 A、C、D 项正确。

6. 答案:ABD

提示:本题考查的是部委规章的制定主体

解析:《立法法》第 71 条第 1 款规定:"国务院各部、委员会、中国人民银行、审计署和具有行政管理职能的直属机构,可以根据法律和国务院的行政法规、决定、命令,在本部门的权限范围内,制定规章。"可知国务院各部委、中国人民银行、审计署作为国务院组成部门均有制定规章的权力,而国务院办公厅只是内部办事机构,没有对外行政职能,故不具有规章制定权,因此,A、B、D 项正确。

7. 答案:ABCD

提示:本题考查的是行政立法的撤销事由

解析:《立法法》第 87 条规定:"法律、行政法规、地方性法规、自治条例和单行条例、规章有下列情形之一的,由有关机关依照本法第 88 条规定的权限予以改变或者撤销:①超越权限的;②下位法违反上位法规定的;③规章之间对同一事项的规定不一致,经裁决应当改变或者撤销一方的规定的;④规章的规定被认为不适当,应当予以改变或者撤销的;⑤违背法定程序的。"因此,A、B、D 项均属应予以改变或撤销的情形,限制公民人身自由的事项只能由法律规定,所以,C 项属于超越立法权限,也属应该撤销的情形。

8. 答案:ABD

提示:本题考查的是行政立法的效力等级

解析:根据《立法法》,法律性文件的效力等级依次是宪法、法律、行政法规、地方性法规、行政规章,其中部门规章和地方规章具有同等效力,在各自权限范围内实行。故 A、B、D 项正确,C 项错误。

9. 答案:ABD

提示:本题考查的是国务院行政法规的规定事项权限

解析:《立法法》第 56 条规定:"国务院根据宪法和法律,制定行政法规。行政法规可以就下列事项作出规定:①为执行法律的规定需要制定行政法规的事项;②宪法第 89 条规定的国务院行政管理职权的事项。应当由全国人民代表大会及其常务委员会制定法律的事项,国务院根据全国人民代表大会及其常务委员会的授权决定先制定的行政法规,经过实践检验,制定法律的条件成熟时,国务院应当及时提请全国人民代表大会及其常务委员会制定法律。”因此,A、B、D 项均属国务院立法权限,而据《立法法》第 8 条,对非国有财产的征收只能由法律制定,故 C 项不正确。

10. 答案:AB

提示:本题考查的是地方规章制定主体

解析:《立法法》第 73 条第 1 款规定:“省、自治区、直辖市和较大的市的人民政府,可以根据法律、行政法规和本省、自治区、直辖市的地方性法规,制定规章。”所以,省级政府和国务院批准的较大的市政府均是地方规章的制定主体,特别行政区政府和自治州政府不是行政规章的制定主体。所以,C、D 项错误。

三、名词解释

1. 提示:应当从广义和狭义两个方面回答

答案:广义上的行政立法,是指行政主体针对不特定的相对人制定普遍性规范的抽象行政行为;狭义上的行政立法,是指国家行政机关依照法定权限和程序制定、修改、废止行政法规和行政规章等法律规范的活动。

2. 提示:应从行政法规的性质进行解释

答案:行政法规,是指国务院根据宪法和法律、为了行使行政权力、履行行政职责、按照法定权限和程序制定的各种行政管理法律规范的总称。

3. 提示:应从行政规章的性质和种类进行解释

答案:行政规章,是指特定的行政机关根据法律和法规,依照法定权限和程序制定的,具有普遍约束力的行政管理法律规范的总称。行政规章包括国务院部委规章和地方政府规章两类。

4. 提示:应从行政规范性文件的性质进行解释

答案:行政规范性文件,是指国家行政机关为了执行法律、法规、规章,依据法定权限制定和发布的具有普遍约束力的决定、命令。

四、简答题

1. 提示:回答此问题需要对《立法法》的内容很熟悉,如果对其不熟悉,根据对行政立法权的划分知识也能作答。应当从行政法规和规章的制定主体、行政法规和规章的事项权限、行政法规和规章之间事项的划分、部门规章与地方规章的事项划分等级方面作答

2. 提示:应从行政立法的几项原则回答

答案:行政立法的原则包括以下几项:①统一性原则:注重我国单一制国家体制下,法律体系应当是宪法统率下的有机整体;②民主性原则:行政立法应当注重民众的参与,应当体现人民的意志;③适应性原则:从实际出发,适时有效地进行行政立法;④协调性原则:强调协调好各方面的利益。

3. 解析:参见本章“重点知识讲解”中的行政立法的效力部分

五、论述题

提示:本题考查的是行政立法的监督,主要应从效力、改变或者撤销以及备案与审查几个方面论述

答案:行政立法监督的主要形式包括以下三个方面:

(1)效力裁决:行政立法所制定的行政法规、规章在适用过程中,遇到不同的机关制定的法律规范之间的规定不一致或发生冲突时,以及同一机关制定的新的一般规定与旧的特别规定不一致时,由有权机关进行裁决,包括国务院的裁决和全国人大常委会的裁决。

(2)改变或撤销。参见本章“重点知识讲解”中的行政立法监督部分。

(3)备案与审查,行政法规应当在公布之后 30 日内报全国人大常委会备案;部门规章和地方政府规章应当在公布后 30 日内报国务院备案。参见本章“基础知识图解中”的行政立法效力、审查部分。

六、案例分析题

提示:本题主要考查的是规章立法的性质、权限和效力

解析:本题中的《条例》性质上属于地方行政规章,是根据《行政处罚法》制定的,因此属于行政处罚法的下位法。《条例》第 22 条第 1 款第 1 项关于“无规定林产品运输证的,予以没收”的规定与《行政处罚法》第 8 条第 3 项关于“没收违法所得、没收非法财物”的规定以及《条例》第 5 条关于“没收非法财物”的规定不一致;无规定林产品运输证的,构成非法运输,但非法运输的合法林产品并不是违法所得或非法财物;《条例》第 22 条第 1 款第 1 项扩大了没收的范围,根据上位法优于下位法、总则优于分则的法律适用规则,应当适用《行政处罚法》第 8 条第 3 项规定和《条例》第 5 条的规定。

第十章　行政给付与行政奖励

内容提示

行政给付与行政奖励是授益性的具体行政行为,对保障公民的基本生活、建设服务型政府有着重要的意义。通过本章的学习,应当知晓行政给付和行政奖励的概念、特征与分类;重点掌握行政给付与行政奖励的条件、内容与形式,以及行政奖励的原则与程序。

基础知识图解

一、行政给付

<table>
<tr><td rowspan="7">行政给付</td><td>概念</td><td>又称行政物质帮助,是指行政机关在公民失业、年老、疾病或者丧失劳动能力以及其他特殊情况下,依法赋予其一定的物质利益或者与物质利益有关的权益的具体行政行为</td></tr>
<tr><td>特征</td><td>主要包括:①主体的特定性:行政给付的主体是负有法定职责的行政机关和法律、法规授权的组织;②对象的特定性:行政给付的对象是处于特殊情况下,需要救助的特定相对人;③无偿性:行政给付是行政机关提供的无偿的救援和帮助;④法定职责性:行政给付是行政机关履行法定职责的行政行为,在实施方式上是积极主动地作为</td></tr>
<tr><td>分类</td><td>(1)按照所依据的紧迫情形不同:平时行政给付和紧急行政救助
(2)按照所采用的救助方式不同:物质给付和物质相关权益的给付</td></tr>
<tr><td>内容</td><td>(1)物质上的利益,金钱等
(2)与物质相关的权益:免费教育、免费医疗、优先安置就业、提供居住条件、采取措施救助财产安全等</td></tr>
<tr><td>条件★</td><td>(1)属于法定的给付对象
(2)属于行政机关的权限
(3)按照行政给付的程序进行</td></tr>
<tr><td>形式★</td><td>主要有:①抚恤;②补助;③安置;④收留救助;⑤特别优待;⑥行为帮助</td></tr>
</table>

二、行政奖励

行政奖励	概念	是指行政主体按照法定的条件和程序，对为国家和社会作出重大贡献或者模范地遵纪守法的组织和个人，给予奖赏与鼓励的具体行政行为
	特征★	主要有：①具体行政行为，对相对人产生实际影响；②单方行政行为，不具有强制执行力；③授益性行政行为
	原则	主要有：①合法原则；②精神奖励与物质奖励相结合原则；③公正、平等原则；④奖励得当原则；⑤及时、稳定原则
	内容和形式	(1)精神性奖励：指授予荣誉称号等具有一定象征意义的符号或者对相对人的价值观念、行为方式等予以认可、赞赏。如通报表扬、记功等 (2)物质性奖励：指为被奖励人颁发一定数额的奖品或奖金，满足其物质方面的需要 (3)优待性奖励：指赋予相对人享有从事某种活动或者获得一定权利的资格。如提升工资级别或者晋升工资职位等
	条件★	主要包括：①符合法定的奖励权限；②符合法定的奖励条件和标准；③符合法定的奖励程序；④符合法定的奖励形式
	程序	主要包括：①提出：自行申请或者申报；群众讨论评选；有关单位或者个人推荐；授奖主体提出；②审批：法定主体对行政奖励申报材料审查批准；③公布、评议；④授奖；⑤存档

重点知识讲解

一、行政给付的条件

紧急状态下的行政给付的条件和平时状态下的行政给付的条件是不同的，紧急情况下，只要出现了法定的紧急事件，即行政给付的对象处于法定的紧急状态，行政机关就应当立即采取救助给付行为，整个过程体现出灵活、高效的特点和价值取向。通常说的行政给付条件是平时状态下的行政给付，由于社会财富和国库的有限，要想保证行政给付真正用到实处，就必须设定严格的条件：

1. 法定的给付对象。行政给付的对象必须是符合法定给付条件的相对人，这种法定条件的设定一般是法律、法规完成的。如《残疾人保障法》、《防震减灾法》、《退伍军人安置条例》等，分别规定了不同的给付对象和形式。

2. 属于行政给付机关的权限。不同的行政给付是由不同的行政机关完成的，行政机关针对哪些给付对象进行救助，行政给付机关有权采取哪些给付形式，都应当遵循法律、法规的规定。行政给付机关只能在法定的权限范围内实施给付行为。

3. 按照行政给付的程序进行。目前我国尚没有关于行政给付程序的统一法律规定。对于各种不同形式的行政给付程序，归纳起来大致有申请、审查、批准、实施等步骤和过程，并且一般采取书面形式。

二、行政给付的形式

我国现有的法律法规对行政给付的形式规定比较零散，归纳起来大致有以下几种形式：

1. 抚恤：行政机关给予相对人一定数量的金钱，具体表现为死亡抚恤金、伤残抚恤金等。抚恤带有抚慰的性质，其对象包括：牺牲、病故的军人、人民警察、参战民兵及党政机关工作人员的亲属、伤残军人和因公致残人员。

2. 补助：行政机关给予特定相对人一定数量生活费用，具体表现为救济金、生活补助费、困难补助费、护理费、治疗费、安置费等。

3. 安置：行政机关对特定人员的工作、生活、居住等方面给予特别的待遇和安排的行政给付形式。具体表现为就业安置、住房安置等。

4. 收留救助：民政部门将生活有困难或者有特殊要求的人员收留，并给予他们生活安排和医疗救治的给付行为。具体表现为对孤寡老人、孤儿、流浪人员的安排和救助等。

5. 特别优待：行政机关对特定的救助对象给予物质相关权益的给付形式。具体表现为免费教育、免费医疗、减免有关费用等。

6. 行为帮助：行政机关在特殊情况下对救助对象给予行为上的支持和帮助的给付形式。如抢险救灾等。

三、行政奖励的特征

1. 行政奖励是一种具体行政行为。行政奖励针对具体的对象实施，对特定的人产生实际影响。行政机关是否奖励对相对人既存的权利没有直接实际的影响，但获得奖励是相对人的一种可期待利益，当行政机关拒绝奖励时，行政相对人就无法实现这种利益。因此行政奖励是对相对人的权利有直接实际影响的。

2. 行政奖励是一种单方的行政行为，不具有强制执行力。行政相对人实施了应当受到奖励的行为后，行政机关单方面决定是否给与奖励，另一方面，相对人对行政奖励接受与否，取决于自己的意志，行政主体不能强制。

3. 行政奖励是一种授益性行政行为。行政奖励作为一种来自于政府的授益行为，其实施为相对人更好地发展提供了物质基础和精神力量，同时也提高了公民素质，推动了国家的发展和社会的进步。

四、行政给付与行政奖励的救济

1. 行政给付的救济。行政给付是行政机关作出的涉及相对人利益的具体行政行为，因此具有可诉性。相对人对于行政主体的给付行为不服时可以提起行政复议和诉讼。目前关于这方面的法律规定主要有：

(1)《行政复议法》第6条第10项规定，公民、法人或者其他组织申请行政机关依法发放抚恤金、社会保险金或者最低生活保障费，行政机关没有依法发放的，可依法申请行政复议。

(2)《行政诉讼法》第11条第5项规定，当公民申请行政给付，行政机关拒绝履行或者不予答复的，可以以行政机关不依法履行保护人身权、财产权的法定职责为由，提起行政诉讼。

(3)《行政诉讼法》第11条第6项规定，认为行政机关没有依法发给抚恤金的，可以依法提起行政诉讼。

(4)《若干问题的解释》第48条第2款规定，人民法院审理起诉行政机关没有依法发给抚恤金、社会保险金、最低生活保障费等案件，可以根据原告的申请，依法书面裁定先予执行。

2. 行政奖励的救济。对于行政奖励行为能不能提起行政诉讼，曾经一度成为争论的话题。新的最高人民法院《关于执行〈中华人民共和国行政诉讼法〉若干问题的意见》的出台，已经将行政奖励行为纳入了行政诉讼的受案范围。行政奖励的诉讼大致有以下几种形态：

(1) 法律规定在某种情形下，行政主体应当对相对人的行为进行行政奖励，但行政主体却没有作出奖励时，此时，无论相对人作出的行为是否属于法定义务，只要法律作了规定，相对人就有权提起诉讼。

(2) 因行政机关的先行行为产生了行政奖励的事由，相对人在没有获得奖励的时候，有权提起行政诉讼。

(3) 法律没有规定行政奖励，行政机关基于自由裁量权作出行政奖励，但行政机关在作出时出现了瑕疵，相对人可以提起行政诉讼。例如在见义勇为时，某人认为自己没有得到相应的奖励，就可以向法院提起诉讼。

配套习题

一、单项选择题

1. 下列关于行政给付的说法，正确的是（ ）

A. 精神和物质相结合的原则

B. 行政给付可具有职务上的权益

C. 行政给付只具有物质上的权益和与物质有关的权益

D. 行政给付是一种行政奖励

2. 下列关于行政给付的说法，正确的是（ ）

A. 任何行政机关都可以进行行政给付

B. 发生洪灾时政府的抢险救灾行为属于行政给付的范畴

C. 行政给付都需要相对人进行申请

D. 对行政给付不服的不能提起行政诉讼

3. 在行政奖励中，属于精神方面权益内容的奖励是（ ）

A. 晋职　　B. 晋级

C. 授予劳动模范称号　　D. 奖金

4. 下列关于行政奖励的说法，正确的是（ ）

A. 外国人、无国籍人或者外国组织不能成为行政奖励的对象

B. 行政机关作出行政奖励的决定之后，相对人一方只能接受

C. 相对人不能对行政奖励行为提起行政诉讼

D. 行政奖励必须具有及时性和稳定性

5. 下列行政奖励中，属于优待性奖励的是（ ）

A. 海关给予优先办理报关和验货手续

B. 颁发国家级科学技术奖金

C. 进行通报表扬

D. 授予荣誉称号

二、名词解释

行政奖励

三、简答题

1. 简述行政给付的条件。
2. 简述行政奖励的原则。
3. 简述行政给付的形式。
4. 简述行政奖励的程序。

四、论述题

试论行政给付与给付行政。

五、案例分析题

杨某一家原居住莘县某镇，1994 年按户口管理规定办理了正常迁移手续，全家迁至东阿县某村落户。2003 年，为响应国家晚婚晚育政策，被告村委会制定村民章程，决定从村集体经济收入中拨出一部分资金对符合晚婚条件的村

民(男年满25周岁,女年满23周岁)进行奖励。2004年12月,1978年出生的杨某登记结婚,按照村委会晚婚晚育奖励政策,应当享受500元奖励,但被告村委会却拒绝向杨某发放。

请问:杨某能否就奖励问题向人民法院起诉?村委会是否应当向杨某发放奖励金?

参考答案

一、不定项选择题

1. 答案:C

提示:本题考查的是行政给付的特征

解析:行政给付只能是物质上和与物质相关的权益,精神上的权益对相对人没有意义,物质与精神相结合是行政奖励的特征,故A项错误;职务上的权益也是属于行政奖励的范畴,行政给付与行政奖励是两种截然不同的行政行为,故B、D项错误,选C项。

2. 答案:B

提示:本题考查的是行政给付的综合知识

解析:根据行政给付的特征,行政给付只能由拥有行政给付职权的特定的行政机关实施,因此,A项错误;行政给付也可以由行政机关依照职权主动作出,相对人可以就行政给付向人民法院提起诉讼,所以,C、D项错误;抢险救灾行为属于行为帮助类的行政给付,因此,选B项。

3. 答案:C

提示:本题考查的是行政给付的形式

解析:晋职和晋级都属于优待性奖励的范畴,因此,A、B项错误;奖金属于物质性奖励的范畴,因此,D项错误。精神性奖励通常包括通报表扬、记功、授予荣誉称号等,因此,授予劳动模范称号属于精神性的奖励范畴,C项正确。

4. 答案:D

提示:本题考查的是行政奖励的特征

解析:外国人、无国籍人或者外国组织同样可以成为行政奖励的对象;行政奖励不具有强制力,因此对于行政奖励接受与否,完全取决于相对人的意思自治;行政奖励属于行政诉讼的范畴,因此,A、B、C项错误。行政奖励所遵循的原则之一就是及时性和稳定性原则,故D项正确。

5. 答案:A

提示:本题考查的是行政奖励的形式

解析:颁发国家级科学技术奖金属于物质性奖励;进行通报表扬、授予荣誉称号都属于精神性奖励的范畴。因此,B、C、D项错误,A项正确。

二、名词解释

提示:参见本章"基础知识图解"行政奖励部分,从主体、性质、功能等方面回答

三、简答题

1. 提示:参见本章"重点知识讲解"中行政给付的条件部分,从法定的给付对象、属于行政给付机关的权限、按照行政给付的程序进行等方面回答

2. 提示:应从行政奖励原则的几方面内容进行回答

答案:行政奖励的原则有:①合法原则。行政奖励是一种法定的行为,行政奖励的主体、内容、条件、程序与形式等,都由法律规范予以规定。②精神奖励与物质奖励相结合原则。③公正、平等原则:奖励机会的平等,凡符合法定奖励条件的个人或者组织,都有平等受到奖励的权利。④奖励得当原则:行政奖励的内容与形式要与被授奖的行为相一致,奖励的等级与贡献的大小相适应。⑤及时、稳定性原则。

3. 提示:参见本章"重点知识讲解"中的行政给付的形式部分,从抚恤、补助、安置、收留救助、特别优待、行为帮助等方面回答

4. 提示:本题考查的是行政奖励的程序

答案:目前我国尚未制定统一的行政奖励程序,归纳起来,一般认为有以下几个步骤:

(1)提出:一般有三种方式:自行申请或者申报;群众讨论评选;有关单位或者个人推荐;授奖主体提出。

(2)审批:法定主体对行政奖励申报材料审查批准,审批权限一般应当同奖励权限一致。

(3)公布、评议:这是行政奖励的必经程序。

(4)授奖:采取一定的仪式,发给受奖者奖品或

者证书。

(5)存档:书面通知受奖人,同时将奖励材料存入个人人事档案。

四、论述题

提示:(1)给付行政是在自由法治国向现代法治国理念转变的理论背景下展开的。给付行政是行政运作的一种状态或样式。一战后,人口增长、工业化发展、城市化的勃兴,使得有别于税收、治安等传统秩序行政的给付行政发展起来,"行政国家"的理念逐渐兴起。给付行政的目的在于国家发展福利,对公民进行生存照顾和福祉促进。

(2)行政给付的外延要小得多,它仅仅是给付行政的一种行为方式,是一种具体的行政行为。

回答此题时,可以从近代行政产生的背景,行政在当代社会的新发展、行政的方式等方面阐述

五、案例分析题

提示:本题考查的是行政奖励的综合知识

解析:杨某可以向人民法院提起行政诉讼。最高人民法院《关于执行〈中华人民共和国行政诉讼法〉若干问题的意见》的出台,已经将行政奖励行为纳入了行政诉讼的受案范围。理论上,法律规定在某种情形下,行政主体应当对相对人的行为进行行政奖励,但行政主体却没有作出奖励时,无论相对人作出的行为是否属于法定义务,只要法律作了规定,相对人就有权提起诉讼。村民章程决定对晚婚的村民进行行政奖励,人口与计划生育工作实行属地管理的原则,杨某已经在1994年5月份将户口迁入被告处,应是被告计划生育工作管理的对象。因此,对于属于晚婚的杨某,村委会有义务实现自己作出的承诺,给予行政奖励的奖金。

第十一章 行政征收与行政补偿

内容提示

行政征收和行政补偿都是涉及行政相对人财产利益的具体行政行为。随着社会的发展,行政征收在行政主体作出的行政行为中所占的比例逐渐增大,成为国家活动得以正常运行的重要保证;而行政补偿制度作为保障公民权益的重要方式也随之发展。通过本章的学习,应当掌握行政征收与行政补偿的概念、特征、方式与程序;了解行政征收的类型;熟悉行政补偿的范围与标准;认识行政补偿的作用。学习本章,应当尤其注意相关概念的辨析。

基础知识图解

一、行政征收

<table>
<tr><td rowspan="5">行政征收</td><td>概念</td><td>是指行政主体为了公共利益的需要,根据法律、法规的规定,以强制的方式取得行政相对人财产的一种具体行政行为</td></tr>
<tr><td>特征★</td><td>(1)行政主体的特定性:享有行政征收职权的行政机关
(2)征收对象负有义务:负有法定缴纳义务的特定公民、组织
(3)强制性的征收方式:借助国家强制力,以强制方式
(4)财产性内容:征收的内容一般限于财产权益
(5)出于公共目的需要:行政征收的目的在于国家和社会的整体利益
(6)无偿:是财产的单向流转,无须向被征收主体偿付任何报酬
(7)法定:是国家意志的体现
(8)先定性和固定性:事前制定,不允许随意更改</td></tr>
<tr><td>原则</td><td>主要包括:①征收法定原则;②公平负担和受益者负担原则;③公开、公平、公正的原则;④效率原则;⑤确保财政收入原则;⑥尊重个人和组织财产权原则</td></tr>
<tr><td>程序</td><td>主要包括:①进行行政征收登记;②作出缴纳鉴定;③提出缴纳申报;④实施款项征收</td></tr>
<tr><td>类型★</td><td>主要包括:①按照是否补偿为标准;②按照行政征收发生的原因或条件为标准;③依行政征收的内容为标准</td></tr>
</table>

二、行政补偿

<table>
<tr><td rowspan="5">行政补偿</td><td>概念</td><td>是指行政机关在管理公共事务过程中,因其合法的行政行为造成相对人合法权益的损害,或者相对人为了社会公共利益而受到损失时,依法由行政机关给予补偿的一种具体行政行为</td></tr>
<tr><td>特征★</td><td>主要包括:①补偿以合法、正当的行政行为为前提,这一点区别于行政赔偿;②行政补偿是针对相对人受到的特别损失,这种特别损失由法律、法规专门加以规定;③行政补偿的目的在于实现相对人合法权益的正当补偿;④行政补偿的方式具有多样性:以金钱补偿为主要方式,以其他方式为辅助;⑤行政补偿是行政机关的主动行为:职权性与职责性并存</td></tr>
<tr><td>范围★</td><td>包括因行政行为致损的行政补偿和相对人因公益而造成的补偿。详见重点知识讲解四</td></tr>
<tr><td>方式</td><td>(1)直接补偿:①金钱补偿:一般情况下的方式;②返还财产:特别是征用征调相对人财产、物品等实物,能够返还的;③恢复原状:对相对人的财产造成损坏能够恢复原状的
(2)间接补偿:减免税费;在人、财、物的使用调配上给予优惠;赋予某些与物质利益有关的权利;优先安排就业、住房等</td></tr>
<tr><td>程序</td><td>主要包括:①公告:行政机关将补偿的范围、标准和程序等有关事项通过一定的方式公布。②登记:行政机关对相对人的请求予以受理。③审查:审查相对人的证据材料。④决定。⑤执行</td></tr>
</table>

重点知识讲解

一、行政征收与相关概念的区别

1. 行政征收与行政征用。行政征用,是指行政机关为了国家和社会公共利益的需要,依照法定程序,强制性使用相对人财产或者劳务,并且给予合理补偿的具体行政行为。[1] 行政征收与行政征用都是行政机关针对特定相对人在财产权益上实施的具体行政行为。

二者的区别在于:

(1)适用范围不同:行政征用的范围包括相对人的财产和提供的劳务,而行政征收只限于相对人的财产权益。

(2)适用情形不同:行政征用具有临时性、应急性,是在特殊紧急情况下适用的;行政征收则是在正常情况下适用的。

(3)法律后果不同:行政征用的财产是行政机关为了应急所用,只是对财产暂时性地使用,它是使相对人对财产的使用权发生转移;行政征收则是对财产的永久占有,是将相对人财产的所有权转移给国家。

	情形	可否预见	对象	举例说明
行政征收	正常情况	一般可以	较窄,多为财物	收税、收费
行政征用	临时应急	一般不能	较宽,包括财物、劳务、智力成果	征用土地、房屋、场所、车船

〔1〕 这是广义上行政征用的概念,狭义上的行政征用则专指土地征用。

行政征收和行政征用也有共同之处，都必须遵循三个原则：

(1)公共利益需要的原则。公共利益是指社会整体利益和全体社会成员的共同利益，在实践中要严格区别是社会公共利益需要还是商业利益或某部门、某集体、某单位利益需要。

(2)依照法律规定的原则。行政征收、行政征用在一定程度上限制了公民的私有财产权。要正确处理好公共利益需要同私有财产保护的关系，行政征收、行政征用必须依照法律规定进行，按照法律规定的原则、条件和程序办理。

(3)依法给予补偿的原则。根据宪法规定，行政征收、行政征用都要给予补偿。[1] 补偿的标准，需要在相关法律中作出明确的规定。行政征收对象一般是不动产，而且是所有权的改变，要给予金钱补偿或相应的财产以及其他形式的补偿。行政征用的对象一般是物，使用结束后要物归原主，对物的价值减少的部分要给予补偿。补偿要及时，不能因补偿的延误给被征收、征用人造成损失。

2. 行政征收与行政征购。行政征购是指行政机关通过合约的方式取得相对人财产权益的具体行政行为。行政征购的本质是一种行政合同，在行政征购关系中，行政机关的意思表示占主导地位，相对人的意思表示则受到一定的限制。行政征收与行政征购二者的目的是相同的，并且都具有行政强制性和财产性。

二者的主要区别在于：

(1)行为的性质不同。行政征购是双方行为，属于行政合同，尽管相对人的意思表示受到一定的限制，但行为的成立仍然是行政机关与相对人双方合意的结果；而行政征收是行政机关的单方行为。

(2)权利义务关系不同。在行政征购关系中，行政机关和相对人的权利义务在合同成立后是对等的；而行政征收关系中，二者之间的权利义务关系是不对等的，行政机关依法享有征收权，而相对人负有缴纳的义务。

(3)行为的拘束程度不同。行政征购行为作为双方合意行为，具有一定的灵活性和可变性，而且在一定的条件下，行政机关可以变更、终止行政征购合同，因此，行政征购合同的拘束程度相对较差；而行政征收是建立在行政机关法定的行政职权和相对人不可推卸的缴纳义务之上的，因此不得随意变更或者取消，具有较强的拘束性。

二、行政征收的类型

按照不同的分类标准，行政征收有不同的分类方法。

1. 以是否给予补偿为标准，行政征收可以分为无偿征收和有偿征收：

(1)无偿征收。征收主体无须向被征收主体给予补偿的征收。目前我国的无偿征收主要包括税收征收和行政收费。行政收费指行政主体行使行政征收权向特定的行政相对人强制收取一定额度的费用的行为。我国目前的行政收费项目主要有：公路运输管理费、车辆购置附加费、公路养路费、港口建设费、排污费和教育附加费等。税收征收将在下文详细介绍。

(2)有偿征收。传统观念上，行政征收是不予补偿的，2004 年的宪法修正案改变了这一理念，明确将补偿作为行政征收的一个条件。

2. 以行政征收发生的原因或条件为标准，可以分为：

(1)因法律、法规确定的义务而引起的行政征收。这是行政机关依照国家法律、法规明确规

---

[1] 《中华人民共和国宪法》第 13 条第 3 款规定，国家为了公共利益的需要，可以依照法律规定对土地实行征收或者征用并给予补偿。

定实施的征收，征收的项目、数量具有确定性，属于羁束的行政征收行为。

(2)因国有资源、资产的使用而引起的行政征收。这类征收是相对人使用国有资产或资源的结果，行政机关代表国家通过行政征收的方式，取得国有资源、资产的收益。

(3)因行政机关提供服务进行管理而引起的征收。这类征收是行政机关在依法行使职权过程中，因必要的管理付出或其他法律事由，依法向相对人收取的合理、适当的费用。

(4)因相对人违反法定义务而引起的行政征收。当相对人负有某种法定的义务，因其违反相关的法律规定，在不履行法定义务的情况下实施的行政征收。这种征收行为兼有强制性和惩戒性，但它不属于行政强制和行政处罚的范畴。如排污费的征收等。

3. 按照行政征收的内容可以分为以下几种：

(1)税收征收。税收是国家按照法律规定，对经济单位和个人无偿征收实物或货币的一种特殊分配。是行政征收中最主要的内容，是实现国家财政收入的最主要的形式。目前我国的税收可以分为国税、地方税和关税三大类。按照征税的对象，一般可以分对流转额的征税、对所得额的征税、对资源的征税、对财产的征税、对行为的征税。

(2)资源费的征收。这是个人和组织在开采、利用矿藏、草原、水流、滩涂等自然资源时，依法向国家缴纳的资源费用。

(3)使用费的征收。这是相对人对于某些国有资源、资产的使用，依法向国家缴纳的使用费。如土地使用费、车辆通行使用费和公路养路费等。

(4)管理费的征收。行政机关依法向相对人征收的费用，用以管理的支出和为相对人提供服务。

(5)环保费的征收。这是环保部门依法征收的排污费、治理费等。

(6)建设基金的征收。这是国家为保证重点项目的建设、解决建设资金的不足，通过法律、法规或以专门决定的形式，向相对人征收的款项。

三、行政补偿与行政赔偿的辨析

行政补偿与行政赔偿有着密切的联系，二者都是行政机关对相对人的损失、损害给予的救济。二者的不同之处在于：

1. 引起的原因不同。行政补偿是因为行政机关的合法行政行为造成损害或因相对人为社会公益而受到损失所给予的补偿，其前提是致害行为的合法性、正当性；行政赔偿是因为行政违法或不当，致使相对人受到损害所给予的赔偿，前提是行为的违法性。

2. 救济的目的不同。行政补偿主要是对相对人损失给予合理补偿，体现公平原则；行政赔偿是对行政违法侵权行为给予的惩戒以及对相对人合法权益的保障，体现正义原则。

3. 行为的性质不同。行政补偿是一种损害与恢复权益的交换行为，属于合法行政行为的范畴；行政赔偿是一种惩罚性的责任形式和惩戒行为，属于行政责任的范畴。

4. 数额标准不同。行政补偿的计算标准因其发生的原因和领域不同而不同，具体分为酌量补偿、全额补偿和法定补偿；行政赔偿的计算标准统一。

5. 适用的程序不同。行政补偿一般适用补偿程序；行政赔偿程序既有行政程序，又有司法程序。

6. 时间不同。行政补偿通常在损害产生之前履行；行政赔偿则只能在损害发生后办理。

7. 方式不同。行政补偿的方式较为灵活，以给付金钱、实物质换、提供特定法律地位等方式并重；行政赔偿的方式比较单一，通常以赔偿金为主，以返还原物、恢复原状为辅。

8. 有无追偿不同。行政补偿不存在追偿制度；行政赔偿存在追偿制度。

四、行政补偿的范围

行政补偿的范围,是指相对人获取行政补偿的具体情形,也是行政机关实施行政补偿所针对的情形。根据不同的标准,可以进行不同的划分。从行政补偿产生的前提条件和形成的原因来看,可以分为因行政行为致损的行政补偿和相对人因公益而受损的补偿。

1. 因行政行为致损的行政补偿。

(1)土地征用补偿。为了国家和社会公共利益的需要,在经济建设和社会发展过程中,为了修建大型的公共项目和城市建设改造而征用相对人所使用的土地,并对其进行补偿,一般是按照被征用土地的原来用途所产生的损失给予补偿。

(2)房屋拆迁补偿。这是因市政规划、城市改造、道路建设、市容环保等方面的需要,根据法规、政策和建设规划,对相对人的房屋进行拆除,并对房屋所有者或使用者进行安置和给予相应的补偿金。

(3)公共征用调用补偿。这是指行政机关出于国家和社会公共利益的需要,在非常时期或紧急状态下,依法强制取得相对人的财产或者劳务,并对财产的所有者或劳动付出者给予的补偿。

(4)紧急行政行为致害补偿。这是指行政机关为了处置突发事件或者紧急情况,消除紧急危险和避免重大损失,需要采取一定的应急措施和紧急处置行为,而这些紧急行为给相对人造成损失,行政机关给予的补偿。

(5)其他行政行为致损的补偿。

2. 相对人因公益而造成的补偿。

(1)协助公务受损的补偿。公民在主动协助行政机关执行公务的过程中,致使其人身或财产遭受损失时,应当给予的行政补偿。

(2)为了社会公益受损的补偿。这是指公民、组织为了国家和社会公共利益而遭受损失或伤害,行政机关应当给予的补偿。如公民奋不顾身抢救国家财产身体受到伤害时应当得到的补偿。

(3)从事高度危险活动致损的补偿。公民、组织从事有益于国家和社会公共利益的高度危险性活动,因此受到损害的,行政机关应当给予的补偿。例如,公民或者组织从事了由行政机关组织实施的生产、运输、存储高危险性物品的行为并因此受到危险物质侵害的,行政机关应当给予补偿。

配套习题

一、单项选择题

1. 行政征购相对于行政征收来说,是(　)

A. 具体行政行为

B. 涉及财产的行政行为

C. 合意的行为

D. 有拘束性的行为

2. 行政主体向违反行政法规定的相对方收取排污费、滞纳金的行为在性质上属于(　)

A. 行政征收　　B. 行政征用

C. 行政没收　　D. 行政征购

3. 行政征收中的相对人在行政法上具有(　)

A. 给付义务　　B. 缴纳义务

C. 履行义务　　D. 不作为义务

4. 下列行政征收内容中,属于因行政法上

的义务而引起的征收是(　)

A. 资源费的征收　　B. 排污费的征收
C. 养路费的征收　　D. 税收征收

5. 在我国引起广泛争议的公路养路费从行政征收的分类上说属于以下哪一种?(　)

A. 税收征收行为
B. 行政机关提供服务进行管理引起的征收行为
C. 行政收费类的征收行为
D. 因相对人违反法定义务引起的行政征收行为

6. 在一次救火行动中,消防机关为防止火灾蔓延,拆除毗连火场的房屋,由此给公民造成财产上的损失给予的补偿,从分类上说属于(　)

A. 公共征用调用补偿
B. 协助公务受损的补偿
C. 为了社会公益受损的补偿
D. 紧急行政行为致害的补偿

二、多项选择题

1. 在下列行政行为中,属于行政征收的有(　)

A. 收取建设资金　　B. 收取水资源费
C. 收取排污费　　D. 收取税款

2. 在行政征收中,因违反行政法的规定而引起的征收有(　)

A. 管理费征收　　B. 资源费征收
C. 排污费征收　　D. 滞纳金的征收

3. 下列关于行政征收的观点中,正确的有(　)

A. 行政征收是一种单方具体行政行为
B. 行政征收是无偿取得相对方的财产所有权
C. 行政征收不同于行政征用,它是无偿的
D. 行政征收以相对方负有行政法上的缴付义务为前提

4. 行政征收按其实现方式的不同,可分为(　)

A. 相对方自愿征收　　B. 行政主体强制
C. 排污费征收　　D. 管理费征收

5. 下列征收行为中,属于行政机关提供服务进行管理而引起的征收的有(　)

A. 工商注册的征收　　B. 市场管理费的征收
C. 勘验鉴定费的征收　　D. 公路养路费的征收

6. 下列选项中属于行政补偿的特征的有(　)

A. 主动性
B. 行为的多样性
C. 行为的事前性
D. 原因行为的合法正当性

7. 下列补偿方式中属于直接补偿的有(　)

A. 金钱补偿　　B. 减免税费
C. 恢复原状　　D. 优先安排住房

三、名词解释

1. 行政补偿(考研中国人民大学 2005 年)
2. 行政征收
3. 行政征购

四、简答题

1. 辨析行政赔偿与行政补偿。(考研武汉大学 2004 年、西南政法大学 2003 年、中南财经政法大学 2003、2004 年)

2. 辨析行政征收、行政征用、行政征购与行政征调。(考研武汉大学 2004 年)

3. 辨析行政征收与行政没收。(考研中南财经政法大学 2004 年)

4. 行政补偿的概念与特征。(考研武汉大学 2003 年)

5. 行政征用有哪些特征。(考研西北政法学院 2005 年)

6. 行政征收的分类。

7. 阐述行政补偿的标准与程序。

五、案例分析题

2002 年 6 月 16 日,北京的蓝极速网吧发生了一场大火,这在全国范围内发生了连锁反应。许多地方采用了一刀切的方式,对网吧进行了停业整顿。在郑州,有关部门以维护公共安全为名,从 6 月 25 日起,以口头通知的形势让数百家网吧关门歇业。这种做法让业主们叫苦不迭。一位业主透露:“每个月房租 5 000 元,专线费用每月 3 000 元,电费、人工加上税费和折旧,一个月净赔一两万元。这还是中小型的网

吧,100台机器以上的大型网吧损失的就更多了,如果停业三五个月,整个网吧就完了。”尤其是网吧这一行,电脑的折旧速度太快,全新的配置过不了几个月就落伍了,收回投资时也就该淘汰了。因而像这样停业下去,实在让网吧业主们难以承受。最让业主们苦恼的是,这样的停业不知道什么时候才能停止。他们的网吧都是手续一应俱全的合法经营。但是这样一句简单的口头通知,就让他们遭受这样的大的损失。[1]

请问:(1)有关部门的通知行为的性质如何?业主们的损失如何弥补?

(2)应当如何有效避免此类事件的再次发生?

参考答案

一、单项选择题

1. 答案:C

提示:本题考查的是行政征购的特征以及与行政征收的区别

解析:注意此题问的是区别。从定义来看,行政征购和行政征收都是行政机关针对特定相对人作出的具体行政行为,且二者都是针对相对人的财产权利的,故A、B项不正确;行政征购和行政征收都是对行政机关和相对人双方有拘束性的行为,二者的差别只是行政征购的拘束性比行政征收要小,故D项不正确;行政征购属于行政合同的范畴,虽然行政机关有着一定的强制性的特权,但最终的达成还是要相对人的同意,而行政征收中行政机关拥有强制性职权,因此合意性是行政征购相对于行政征收的特性,故C项正确。

2. 答案:A

提示:本题考查的是相关概念之间的辨析以及对行政征收的认定

解析:关于行政征收、行政征用、行政征购之间的辨析,可以参考本章“重点知识讲解”。行政没收,是指将公民所有财产的一部或者全部强制无偿地收归国有的手段,没收一般是带有行政处罚性质的,没收的对象一般是违法所得或者违禁品。因此,B、C、D项都是错误的。具体来说,排污费、滞纳金属于因相对人违反法定义务而引起的行政征收。

3. 答案:B

提示:本题考查的是行政征收的概念

解析:根据行政征收的定义和性质,可以知道行政征收是以相对人负有行政法上的缴纳义务为前提的。缴纳、给付、履行三者之间是有差别的:缴纳的对象一般是金钱,而给付、履行一般意义上是民法范畴的概念,是针对债务的概念,通常是一种行为。不作为在这里显然是错误的。因此,A、C、D项都是错误的。

4. 答案:D

提示:本题考查的是行政征收的分类

解析:资源费的征收、养路费的征收属于因国有资产、资源的使用而引起的行政征收;排污费的征收属于因相对人违反法定义务而引起的行政征收;税收征收属于因法律、法规确定的义务而引起的行政征收。因此,A、B、C项都是错误的。

5. 答案:C

提示:本题综合考查行政征收的分类

解析:首先公路养路费属于无偿征收中的行政收费,从征收原因上看属于国有资产使用而引起的征收。故C项正确。容易选错的是B项,这类征收是行政机关在依法行使职权过程中,因必要的管理付出或其他法律事由,依法向相对人收取的合理、适当的费用,如工商注册费、市场管理费的征收。

6. 答案:D

提示:本题考查的是行政补偿的分类

解析:紧急行政行为致害补偿,是指行政机关为了处置突发事件或者紧急情况,消除紧急危险和避免重大损失,需要采取一定的应急措施和紧急处置行为,而这些紧急行为给相对人造成损失,行政机关

[1] 此案例转引自应松年主编:《当代中国行政法》,中国方正出版社2005年版,第1900页。

给予的补偿。故 D 项正确。

二、多项选择题

1. 答案:ABCD

提示:本题考查的是行政征收的具体形式及分类

解析:四个选项都属于行政征收的范畴,具体来说,它们都属于以行政征收的内容为标准的分类。按照行政征收的内容,行政征收可以分为:税收征收;资源费的征收;使用费的征收;环保费的征收;建设基金的征收,故全选。

2. 答案:CD

提示:本题考查的是行政征收的分类标准

解析:管理费征收和资源费征收显然不属于相对人违反规定引起的征收。排污费征收是因为相对人违反环保规定,没有按照规定治理污染而缴纳的费用,滞纳金的征收也是因为相对人没有按照规定缴纳一定的费用从而额外缴纳的带有惩罚性质的费用,因此,C、D 项正确。

3. 答案:AD

提示:本题考查的是行政征收的概念及特性

解析:根据行政征收的概念,可以看出行政征收以相对人负有行政法上的缴纳义务为前提,和行政征购相比较,行政征收是一种单方的具体行政行为,行政征收可以分为给予补偿的征收和不予补偿的征收,因此笼统地说行政征收是无偿的是不准确的,所以,A、D 项正确。

4. 答案:AB

提示:本题考查的是行政征收的实现方式

解析:行政征收的方式分为两种:①相对人主动缴纳,自觉履行缴纳义务;②行政机关强制征收。C、D 两项不属于行政征收的实现方式的范畴,故 A、B 项正确。

5. 答案:ABC

提示:本题考查的是行政征收的分类

解析:公路养路费属于因国有资源、资产的使用而引起的行政征收,故 D 项错误。其他三项都是属于行政机关提供服务进行管理而引起的征收。

6. 答案:ABCD

提示:本题考查的是行政补偿的特征

解析:题中四个选项均为行政补偿的特征,故全选。

7. 答案:AC

提示:本题考查的是行政补偿的方式

解析:行政补偿的方式可以分为直接补偿与间接补偿。其中直接补偿包括金钱补偿、返还财产、恢复原状;间接补偿包括减免税费、优先安排住房就业、优先给予晋职等。故 A、C 项正确。

三、名词解释

1. 提示:参见本章"基础知识图解"中的行政补偿部分,应该把行政补偿的几个要素体现出来

2. 提示:参见本章"基础知识图解"中的行政征收部分,应该把行政征收的几个要素体现出来

3. 提示:参见本章"重点知识讲解"中的行政征收与相关概念辨析部分

四、简答题

1. 提示:参见本章"重点知识讲解"中的行政赔偿与行政补偿的辨析部分,从二者的引起原因、救济目的、行为性质、数额标准、适用程序、时间、方式、追偿等方面进行辨析

2. 提示:本题考查的是行政征收与相关概念的辨析。可以从四个概念的定义入手,分析它们的特性,比较它们的有偿与否、行政机关和相对人之间的关系等方面

答案:行政征收、行政征用、行政征购三者的辨析参见本章"重点知识讲解"中行政征收与相关概念的辨析部分,关于行政征调,指行政主体出于公共利益的目的,依法征集、调用一定的劳务的行政活动。包括特别征调(为了满足军事目的,在战争时期或者部队聚集时采用的一种方式,也称为兵役征调)和一般征调(除军事目的以外的征调,如兴修水利、修建铁路而征集调用劳动力的行为,一般是行政主体为了实现公共利益或以公共利益为目的,依照法律、法规或有关政策的规定,征集、调用一定的劳动力的行为,这种征调一般由政府出面,并且是有偿地使用劳动力)。

3. 提示:行政征收的概念参见本章"基础知识图解"中行政征收部分,关于行政没收,是指将公民所有财产的一部分或者全部强制无偿地收归国有的手段,行政没收一般是带有行政处罚性质的,没收的对象一般是违法所得或者违禁品

4. 提示:参见本章"基础知识图解"中行政补偿部分

5. 提示:参见本章"重点知识讲解"中行政征收

与相关概念辨析部分，从行政征用的概念、适用范围、适用情形、法律后果等方面回答

6. 提示：参见本章“重点知识讲解”中行政征收类型部分

7. 提示：关于行政补偿的标准问题，理论界的争论比较激烈，从基本概念到理论观点都存在着不同的观点。归纳当前有关行政补偿标准的学说，主要有两种观点，一种是完全补偿说，认为对于行政致害损失，应当全额补偿；另一种是适当补偿说，认为并不一定全额补偿，应当按照客观、公正、妥当的补偿标准予以补偿。回答这个问题时，可以针对这两种观点进行分析评价，也可以提出自己的观点，要做到言之有理。行政补偿的程序参见本章“基础知识图解”中行政补偿部分

五、案例分析题

提示：本题考查的是行政补偿

答案：本题的答案具有开放性，重点围绕着行政补偿展开即可。

(1)政府的口头通知行为实际上是针对网吧业主的具体行政行为，该行为已经完全剥夺了财产所有人对其财产正当的获益性利用，如果政府的行为是经过授权的，那么业主们的损失毫无疑问应当通过行政补偿来得到弥补。回答时还可以假定政府的行为没有得到正当的授权，则可以与国家赔偿的问题进行衔接。

(2)可以从加强政府的法治意识，监督制约政府的行政权，完善行政赔偿等几方面展开回答。

第十二章　行政确认、许可与裁决

内容提示

通过本章的学习，应当掌握行政确认、行政许可与行政裁决的概念和特征；了解行政确认、行政许可与行政裁决的分类，以及行政确认的作用、形式和程序；明确行政裁决的程序及适用。重点掌握行政许可的设定事项、设定行政许可的主体和行政许可的法律形式；明确行政许可的实施机关、实施程序以及行政许可的监督检查和法律责任。

基础知识图解

一、行政确认

行政确认	概念	是指行政主体依法对相对人的法律地位、权利义务和相关的法律事实进行甄别，予以确认、认可、证明并宣告的具体行政行为
	特征	(1)行政确认是要式行政行为。行政主体在确认时，必须采用书面形式，并且按照特定的技术规范要求作出确认 (2)行政确认是羁束行政行为。行政主体在进行确认时，只能严格地按照法律规定和技术规范进行操作，不能自由裁量 (3)是作出其他行政行为的前提。行政主体作出的确认与行政主体实施的其他行政行为往往具有密切的联系，首先作出确认，然后作出其他处理决定
	功能	主要包括：①有利于保护相对人的合法权益；②有利于预防纠纷的发生；③有利于行政主体进行科学管理；④有利于有关机关解决争议和处理案件
	分类★	主要包括：①按照相对人是否提出申请：依职权的确认和依申请的确认；②按照确认事项与另一行为的关系：独立的行政确认和附属的行政确认；③按照行政确认的内容不同：对于身份的确认；对于能力的确认；对于资格的确认；对于法律事实的确认；对于法律关系的确认；对于权力归属类型的确认
	范围	主要包括：①经济管理中的确认；②公安、司法行政管理中的确认；③劳动、人事管理中的确认；④民政管理中的确认；⑤卫生管理中的确认；⑥环保管理中的确认
	形式	(1)确定。行政主体对个人、组织的法律地位与义务的确定 (2)认可。即认证。行政主体对个人、组织已有的法律地位和权利义务是否符合法律要求的认定 (3)证明。行政主体明确证明对象的法律地位和权利义务的真实性的行为 (4)登记。行政主体应相对人的申请，在法定的规范性登记形式中，记载相对人的某种情况或事实，以确认其法律地位和权利义务 (5)鉴证。行政主体对某种法律关系的合法性予以审查后的确认 (6)鉴定。行政主体对特定的法律事实的性质、状态、质量等进行的检验评定
	程序	申请——审查——决定——公布
	内容	主要包括：(1)法律事实：如交通事故的原因及责任认定 (2)法律关系：①民事法律关系：如不动产所有权、使用权的确认；②行政法律关系

二、行政许可

行政许可	概念	是指行政机关根据公民、法人或者其他组织的申请,经依法审查,准予其从事特定活动的行为
	特征	主要包括:①行政许可是具体行政行为;②行政许可是依申请行政行为;③行政许可是授益性行政行为;④行政许可是要式行政行为
	原则	主要包括:①法定原则;②公开、公平、公正原则;③效率和便民原则;④权益保障原则;⑤信赖保护原则;⑥监督原则
	分类	(1)按照许可的范围:一般许可和特殊许可 (2)按照享有的程度:排他性许可和非排他性许可 (3)按照能否独立适用:独立许可和附条件许可 (4)按照获得后是否附条件放弃许可:无条件放弃的许可和有条件放弃的许可 (5)按照许可的存续时间为标准:长期许可与短期许可 (6)按照许可的目的和形式:行为许可和资格许可 (7)按照行政管理的具体内容:保障公共安全的许可;保障身心健康的许可;维护交通安全的许可;维护社会风尚的许可;保护资源环境的许可;维护经济秩序的许可;市政管理许可等
	设定★	法律、行政法规、地方性法规分别享有不同的行政许可设定权,国务院部门规章不可设定行政许可。详见重点知识讲解四
	实施机关★	主要有:①行政机关;②法律法规授权的组织;③受委托机关 “一个窗口对外”、“一站式服务”
	程序★	行政许可的一般程序包括:申请与受理;审查与决定。某些情况下应当举行听证或者应相对人申请举行听证。详见重点知识讲解六
	监督检查★	(1)监督检查的内容 (2)监督检查的措施:①行政许可的撤销;②行政许可的注销 详见重点知识讲解七

三、行政裁决

行政裁决	概念	是指行政主体依法对平等主体之间发生的、与行政事务密切相关的、特定的民事纠纷进行审查、并作出裁决的具体行政行为
	特征	主要包括:①行政裁决的主体是经过法律授权、对与民事纠纷有关的行政事务具有管理职权的特定行政机关;②行政裁决的对象是特定的民事争议,此民事争议与履行合同无关并与行政管理活动关系密切;③行政裁决具有裁判性,具有法律效力;④行政裁决是具体行政行为
	功能	主要包括:①有利于维护当事人的合法权益,及时解决纠纷;②有利于减轻法院审判压力,减少讼累;③有利于发挥行政机关的优势,提高效率
	类型	主要包括:①对权属纠纷的裁决;②对损害赔偿纠纷的裁决;③对侵权纠纷的裁决
	原则	主要包括:①公开、公平、公正原则②及时、便民原则
	程序	申请——受理——审查——裁决

重点知识讲解

一、行政确认的分类

1. 按照相对人是否提出申请为标准。

(1)依职权的行政确认:行政主体依据法定职权,无须相对人提出申请,主动实施的确认。如纳税鉴定、审计鉴定等。

(2)依申请的行政确认:必须由相对人提出申请后,行政主体才能进行的确认。如工商登记、婚姻登记等。

2. 按照确认的事项与另一行为是否存在依赖关系为标准。

(1)独立的行政确认:行政确认的事项,不依赖另外一种行政行为而独立存在,有其独立的法律效果。如各种行政证明。

(2)附属的行政确认:行政确认的事项以及作出确认行为的目的,不能单独存在,这种确认是为了另一种行政行为的成立,或者作为另一种行政行为的补充,其法律效果归属于另一种行政行为。如行政机关在颁发营业执照前对相对人资格的确认。

3. 按照行政确认的内容不同为标准。

(1)对身份的行政确认:行政主体对相对人在法律关系中地位的确认。如颁发学位证书。

(2)对能力和资格的确认:对相对人是否具有从事某种行为的能力和资格的证明。如授予技术等级。

(3)对有关事实的确认:对与行政相对人的权利义务有密切关系的客观事实的认定。如对产品质量检验认证等。

(4)对法律关系的确认:对相对人权利义务是否存在或者是否合法、有效的确认。如对经济合同的鉴证。

(5)对权利归属的行政确认:对相对人是否享有某种权利,以及对具体权利内容的确认。包括对所有权的确认、对使用权的确认、对经营权的确认和对知识产权的确认。

二、行政确认与行政许可的区别与联系

行政确认与行政许可两种具体行政行为有着承继关系,其联系为:①两者是密切联系的具体行政行为,通常情况下,确认在前,许可在后;确认是许可的前提,许可是确认的后果。②在某些情况下,行政确认和行政许可是两个重合的具体行政行为。例如颁发建筑企业营业执照,既是对该企业具有的等级、技术、能力和资格的确认,又是对其从事建筑经营活动的许可。

主要区别在于:①内容不同。行政确认是确认相对人的法律地位、权利义务关系和法律事实是否存在;行政许可是使相对人获得某种权利或实施某种行为的能力和资格。②法律效果不同。行政确认的法律效果既有前溯性,又有后及性;行政许可仅具有后及性。

三、行政许可与相关概念的区别

1. 行政许可与行政审批。二者的主要区别在于行政审批的范围比行政许可广泛。行政许可是行政审批的一部分,行政审批除包含行政许可之外,还包括以下几方面的内容:①上级行政机关基于行政隶属关系对下级行政机关有关请示报告事项的审批,如机关领导签署意见、加盖公章、下达配额、同意放行、允许开展某一活动等,它体现上下级之间的领导关系,是一种内部行政

法律关系。②有关行政机关对其他机关或者对其直接管理的事业单位的人事、财务、外事等事项的审批,这种情况下行政机关行使的不是一种一般性社会管理职能,其对象是特定的行政机关或特定的直属事业单位如学校、医院、科研单位及文艺团体等,而不是非特定的公民、法人或者其他组织,这种审批不属于行政许可。

2. 行政许可与注册登记。注册登记是行政机关对正在进行某种活动或希望进行某种活动的相对人依法予以书面记载以便作为官方记录备查的活动。二者之间的区别主要在于:

(1)行政许可是一种自由裁量行为,注册登记是羁束裁量行为;

(2)行政许可以全面禁止为前提,以个别解除为内容,注册登记则不然;

(3)行政许可以以限制某种活动的自由为目的,注册登记则是对某一事实的官方承认、记录,以便备查;

(4)行政许可是一种赋予法律权利和资格的行为,注册登记则是对已有权利的确认和记载,并没有赋予新的权利。

3. 行政许可和行政证明。

(1)行政许可主要是限制特定活动的进行或给予特定人特定权利。而行政证明不是用来限制未经证明的相对人从事某种活动的权利,它只是限制使用特定的名称头衔。

(2)行政许可在某种程度上也包含了证明因素。

四、行政许可的设定

行政许可的设定,是指特定的国家机关通过一定形式创设和规定行政许可事项的活动。

1. 行政许可事项范围。行政许可的事项范围即行政许可的范围,是指对于哪些事项可以设定行政许可,哪些事项不宜或不能设定行政许可。可以设定行政许可的事项有:

(1)直接涉及国家安全、公共安全、经济宏观调控、生态环境保护以及直接关系人身健康、生命财产安全等特定活动,需要按照法定条件予以批准的事项(这是关于普通许可的事项);

(2)有限自然资源开发利用、公共资源配置以及直接关系公共利益的特定行业的市场准入等,需要赋予特定权利的事项(这是有关特许的事项);

(3)提供公共服务并且直接关系公共利益的职业、行业,需要确定具备特殊信誉、特殊条件或者特殊技能等资格、资质的事项(这是关于认可的事项);

(4)直接关系公共安全、人身健康、生命财产安全的重要设备、设施、产品、物品,需要按照技术标准、技术规范,通过检验、检测、检疫等方式进行审定的事项(这是有关核准的事项);

(5)企业或者其他组织的设立等需要确定主体资格的事项(这是关于登记的事项);

(6)法律、行政法规规定可以设定行政许可的其他事项(这是对许可事项的兜底性规定,注意仅指法律、行政法规)。

注意以上仅是“可以”设定,不是“应当”或“必须”,即使是可以设定的事项也不一定必须设定许可,行政许可不是行政管理的唯一有效手段。因此,《行政许可法》规定能够通过下列方式予以规范的,可以不设行政许可:①公民、法人或其他组织能够自主决定的;②市场竞争机制能够有效调节的;③行业组织或中介机构能够自律管理的;④行政机关采取事后监管等其他行政管理方式能够解决的。

2. 行政许可的设定机关及权限划分。根据《行政许可法》的规定,具有行政许可设定权(狭义)的主体仅限于全国人大及其常委会(通过法律),国务院(通过行政法规或决定),省、自治区、直辖市和较大的市的人大及其常委会(通过地方性法规)和省、自治区、直辖市的人民政府(通过地方政府规章),其他任何国家机关和社会组织都无权通过任何其他规范性文件设定行政许可。

对于可以设定行政许可的事项，拥有行政许可设定权的主体之间的权限划分如下：

(1)全国人大及其常委会：制定法律。可以设定各项行政许可。

(2)国务院：制定行政法规。尚未制定法律的，行政法规可以设定行政许可。行政法规可以在法律设定的行政许可的事项范围内，对实施该行政许可作出具体规定。需要注意，行政许可规定权的执行性属性决定了上述行政许可的规定不能超出上位法的规定，包括：①不得增设行政许可，即不得擅自增设上位法未规定的行政许可事项；②不得增设违反上位法的其他条件，即不得在上位法规定的许可条件之外增加新的许可取得条件。

(3)国务院的决定：必要时，国务院可以采用发布决定的方式设定行政许可。对此限制：①必要时，即出于客观情况的实际需要；②实施后除临时性行政许可外，国务院应当及时提请全国人大及其常委会制定法律或自行制定行政法规。

(4)地方权力机关：制定地方性法规。尚未制定法律、行政法规的，地方性法规可以设定行政许可。

(5)省级人民政府：制定省、自治区、直辖市人民政府规章。尚未制定法律、行政法规、地方性法规的，可以设定临时性行政许可。注意以下几点：①只有省、自治区、直辖市人民政府规章而不包括其他规章；②因行政管理的需要确需立即实施行政许可的；③设定的许可性质是临时性的(适用一般不超过一年)，如超过一年需继续实施的，应提请本级人大及其常委会制定地方性法规。

尤其需要注意的是，为维护国家法制的统一性，保护公民、法人或者其他组织享有宪法和法律赋予的基本权利，对地方性法规和省级规章的行政许可设定权在范围及内容上的限制：①不得设定应当由全国统一确定的公民、法人或者其他组织的资格、资质的行政许可；②不得设定企业或其他组织的设立登记及其前置性行政许可；③其设定的行政许可，不得限制其他地区的个人或者企业到本地区从事生产经营和提供服务，不得限制其他地区的商品进入本地区市场。

五、行政许可的实施机关

行政许可的实施机关是实施行政许可行为的主体。

1. 具有行政许可权的行政机关：行政许可由具有行政许可权的行政机关在其法定职权范围内实施。这是关于行政许可实施机关的一般规定。

2. 法律、法规授权的组织：法律、法规授权的具有管理公共事务职能的组织可在法定授权范围内以自己的名义实施行政许可，行政许可法中有关行政机关的规定适用于被授权组织。

3. 受委托行政机关：行政机关可以委托其他行政机关实施行政许可。对此注意以下三点：①行政机关委托的对象只能是其他行政机关，而不能委托其他社会组织或公民个人，这不同于一般的行政委托包括行政处罚中的委托。②委托行政机关应将受委托行政机关和受委托实施行政许可的内容予以公告。③受委托行政机关不得再委托其他组织或者个人实施行政许可。

4. 被决定的行政机关：经国务院批准，省、自治区、直辖市人民政府有权决定一个行政机关行使有关行政机关的行政许可权，被决定集中行使行政许可权的行政机关以自己的名义实施许可并独立承担法律后果，即取得了独立的行政许可主体地位。

5. “窗口式”内设机构和集中、联合办理：①“窗口式”机构。行政许可需要行政机关内设的多个机构办理的，该行政机关应当确定一个机构统一受理行政许可申请，统一送达行政许可决定。这里需注意：被确定的“窗口式”机构的权力仅限于受理行政许可申请、送达许可决定等程序性的事项，而且受理与决定均是以所在行政机关的名义，可见行政机关的内设机构无权以自己的名义独立对外实施行政许可。②集中、联合实施行政许可。即依法应当由地方人民政府两个以上部门分别实施的行政许可（注意这一前提），本级政府“可以”采取以下两种做法之一：①确定由一个政府工作部门受理行政许可申请并转告有关部门分别提出意见后统一办理；②组织有关部门联合办理、集中办理（即联合办公）。注意：集中、联合办理行政许可只是为了简化程序、提高效率，独立实施行政许可的主体仍然分别是有关部门。

六、行政许可的程序

1. 申请与受理。

（1）申请。①申请方式。许可申请可以是口头的也可采取书面形式，还可以通过信函、电报、电传、传真、电子数据交换和电子邮件等方式提出；而如果需要格式文本的，行政机关“应当”向申请人提供申请书格式文本，并不得包含与申请许可事项没有直接关系的内容。另外，申请人可以委托代理人办理申请，但依法不能委托的，应由申请人亲自到行政机关办公场所提出申请。②行政机关的公示义务和说明义务。行政机关应当将法律、法规、规章的有关行政许可的事项、依据、条件、数量、程序、期限以及需要提交的全部材料的目录和申请书示范文本等在办公场所公示；申请人要求行政机关对公示内容予以说明、解释的，行政机关应当说明、解释，提供准确、可靠的信息。③申请人提供真实信息的义务。但行政机关不得要求申请人提交与其申请的许可事项无关的技术材料和其他材料。

（2）受理。行政许可受理是指行政机关就公民、法人或其他组织提出的行政许可申请在程序上作出接受或拒绝的意思表示。对此应从以下几方面理解：①行政机关对行政许可申请的受理一般只作形式审查，如果申请事项属于本机关职权范围，申请材料齐全、符合法定形式，或者申请人按照本机关的要求提交全部补正申请材料的，应当受理行政许可申请。②行政许可申请的受理或不受理以当场作出为原则。如申请事项依法不需要取得行政许可的，应当即时告知申请人不受理；申请事项依法不属于本机关职权范围的，应当及时作出不予受理的决定；如果申请材料存在可以当场更正的错误的，应当允许申请人当场更正。③受理或不予受理的决定必须采取要式即书面凭证的方式。行政许可机关无论受理还是不受理都必须出具加盖本机关专用印章和注明日期的书面凭证。④行政机关受理过程中的告知义务。申请事项依法不属于本机关职权范围的，应告知申请人向有关行政机关提出申请；申请材料不齐全或不符合法定形式的，应当当场或在5日内一次告知申请人需要补正的全部内容，逾期不告知的，自收到申请材料之日起即为受理。这里注意告知的时限、次数和内容要求。

2. 审查。

（1）审查材料。一种是形式审查或书面审查。申请人提交的申请材料齐全、符合法定形式，行政机关能够当场作出决定的，应当当场作出书面的行政许可决定。另一种审查方式是实质审查。根据法定条件和程序，需要对申请材料的实质内容进行核实的，行政机关应当核查，并且负责核查的人员不得少于2人。

如果行政许可审查涉及上下两级行政机关，即依法应当先经下级行政机关初步审查后报上级行政机关决定的行政许可，下级行政机关应当在受理申请之日起20日内将初步审查意见和全部申请材料直接报送上级机关，上级行政机关不得要求申请人重复提供申请材料。

（2）告知并听取意见。被申请的行政许可事项直接关系第三人重大利益或有直接利害关系的，应当及时告知利害关系人，利害关系人和申请人一样，享有陈述权、申辩权，行政机关应当听取申请人和利害关系人双方的意见。

3. 听证。听证是行政许可审查程序中的一个特殊环节。

（1）行政许可听证程序适用的范围。许可听证（指正式听证）包括主动听证和申请听证两种模式，其中主动听证适用于以下两个方面：①法定听证，即法律、法规、规章规定实施行政许可应当听证的事项；②非法定听证（或裁量听证），即行政许可机关在没有法律、法规、规章规定必须听证的情况下，认为涉及公共利益的重大事项需要听证的，也可采取听证程序，这意味着赋予行政许可机关一定的裁量权。申请听证模式适用于行政许可直接涉及申请人与他人之间重大利益关系的事项。

（2）申请听证的告知和提出。①行政许可直接涉及申请人与他人之间重大利益关系的，行政机关在作出行政许可决定之前，应当告知申请人、利害关系人享有要求听证的权利，即在作出许可决定之前行政机关负有告知听证权的义务。②申请人、利害关系人在被告知听证权之日起5日内提出申请，未在法定期内提出申请则视为放弃听证权。③当事人在法定期内提出听证申请的，行政机关应当在20日内组织听证。④申请人或利害关系人即听证申请人不承担行政机关组织听证的费用。

4. 决定。

（1）行政许可决定的种类：根据许可申请是否符合法定条件和标准，行政机关分别作出准予行政许可和不予行政许可两类决定。

（2）行政许可决定的表现形式：①无论准予还是不予行政许可，都必须作出书面的决定；②如果行政机关作出不予许可的决定，则负有说明理由和告知义务，即在书面决定中说明不予许可的理由并告知申请人享有依法申请复议或提起行政诉讼的权利；③作出准予行政许可决定的，根据需要行政机关应当自作出决定之日起10日内依法向申请人发放许可证件或在产品、物品、设施、设备上加盖标签或印章。

（3）行政许可决定的期限：除可以当场作出行政许可决定的外，行政许可决定的一般期限为20日，最长不超过30日（法律、法规另有规定的除外），统一办理或联合许可的一般期限为45日，最长期限为60日。这里要注意：延长期限不仅要经批准，而且应当将延长期限的理由告知申请人。

（4）行政许可决定的公开和地域效力：准予行政许可的决定应当予以公开，公众有权查阅；法律、行政法规设定的行政许可，其适用范围没有地域限制的，申请人取得的行政许可在全国范围内有效。

5. 变更与延续。

（1）变更。行政许可的事项因故发生变化，被许可人要求变更行政许可事项的，应当向作出行政许可决定的行政机关提出申请。符合法定条件、标准的，行政机关应当依法办理变更手续。

（2）延续。被许可人需要延续依法取得的行政许可的有效期的，应当在该行政许可有效期届满30日前向作出行政许可决定的机关提出申请。法律、法规、规章另有规定的，依照其规定。

七、行政许可的监督检查

1. 监督检查的内容。

（1）行政机关的监督义务。行政机关应当建立健全监督制度，履行监督责任。

（2）监督检查的对象和内容。监督行政许可设定机关的有关行政许可的设定情况，监督行政许可实施机关有关行政许可的实施情况，监督被许可人从事许可活动的情况，监督其他相对人违反行政许可的情况。

（3）对行政机关监督检查的具体要求：①行政机关应当将监督检查的情况和处理结果予以记录，并由监督检查人员签字后归档；②公众有权查阅行政机关监督检查记录，即行政机关负有满足公众查阅记录的义务；③行政机关实施行政许可，不得妨碍被许可人正常的生产经营活动，不得索取或收受被许可人的财物，不得谋取其他利益。

(4)被许可人的义务：①接受行政机关检查时，被许可人应当如实提供有关情况和材料。②取得开发利用自然资源或公共资源的被许可人，应依法履行开发利用自然资源或利用公共资源义务。③取得直接关系公共利益的特定行业的市场准入行政许可的被许可人，应当诚实履行义务，包括按照国家规定的服务标准、收费标准和行政机关依法规定的条件，向用户提供安全、方便、稳定和价格合理的服务，并履行普遍服务的义务；未经作出行政许可决定的行政机关批准，不得擅自停业、歇业。④对直接关系公共安全、人身健康、生命财产安全的重要设施、设备，相关单位应当建立相应的自检制度。

2. 监督检查的措施。

(1)行政许可的撤销。引起行政许可违法的原因或情形可分为两大方面：一是行政机关自身的原因（即被许可人无过错），包括：①行政机关工作人员滥用职权、玩忽职守；②超越法定职权；③违反法定程序；④对不具有申请资格或不符合法定条件的申请人准予许可；⑤依法可以撤销的其他情形。二是被许可人的原因，即被许可人以欺骗、贿赂等不正当手段取得行政许可。

违法的行政许可行为并不一定被撤销，要针对不同情形权衡依法行政原则和信赖保护原则、公共利益和个体利益以及被许可人有无过错决定是否撤销：①对于因行政机关自身的原因造成的违法许可，可以（注意是"可以"而非"应当"）撤销；如果撤销可能给公共利益造成重大损害的则不予撤销；撤销导致善意被许可人的合法权益受到损害的，行政机关依法给予赔偿（信赖保护）。②对于因被许可人自身的原因（通过欺骗、贿赂等不正当手段）造成的违法许可，应当撤销；撤销后被许可人基于行政许可取得的利益不受保护（不适用信赖保护）；但如果撤销可能给公共利益造成重大损害的，不予撤销。

撤销主体是作出行政许可决定的行政机关或者其上级行政机关，撤销包括利害关系人申请撤销和行政机关依职权撤销。另外注意撤销与撤回不同，主要在于撤回适用于行政机关废除已经作出的合法行政许可决定的效力，撤销则针对已经作出的违法行政许可决定；撤回导致行政许可自撤回之日起往后失效，撤销原则上导致行政许可自始无效。

(2)行政许可的注销。有下列情形之一的，行政机关应当依法办理行政许可的注销手续：①行政许可有效期届满未延续的；②赋予公民特定资格的行政许可，该公民死亡或者丧失行为能力；③法人或其他组织依法终止的；④行政许可依法被撤销、撤回或者行政许可证件依法被吊销的；⑤因不可抗力导致行政许可事项无法实施的；⑥法律、法规规定的应当注销的其他情形。

注销和撤销的主要区别在于注销不一定以行政许可违法为适用前提，而以出现特定的客观事实为适用前提。

配套习题

一、单项选择题

1. 按照律师法规定，申请领取律师执业证书，司法行政机关应当自收到申请之日起30日内作出是否颁发的决定。按照行政许可法的规定，应当自受理行政许可申请之日起20日内作出行政许可决定。2004年7月初，张某向省司法厅申请领取律师执业证书，司法厅的正确做法是(　)(司考2004年卷二，第40题)

A. 应当适用律师法，在30日内作出是否颁发的决定

B. 应当适用行政许可法，在20日内作出是否颁发的决定

C. 可以选择适用律师法或者行政许可法关于期

限的规定作出决定

D.因法律关于期限的规定不一致，报请全国人大常委会裁决后再作决定

2.一小区已建有A幼儿园，为满足需要，某区人民政府拟在该小区内再建一所幼儿园。张某和李某先后向某区人民政府提出申请，张某获批准。下列哪一种说法是正确的？（　）（司考2005年卷二，第40题）

A.某区人民政府必须在受理李某和张某的申请之日起20日内作出批准与否的决定

B.某区人民政府按照张某和李某申请的先后顺序作出批准决定是不合法的

C.李某有权对某区人民政府批准张某申请的行为提起行政诉讼

D.A幼儿园有权对某区人民政府批准再建幼儿园的决定提起行政诉讼

3.根据行政许可法的规定，下列有关行政许可的审查和决定的哪一种说法是正确的？（　）（司考2005年卷二，第46题）

A.对行政许可申请人提交的申请材料的审查，均应由行政机关两名以上工作人员进行

B.行政机关作出准予行政许可决定和不予行政许可决定，均应采用书面形式

C.行政机关作出准予行政许可决定后，均应向申请人颁发加盖本行政机关印章的行政许可证件

D.所有的行政许可均在全国范围内有效

4.关于行政许可程序，下列哪一选项是正确的？（　）（司考2006年卷二，第48题）

A.对依法不属于某行政机关职权范围内的行政许可申请，行政机关作出不予受理决定，应向当事人出具加盖该机关专用印章和注明日期的书面凭证

B.行政许可听证均为依当事人申请的听证，行政机关不能主动进行听证

C.行政机关作出的准予行政许可决定，除涉及国家秘密的，均应一律公开

D.所有的行政许可适用范围均没有地域限制，在全国范围内有效

5.下列行政确认形式中属于鉴证的是（　）

A.对产品质量的认定

B.对婚姻关系的证明

C.技术监督部门对产品质量的检验评定

D.工商机关对经济合同合法性的确认

6.某公安局向市城建规划局申请盖一栋办公大楼。经调查地形，规划局发现该大楼建成后将会影响附近居民住宅的通风采光。这种情况下规划局应该如何处理？（　）

A.直接批准规划局的申请，因为这属于国家行政机关的办公楼，是公共利益的需要。

B.将申请事宜告知附近居民并听取其意见

C.将申请事宜告知附近居民但无须听取其意见

D.直接驳回公安局的申请，无须说明理由

7.公民甲欲开办一服装店，在申请营业执照过程中，工商部门提出的合法要求有哪些？（　）

A.甲必须本人到工商局来申请

B.甲可以采用工商局提供的申请书格式文本，但要交6元工本费

C.甲不能通过邮寄或电子邮件方式提出申请

D.甲要如实提供有关材料并对申请材料实质内容的真实性负责

8.甲企业以欺骗、贿赂等不正当手段取得了生产锅炉的许可证，有关部门发现后撤销了甲企业的锅炉生产许可证。根据行政许可法的有关规定，甲企业在几年之内不得再次申请该生产许可证？（　）

A.1年　B.2年　C.3年　D.5年

二、多项选择题

1.甲厂经某市采砂许可证的法定发放机关地质矿产局批准取得了为期5年的采砂许可证，并经某区水电局等部门批准，在区江河管理站划定的区域内采砂。后因缴纳管理费问题与水电局发生纠纷。随后，该水电局越权向乙厂颁发了采砂许可证，准予乙厂在甲厂已被划定的区域内采砂。下列说法正确的是（　）（司考2004年卷二，第96题）

A.根据甲厂的申请，某市地质矿产局可以撤销水电局发给乙厂的采砂许可证

B.水电局应当撤销给乙厂发放的采砂许可证

C.若乙厂的采砂许可证被撤销，发放许可证的水电局应承担乙厂相应的经济损失

D.甲厂可以要求水电局赔偿因向乙厂颁发许可证给自己造成的经济损失

2.根据行政许可法的规定，下列哪些说法

是正确的？（　）（司考2005年卷二，第86题）

A. 某区动植物检验局未按照法定标准收取许可费用，应当对其直接责任人处以行政处分

B. 医生李某死亡，卫生行政主管部门应当依法注销其医师资格

C. 某省公安厅对某高校教师出国护照的审批不适用行政许可法

D. 某企业通过贿赂手段取得的烟花爆竹生产许可证被撤销后，在一年之内不得再申请该项许可

3. 根据行政许可法的规定，下列关于行政许可的撤销、撤回、注销的哪些说法是正确的？（　）（司考2006年卷二，第86题）

A. 行政许可的撤销和撤回都涉及被许可人实体权利

B. 规章的修改可以作为行政机关撤回已经生效的行政许可的理由

C. 因行政机关工作人员滥用职权授予的行政许可被撤销的，行政机关应予赔偿

D. 注销是行政许可被撤销和撤回后的法定程序

4. 刘某参加考试并取得《医师资格证书》。后市卫生局查明刘某在报名时提供的系虚假材料，于是向刘某送达《行政许可证件撤销告知书》。刘某提出听证申请，被拒绝。市卫生局随后撤销了刘某的《医师资格证书》。下列哪些选项是正确的？（　）（司考2007年卷二，第81题）

A. 市卫生局有权撤销《医师资格证书》

B. 撤销《医师资格证书》的行为应当履行听证程序

C. 市政府有权撤销《医师资格证书》

D. 市卫生局撤销《医师资格证书》后，应依照法定程序将其注销

5. 关于行政许可的理解，下列说法正确的是（　）

A. 属于事前监管的执法手段

B. 是依申请行政行为

C. 是对法律一般禁止的解除

D. 属于非要式行政行为

6. 下列规范性文件中可以设定行政许可的有哪些？（　）

A. 国务院的决定

B. 国务院部门规章

C. 省、自治区、直辖市人民政府规章

D. 较大市的人民政府规章

7. 关于行政许可委托，下列说法正确的是哪些？（　）

A. 行政机关须在其法定职权范围内依法委托

B. 行政机关只能委托具有公共管理职能的事业组织

C. 行政委托机关应当对受委托实施的行政许可行为负责监督

D. 受委托组织经委托行政机关同意可依法再委托其他组织

8. 关于行政许可听证程序，下列正确的有哪些？（　）

A. 行政机关应当于举行听证7日前将听证的时间、地点予以公告

B. 听证应当公开举行，涉及国家秘密、商业秘密及个人隐私的除外

C. 由行政机关指定审查行政许可申请的工作人员以外的人员为主持人

D. 行政机关应制作听证笔录，并斟酌听证笔录作出行政许可决定

9. 实施行政许可中，申请人的义务有哪些？（　）

A. 按行政机关要求提供所有材料和信息

B. 不得向行政机关工作人员行贿或提供虚假信息

C. 承担行政许可听证的费用

D. 不得未经许可从事应当取得许可的活动

10. 取得直接关系公共利益的特定行业的市场准入行政许可的被许可人有哪些义务？（　）

A. 接受行政许可机关的监督检查，并交纳一定的检查费用

B. 按照国家规定的服务标准、资费标准向用户提供安全、方便、稳定和价格合理的服务

C. 提供普遍服务

D. 未经行政许可机关批准，不得擅自停业、歇业

11. 行政许可申请不符合法定条件、标准，依法不予行政许可的，行政机关应当怎么办？（　）

A. 作出书面决定

B. 说明理由

C. 告知申请人享有依法申请行政复议或提起行

政诉讼的权利

D. 将不予行政许可的决定公开，公众有权查阅

12. 可以设定公民、法人或其他组织资格资质的行政许可的主体有哪些？（　）

A. 全国人民代表大会及其常委会

B. 国务院

C. 省、自治区、直辖市人民政府

D. 省、自治区、直辖市人民代表大会及其常委会

13. 对于有限自然资源开发利用、公共资源配置以及直接关系公共利益的特定行业的市场准入等事项，下列说法正确的有哪些？（　）

A. 应当由法律设定行政许可

B. 行政许可机关一般应当通过招标、拍卖等公平竞争的方式作出许可决定

C. 行政机关可以向中标人或买受人作出准予行政许可的决定，也可为了公共利益的需要准予其他申请人该许可

D. 行政机关不采招标、拍卖方式或违反招标、拍卖程序从而损害申请人合法权益的，申请人可以依法申请行政复议或提起行政诉讼

三、名词解释

1. 行政确认
2. 行政许可
3. 行政裁决

四、简答题

1. 辨析行政许可与行政审批。（考研武汉大学 2005 年）

2. 辨析行政许可与行政登记。（考研武汉大学 2005 年）

3. 委托实施行政许可应遵守哪些原则？（考研西北政法学院 2005 年）

4. 不宜设定行政许可的事项主要包括哪些？（考研西南政法大学 2003 年）

5. 行政许可的概念和特征？（考研中南财经政法大学 2004 年）

6. 简述行政裁决的概念和特征。

五、论述题

1. 行政许可的设定范围及意义？（考研中国人民大学 2005 年）

2. 行政许可的原则和程序？（考研武汉大学 2003 年）

3. 请结合《行政许可法》的具体规定和现实中国行政许可制度运行的具体实践，阐述信赖保护原则的基本精神和具体内容。（考研西南政法大学 2005 年）

4. 我国《行政许可法》规定的行政许可原则及其具体表现。（考研中南财经政法大学 2004 年）

六、案例分析题

1. A 获得了 5 年期限的狩猎许可证，3 年后颁发此证的 S 县政府因为环境保护的原因撤销此许可证，A 不服，故向 S 县所属的 D 市中级人民法院提起行政诉讼。（考研北京大学 2005 年）

请问：(1)S 县的行为是否违法？为什么？

(2)D 市中级人民法院是否应该受理此行政诉讼？为什么？

2. 某村民甲与乙宅基地相距 3 米，甲住的是平房，乙住在甲的南面。由于家庭人口多、住房紧张，乙打算建一栋 4 层的住宅楼，约有 14 米高，如果建成后甲的住宅将几乎终年见不到阳光。但是，乙向城建局申请建筑许可后，城建局还是很快批准了乙的申请。

请问：(1)城建局的做法是否合法？为什么？

(2)为了保护自己的权益，乙该怎么办？

(3)如果最后建筑许可被有权机关撤销，甲由此受到的损失能否得到补救？为什么？

参考答案

一、单项选择题

1. 答案:A

提示:本题考查的是行政许可决定的期限

解析:根据《行政许可法》第42条的规定,行政机关作出行政许可决定应当自受理行政许可申请之日起20日内作出,但是,法律、法规另有规定的,依照其规定。《律师法》关于申请领取律师执业证书,司法行政机关应当自收到申请之日起30日内作出是否颁发决定的规定,属于行政许可决定时限的特别法规定,所以,A项正确。

2. 答案:C

提示:本题考查的是行政许可的申请救济

解析:某区人民政府批准张某申请的行为涉及李某的公平竞争权,李某有权提起行政诉讼,故C项正确。某区人民政府对李某和张某的申请的批准属于行政许可,依据《行政许可法》第42条的规定,20日是一般期限,但可以变通,A项错误。某区人民政府按照其申请的先后顺序作出批准决定,符合《行政许可法》第57条的规定,因此,B项不正确。A幼儿园并不享有在该小区排他性的权利,再建幼儿园虽然可能在事实上影响其经营状况,但与其并无法律上的利害关系,所以,A项幼儿园不享有原告资格,故D项错误。

3. 答案:B

提示:本题考查的是行政许可的审查与决定

解析:根据法定条件和程序,需要对申请材料的实质内容进行审核的,才应当派两名以上工作人员进行核查,故A项错误;行政机关作出准予行政许可的决定,需要颁发行政许可证件的,才应当向申请人颁发加盖本行政机关印章的行政许可证件,故C项错误;由法律、行政法规设定的行政许可,适用范围没有地域限制的,申请人取得的行政许可方在全国范围内有效,故D项错误。

4. 答案:A

提示:本题考查的是行政许可的程序

解析:A项符合《行政许可法》第32条的规定,正确;根据第46条的规定,法律、法规、规章规定应当听证的,或行政机关认为涉及公共利益的重大许可事项,行政机关应当主动举行听证,故B项错误;根据第5条规定,涉及国家秘密、商业秘密或个人隐私的许可,都不能公开,故C错误;根据第41条规定,许可适用于全国有条件限制,故D项错误。

5. 答案:D

提示:本题考查的是行政确认的形式

解析:对产品质量的认定,属于行政确认中的认可;对婚姻关系的证明属于行政确认中的证明;技术监督部门对产品质量的检验评定属于行政确认中的鉴定。因此,A、B、C项错误,选D项。

6. 答案:B

提示:本题考查的是行政许可的程序

解析:行政机关对行政许可申请审查时发现许可事项直接关系他人重大利益的,应当告知利害关系人并听取申请人、利害关系人双方的意见,因此应当选B项,其他选项与法律规定不相符。

7. 答案:D

提示:本题考查的是行政许可的申请

解析:申请人一般可以委托代理人申请许可,需要时行政机关应提供申请书格式文本并不得收取任何费用,申请可以通过信函、传真、电子邮件等方式提出,故A、B、C项均不正确,选D项。

8. 答案:C

提示:本题考查的是行政许可的责任

解析:被许可人以欺骗、贿赂等不正当手段取得行政许可的,行政机关应当依法给予行政处罚;取得的行政许可属于直接关系公共安全、人身健康、生命财产安全事项的,申请人在3年内不得再次申请该行政许可;构成犯罪的,依法追究刑事责任,因此,应当选C项。

二、多项选择题

1. 答案:ABCD

提示:本题考查的是行政许可的撤销

解析:水电局越权向乙厂颁发采砂许可证是明显重大违法,属于无效的行政行为。因此,A项正确,因为地质矿产局是法定主管部门;B项正确,因为水电局有义务撤销其作出的违法决定;C、D项正确,理由都是水电局发放许可证的行为违法并造成损害。

2. 答案:AB

提示:本题考查的是行政许可的综合知识

解析:某省公安厅对某高校教师出国护照的审批,不属于“行政机关对其他机关或者对其直接管理的事业单位的人事、财务、外事等事项的审批”,属于行政许可的范围,应当适用行政许可法,故C项错误。依《行政许可法》第79条规定,被许可人以不正当手段取得的行政许可属于直接关系公共安全、人身健康、生命财产安全事项的,3年内不得再次申请该行政许可,因此,D项错误。

3. 答案:ABD

提示:本题考查的是行政许可的撤销、撤回、注销

解析:根据《行政许可法》第8、69条的规定,撤销、撤回许可都意味着被许可人丧失了该项许可,实体权利受到影响,故A项正确;B项符合第8条第2款,正确;因行政机关工作人员滥用职权撤销了许可,而且被许可人的合法权益确实受到损害的,才应当给予赔偿,未受到损害、非法权益受损害的,都不赔偿,故C项错误;根据第70条规定,行政许可依法被撤销、撤回的,应当注销许可。

4. 答案:ACD

提示:本题考查的是行政许可的撤销

解析:《行政许可法》第69条规定:“有下列情形之一的,作出行政许可决定的行政机关或者其上级行政机关,根据利害关系人的请求或者依据职权,可以撤销行政许可:①行政机关工作人员滥用职权、玩忽职守作出准予行政许可决定的;②超越法定职权作出准予行政许可决定的;③违反法定程序作出准予行政许可决定的;④对不具备申请资格或者不符合法定条件的申请人准予行政许可的;⑤依法可以撤销行政许可的其他情形。被许可人以欺骗、贿赂等不正当手段取得行政许可的,应当予以撤销。依照前两款的规定撤销行政许可,可能对公共利益造成重大损害的,不予撤销。依照本条第1款的规定撤销行政许可,被许可人的合法权益受到损害的,行政机关应当依法给予赔偿。依照本条第2款的规定撤销行政许可的,被许可人基于行政许可取得的利益不受保护。”因此,A、C项正确。《行政许可法》第70条规定:“有下列情形之一的,行政机关应当依法办理有关行政许可的注销手续:①行政许可有效期届满未延续的;②赋予公民特定资格的行政许可,该公民死亡或者丧失行为能力的;③法人或者其他组织依法终止的;④行政许可依法被撤销、撤回,或者行政许可证件依法被吊销的;⑤因不可抗力导致行政许可事项无法实施的;⑥法律、法规规定的应当注销行政许可的其他情形。”因此,D项正确。法律并没有规定撤销行政许可必须(应当)经过听证程序,所以B项错误。

5. 答案:ABC

提示:本题考查的是行政许可的特征

解析:理由:行政许可是事前监管手段而非事后监督、以相对人申请为前提而不能主动为之、许可的前提是存在法律上的一般禁止,故A、B、C项正确;D项错误在于行政许可是要式行政行为,行政机关准予或不予许可都必须作出书面的行政许可决定。

6. 答案:AC

提示:本题考查的是行政许可的设定权限

解析:国务院的决定和省级政府规章可以设定行政许可,部委规章和较大市政府的规章均无权设定行政许可,因此,A、C项正确。

7. 答案:AC

提示:本题考查的是行政许可的委托

解析:B项错误在于行政许可中的委托对象仅限于“其他行政机关”而不是公共事业组织;D项错误在于受委托组织不得再转委托其他组织或个人实施行政许可;委托必须在法律的规定范围内,并且委托机关有权力并且有义务对委托事项进行监督,因此,A、C项正确。

8. 答案:BC

提示:本题考查的是行政许可中的听证

解析:B、C项均符合《行政许可法》第48条关于听证的规定,另外B项之所以正确是因为:虽然第48条只规定了听证应公开进行,但根据该法第5条规定的公开原则,应把涉及国家秘密、商业秘密、个人隐私的除外;A项错在《行政许可法》只规定行政机关在必要时将听证的时间、地点予以公告;D项错误在于行政机关应根据而不是斟酌听证笔录作出行政许可决定,听证笔录是许可决定的唯一根据。

9. 答案:BD

提示:本题考查的是行政许可中申请人的义务

解析:A项错误在于行政机关不能要求申请人提交与许可事项无关的资料或信息,申请人无须履行该非法定义务;C项错误在于据《行政许可法》规定听证费用由行政机关承担,而不由申请人支付;B、

D 项均正确。

10. **答案**:BCD

提示:本题考查的是行政许可中申请人的义务

解析:取得直接关系公共利益的特定行业的市场准入行政许可的被许可人,应当按照国家规定的服务标准、资费标准和行政机关依法规定的条件,向用户提供安全、方便、稳定和价格合理的服务,并履行普遍服务的义务;未经作出行政许可决定的行政机关批准,不得擅自停业、歇业。故 B、C、D 项正确。A 项错误在于被许可人有接受监督检查的义务但行政机关没有法律、行政法规的明确规定不能收费。

11. **答案**:ABC

提示:本题考查的是行政许可的申请

解析:行政机关依法作出不予行政许可的书面决定的,应当说明理由,并告知申请人享有依法申请行政复议或者提起行政诉讼的权利,故 A、B、C 项均正确,D 项错的原因在于法律只要求行政机关将准予行政许可的决定予以公开,并未规定不予许可的决定必须公开。

12. **答案**:AB

提示:本题考查的是行政许可的设定权限

解析:公民、法人或其他组织的资格、资质的行政许可应由国家通过法律或行政法规设定,地方性法规或省级规章均无权设定该项许可。因此,选 A、B 项。

13. **答案**:BD

提示:本题考查的是特定事项的行政许可

解析:对该类许可行政机关一般应采取招标、拍卖等公平竞争的方式作出决定,按照招标、拍卖程序确定中标人、买受人后,应对中标人、买受人作出许可的决定并颁发许可证件,行政机关不采用法定的招标、拍卖方式或违反法定程序从而损害申请人合法权益的,申请人有权复议或起诉。故 B、D 项正确,C 项不正确;A 项错误在于对该类许可法律“可以”而非“应当”(必须)设定行政许可。

三、名词解释

1. **提示**:参见本章“基础知识图解”中行政确认部分

2. **提示**:参见本章“基础知识图解”中行政许可部分

3. **提示**:参见本章“基础知识图解”中行政裁决部分

四、简答题

1. **提示**:本题考查的是行政许可与相关概念的区别

答案:行政审批是指政府机关或授权单位,根据法律、法规、行政规章及有关文件,对相对人从事某种行为、申请某种权利或资格等进行具有限制性管理的行为。审批有三个基本要素:①指标额度限制;②审批机关有选择决定权;③一般都是终审。审批最主要特点是审批机关有选择决定权,即使符合规定的条件,也可以不批准。行政许可与行政审批的区别主要体现在以下几个方面:

(1)行政许可是一种行政法学上的概念,我们更多的是在法律意义上使用;行政审批是一种行政管理学上的概念,更多的是在行政管理意义上使用。

(2)行政许可是一种外部行政行为;行政审批则主要是内部行政行为。

(3)二者的救济途径有所不同。行政许可是一种具体行政行为,行政相对人如果认为该行政许可侵害了自己的利益,可以以行政复议或者行政诉讼的方式救济;而对行政审批不服通常不能提起行政复议或行政诉讼。

同时,需要指出的是,一方面,《行政许可法》实施前业已存在的行政审批,如果符合《行政许可法》的规定,则应转化为行政许可,其设定和实施应当严格按照《行政许可法》的规定进行规范。另一方面,由于性质决定,行政许可并不能完全取代行政审批,在实际工作中,行政许可与行政审批将长期同时存在。

2. **提示**:本题考查的是行政确认与相关概念的辨析

解析:行政登记是行政主体应相对人的申请,在法定的规范性登记形式中,记载相对人的某种情况或事实,以确认其法律地位和权利义务。

行政登记是行政确认的一种形式,行政确认和行政许可有着密切的承继关系,详见本章“重点知识讲解”中的行政许可与行政确认的区别与联系部分。

3. **提示**:应从委托行政许可的含义和规则进行回答

答案:委托行政许可指具有行政许可权的行政机关在其法定职权范围内,依照法律、法规、规章的规定,委托给其他行政机关实施行政许可。从委托许可的内涵可以看出,法定原则是其应当遵循的首要原则；由于在委托中容易出现委托不明，受托行政机关专业技术欠缺从而导致相对人的权益受损的现象，所以权益保障原则也是其重要原则；另外，监督原则也很重要，包括公民对行政机关的监督，委托机关对受托机关的监督等。

4. **提示**：应从行政许可设定事项的范围进行回答

答案：根据《行政许可法》的规定，可以不设定行政许可的事项主要有：①依法由公民、法人或者其他组织能够自主决定的事项，可以不设定行政许可；②市场机制能够有效调节的事项；③行业组织或者中介机构能够自律管理的事项；④事后监督等其他方式能够解决的事项。

5. **提示**：参见本章"基础知识图解"中行政许可部分

6. **提示**：参见本章"基础知识图解"中的行政裁决部分

五、论述题

1. **提示**：应从行政许可的范围及其意义两个方面进行回答

解析：关于行政许可的范围，参见本章"重点知识讲解"中行政许可的设定部分。从行政许可的设定事项范围可以看出，行政许可设定的事项是关系国计民生、资源利用或者是与公民权益密切联系的事项。结合行政许可的内涵，行政许可是对一般禁止的事项的有条件地解禁，所以体现出国家对经济运行以及社会秩序的管理和调控职能。因此，行政许可设定范围的意义可以从国家的职能、行政管理的功能、行政许可的功能等方面阐释。

2. **提示**：关于行政许可的原则，参见本章"基础知识图解"中行政许可部分；行政许可的程序，参见本章"重点知识讲解"中行政许可的程序部分

3. **提示**：应在阐述信赖保护原则含义的基础上结合《行政许可法》的规定进行回答

答案：所谓信赖保护，就是说政府一旦作出一个行政决定就会使相对人产生一种信任和依赖，相对人因这种信赖而从事的活动，要受到法律保护。所以，政府不能随意变更或者撤销该行政行为，即使为了公共利益的需要必须改变原行为的，也应当对受到特别损害的当事人给予相应的补偿。可见，信赖保护原则主要适用于对授益行政行为的撤销或废止。因为相对人基于此类行政行为而获得利益，一经撤销或废止将会受到损害，故行政机关不得随意撤销或者废止该行为，否则必须合理补偿相对人因信赖该行为而获得的利益。

关于行政许可法中的信赖保护原则，《行政许可法》第8条明确规定："公民、法人或者其他组织依法取得的行政许可受法律保护，行政机关不得擅自改变已经生效的行政许可。行政许可所依据的法律、法规、规章修改或者废止，或者准予行政许可所依据的客观情况发生重大变化的，为了公共利益的需要，行政机关可以依法变更或者撤回已经生效的行政许可。由此给公民、法人或者其他组织造成财产损失的，行政机关应当依法给予补偿。"

此条的规定是对行政机关作出行政许可行为确定力的要求，督促行政机关在作出行政许可的时候，充分考虑各方的利益和社会情形，慎重作出行为。读者可以从这个角度展开论述。

4. **提示**：应当清楚《行政许可法》中规定的几项原则的含义，并结合具体条文规定进行回答

答案：行政许可法中规定的行政许可的原则有：

(1)行政许可法定原则。包括行政许可设定法定、行政许可范围法定、行政许可程序法定等几个方面。例如，《行政许可法》第4条规定："设定和实施行政许可，应当依照法定的权限、范围、条件和程序"。

(2)公开、公平、公正的原则。例如，《行政许可法》第5条规定："设定和实施行政许可，应当遵循公开、公平、公正的原则。有关行政许可的规定应当公布；未经公布的，不得作为实施行政许可的依据。行政许可的实施和结果，除涉及国家秘密、商业秘密或者个人隐私的外，应当公开。符合法定条件、标准的，申请人有依法取得行政许可的平等权利，行政机关不得歧视。"

(3)便民、效率原则。例如，《行政许可法》第6条规定："实施行政许可，应当遵循便民的原则，提高办事效率，提供优质服务"。

(4)权益保障原则。例如，《行政许可法》第7条规定："公民、法人或者其他组织对行政机关实施行政许可，享有陈述权、申辩权；有权依法申请行政复议或者提起行政诉讼；其合法权益因行政机关违法实施行政许可受到损害的，有权依法要求赔偿"。

(5)信赖保护原则。例如，《行政许可法》第8条规定："公民、法人或者其他组织依法取得的行政许可受法律保护，行政机关不得擅自改变已经生效的

行政许可。行政许可所依据的法律、法规、规章修改或者废止,或者准予行政许可所依据的客观情况发生重大变化的,为了公共利益的需要,行政机关可以依法变更或者撤回已经生效的行政许可。由此给公民、法人或者其他组织造成财产损失的,行政机关应当依法给予补偿”。

(6)监督原则。例如,《行政许可法》第10条规定:“县级以上人民政府应当建立健全对行政机关实施行政许可的监督制度,加强对行政机关实施行政许可的监督检查。行政机关应当对公民、法人或者其他组织从事行政许可事项的活动实施有效监督”。

六、案例分析题

1. **提示**:本案考查的是对行政机关违法行为的认定以及起诉条件和级别管辖的相关规定

解析:(1)S县的行为没有违法。因为违法虽然并不仅局限于违反具体的某部法律法规,也包括对法律原则和法律精神的违反。本案中,首先S县政府的行为并没有违反某一部具体的法律法规;其次,S县政府因为环境保护的原因而撤销了A还没有到期的狩猎许可证并没有违反法律的精神和目的。因为,行政机关可以为了某种目的和考虑依法颁发狩猎许可证,那么随着现实的发展变化,政策也须随之调整,所以S县政府因为环境保护的原因撤销此许可证并没有违反法律的精神和目的。故S县政府的行为并没有违法。

而A因政府合法行为而遭受的损失可以通过行政补偿等其他途径予以救济。

(2)D市中级人民法院不应该受理此行政诉讼。根据《行政诉讼法》的规定,只要A认为行政机关的行政行为违法侵害了其合法权益,就可以向人民法院提起行政诉讼。而不必要求行政机关真的就实施了违法行为。所以A的起诉属于人民法院的受案范围。但我国法律规定行政诉讼级别管辖中级人民法院管辖被告为县级以上人民政府,且基层人民法院不适宜审理的案件。从本案的信息并不能看出S县人民法院就不适合审理此案,且本案也没有其他重大复杂的情形,所以该市中级人民法院不应该受理此案。

2. **提示**:本案主要考查对行政许可的程序和信赖保护的理解及应用

解析:(1)城建局的做法不合法,违反了法定程序。因为根据行政许可法的有关规定,行政机关对行政许可申请进行审查时,发现行政许可事项直接关系他人重大利益的,应当告知该利害关系人,并应当听取申请人、利害关系人的意见。本案中乙申请的建筑许可直接关系甲的相邻权(采光权),城建局应当告知甲并听取甲的意见,然后再依法作出是否准予乙建4层住宅楼的决定,而本案中城建局没有履行这一法定程序,武断地批准了乙的申请,从而损害了甲的合法权益。

(2)《行政许可法》规定,公民、法人或其他组织对行政机关实施的行政许可,有权依法申请行政复议或提起行政诉讼。甲可以依法申请行政复议或向法院提起行政诉讼,请求撤销城建局颁发给乙的建筑许可。

(3)如果最后有权机关撤销了建筑许可,乙由此受到的损失能否得到补救需要根据不同情况具体分析:如果乙通过贿赂等不正当手段取得建筑许可,那么,根据《行政许可法》有关规定,被许可人通过欺骗、贿赂等不正当手段取得的行政许可,应当予以撤销;被许可人基于行政许可取得的利益不受保护。即这种情况下乙对行政许可的取得具有过错,行政机关对乙因此受到的损失不能赔偿;如果乙对取得的建筑许可没有过错,即仅仅由于城建局自己的原因造成该建筑许可违法从而被撤销的话,根据《行政许可法》规定,对于行政机关及其工作人员违反法定程序、玩忽职守等情形作出的行政许可被撤销,被许可人的合法权益受到损害的,行政机关应当依法给予赔偿。即这种情形下乙可以依照《国家赔偿法》要求城建局赔偿其损失。

第十三章　行政处罚与行政强制

内容提示

行政处罚和行政强制是拥有法定职权的行政机关为了完成管理目的，针对特定相对人做出的一种侵益性的具体行政行为。无论在学理研究还是在实践应用中，本章都占据重要地位。通过本章的学习，应当掌握行政处罚的概念、特征与种类、行政处罚的原则、行政处罚种类的设定以及行政处罚的适用和程序。掌握行政强制、行政强制措施、行政强制执行的概念和特征，了解行政强制措施的种类、实施条件和程序；了解行政机关强制执行和申请法院强制执行的实施条件和具体程序。

基础知识图解

一、行政处罚

行政处罚	概念	是指具有法定职权的行政主体对公民、法人或其他组织违反行政法律规范、尚未构成犯罪的行为依法给予的一种法律制裁
	特征	主要包括：①实施行政处罚的主体是具有法定职权的行政主体。②行政处罚的对象是违反行政法规的公民、法人或者其他组织。③行政处罚在性质上属于行政制裁，针对的是轻于犯罪的一般违法行为
	基本原则	主要包括：①处罚法定原则；②公正、公开原则；③教育与处罚相结合原则；④违法程度与处罚相适应原则；⑤保护相对人合法权利原则；⑥一事不再罚原则
	种类★	主要包括：①申戒罚；②财产罚；③能力罚；④人身罚
	设定★	主要有：①法律设定的行政处罚；②行政法规设定的行政处罚；③地方性法规设定的行政处罚；④规章设定的行政处罚
	实施主体及管辖★	(1)主体：①行政机关；②法律、法规授权的具有管理公共事务职能的组织；③受行政机关委托的组织 (2)管辖：①职能管辖；②地域管辖；③级别管辖；④指定管辖
	适用★	主要包括：①处罚的对象；②适用效力；③处罚的原则；④裁量情节
	程序★	主要包括：①简易程序；②普通程序；③听证程序；④执行程序

二、行政强制概述

行政强制		
	概念	是指行政主体依法针对行政相对人、凭借国家权力实现行政法义务的国家执行制度
	特征	主要包括:①行政性。是一种行政行为,采取的是行政手段。②具体性。是一种具体行政行为。③强制性。强制手段实施,相对人有容忍的义务。④从属性。是为保障其他行政行为顺利作出而存在。⑤非处分性:会限制相对人的权利行使,但不直接发生对权利的处分
	基本原则	主要包括:①行政强制法定原则;②公正、公开原则;③行政强制适当原则
	范围〔1〕	主要包括:①行政强制措施;②行政强制执行;③即时强制★

三、行政强制措施

行政强制措施		
	概念	是指国家行政机关或者法律授权的组织,为了预防或制止正在发生或者可能发生的违法行为、危险状态以及不利后果,或者为了保全证据、确保案件查处工作的顺利进行而对行政相对人的人身自由、财产予以限制的一种具体行政行为
	特征	主要包括:①主体是法定的国家行政机关或者法律授权的组织;②目的在于预防或者制止违法行为、危险状态以及不利后果的发生和发展;③一般具有临时性和紧急性;④强制性
	与相关概念的区别★	主要包括:①行政强制措施与行政处罚;②行政强制措施与行政强制执行;③行政强制措施与行政诉讼强制执行;④行政强制措施与刑事强制措施
	类型★	主要包括:①预防性、制止性和保障性行政强制措施;②限制人身自由和限制财产流通的强制措施;③一般强制措施和紧急强制措施
	实施★	(1)实施的法定条件:①主体必须是有法定行政强制权的行政主体;②被强制的对象必须符合法律规定的条件;③必须办理必要的手续,符合法定的期限;④必须按照法定的种类运用行政强制措施 (2)实施的程序:①经行政机关首长批准;②对当事人的告知:决定、方式、法律依据和事实依据;③两个以上工作人员、表明身份;④制作现场笔录、双方签字

四、行政强制执行

行政强制执行		
	概念	是指公民、法人或者其他社会组织逾期不履行行政法上的义务时,国家行政机关直接或者申请人民法院依法采取必要的强制性措施,迫使其履行义务,或者达到与履行义务相同状态的程序性行为
	特征	主要包括:①以义务人逾期不履行义务为前提;②这种义务是行政法上的义务;③主体是特定的行政机关或者是人民法院;④一般不适用和解
	种类★	主要包括:①间接强制执行,包括代履行、执行罚;②直接强制履行
	方式	主要包括:①行政机关的强制执行;②行政机关申请人民法院强制执行

〔1〕 关于行政强制的范围以及行政强制措施、行政强制执行以及即时强制之间的关系,学界争议颇大。本书采用张树义教授的观点,认为行政强制是种概念,具体包含行政强制措施、行政强制执行以及即时强制三个具体行政行为。

五、行政机关强制执行与人民法院强制执行比较★

	行政机关强制执行	人民法院强制执行
条件	(1)公民、法人或者其他组织有法定的义务 (2)义务人无正当理由逾期不履行其应当履行的义务 (3)只能由法律、法规明确授权的行政机关进行 (4)执行的内容、方式法定	(1)具体行政行为依法可由人民法院执行 (2)具体行政行为已经生效 (3)具体行政行为具有可执行的内容 (4)申请人是作出该行政行为的行政机关或法律、法规、规章授权的组织 (5)申请人在法定期限内提出申请 (6)被申请执行的行政案件属于受理申请执行的人民法院管辖
程序	(1)制作行政强制执行决定 (2)告诫 (3)执行决定的实施	(1)提出申请 (2)审查 (3)告知履行 (4)强制执行
适用	以申请人民法院执行为主,只有在法律、法规特别规定由行政机关自己实施强制执行的,行政机关才能自己执行;法律、法规对强制执行权未作规定或者将其赋予人民法院的,应当申请人民法院执行;法律、法规将强制执行权赋予双方的,行政机关既可以自己执行也可以申请人民法院执行	

重点知识讲解

一、行政处罚与相关概念的辨析

1. 行政处罚与行政处分。

(1)二者的相同之处:①都属于行政法性质的法律制裁;②都是针对违反行政法规的行为。

(2)二者的不同之处:①所针对的对象不同。行政处分针对行政主体内部的人员,他们与行政主体有人事管理的隶属关系;行政处罚针对的是外部相对人。②制裁的方法与手段不同。行政处分的方式与内部的管理相适应,如记过、记大过、降级、撤职、开除等;行政处罚则包括财产罚、能力罚、人身罚等多种方式。③制裁的依据不同。行政处分依据行政机关内部的法律规范;行政处罚依据对外管理的法律规范。④救济途径不同。对行政处分不服的,只能向主管行政机关或专门的行政监察机关申诉解决;对行政处罚不服的,可以申请行政复议或者提起行政诉讼。

2. 行政处罚中的罚款与执行罚。

二者的不同之处:①二者的属性不同。罚款是制裁、惩罚性的措施,是针对违法行为;执行罚是执行性、督促性的措施,针对没有按期及时履行义务的行为。②两者的目的不同。行政处罚中的罚款是制裁违法;执行罚只是为了督促当事人及时履行义务。③运用的方法不同。罚款对违法行为是一次性的;执行罚则可以反复使用多次,直至当事人自动履行义务。④两者发生的时间不同。罚款是对违法行为事后的惩处;执行罚则发生在当事人没有履行义务的过程中。

二、行政处罚的种类及其设定

1. 行政处罚的种类。

(1)学理上的分类。

第一,申诫罚:是一种影响对方声誉、向对方施加一定精神上压力的处罚类型,不具体剥夺或限制行政相对人其他实体权利。具体包括警告、通报批评、责令检讨、责令悔过等。

第二,财产罚:是行政机关对行政违法人依法剥夺一定财产或者科以财产给付义务的处罚类型。具体包括罚款、没收财产或违法所得、销毁物品等。

第三,能力罚:也称资格罚,是行政机关对违反行政法律规范的行政相对方所采取的一种取消、限制某种能力或者资格的处罚类型。具体包括责令停产停业、暂扣许可证和执照、吊销许可证和执照、取消申请和报考资格等。

第四,人身罚:是短期内限制人身自由的一种处罚,属于行政处罚中最严厉的处罚种类。主要指行政拘留。

(2)《行政处罚法》中具体规定的行政处罚的类型。

第一,警告。警告是一种申诫罚,是行政机关或者法律、法规授权组织对违法行为人实施的一种书面形式的谴责和告诫。警告是最轻微的一种行政处罚,主要适用于情节比较轻微或者未造成实际危害后果的违法行为,警告既可以对公民适用,也可以对法人或者其他组织适用。行政处罚机关作出警告处罚,必须制作书面的处罚决定书,向本人宣布并送达。

这里应注意,警告作为一种行政处罚方式,必须以书面形式,口头警告属于一般的批评教育,不属于行政处罚行为。

第二,罚款。罚款是典型的财产罚,是指行政机关或法律、法规授权的组织以及行政机关委托的组织要求违法者在一定期限内交纳一定数量金钱的行政处罚。罚款数额由具体行政法律规范规定,处罚机关只能在法定幅度内决定罚款数额。罚款是要式行为,处罚机关必须作出书面的罚款决定。

这里需要注意的是,罚款针对的是违法行为人的合法收入,对违法者的非法收入进行行政处罚,不能适用罚款,而应该适用没收。

第三,没收财物。没收财物属于财产罚,包括没收违法所得和没收非法财物,是指有行政处罚权的行政主体依法将违法行为人的违法所得和非法财物收归国有的处罚形式。违法所得,是指违法行为人因其违法行为所获得的金钱或其他利益,如销售伪劣产品或违禁品获得的金钱等;非法财物,是指违法行为人所占有的违禁品或者实施违法活动所使用的违法工具和物品,如易燃易爆物品、淫秽物品等违禁品,其本身虽然不是违法所得,但却被用于违法行为,属非法财物。

这里要注意,没收财物时不能没收违法者的合法收入和财产,也不能没收违法者没有用于违法行为的物品。除依法应当予以销毁的物品外,依法没收的非法财物必须按照国家规定公开拍卖或者按照国家有关规定处理,所得款项必须全部上缴国库,处罚机关不得以任何形式私分、截留、毁损、随意使用,或通过非法途径低价处理。

第四,责令停产停业。责令停产停业属于能力罚,是指行政主体强令违法从事生产、经营活动的相对人停止生产或经营活动的处罚。这种处罚是通过限制其行为能力,间接影响其财产权。责令停产停业一般附有限期整顿和改进的要求,如果被处罚者在限期内改正了违法行为,就可以恢复营业,无须重新申请许可证和执照。

这里需要区别责令停产停业和“责令改正”。责令改正主要表现为:责令退还、责令赔偿、责令停止违法行为或消除违法行为造成的危害后果、责令限期拆除、责令限期治理等。责令改正在本质上是教育措施,并非制裁手段,其目的是为了纠正错误,以恢复被侵害的某种状态,与行政处罚的目的不同,所以不是行政处罚。

第五,暂扣或者吊销许可证、执照。吊销、暂扣许可证或执照也是一种能力罚,它是指行政主体撤销或暂扣违法者已获得的从事某种活动的许可证书,其目的在于取消被处罚人的一定资格和剥夺、限制某种特许的权利。吊销与暂扣是有区别的。吊销许可证或执照是对违法者从事某种活动的权利或享有的某种资格的取消;而暂扣许可证或执照,则是中止行为人从事某项活动的资格,待行为人改正以后或经过一定期限后,再发还许可证或执照。吊销或暂扣许可证、执照是一种比较严厉的行政处罚,行政处罚法对此规定了听证程序。

第六,行政拘留。行政拘留属人身罚,是指公安机关对违反治安管理法律规范的人在短期内限制其人身自由的行政处罚方式。这种处罚方式是最严重的行政制裁方式,一般适用于严重违反治安管理法律规范的行为人。拘留的期限是 1 日以上 15 日以下;对于能通过其他行政处罚形式制裁违法的,一般不能适用拘留;对孕妇或者正在哺育自己 1 周岁以内的婴儿的妇女,不能适用拘留。

这里要注意,行政拘留权专属于公安机关,而且必须是县级以上的公安机关才能行使行政拘留裁决权,其他任何行政机关都没有决定行政拘留的权力。另外行政拘留只适用于自然人,不适用于法人或其他组织,但其法定代表人可以作为处罚对象。

第七,法律、行政法规规定的其他行政处罚。除上述六种形式外,法律、行政法规还规定了其他处罚形式:如《外国人入境出境管理法》规定,外国人违法情节严重的,限期离境;《现金管理暂行条例》规定了停止贷款;《大气污染防治法》规定了加收超标排污费;《国务院关于劳动教养问题的决定》、《国务院关于劳动教养问题的补充决定》和《劳动教养试行办法》规定了劳动教养制度等。

2. 行政处罚的设定。行政处罚的设定权,指国家机关依照职权和实际需要,在有关法律、法规或者规章中,创造或设立行政处罚的能力。行政处罚设定权分为创设权和规定权。

(1)创设权:法定的规范性文件依法自行规定行政处罚的行为、种类和幅度而不受其他法律规范规定、限制的权力,是自主性立法权,又可以分为完全创设权和有限创设权。完全创设权对行政处罚的行为、种类和幅度均可创设。有限创设权指某一规范性文件只能创设行政处罚的行为、种类和幅度中的一部分。

(2)规定权:某类规范性文件依法在效力较高的法律规范规定的行政处罚的行为、种类和幅度内作出具体规定的权力。规定权是执行性立法权,其作用主要有三方面:①将违法行为具体化,但不得增设处罚的行为种类;②将处罚种类具体化,将处罚种类和受处罚行为进一步对应化;③将处罚幅度具体化、详细化。

我国《行政处罚法》中对行政处罚设定权的规定如下:

(1)法律。法律可以设定各种行政处罚。限制人身自由的行政处罚,只能由法律设定。这里的"法律",指的是全国人大及其常委会制定的规范性文件。

(2)行政法规。行政法规可以设定除限制人身自由以外的行政处罚。法律对违法行为已经作出行政处罚规定,行政法规需要作出具体规定的,必须在法律规定的给予行政处罚的行为、种类和幅度内规定。

(3)地方性法规。地方性法规可以设定除限制人身自由、吊销企业营业执照以外的行政处罚。法律、行政法规对违法行为已经作出行政处罚规定,地方性法规需要作出具体规定的,必须在法律、行政法规规定的给予行政处罚的行为、种类和幅度的范围内规定。

(4)规章。①部委规章。国务院部委制定的规章可以在法律、行政法规规定的给予行政处罚的行为、种类和幅度的范围内作出具体规定。尚未制定法律、行政法规的,国务院部委制定的规定对违反行政管理秩序的行为,可以设定警告或者一定数量罚款的行政处罚。另外,国务院授权的直属机构也可以参照上述规定享有一定的行政处罚设定或规定权。②地方政府规章。省、自治区、直辖市人民政府和省、自治区人民政府所在地的市人民政府以及经国务院批准的较大的市人民政府制定的规章,可以在法律、法规规定的给予行政处罚的行为、种类和幅度的范围内作出具体规定。尚未制定法律法规的,上述人民政府制定的规章对违反行政管理秩序的行为,可以设定警告或者一定数额罚款的行政处罚。这里要注意的是,对地方政府规章规定的罚款的限额,由省、自治区、直辖市人民代表大会常委会规定。省、自治区人民政府所在地的市、国务院批准的较大的市人民政府及其人大常委会都没有这个权力。

(5)法律、法规、规章以外的任何规范性文件,都不得设定或规定任何行政处罚。

三、行政处罚的实施主体及管辖

1. 行政处罚的实施主体。

(1)行政机关。行政处罚由具有行政处罚权的行政机关在法定职权范围内实施。即必须是履行外部行政管理职能的行政机关,行政机关内部的机构不能行使处罚权;必须是拥有行政处罚权的行政机关,并非所有的行政机关都有行政处罚权;必须在法定职权范围内实施行政处罚,对于发生在其职权范围外的违法行为,该行政机关没有处罚权。

《行政处罚法》第 16 条还规定了一个行政机关行使其他行政机关行政处罚权的条件:①一个行政机关行使其他行政机关的行政处罚权,必须由国务院或者经国务院授权的省、自治区、直辖市人民政府决定;②两个行政机关的行政职权之间必须具有“有关性”;③限制人身自由的行政处罚权只能由公安机关实施,不能由其他行政机关行使。

(2)法律、法规授权的组织。法律、法规授权组织行使行政处罚权应具有的条件:①该组织必须具有管理公共事务的职能,否则不能被授予行政处罚权;②该组织必须经法律、法规的授权,行政规章及其以下的规范性文件都无权授予该组织行政处罚权;③该组织必须在法定授权范围内实施行政处罚,否则就构成行政越权。

(3)受行政机关委托的组织。行政机关委托非行政机关的组织实施行政处罚的条件是:①具有法律、法规或者规章的依据;②委托事项必须在该行政机关法定权限范围内;③只能委托符合《行政处罚法》规定条件的组织,不能委托其他组织或个人;④对被委托组织实施行政处罚的行为进行监督;⑤对被委托组织实施行政处罚的行为后果承担法律责任。这里要注意,企业、社会团体或个人不能被委托为实施处罚的主体,而且被法律、法规授予处罚权的组织不能将处罚权再委托给其他组织。

受行政机关委托实施行政处罚的组织必须符合的条件是:①该组织是依法成立的管理公共事务的事业组织;②该组织具有熟悉有关法律、法规、规章和业务的工作人员;③需要对违法行为进行技术检查或者技术鉴定的,该组织应当有条件组织进行相应的技术检查或者技术鉴定。受委托组织必须以委托的行政机关名义实施行政处罚,不能以自己名义,实施行政处罚也不得超过委托范围,而且不得再委托其他任何组织或个人实施行政处罚。

2. 行政处罚的管辖。行政处罚的管辖是指行政机关之间对违法案件实施行政处罚的权限分工,它解决的是某一行政处罚应该由哪一个、哪一级行政机关行使处罚权的问题。

(1)职能管辖:即对行政处罚实施管辖的行政机关,不仅必须是违法行为发生地的县级以上行政机关,而且还必须是具有行政处罚权的行政机关。它解决的是在众多的职能部门中,应由哪个部门行使行政处罚权。

(2)地域管辖:即行政处罚由违法行为发生地的行政机关管辖。

(3)级别管辖:即行政处罚由违法行为发生地的县级以上地方人民政府的行政机关管辖,也就是说县级以下的行政机关、中央政府包括所属部委原则上都没有行政处罚管辖权,除非法律、法规另有规定。

(4)指定管辖:行政机关就管辖事项发生争议的,应当报请它们共同的上一级行政机关指定管辖。

四、行政处罚的适用

行政处罚的适用指行政处罚主体对应受处罚的对象具体运用行政处罚法加以规范、实施行政处罚的活动。

1. 行政处罚的对象。

(1)对象有违反行政法规范的行为。具体包括:违法行为必须是付诸实施、客观存在的;违法行为属于违反行政法规范的性质;违法行为应是违反禁止性和义务性规范的行为。

(2)对象的违法行为依法律规定应当受到行政处罚。情节显著轻微的、尚未达到处罚程度并及时纠正的可以不罚,已经构成犯罪的应当移送司法部门追究刑事责任。

(3)对象具备责任能力。

2. 适用效力。

(1)空间效力:因行政处罚的内容和设定机关不同而不同。

(2)对人效力:适用于中国公民、法人和其他组织,在中国领域内的外国人、无国籍人和外国组织,但享有外交特权和豁免权的人或组织除外。

(3)时间效力:不同的法律规定的方式不同。

3. 适用原则。

(1)纠正违法原则:处罚机关在对违法对象实施行政处罚的同时,应当责令当事人改正或者限期改正违法行为。

(2)一事不再罚原则:行政处罚的实施机关对一个违法对象的同一个违法行为,不得以同一事实和依据给予两次以上的处罚。[1]

(3)行政处罚不得取代其他法律责任原则:当事人的同一行为具有多重违法性,既违法行政法律规范,又违反其他法律规范,则应当依法追究多重法律责任。

(4)行政处罚折抵刑罚原则:违法行为构成犯罪的,人民法院在执行犯罪人的刑罚时,对于该犯罪人已经执行了的行政处罚应当予以折抵。

4. 裁量情节。裁量情节指行政处罚的实施主体在对违反行政管理秩序的被处罚人给予行政处罚时所依据的各种情况。

(1)不予处罚:①违法事实不能成立或违法事实不清的;②精神病人在不能辨别或者不能控制自己行为时实施违法行为的;③行为人是不满 14 周岁的未成年人的;④违法行为轻微并及时纠正,没有造成危害后果的;⑤超过诉讼时效的。

(2)从轻或减轻处罚:①行为人已满 14 周岁不满 18 周岁的;②主动消除或者减轻违法行为危害后果的;③受他人胁迫的;④配合行政机关查处违法行为有立功表现的;⑤有其他情况的,如《治安管理处罚法》中的规定。

---

〔1〕 应当注意,我国现行的《行政处罚法》只规定了一事不再罚款原则,作为向一事不再罚原则的过渡。

(3)从重处罚:①违法情节恶劣、后果严重的;②在结伙违法行为中起主要作用的;③多次违法、屡教不改的;④胁迫、诱骗他人或者教唆未成年人的;⑤抗拒、妨碍执法人员查处违法行为的;⑥对检举人、证人打击报复的;⑦利用职权实施违法行为的。

5. 追诉时效。违法行为在 2 年内未被发现的,不得再给予行政处罚,法律另有规定的除外。这里的"法律",指的是全国人大及其常委会制定的法律。对于追诉时效的计算有两种方式:①对没有连续或继续状态的违法行为,从行为发生之日起计算。如殴打他人,应从殴打行为发生之日起计算;②有连续或继续状态的违法行为,从该行为终了之日起计算,连续状态是指行为人连续实施数个同一种类的违法行为。

五、行政处罚的程序

1. 简易程序。简易程序又称当场处罚程序,是指行政主体对事实清楚、情节简单、后果轻微的行政违法行为当场进行处罚的程序。适用简易程序必须符合一定条件:①违法事实清楚、证据确凿,案情简单,没有异议;②法律、法规或规章明确规定对该违法行为可以进行处罚;③处罚程度较轻,即对个人处以 50 元以下的罚款或警告,对组织处以 1 000 元以下罚款或警告。[1]

简易程序的内容包括:①表明身份,执法人员当场作出行政处罚决定的,应当向当事人出示执法身份证件;②确认违法事实,说明处罚理由和依据;③给予当事人陈述和申辩的机会,当事人可以口头申辩,执法人员不得因当事人申辩而加重处罚;④执法人员对当事人违法行为的客观状态,当场制作笔录;⑤执法人员当场作出行政处罚决定的,应当填写预定格式、编有号码并载明《行政处罚法》规定内容的行政处罚决定书;⑥执法人员应该将行政处罚决定书当场交付当事人;⑦备案,执法人员当场作出的行政处罚决定,必须报所属行政机关备案。

2. 普通程序。普通程序也叫一般程序,是指除了简易程序外作出处罚所适用的程序,其内容包括:①立案,行政主体对属于自己管辖范围内并在追究时效内的行政违法行为或有重大违法嫌疑的行为,认为有调查处理必要的,应当正式立案。②调查取证,行政主体要全面、客观、公正地调查,收集有关证据,调查时执法人员不得少于 2 人,并应当出示证件,调查应当制作笔录,必要时,可以采取抽样取证或先行登记保存的办法来收集证据。③根据《行政处罚法》第 31、41 条的规定,告知当事人处罚事实、理由、依据及有关权利。④根据《行政处罚法》第 32、41、42 条的规定,听取当事人的陈述、申辩,必要时还要举行听证。⑤根据《行政处罚法》第 38 条规定的情况,分别作出有关决定,对应给予行政处罚的,应当制作行政处罚决定书,行政处罚决定书应当载明《行政处罚法》第 39 条规定的事项。⑥送达,行政处罚决定书一般应当在宣告后当场交付当事人,当事人不在场的,应在 7 日内依照《民事诉讼法》的规定送达给当事人,送达方式包括直接送达、留置送达、邮寄送达等。

这里要注意,行政处罚决定书一经送达即产生法律效力,并非需要经过复议或诉讼期限后才生效。当事人提起行政复议或行政诉讼的期限从送达之日起开始计算。

3. 听证程序。行政处罚的听证程序,是指行政主体在作出处罚决定前,公开举行听证会,在调查取证人员、案件当事人及其他利害关系人参加的情况下,听取各方陈述、申辩、质证的法定程序。听证程序是一般程序的特殊程序,只适用于需要听证的案件,并非每个案件的必经程序。

听证主要适用于行政处罚较重的案件,即责令停产停业、吊销许可证或执照、较大数额罚款等,而且只有在当事人要求听证的情况下,行政机关才可以提供听证。所以这里要注意:行政机

---

[1] 这是《行政处罚法》的规定,《治安管理处罚法》规定处警告或者 200 元以下罚款的,适用简易程序。

关不能主动举行听证。当事人在符合听证条件的情况下，只要提出听证要求，行政机关就必须组织听证，不能拒绝。

听证程序的具体内容包括：①当事人要求听证的，应当在行政机关告知听证的权利后3日内提出；②组织听证的行政机关应当在听证开始的7日前，书面通知当事人举行听证的时间、地点；③听证的主持人应该是行政机关指定的非本案调查人员，当事人认为主持人与本案有直接利害关系的，有权申请回避；④当事人可以亲自参加听证，也可以委托1～2人代理；⑤听证除涉及国家秘密、商业秘密或者个人隐私外，都应公开举行；⑥听证时，调查人员提出当事人违法的事实、证据和行政处罚建议，由当事人进行申辩和质证；⑦听证应当制作笔录，笔录应交当事人审核无误后签字或者盖章，如认为记录有遗漏或者有差错的，可以请求补充或者改正；⑧听证结束后，行政机关应当依照《行政处罚法》第38条规定作出决定。

这里需要注意的是，当事人对限制人身自由的行政处罚即行政拘留有异议的，不适用听证程序；当事人不承担行政机关组织听证的费用，该费用支出应由国家财政开支。

4. 执行程序。

(1)行政处罚执行程序的原则。①当事人自觉履行的原则：行政处罚决定依法作出后，当事人应当在行政处罚决定的期限内，自觉予以履行。②不停止执行原则：当事人对处罚决定不服，申请复议或提起行政诉讼的，行政处罚不停止执行，法律另有规定的除外。《行政复议法》第21条和《行政诉讼法》第44条也都规定了不停止执行的原则和例外。③作出罚款决定的机关与收缴罚款的机构相分离的原则：除当场收缴的罚款外，作出处罚决定的行政主体及其执法人员不得自行收缴罚款。当事人应当自收到处罚决定书之日起15日内，到指定的银行缴纳罚款。银行应当收受罚款，并将罚款直接上缴国库。

(2)当场收缴程序。当场收缴程序适用于三种情况：①依法给予20元以下罚款的；②不当场收缴事后难以执行的，这种情况的罚款数额应当限制在“对公民处以50元以下、对法人或者其他组织处以1 000元以下”的范围之内；③在边远、水上、交通不便地区，行政机关及其执法人员依照简易程序和一般程序作出罚款规定后，当事人向指定的银行交纳罚款确有困难的，经当事人提出，行政机关及其执法人员可以当场收缴罚款。

当场收缴程序的内容包括：①行政机关及其执法人员必须向当事人出具省、自治区、直辖市财政部门统一制发的罚款收据，不出具的，当事人有权拒绝缴纳；②执法人员必须在2日内将罚款交至所属的行政机关，行政机关应当在2日内将罚款缴付指定的银行。

(3)强制执行程序。当事人逾期不履行行政处罚决定的，作出行政处罚决定的行政机关可以采取下列措施：①当事人逾期不缴纳罚款的，每日按罚款数额的3%加处罚款；②根据法律规定，将查封、扣押的财物拍卖或者将冻结的罚款划拨抵缴罚款；③申请人民法院强制执行。

六、行政强制措施与相关概念的区别

1. 行政强制措施与行政处罚。

区　别	行政强制措施	行政处罚
法律效果	对相对人权利的一种临时限制	对相对人权利的最终处分
所针对对象的性质	非制裁性行为，可以针对相对人的违法行为，也可针对相对人的合法行为	行政制裁行为，以相对人的行为违法为前提

行政行为的性质	中间行为，临时性措施	最终行为
实施的阶段	事前和事中	事后

2. 行政强制措施与行政强制执行。

区别	行政强制措施	行政强制执行
实施的主体	行政机关	行政机关、人民法院
实施的条件	行政机关直接依照法律、法规所赋予的职权，为了预防或者制止违法行为的发生和继续，不一定以某种义务的存在为前提条件	以行政机关做出的行政处理决定、对义务人预先科以义务为前提
实施的目的	预防、制止社会危害事件与违法行为的发生和继续，或者保全证据、确保案件查处工作的顺利进行	为了使相对人履行特定的义务
行为的性质	独立存在的实体性具体行政行为	程序性活动，是某个独立存在的实体性具体行政行为的一部分

3. 行政强制措施与行政诉讼强制措施。

区别	行政强制措施	行政诉讼强制措施
性质	行政性质	司法性质
主体	行政机关或者法律授权组织	人民法院
适用的法律依据	行政法规范	行政诉讼法规范
目的和对象	预防、制止社会危害事件与违法行为的发生和继续，或者保全证据、确保案件查处工作的顺利进行；针对一切行政相对人	排除妨害诉讼秩序的行为，强迫当事人履行法律义务；针对诉讼参与人
种类	繁多不统一	主要有训诫、责令具结悔过、罚款、拘留四种

4. 行政强制措施与刑事强制措施。

区别	行政强制措施	刑事强制措施
适用主体	除限制人身自由的强制措施只能由公安机关适用外，其他分别由具有行政职权的特定机关适用	公安、司法机关
适用的法律依据	法律、行政法规或规章	刑事诉讼法
目的	预防、制止社会危害事件与违法行为的发生和继续，或者保全证据、确保案件查处工作的顺利进行	防止犯罪嫌疑人或被告人逃避侦查、审判或发生新的社会危害性犯罪后果，保证刑事诉讼的顺利进行

七、行政强制措施的分类

1. 学理分类。

(1)根据目的的不同:预防性行政强制措施、制止性行政强制措施和保障性行政强制措施。

(2)根据采取的行政强制措施所强制的对象不同:限制人身自由的强制措施和限制财产流通的强制措施。

(3)根据适用条件的不同:一般行政强制措施和紧急行政强制措施。

2. 常见的行政强制措施。

(1)限制人身的强制措施。①盘问检查:公安机关为了实现行政目的,依据职权,依法对有违法犯罪嫌疑的人进行盘问和检查。②强制戒毒:对戒毒人员在一定时期内,通过行政措施对其强制进行药物治疗、心理治疗、适度劳动、身体康复和法制教育、道德教育,使其戒除毒瘾。③拘留或管束人身:短时间内暂时限制人身自由的一种行政强制措施。④强制隔离、强制治疗措施:针对容易传染的病人,为了防止其传染其他人而将其与别人隔离开来的一种临时措施。⑤强行带离现场或者驱散:行政主体对在现场有危险的人强行带其离开现场的措施。

(2)限制财产流通的强制措施。①查封:行政主体对动产或者不动产就地封存,防止有关人员对财产任意进行处分的行为。②扣押:行政机关为了防止当事人转移财产而对动产采取行政强制措施,将扣押的财产置于行政机关的控制之下的行为。③冻结:银行根据行政机关的请求,冻结当事人的账户、不准其动用款项的行为。④强制收购、强制收兑:对违反有关规定擅自收购、销售、交换和留用金银的,中国人民银行或者工商行政管理机关予以强制收购或贬值收购的行为。

八、行政强制措施的实施

1. 实施的法定条件。①实施主体必须是有法定行政强制权的行政主体。②被强制的对象必须符合法律规定的条件。③必须办理必要的手续,符合规定的期限。④必须按照法定的种类运用行政强制措施。

2. 实施的程序。①行政强制措施的决定要经过行政机关首长的批准。②执行过程中,履行告知义务:告知采取强制措施的决定;告知拟采用的行政强制措施方式;告知法律依据与事实依据;告知救济的权利和途径。③必须由两个以上的工作人员进行,并向当事人表明身份。④制作现场笔录,由双方签字。当事人拒签的,由公证人员公证。

九、行政强制执行的种类

1. 间接强制执行。间接强制执行,是指国家行政机关通过某种间接的强制手段迫使义务人履行义务或达到与履行义务相同状态的行为。

(1)代履行。代履行又称代执行,是指义务人逾期不履行行政法义务,而该义务由他人代为履行可以达到相同目的的,行政机关可以自己代为履行或者委托第三人代为履行,然后向义务人征收代履行费用的强制执行制度。

代履行必须同时具备下列要件:①代履行的义务一般是可以请他人代为履行的作为义务,如违章建筑物的强制拆除、代出义务工、清除污染河道等。对于不可代替的作为义务和不可代替的不作为义务,特别是与人身有关的义务,如接受行政拘留处罚、依法服兵役、不从事法律禁止事项等,则不能采取代履行方法。②根据法律、法规的直接规定或者行政行为的确立,义务人有作为的法定义务,但在法定期限内故意不履行该义务。③必须先有合法的处理决定和行政强制执行决定。申请人民法院强制执行的,还要有人民法院的强制执行决定。④必须是由行政机关自己代履行或请第三人代为履行。⑤执行结束,由执行机关向不履行义务的个人或组织收取代履行费用,该费用应以代履行实际支付的人力、物力为限。

(2)执行罚。执行罚是指义务人逾期不履行行政法义务,而该义务又不能由他人代为履行,行政强制执行机关通过对义务人科以新的金钱给付义务,以促其履行义务的强制执行制度。

执行罚具有以下特点:①执行罚主要适用于当事人不履行不作为义务和不可由他人代替的作为义务,前者如非法设置或张贴广告、违法排放污染物等,后者如纳税人不依法纳税、被处罚人拒不接受处罚义务等;②执行罚的数额必须由法律、法规明文作出规定。目前的法律法规有规定的要严格依规定执行,没有规定或只规定了一定幅度的,由执行机关视被执行人的财产状况及反抗程度自由裁量,以能够促使义务人自动履行义务为标准;③执行罚的数额从义务人应履行义务之日起按日计算,并可反复适用,直到义务人履行了义务。

这里要注意,执行罚不同于行政处罚中的罚款。参见本章"重点知识讲解"中的行政处罚与相关概念辨析部分。

2. 直接强制执行。直接强制,是指义务人逾期拒不履行义务时,行政机关对其人身、财产或者智力成果,直接采取强制手段迫使义务人履行义务,或达到与履行义务相同状态的一种执行方式。

直接强制是全部执行方法中最严厉的一种,必须符合下列条件:①行政机关采取直接强制执行必须由法律明确授权,法律没有明确授权的,必须申请人民法院强制执行。②采取直接强制执行手段前,必须穷尽其他强制执行手段,即直接强制的适用条件是适用间接强制难以达到义务履行的目的、无法采用或没有必要采用间接强制的情形。③直接强制执行必须贯彻适度原则,以实现义务人应承担的义务为限,不能扩大,不能给义务人的人身和财产造成更大的损害。

直接强制按其内容可以分为:①对人身的强制,一般适用于义务人拒不接受公安机关作出的人身处罚或不履行其他法定人身义务的情形,由执行警察职能的法定机关实施,但非因重大事由不得强制义务人履行人身性义务,根据现有法律规定,对人身的直接强制措施主要有:强制传唤、强制拘留、强制扣留、强制隔离、强制履行、强制遣回原地等。②对行为的强制,适用于义务人逾期不履行某些行为义务的情形,法律法规规定的对行为的直接强制措施包括:强制许可、强制鉴定、强制搬迁、强制吊销许可证、强制停产停业、强制排污、强制服兵役、海关强制征收滞纳金等。③对财产的强制,适用于义务人逾期不履行财物方面义务的情形,对财产的直接强制措施在我国行政强制执行措施中所占比重较大,主要包括:强制扣押、强制扣缴、强制划拨、强制变价抵缴、强制拍卖、强制收兑、强制退回土地、强制没收、征收滞纳金、强制收购、强制销售、强制销毁、强制拆除、强制查封、扣押、冻结、变卖财产等。

十、即时强制

行政法上的即时强制,是指因情况紧急,行政主体无暇发布命令,或虽有时间发布命令,但如果发布命令便难以达到预期行政目的时,行政主体不以相对人不履行义务为前提,而是依照法定职权,直接对相对人的人身、自由和财产采取强制措施的制度或活动。

这里要注意:即时强制与行政强制执行不同,其目的不是为了直接强制义务人履行行政法义务,而是为了制止违法,或是为了实现行政法上必要状态而采取的措施。

1. 实施即时强制必须符合下列条件:①存在紧急情况,如国家、集体或个人的利益正面临实际危害的威胁,无法按正常的方式和程序达到排除危害的目的;②即时强制保护的权益必须大于受损的权益。受损权益不能等于更不能大于保护权益,如在救火过程中,如果火势不猛,且发生在建筑物较少的地方,就没有必要拆除临近火源的价值较大的建筑物;③即时强制只能由行政主体实施,人民法院不能实施即时强制;④必须直接基于法律法规的规定,即时强制以法定义务的不履行为必要条件,大多没有即时强制的决定,而是直接见诸行动。

2. 根据强制标的不同,即时强制可分为三种:①对人身及人身自由的强制,如对醉酒者的约束、强制搜查、对传染病患者强制隔离治疗、盘问、检查、留置、交通管制、强行驱散等;②对财产的强制,如对带上运输工具的易燃易爆品的强行保管、对非法枪支刀具的扣留、拆毁毗邻火场的建筑物、当场查封、扣押、冻结等;③对住宅、工作场所等现场进行的强制,如"扫黄打非"中执法人员直接进入住宅或商店进行检查、搜查以及审计部门进行监督检查时采取的即时强制措施等。

十一、行政强制执行的程序

行政强制执行程序分为由行政机关自己强制执行和申请人民法院强制执行。

1. 行政机关的强制执行程序。

(1)调查。行政机关确定是否对义务人实施强制执行,应进行事实和法律两方面的调查。①事实方面:当事人是否确实负有一定义务;具体行政行为是否正确,有无违法或不当;义务人是故意不履行还是客观上无法履行等。②法律方面:法律是否授予该行政机关有强制执行权;法定履行期间是否届满等。如果发现义务人在义务履行期间届满前可能隐藏、转移、变卖、毁损执行标的或以其他方法规避履行义务的,行政机关可以责令义务人提供担保或采取扣押、查封财产、暂停支付等保全措施。

(2)决定。对需要强制执行的,行政机关应该作出书面的强制执行决定,内容至少要包括:义务人个人或单位的基本情况;义务人依法应当承担的义务内容;采取强制执行的事实和法律依据;执行的机关或组织、人员和时间;具体执行的范围、种类、方式,涉及数额、金额的要写明数额、金额;被执行人申请复议和提起诉讼的途径和时间;作出强制执行的行政机关的名称并加盖公章;作出决定的日期等。

(3)告诫。行政强制执行决定作出后,在正式实施前,必须先行告诫,通知义务人在规定的期限内履行法定义务,否则强制执行。告诫应以书面形式,并载明履行期限、即将采取的强制执行措施、执行方式和不履行义务的法律责任等内容,涉及金钱给付的还要明确给付的金额。告诫应送达给义务人。

(4)执行。经告诫,义务人仍不履行义务的,行政机关可以依法实施强制执行措施。首先要出示执法证件,表明身份,并出示执法根据,如执行决定书、执行委托书、代执行书等,说明有关情况;其次,应制作现场执行笔录,由在场的有关人员签字或盖章,义务人不在场的,应邀请义务人的亲属或该单位的工作人员和有关人员到场作执行见证人,见证人有证明执行情况和在有关记录文件上签字的义务;最后,如果是代履行,行政机关还要向义务人征收代履行费用。

2. 申请人民法院强制执行。根据《行政诉讼法》、最高人民法院《关于执行〈中华人民共和国行政诉讼法〉若干问题的解释》及其他有关规定,人民法院强制执行非诉具体行政行为应该遵循以下程序:

(1)强制执行的申请。公民、法人或者其他组织对具体行政行为在法定期限内不提起诉讼又不履行,行政机关申请人民法院强制执行其具体行政行为,应当具备以下条件:①具体行政行为依法可以由人民法院执行。法律、法规没有赋予行政机关强制执行权,行政机关申请人民法院强制执行的,人民法院应当依法受理。法律、法规规定既可以由行政机关依法强制执行,也可以申请人民法院强制执行,行政机关申请人民法院强制执行的,人民法院可以依法受理。②具体行政行为已经生效并具有可执行的内容。行政机关应当提交申请执行书、据以执行的行政法律文书、证明该具体行政行为合法的材料和被执行人财产状况以及其他必须提交的材料。③申请人是作出该具体行政行为的行政机关或者法律、法规、规章授权的组织。④被申请人是该具体行政行为所确定的义务人。⑤被申请人在具体行政行为确定的期限内或者行政机关另行指定的期限内未履行义务。⑥申请人在法定期限内提出申请。行政机关申请人民法院强制执行其具体行政行为,应当自被执行人的法定起诉期限届满之日起 180 日内提出。逾期申请的,除有正当理由外,人民法院不予受理。⑦被申请执行的行政案件属于受理申请执行的人民法院管辖。行政机关申请人民法院强制执行其具体行政行为,由申请人所在地的基层人民法院受理,执行对象为不动产的,由不动产所在地的基层人民法院受理。基层人民法院认为执行确有困难的,可以报请上级人民法院执行;上级人民法院可以决定由其执行,也可以决定由下级人民法院执行。

(2)立案、审查。对于符合上述条件的申请,人民法院应当立案受理,并通知申请人;对不符合条件的申请,应当裁定不予受理。

人民法院受理行政机关申请执行其具体行政行为的案件后,应当在30日内由行政审判庭组成合议庭,对具体行政行为的合法性进行审查,并就是否准予强制执行作出裁定。经审查,认为被申请执行的具体行政行为合法的,应作出准予强制执行的裁定;被申请执行的具体行政行为有下列情形之一的,人民法院应当裁定不准予执行:①明显缺乏事实根据的;②明显缺乏法律依据的;③其他明显违法并损害被执行人合法权益的。

(3)通知履行。对于行政审判庭裁定准予执行的非诉行政案件,需要采取强制执行措施的,行政审判庭应当将案件交由本院负责强制执行非诉行政行为的机构具体执行。

负责执行非诉行政行为的机构应在强制执行前再次正式通知被执行人,限其在一定期限内履行。若被执行人确有履行能力,经说服教育后逾期仍不履行的,则由执行机构实施强制执行。

(4)强制执行的准备和强制措施的实施。执行前,人民法院应当出具强制执行手续,填写强制执行文书,通知有关单位和人员到场,制定强制执行方案。人民法院在非诉行政案件执行中所采取的措施,可以参照《民事诉讼法》和最高人民法院《关于适用〈中华人民共和国民事诉讼法〉若干问题的意见》的有关规定。

(5)执行结束。执行任务完成后,人民法院应将案卷材料整理归档,书面通知申请执行的行政机关,并结清各种手续、清单和费用,宣告执行程序结束。

配套习题

一、单项选择题

1. 张某委托刘某购书,并将一本存有 1.3 万元人民币的全国通兑活期存折交给刘某用于买书。刘某在途中取出该存折的 3 000 元用于购买毒品,被公安机关当场抓获。审讯中,刘某供述存折中余下的 1 万元仍打算用于购买毒品。县法院对刘某判处有期徒刑 15 年。随后,公安机关作出行政处罚决定,关于当场查获的 3 000 元和存折内的余款,正确的处理方法是(　)(司考 2004 年卷二,第 41 题)

A. 没收用于购买毒品的 3 000 元,将存折内余款返还刘某

B. 没收用于购买毒品的 3 000 元和准备用于购买毒品的存折内余款

C. 将刘某用于购买毒品的 3 000 元和存折内余款返还张某

D. 没收用于购买毒品的 3 000 元,将存折内余款返还张某

2. 1997 年 5 月,万达公司凭借一份虚假验资报告在某省工商局办理了增资的变更登记,此后连续四年通过了工商局的年检。2001 年 7

月,工商局以办理变更登记时提供虚假验资报告为由对万达公司作出罚款1万元,责令提交真实验资报告的行政处罚决定。2002年4月,工商局又作出撤销公司变更登记,恢复到变更前状态的决定。2004年6月,工商局又就同一问题作出吊销营业执照的行政处罚决定。关于工商局的行为,下列哪一种说法是正确的?(　)(司考2004年卷二,第44题)

A. 2001年7月工商局的处罚决定违反了行政处罚法关于时效的规定

B. 2002年4月工商局的处罚决定违反了一事不再罚原则

C. 2004年6月工商局的处罚决定是对前两次处罚决定的补充和修改,属于合法的行政行为

D. 对于万达公司拒绝纠正自己违法行为的情形,工商局可以违法行为处于持续状态为由作出处罚

3. 王某擅自使用机动渔船渡客。渔船行驶过程中,被某港航监督站的执法人员发现,当场对王某作出罚款50元的行政处罚,并立即收缴了该罚款。关于缴纳罚款,下列哪一做法是正确的?(　)(司考2004年卷二,第50题)

A. 执法人员应当自抵岸之日起2日内将罚款交至指定银行

B. 执法人员应当自抵岸之日起5日内将罚款交至指定银行

C. 执法人员应当自抵岸之日起2日内将罚款交至所在行政机关,由行政机关在2日内缴付指定银行

D. 执法人员应当自抵岸之日起2日内将罚款交至所在行政机关,由行政机关在5日内缴付指定银行

4. 张某因打伤李某被公安局处以行政拘留15天的处罚,张某不服,申请行政复议。不久,受害人李某向法院提起刑事自诉,法院经审理认为张某的行为已经构成犯罪,判决拘役2个月。下列哪一选项是正确的?(　)(司考2007年卷二,第47题)

A. 本案调查中,警察经出示工作证件,可以检查张某的住所

B. 如果在法院判决时张某的行政拘留已经执行完毕,则对其拘役的期限为一个半月

C. 如果张某之父为其提供担保,则公安机关可暂缓执行行政拘留

D. 由公安局将张某送到看守所执行行政拘留

5. 市卫生局决定对本市食品市场进行严格监管,但由于市卫生局其他义务太多,而且没有足够的技术力量,更考虑到行政执法行为的效果,故决定将该执法权以及相应的行政处罚权委托给其他组织,以下不属于受委托组织应当具备的条件是(　)

A. 依法成立的管理公共事务的事业组织

B. 具有熟悉有关法律、法规、规章和业务的工作人员

C. 对违法行为需要进行技术检查或技术鉴定的,有条件组织进行相应的技术检查或技术鉴定

D. 属于卫生系统的单位

6. 王某因赌博被某公安局罚款2 000元,其在法定期限内既不申请复议又不缴纳罚款,对此该公安局可以(　)

A. 通知王某所在单位扣缴

B. 申请人民法院强制执行

C. 对王某给予行政拘留

D. 对王某处以执行罚

7. 某化工厂因违法造成环境污染,受到环境保护管理部门的处理,在下列处理中不属于行政处罚行为的是(　)

A. 责令改正,限期治理

B. 罚款1万元

C. 责令其停业3个月

D. 对该化工厂的违法行为在一定范围予以通报批评

8. 经国务院批准的较大的市人民政府制定的规章可以规定一定数额罚款的行政处罚,罚款的数额由什么机关规定?(　)

A. 省、自治区、直辖市人民政府

B. 较大的市人民代表大会常务委员会

C. 省、自治区、直辖市人民代表大会

D. 省、自治区、直辖市人民代表大会常务委员会

9. 某县工商行政管理局,因王某超出了经营许可证指定的范围经营各种业务活动,对王某进行了行政处罚。在县工商行政管理局宣告处罚决定书时,王某不在场,县工商行政管理局应当怎样将处罚决定书送达王某?(　)

A. 在7日内依照我国行政诉讼法的有关规定送达

B. 在7日内依照我国民事诉讼法的有关规定送达

C. 在3日内依照我国行政诉讼法的有关规定送达

D. 在3日内依照我国民事诉讼法的有关规定送达

10. 某县图书公司1993年12月购进一批盗版图书进行销售，至1994年10月盗版图书全部销售完毕。1996年3月经人举报，某行政机关对图书公司的违法行为进行调查。请问行政机关应该在什么时间内对图书公司的违法行为进行处罚？（ ）

A. 1994年6月以前　　B. 1994年12月以前

C. 1995年12月以前　　D. 1996年10月以前

11. 行政机关对于重大违法行为给予较重的行政处罚时，在证据可能灭失的情况下，下列选项中正确的是（ ）

A. 经行政机关负责人批准，可以先行封存证据

B. 经行政机关集体讨论决定，可以先行扣押证据

C. 经行政机关负责人批准，可以先行登记保存证据

D. 经行政机关负责人批准，可以先行登记提存证据

12. 行政机关下列行为哪些符合行政强制执行的程序要求？（ ）

A. 几位市容管理人员看到有收破烂的三轮车，不管三七二十一就将其三轮车拖上汽车扬长而去

B. 行政机关以口头方式作出强制执行决定

C. 行政机关作出强制执行的决定后，立即付诸实施

D. 行政机关邀请未到场的义务人的亲属到场作执行见证人

13. 王某未经批准非法占用土地建房3间，区土地管理局作出责令其在一定期限内拆除违章建筑的决定，王某未在指定的期限内拆除，区土地管理局应当采取下列什么措施？（ ）

A. 采取代执行的方式强制执行

B. 直接强制执行

C. 申请其上级行政机关强制执行

D. 申请人民法院强制执行

二、多项选择题

1. 关于行政处罚和行政许可行为，下列哪些说法是不正确的？（ ）（司考2004年卷二，第75题）

A. 行政处罚和行政许可的设定机关均应定期对其设定的行政处罚和行政许可进行评价

B. 法律、法规授权的具有管理公共事务职能的组织，可依授权行使行政处罚权和行政许可权

C. 行政机关委托实施行政处罚和行政许可的组织应当是依法成立的管理公共事务的事业组织

D. 行政机关依法举行听证的，应当根据听证笔录作出行政处罚决定和行政许可决定

2. 某市技术监督局根据举报，对力青公司进行突击检查，发现该公司正在生产伪劣产品，立即查封了厂房和设备，事后作出了没收全部伪劣产品并处罚款的决定。力青公司既不申请行政复议，也不提起行政诉讼，且逾期拒绝履行处罚决定。对于力青公司拒绝履行处罚决定的行为，技术监督局可以采取下列哪些措施？（ ）（司考2004年卷二，第78题）

A. 申请人民法院强制执行

B. 将查封的财物拍卖抵缴罚款

C. 通知银行将力青公司的存款划拨抵缴罚款

D. 每日按罚款数额的3%加处罚款

3. 关于行政处罚和刑罚的折抵，下列说法正确的是（ ）（司考2004年卷二，第98题）

A. 行政拘留可以折抵拘役

B. 行政拘留可以折抵有期徒刑

C. 没收违法所得可以折抵没收财产

D. 罚款可以折抵罚金

4. 根据行政处罚法的规定，下列哪些说法是正确的？（ ）（司考2005年卷二，第82题）

A. 违法行为轻微，及时纠正没有造成危害后果的，应当依法减轻对当事人的行政处罚

B. 行政机关使用非法定部门制发的罚款单据实施处罚的，当事人有权拒绝处罚

C. 对情节复杂的违法行为给予较重的行政处罚，应由行政机关的负责人集体讨论决定

D. 除当场处罚外，行政处罚决定书应按照民事诉讼法的有关规定在7日内送达当事人

5. 某市建筑材料厂超标准排放污水违反了《水污染防治法》，该市环境保护局对其处以2万元的罚款。在规定期间内该厂既不交纳罚款也未向法院提起诉讼，该市环境保护局向法院申请强制执行。下列哪些说法是正确的？（　）（司考2005年卷二，第83题）

A. 市环境保护局应当自罚款决定生效之日起90日向法院提起执行申请

B. 市环境保护局如有理由认为某市建筑材料厂逃避执行的，可以在提出执行申请之前要求法院采取财产保全措施

C. 市环境保护局应当向法院提供某市建筑材料厂财产状况的材料

D. 人民法院在强制执行此罚款决定前，应当对罚款决定是否合法进行审查

6. 李某购买中巴车从事个体客运，但未办理税务登记，且一直未缴纳税款。某县国税局要求李某限期缴纳税款1 500元并决定罚款1 000元。后因李某逾期未缴纳税款和罚款，该国税局将李某的中巴车扣押，李某不服。下列哪些说法是不正确的？（　）（司考2006年卷二，第80题）

A. 对缴纳税款和罚款决定，李某应当先申请复议，再提起诉讼

B. 李某对上述三行为不服申请复议，应向某县国税局的上一级国税局申请

C. 对扣押行为不服，李某可以直接向法院提起诉讼

D. 该国税局扣押李某中巴车的措施，可以交由县交通局采取

7. 2006年5月2日，吴某到某县郊区旅社住宿，拒不出示身份证件，与旅社工作人员争吵并强行住人该旅社。该郊区派出所以扰乱公共秩序为由，决定对吴某处以300元罚款。下列哪些说法是正确的？（　）（司考2006年卷二，第82题）

A. 派出所可以自己的名义作出该处罚决定

B. 派出所可以当场作出该处罚决定

C. 公安机关应当将此决定书副本抄送郊区旅社

D. 吴某对该罚款决定不服，应当先申请复议才能提起行政诉讼

8. 运输公司指派本单位司机运送白灰膏。由于泄漏，造成沿途路面大面积严重污染。司机发现后即向公司汇报。该公司即组织人员清扫被污染路面。下列哪些选项是正确的？（　）（司考2007年卷二，第86题）

A. 路面被污染的沿途三个区的执法机关对本案均享有管辖权，如发生管辖权争议，由三个区的共同上级机关指定管辖

B. 对该运输公司应当依法从轻或者减轻行政处罚

C. 本案的违法行为人是该运输公司

D. 本案的违法行为人是该运输公司和司机

9. 安某放的羊吃了朱某家的玉米秸，二人争执。安某殴打朱某，致其左眼部青紫、鼻骨骨折，朱某被鉴定为轻微伤。在公安分局的主持下，安某与朱某达成协议，由安某向朱某赔偿500元。下列说法正确的是（　）（司考2007年卷二，不定项选择第91题）

A. 安某与朱某达成协议后，仍可以对安某进行治安处罚

B. 如果安某拒不履行协议，朱某可以直接向法院提起行政诉讼

C. 如果安某拒不履行协议，朱某应当先向区公安分局的上一级机关申请行政复议，对复议决定不服再提起行政诉讼

D. 如果安某拒不履行协议，朱某可以向法院提起民事诉讼

10. 家住甲县的张某，在乙县生产盗版光盘，经过丙县运输到丁县进行销售。有权对张某的违法行为进行处罚的机关有（　）

A. 甲县依法享有处罚权的行政机关

B. 乙县依法享有处罚权的行政机关

C. 丙县依法享有处罚权的行政机关

D. 丁县依法享有处罚权的行政机关

11. 某市城建公司使用劣质水泥建造居民楼，居民入住后，大量出现楼板塌落、墙壁变形现象。该小区居民遂申请城建局与质量监督局作出处理，两局责令该城建公司赔偿该小区居民经济损失21万元，对该城建公司罚款10万元，责令立即停产停业，限期治理整顿。城建局和质量监督局作出的处理决定中，不属于行政处罚的是（　）

A. 赔偿经济损失　　　B. 罚款决定

C. 责令停产停业　　　D. 限期治理整顿

12. 某医药公司因违法经营，医药管理机关拟对其作出责令停业的处罚，故告知该公司有权要求听证。在该公司未提出听证要求的情况下，医药管理机关通知该公司参加听证会。听证会主持人当场作出责令停业2个月的处罚，并交给其处罚决定书。本案存在以下错误（　）

A. 责令停业的处罚不适用听证程序

B. 没有当事人的申请，不能举行听证会

C. 听证主持人不能作出处罚决定

D. 该处罚不能当场作出

13. 下列选项中，不能适用简易程序作出行政处罚决定的是（　）

A. 某甲违法事实确凿并有法定依据，决定对其罚款55元

B. 某企业违法事实确凿并有法定依据，决定对其罚款600元

C. 某商场违法事实确凿并有法定依据，决定吊销其营业执照

D. 某乙违法事实确凿并有法定依据，决定对其给予警告处罚

14. 某省会市人民政府为加强市容管理，向该市人大常委会提出制定《市容管理条例》的议案，该市人大常委会审议认为，可先由市人民政府制定《市容管理暂行办法》。则该暂行办法中规定下列哪些行政处罚是合法的？（　）

A. 对随地乱吐痰者给予警告

B. 对随街摆摊设点者给予50元以下的罚款

C. 对搭建违章建筑拒不拆除者给予5天以下行政拘留

D. 对不履行市容管理义务的商店、厂家给予罚款直至吊销营业执照

15. 某市卫生局工作人员王某在检查李某的摊位时，发现其售卖的月饼严重超过保质期，遂欲罚款500元，李某不服，要求举行听证。如果市卫生局受理了听证要求，举行了听证，那么下列哪些行为违反了行政处罚的程序规则？（　）

A. 王某作为听证的主持人

B. 李某委托一名律师作为其代理人，市卫生局不予许可

C. 听证时王某拒绝听取李某的申辩

D. 最后的处罚决定由王某作出

16. 下列属于即时强制的有（　）

A. 行政机关强制拆迁违章建筑

B. 卫生机关将感染"非典"的患者强制隔离治疗

C. 公安机关将醉酒闹事者强行带离现场并将其约束至酒醒

D. 人民法院查封犯罪嫌疑人的财产

17. 下列有关行政强制执行的说法，正确的是（　）

A. 行政强制执行的执行主体包括行政机关和人民法院

B. 在行政强制执行中，执行人和被执行人可以达成执行和解

C. 行政强制执行必须以义务人逾期不履行义务为前提

D. 即时强制是行政强制执行的一种类型

18. 下列关于执行罚的表述中，正确的是（　）

A. 执行罚适用于任何形态的义务

B. 执行罚的数额完全由执法机关自由裁量

C. 执行罚的数额从义务人应履行义务之日起按日计算

D. 执行罚可以反复适用。

三、名词解释

1. 即时性行政强制（考研中国人民大学2004年）

2. 相对集中处罚权制度（考研西北政法学院2005年）

四、简答题

1. 辨析行政强制执行与行政强制措施。（考研武汉大学2004年、中南财经政法大学2003年）

2. 辨析行政处罚中的罚款与执行罚。（考研中南财经政法大学2003年）

3. 辨析行政处罚与行政处分。（考研中南财经政法大学2004年）

4. 行政强制的含义及其表现形式。（考研武汉大学2003年）

5. 简述“一事不再罚”原则在我国《行政处罚法》中的适用。(考研武汉大学2005年)

6. 我国行政处罚程序有哪几种？它们分别在什么情况下适用？(考研中南财经政法大学2003年)

7. 简述行政处罚中的听证程序(考研中南财经政法大学2003年)

8. 简述申请人民法院强制执行的条件和程序。

五、论述题

1. 试论行政处罚的原则。

2. 试论即时强制。

六、案例分析题

1. 甲公司设在省会城市，甲公司到本省B市以及B市下辖的C县从事业务活动，但并未在B市和C县办理相关的执照，属无证经营行为。B市工商局以甲公司从事无证经营处以1 000元罚款。之后，C县工商局发现甲公司在C县辖区也从事了无证经营行为并获利颇丰。(考研武汉大学2003年)

问：(1)C县工商局能否对甲公司进行处罚？

(2)如能予处罚，应给予何种方式的处罚？(结合《行政处罚法》的有关规定进行分析)

2. 2004年5月10日，某市卫生局在进行卫生执法检查中认定王某经营的饭店餐具不干净，肉制品变质，面食品霉变，严重违反了《食品卫生法》的规定，根据《食品卫生法》第37条的规定作出如下处罚：责令停业改进，并处罚款5 000元。处罚决定书中未交代诉权和起诉期限，但执法人员在送达处罚决定书时，口头向王某交代了诉权和起诉期限。王某一直未缴纳罚款，2005年4月5日，市卫生局向法院申请强制执行。

问：(1)市卫生局申请法院强制执行，应该提交哪些材料？

(2)对于市卫生局的申请，法院应否受理？

(3)如果法院在受理后，经审查认为，市卫生局在作出处罚决定时违反了法定程序，法院应否裁定准予执行？

(4)如果王某提起行政诉讼，市卫生局在诉讼过程中申请法院强制执行其处罚行为，法院应否准许？

参考答案

一、单项选择题

1. 答案：D

提示：本题考查的是对没收这种行政处罚的适用

解析：购买毒品的3 000元是用于违法交易的资金，应当予以没收；存折内余款只是打算从事违法行为的预备条件之一，转移对该资金的占有权就可以消除其潜在社会危害性，不需要进行行政处罚，应当将该资金返回还给所有人张某。因此，应当选择D项。

2. 答案：A

提示：本题考查的是一事不再罚

解析：B项所理解的“一事不再罚”原则，不符合《行政处罚法》第24条的规定；C项判断行政决定合法的理由不充分，不能只是以“对前两次处罚决定的补充和修改”作为合法与否的根据；按照《行政处罚法》第29条规定，D项所称“持续”状态不是法定理由，所以，A项正确。

3. 答案：C

提示：本题考查的是行政处罚决定的执行

解析：本题考查的是行政处罚决定的执行。根据《行政处罚法》第50条的规定，执法人员当场收缴的罚款，应当自收缴罚款之日起2日内，交至行政机关；在水上当场收缴的罚款，应当自抵岸之日起2日内交至行政机关；行政机关应当在2日内将罚款缴付指定的银行。故C项正确。

4. 答案：B

提示：本题考查的是治安管理处罚的综合知识

解析：《治安管理处罚法》第87条第1款规定：

"公安机关对与违反治安管理行为有关的场所、物品、人身可以进行检查。检查时,人民警察不得少于2人,并应当出示工作证件和县级以上人民政府公安机关开具的检查证明文件。对确有必要立即进行检查的,人民警察经出示工作证件,可以当场检查,但检查公民住所应当出示县级以上人民政府公安机关开具的检查证明文件。"因此可知,检查公民的住宅,必须同时出具工作证件和县级以上人民政府公安机关开具的检查证明文件,因此,A项错误;《行政处罚法》第28条规定:"违法行为构成犯罪,人民法院判处拘役或者有期徒刑时,行政机关已经给予当事人行政拘留的,应当依法折抵相应刑期。违法行为构成犯罪,人民法院判处罚金时,行政机关已经给予当事人罚款的,应当折抵相应罚金。"因此,B项正确;根据《治安管理处罚法》第108条规定:"担保人应当符合下列条件:①与本案无牵连;②享有政治权利,人身自由未受到限制;③在当地有常住户口和固定住所;④有能力履行担保义务。"因此,张某之父不符合担保人的资格条件规定,故C项错误。《治安管理处罚法》第103条规定:"对被决定给予行政拘留处罚的人,由作出决定的公安机关送达拘留所执行。"因此,D项错误。

5. **答案**:D

提示:本题考查的是行政处罚的委托

解析:受委托组织必须是依法成立的管理公共事务的事业组织;具有熟悉有关法律、法规、规章和业务的工作人员;对违法行为需要进行技术检查或技术鉴定的,应当有条件组织进行相应的技术检查或技术鉴定,所以,A、B、C项都是应当具备的条件,不包括D项。

6. **答案**:D

提示:本题考查的是行政强制执行的种类

解析:当事人到期不缴纳罚款的,作出处罚决定的行政机关可以每日按罚款数额的3%加处罚款,这是法律明确规定给予的执行罚,不能申请法院强制执行,因此,选D项。

7. **答案**:A

提示:本题考查的是行政处罚的种类

解析:罚款和责令停业属于行政处罚法规定的处罚种类,通报批评属于其他法律、行政法规规定的处罚形式,只有A项责令改正不属于行政处罚行为。

8. **答案**:D

提示:本题考查的是罚款数额的具体规定

解析:根据《行政处罚法》第13条的规定,该罚款限额由省、自治区、直辖市人大常委会规定,所以,只有D项正确。

9. **答案**:B

提示:本题考查的是行政处罚决定书的送达

解析:行政处罚决定书应当在宣告后当场交付当事人,当事人不在场的,行政机关应当在7日内依照民事诉讼法的有关规定,将处罚决定书送达给当事人,所以,只有B项正确。

10. **答案**:D

提示:本题考查的是追诉时效的确定

解析:对违法行为的行政处罚追诉时效为2年,图书公司的违法行为属于具有连续状态的行为,应该从其行为终了即1994年10月开始起算2年的追诉时效,故只有D项正确。

11. **答案**:C

提示:本题考查的是行政处罚证据的保全

解析:在证据可能灭失或以后难以取得的情况下,经行政机关负责人批准,可以先行登记保存。故只有C项正确。

12. **答案**:D

提示:本题考查的是行政强制执行的程序

解析:A项未履行告知和劝导程序,B项应该以书面形式作出强制执行决定,C项在正式实施行政强制执行决定前,未履行告诫程序,只有D项符合行政强制执行程序。

13. **答案**:D

提示:本题考查的是行政强制执行的方式

解析:根据《土地管理法》的规定,对违法者不起诉又不自行拆除的,由行政机关依法申请人民法院强制执行,行政机关不能自行强制执行,因此,D项正确。

二、多项选择题

1. **答案**:ACD

提示:本题考查的是行政许可与行政处罚的区别

解析:根据《行政许可法》第20条第1款的规定,行政许可的设定机关应当定期对其设定的行政许可进行评价,而行政处罚法中没有这一规定,因此,A项错误;根据《行政许可法》第23条和《行政处罚法》第17条的规定,法律、法规授权的具有管理公共事务职能的组织有权在授权的范围内实施行政许可或者行政处罚，故B项表述正确；根据《行政许可法》第24条的规定，行政机关在其法定职权范围内，依照法律、法规、规章的规定，可以委托其他行政机关实施行政许可，被委托对象是“其他行政机关”，而根据《行政处罚法》第18条和第19条的规定，依法成立的管理公共事务的事业组织可以成为被委托行使行政处罚权的对象，因此，C项表述错误；根据《行政许可法》第48条第2款的规定，行政机关应当根据听证笔录，作出行政许可决定，而行政处罚法中没有这一规定，故D项错误。

2. 答案：AD

提示：本题考查的是行政强制执行

解析：根据《行政处罚法》第51条的规定，当事人逾期不履行行政处罚决定的，作出行政处罚决定的行政机关可以采取下列措施：①到期不缴纳罚款的，每日按罚款数额的3%加处罚款；②根据法律规定，将查封、扣押的财物拍卖或者将冻结的存款划拨抵缴罚款；③申请人民法院强制执行。故A、D项正确。

3. 答案：ABD

提示：本题考查的是刑罚和行政处罚的折抵

解析：根据《行政处罚法》第28条的规定，违法行为构成犯罪，人民法院判处拘役或者有期徒刑时，行政机关已经给予当事人行政拘留的，应当依法折抵相应刑期。违法行为构成犯罪，人民法院判处罚金时，行政机关已经给予当事人罚款的，应当折抵相应罚金。故本题应当选A、B、D项。

4. 答案：BC

提示：本题考查的是行政处罚的综合知识

解析：根据《行政处罚法》规定，违法行为轻微，及时纠正没有造成危害后果的，依法应当不予行政处罚而不是减轻行政处罚，故A项错误。行政机关及其工作人员当场收缴罚款的，必须向当事人出具省、自治区、直辖市财政部门统一制发的罚款收据；不出具的，当事人有权拒绝缴纳罚款，故B项正确；对情节复杂的违法行为给予较重的行政处罚，应当由行政机关的负责人集体讨论，故C项正确；当场处罚的情况下，行政处罚决定书应当当场交给当事人，非当场处罚的情况下，行政处罚决定书也应当在宣告后当场交付当事人，只有在当事人不在场时，才可以按照民事诉讼法的有关规定在7日内将行政处罚决定书送达当事人，而并非除当场处罚外均在7日内送达。

5. 答案：BCD

提示：本题考查的是行政强制执行的综合知识

解析：申请执行的期限系从被执行人的法定起诉期限届满之日起算，且期限为180日，所以，选项A项错误。依《若干问题的解释》第91、92、93条的规定，B、C、D项正确。

6. 答案：AD

提示：本题考查的是行政处罚和行政诉讼的综合知识

解析：根据《税收征收管理法》第88条第1款和第2款的规定，对缴纳税款决定不服的，应该先申请复议，然后才能提起行政诉讼，但对于税务机关的处罚决定、强制执行措施或税收保全措施不服的，可以申请复议，也可以提起行政诉讼，故A项错误，C项正确；根据《行政复议法》第12条第2款规定，国税系统属于垂直领导的行政机关，故应该向其上一级主管部门申请复议，B项正确；根据《税收征收管理法》第88条第3款的规定，强制执行措施应由作出处罚决定的税务机关实施，或申请人民法院实施，故D项错误。

7. 答案：AC

提示：本题考查的是《治安管理处罚法》的规定

解析：《治安管理处罚法》第91条规定，警告和500元以下的罚款可以由公安派出所决定，故A项正确；根据《公安机关办理行政案件程序规定》第32条规定，只有对个人处以50元以下罚款的，才能当场作出处罚决定，故B项错误；《治安管理处罚法》第97条规定，治安案件有被侵害人的，应当将决定书副本抄送被侵害人，本案中郊区旅社即为被侵害人，故C项正确；《治安管理处罚法》第102条取消了复议前置，对处罚决定不服，可以申请复议或提起行政诉讼，故D项错误。

8. 答案：ABC

提示：本题考查的是行政处罚的综合知识

解析：《行政处罚法》第20条规定：“行政处罚由违法行为发生地的县级以上地方人民政府具有行政处罚权的行政机关管辖。法律、行政法规另有规定的除外。”《行政处罚法》第21条规定：“对管辖发生争议的，报请共同的上一级行政机关指定管辖。”因此，A项正确；《行政处罚法》第27条规定：“当事人有下列情形之一的，应当依法从轻或者减轻行政处罚：①主动消除或者减轻违法行为危害后果的；②受他人胁迫有违法行为的；③配合行政机关查处违法行为有立功表现的;④其他依法从轻或者减轻行政处罚的。违法行为轻微并及时纠正,没有造成危害后果的,不予行政处罚。”本案中的违法人有①规定的情节,所以B项也是正确的;司机在本案中是执行公司的职务,并非个人行为,因此,D项错误,C项正确。

9. **答案**:D

提示:本题考查的是治安管理处罚和行政调解的综合知识

解析:《治安管理处罚法》第9条规定:“对于因民间纠纷引起的打架斗殴或者损毁他人财物等违反治安管理行为,情节较轻的,公安机关可以调解处理。经公安机关调解,当事人达成协议的,不予处罚。经调解未达成协议或者达成协议后不履行的,公安机关应当依照本法的规定对违反治安管理行为人给予处罚,并告知当事人可以就民事争议依法向人民法院提起民事诉讼。”由此可见,达成协议后就不能再进行行政处罚,因此,A项不正确;B项的“提起行政诉讼”也不正确;C项于法无根据,错误;D项正确。

10. **答案**:BCD

提示:本题考查的是行政处罚的管辖

解析:行政处罚由违法行为发生地的县级以上地方人民政府有行政处罚权的行政机关管辖。“违法行为发生地”在本案中包括产品的生产、运输和销售地,因此,B、C、D项正确。

11. **答案**:AD

提示:本题考查的是行政处罚的种类

解析:A项赔偿经济损失不属于《行政处罚法》规定的处罚种类;D项限期治理整顿属于责令纠正性质的行为,不属于行政处罚。只有B、C项是行政处罚。

12. **答案**:BCD

提示:本题考查的是行政处罚的听证程序

解析:停业处罚应该适用听证,处罚决定应该由行政机关作出,不能由听证主持人作出,而且处罚决定应该在听证结束后根据《行政处罚法》第38条的规定作出,所以,B、C、D项都是错误的。

13. **答案**:AC

提示:本题考查的是当场处罚程序

解析:违法事实确凿并有法定依据,对公民处以50元以下、对法人或其他组织处以1 000元以下罚款或警告的,可以适用当场处罚程序。A项罚款超过了50元,C项吊销营业执照依法不能适用当场处罚程序,所以,只能选A、C项。

14. **答案**:AB

提示:本题考查的是行政处罚的设定

解析:该省会市政府制定的《市容管理暂行办法》属于地方政府规章,而根据《行政处罚法》第13条规定,该规章只能在尚未制定法律法规的情况下,设定警告或一定数额的罚款,所以,只有A、B项是正确的。

15. **答案**:ABCD

提示:本题考查的是行政处罚的听证程序

解析:听证由行政机关指定的非本案调查人员主持,当事人可以委托1~2人代理参加听证,当事人有权进行申辩和质证,听证结束后由行政机关依法作出决定。A、B、C、D项都不符合上述要求,所以都违反了行政处罚的听证程序规则。

16. **答案**:BC

提示:本题考查的是即时强制

解析:B、C项属于即时强制,A项属于行政强制执行,D项不属于行政强制,且即时强制的主体不能是人民法院。

17. **答案**:AC

提示:本题考查的是行政强制执行的综合知识

解析:行政强制执行不能进行执行和解,所以,B项是错误的;即时强制和行政强制执行不同,即时强制不以义务人不履行义务为前提,所以,D项是错误的,故A、C项正确。

18. **答案**:CD

提示:本题考查的是执行罚的综合知识

解析:执行罚主要适用于当事人不履行不作为义务和不可由他人代替的作为义务,并非适用于任何形态的义务,所以,A项错误;执行罚的数额必须由法律、法规明文作出规定,不能完全由行政机关自由裁量,所以,B项错误。

三、名词解释

1. **提示**:参见本章“重点知识讲解”中的即时强制部分,从即时强制的特点、功能等方面解释

2. **提示**:应从相对集中行政处罚权的特征、功能、意义等方面解释

答案:相对集中行政处罚权,是指将若干有关行政机关的行政处罚权集中起来,交由一个行政机关统一行使;行政处罚权相对集中后,有关行政机关不得再行使原行政处罚权。

其本质特征就是调整法律、法规规定的特定领域的行政处罚权，经过一定的程序调整确认以后，这些法律法规关于行政处罚权主体资格的规定，在这个特定领域不再适用。简言之，就是在不修改有关单行法律、法规规定的情况下，通过法律规定的方式，调整有关单行法律、法规的行政执法主体。其主要意义在于提高行政执法的效率，降低执法成本，减少重复处罚现象。

四、简答题

1. **提示**：参见本章"重点知识讲解"中的行政强制措施与相关概念的区别部分，从主体、条件、目的、性质等方面回答

2. **提示**：参见本章"重点知识讲解"中的行政处罚与相关概念的辨析部分

3. **提示**：参见本章"重点知识讲解"中的行政处罚与相关概念的辨析部分

4. **提示**：参见本章"基础知识图解"中的行政强制概述部分

5. **提示**：应当从一事不再罚原则的涵义、功能、我国法律规定等方面回答

答案：一事不再罚是指对违法行为人的同一个违法行为，不得以同一事实和同一依据，给予两次以上的行政处罚。一事不再罚作为行政处罚的原则，目的在于防止重复处罚，体现过罚相当的法律原则，以保护行政相对人的合法权益。

我国行政法"一事不再罚"原则，体现在《行政处罚法》第24条："对当事人的同一违法行为，不得给予两次以上罚款"。

由此可见，我国现行法律并没有严格地规定一事不再罚原则，而是一种过渡性的规定，是一事不再罚款原则。随着法制的发展，最终应当采用严格的一事不再罚原则。

6. **提示**：参见本章"重点知识讲解"中行政处罚的程序部分

7. **提示**：参见本章"重点知识讲解"中行政处罚的程序部分

8. **提示**：参见本章"重点知识讲解"中行政强制执行的程序部分

五、论述题

1. **提示**：参见本章"基础知识图解"中的行政处罚部分，从每项原则的内涵、意义、功能、具体要求等方面回答

2. **提示**：参见本章"基础知识图解"中的即时强制部分，从即时强制的内涵、实施条件、种类等方面回答

六、案例分析题

1. **提示**：本题考查的是行政处罚中的处罚种类和一事不再罚原则

答案：(1)C县工商局可以对公司进行行政处罚。因为甲公司在C县境内从事无证经营，违反了法律并属于C县工商局管辖。

(2)应该给予除罚款外其他方式的处罚。根据行政处罚法对"一事不再罚"原则的界定：对当事人的同一违法行为，不得给予两次以上罚款的行政处罚。在本案中，两个执法机关都是工商局，执法权限在事务管辖上是一致的，而且本案中甲公司的违法行为就是无照经营，所以前后处罚的事实和理由相同，根据一事不再罚原则，在事实和理由都相同的情况下，B市工商局已经作了罚款处罚，那么C县工商局就不能再对甲公司进行罚款了，只能作出除罚款外的其他方式的处罚。

解析：本题考查的是法理上的一事不再罚原则和我国现行法律规定中的一事不再罚款原则的差异，做题时应当注意这一点。

2. **提示**：本题主要考查的是行政机关申请法院强制执行的程序

答案：(1)市卫生局申请法院强制执行，需要向法院提交申请执行书、据以执行的行政处罚决定书、证明该行政处罚合法的材料和被执行人的财产状况以及其他必须提交的材料。

(2)法院不应受理市卫生局的申请，因为行政机关申请法院强制执行的，应当自被执行人起诉期限届满之日起180日内提出。

(3)应该裁定准予执行，因为只有在严重违反法定程序且损害被执行人合法权益的情况下，人民法院才裁定不准予执行，本案中市卫生局违反程序的情况并不严重。

(4)人民法院应不予准许。因为根据规定，在诉讼过程中被告申请人民法院强制执行被诉具体行政行为的，人民法院不予执行。只有在不及时执行可能给国家利益、公共利益或者他人合法权益造成不可弥补的损失时，人民法院才可以先予执行，而本案并不存在这种情况。

第十四章　行政合同、指导与事实行为

内容提示

行政合同、指导行为是行政机关用较为温和、当事人参与的方式进行行政管理，达到行政目的的现代行政行为方式。事实行为是一种不以设定相对人权利义务为目的，不具有法律约束力的行为。通过本章的学习，应当掌握行政合同、行政指导、行政事实行为的概念、特征与种类；熟悉行政合同中双方当事人的权利和义务；了解行政事实行为与行政法律行为的关系；思考如何完善行政指导和行政事实行为的法律救济问题。

基础知识图解

一、行政合同

行政合同	概念	也称行政契约，是指行政主体为了实现特定的行政管理目的，与其他行政主体之间或与行政相对人之间基于意思表示一致而达成的协议
	特征	主要包括：①行政合同的双方当事人中至少有一方是行政主体。②行政合同的目的在于实现特定的行政管理目标或者为了维护社会公共利益。③行政合同属于一种双方行政行为。④行政主体对于行政合同的履行、变更或者解除享有行政优益权。⑤行政合同双方当事人因履行行政合同发生的争议，受行政法的调整，根据行政法的有关规则解决
	种类★	(1)根据行政关系范围不同：内部行政合同和外部行政合同 (2)根据合同的内容不同：土地等国有资源的使用和开发利用合同、公用征收合同、国家定购合同等 (3)根据是否具有金钱给付内容：有金钱给付内容的合同和无金钱给付内容的合同 (4)根据行政管理领域不同：工业行政合同、交通行政合同、农业行政合同、卫生行政合同、文化行政合同等
	作用	主要包括：①有利于行政管理目标的实现；②有利于调动相对人的积极性和创造性；③有利于控制行政权
	当事人权利义务★	主要包括：①行政主体的权利义务；②行政相对人的权利义务。详见重点知识讲解二
	订立履行变更和解除★	详见重点知识讲解三
	原　则	(1)公开竞争原则 (2)全面履行原则 (3)公益优先原则

二、行政指导

行政指导	概念	是指行政主体在其管辖权限内,为适应复杂多变的经济和社会生活的需要,依据国家的法律或政策,适时灵活地采取引导、劝告、建议等非强制性手段,在行政相对人的同意或者协助下,实现一定行政目的的行为
	特征	主要包括:①行政性。行政主体基于行政职权实施。②非强制性。对相对人没有法律约束力。③依据的特殊性。既可能依据法律,也可能依据法律原则、精神、国家政策等。④表现方式的灵活性。根据具体的情况选择实施。⑤行政合同双方当事人因履行行政合同发生的争议,受行政法的调整,根据行政法的有关规则解决
	形式	建议、劝告、说服、引导、辅助、通知、提示、协商、沟通、示范、建设、纲要行政等
	种类	(1)根据是否有法律依据:有法律依据的行政指导和无法律依据的行政指导 (2)根据对象是否特定:抽象的行政指导和具体的行政指导 (3)根据功能的不同:规制性行政指导、调整性行政指导和促进性行政指导 (4)根据对相对人权益影响的不同:助成性行政指导和限制性行政指导
	作用	主要包括:①行政指导是现代市场经济条件下行政管理方式的一种理性选择;②行政指导是对行政法治的一种补充和配合;③行政指导是协调政府和公众关系的有效手段
	健全完善制度	(1)健全、完善信息发布、告示制度,为相对人提供全面、准确的信息服务 (2)完善行政协调、审议制度,调动相对人的积极性,确保行政决策的正确有效 (3)健全行政建议、劝告、告诫制度,督促行政主体履行职责 (4)完善与行政指导配套的奖励制度,促进行政目标的实现 (5)完善行政指导的救济制度,最大限度地保障相对人权益

三、行政事实行为

行政事实行为★	概念	是指行政主体及其公务人员基于行政职权的行使而实施的,不以设定行政相对人权利义务为目的,且不具有法律约束力的行为
	特征	主要包括:①行政性。行政主体及其公务人员基于行政职权作出的行为。②不具备法律约束力。并不直接产生、变更或者消灭行政法律关系,表现为一种客观状态。③多样性。行政事实行为在客观上表现为多种行为式样
	种类	(1)根据是否涉及强制权力的运用:权力性事实行为和非权力性事实行为 (2)根据是否能够获得司法救济:可诉性事实行为和非可诉性事实行为 (3)根据行政事实行为与行政法律行为关系的不同:附属行为与独立行为 (4)根据在实现公务目的过程中的作用和表现方式的不同:补充性事实行为、即时性事实行为、建议性事实行为、服务性事实行为 (5)根据是否产生法律后果:有法律后果的事实行为和无法律后果的事实行为
	构成要件	(1)是行政主体实施的行为 (2)是行政主体基于行政职权实施的行为 (3)不完全具有行政行为的效力

重点知识讲解

一、行政合同的种类

目前我国对行政合同包含哪些种类没有统一的说法，以下介绍几种常见的行政合同：

1. 国有土地使用权出让合同，是指国家以土地所有者的身份，将国有土地使用权在一定年限内出让给土地使用者，由土地使用者向国家支付土地使用权出让金的合同行为。政府管理部门既是出让方，也是监督方，应该根据《城镇国有土地使用权出让和转让暂行条例》等法律、法规的规定，对已出让的土地的转让、出租、抵押等活动及开发使用情况进行监督检查或制裁。

2. 国家订购合同，是指行政主体为了保证国防重点建设及国家战略储备等方面的需要，保障基本供给和对重要物资实施控制或执行某项产业政策，与对方当事人签订的定购有关物资、产品的合同。国家订购合同是为了国家利益即公共利益的需要而与企业签订的购货合同，不同于行政机关为满足自身需要而签订的订购合同。国家订购合同的突出特征是，行政主体的意思表示具有不可拒绝性，相对方必须接受并且认真履行订货单中规定的任务。双方在完成工作的费用方面以及双方权利、义务、责任的配置方面可以协商。如国家军用物资和其他重要物资的定购合同，粮食、棉花、烟草等的定购合同等。《合同法》第38条对这种合同的法律适用问题作了例外规定。

3. 国有企业承包管理合同，是指由政府指定的有关部门作为发包方，实行承包经营的企业作为承包方，双方在平等、自愿、协商的基础上达成的协议。这类行政合同使得国家、企业、个人之间的关系契约化，由原来政府按计划、按命令管理企业的行政隶属关系转变为政府与企业之间法律上的权利义务关系。

4. 科研合同，是指政府科研主管部门与科研机构、科研人员之间，就国家下达的重大科研项目，经过协商订立的有关国家提供资助，科研机构、科研人员将研究成果提供给国家的合同。

5. 公共工程承包合同，是指行政主体为了公共利益的需要，与建筑企业之间签订的关于建造某项公共设施的合同。如修建国道、飞机场，修建大型供水、供电、供气工程，修建大型通讯设施等工程合同。

6. 公共征收合同，是指国家行政机关为了实现公共利益，与相对人签订的、在依法给予补偿的前提下获得其财产所有权和使用权的合同，广泛用于交通运输、城市建设、土地管理等领域，《土地管理法》、《水法》等都有明确规定。

二、行政合同中双方当事人的权利和义务

1. 行政主体的权利和义务。

(1)行政主体的权利。行政主体享有的权利(或称权力)包括：①选择合同相对一方的权利，行政主体可以根据实际情况需要，选择适当的合同相对一方，除非有法律明确根据或正当理由，任何组织和个人不得拒绝行政主体的选择；②对合同履行的监督、指挥权，行政主体对行政合同的订立、履行等过程负有监督、控制职责，并对具体的执行措施享有指挥权，相对一方当事人必须服从；③单方面变更或解除合同的权利，根据国家法律、法规、政策或计划的变化，以及社会经济形势的变迁，行政主体可以基于公共利益的需要，在不经行政相对一方同意的前提下，变更合同条款或解除合同；④制裁权，这是行政主体保障合同履行的一种特权，是指行政主体在行政相对一方违反合同规定时，有权直接依法给予法律制裁，如责令支付违约金、罚款等。

(2)行政主体的义务。行政主体的义务主要有:①依法履行合同的义务;②兑现承诺的义务,行政主体应当兑现其在合同中承诺给相对人的优惠和照顾义务,如提供必要的设备、预付一定的资金等;③按照合同规定支付价金的义务;④赔偿或补偿义务,行政主体违反合同约定或违法变更、解除合同损害了相对一方合法权益的,应当承担赔偿责任;行政主体为了公共利益需要而行使特权行为给相对一方增加了负担和造成了损失的,应当承担补偿义务。

2. 行政相对人的权利和义务。

(1)行政相对人的权利。行政相对方的权利主要有:①获得报酬权,行政相对人按照行政合同提供了劳务或完成了预定工作后,有权获得相应的报酬,报酬通常在合同中约定,也可以根据法律、法规的直接规定,行政合同中的报酬条款不能由行政主体单方变更。②获得优惠权,为了让相对人更好地履行合同,行政主体通常会给相对人提供一定的优惠或照顾,如价格优惠、接受政府贷款和补贴、获得减免税、使用行政主体的设备和资料等,相对方有权取得这些优惠条件。③损害赔偿请求权和损失补偿请求权,相对人的合法权益因行政主体违法行为受到损害的,有权要求赔偿;因行政主体根据公共利益需要单方面变更或解除合同而造成损失的,相对人有权请求补偿。④不可预见困难造成损失的补偿请求权,行政合同在履行过程中,有时会出现当事人不能预见的情况或困难,如自然灾害、经济变动、战争等,从而导致合同的履行虽然不是事实上完全不可能,但相对人必须付出数倍的努力才能保证合同的履行时,相对人有权请求行政主体共同承担损失,或请求行政主体予以补偿。⑤必要的和有益的额外费用偿还请求权。相对人在合同以外自动地提供额外的给付时,如果这种给付是履行合同绝对必要的或对行政主体有重要的益处时,可以请求行政主体偿还这些费用。

(2)行政相对人的义务。行政相对方的义务包括:①全面、实际履行义务,相对方应当按照合同规定,全面履行合同确定的全部条款,如果发生客观情况导致不能履行或不能完全履行时,应当与行政主体协商一致后,才能变更或解除合同。②接受管理、监督和制裁的义务,行政相对方在履行行政合同过程中,必须接受行政主体的管理和监督检查,无正当理由不得拒绝,另外还要接受行政主体依法给予的制裁。

三、行政合同的订立、履行、变更和解除

1. 行政合同的订立。

(1)订立合同的原则。①出于行政需要。行政主体订立行政合同必须出于行政需要,而不能随意订立。②不得超越行政权限。行政主体必须在自己的权限范围内签订行政合同,越权签订的合同无效。③内容合法。行政主体不能就法律、法规和政策明确禁止的事项与行政相对人签订行政合同。合同的内容不得与法律相抵触。

(2)合同订立的方式。①招标。指行政主体事先通过一定方式,向公众发出订立合同的意思表示,并设定行政合同的标底,行政相对人根据行政主体公布的资格和条件进行竞标,行政主体经过评议后,选择最优者签订行政合同。行政主体只能和要价最低、出价最高、承诺条件最优的相对人订立合同,不能在中标人之外自由选择合同当事人。我国政府在国有土地有偿转让和公路工程建设过程中,经常采用招标方式订立行政合同。我国《招标投标法》对招标活动作了统一的规范。②邀请发价。行政主体处于社会公共利益等方面的原因,在招标时不一定与要价最优的相对人订立合同,而是邀请选择其认为最恰当的相对人签订合同。③拍卖。指行政主体向公众发出以订立合同为目的的意思表示,并通过预先设定的拍卖程序,由竞拍人参与竞拍,最后由行政主体和出价最高者订立行政合同的一种方式。拍卖与招标的不同之处在于,相互竞争的竞买人互相知道对手的条件,可以随时改变自己的竞拍内容,最后由条件最优的竞买人与行政主

体签订合同。这种方式适用于国有资产的出让。④直接磋商。指行政主体根据行政合同的内容,与事先选择好的行政相对人就行政合同的内容直接协商一致后,订立行政合同的一种方式。这种方式的公开性较低,因此必须受到法律、法规的严格制约,只适用于情况紧急的合同、需要保密的合同、需要利用特殊的高度专门技术的合同、需要利用专利权和其他专有权的合同等。

2. 行政合同的履行。行政合同的履行应当遵守下列原则:

(1)实际履行原则。当事人必须按照合同规定的标的履行,不能随意变更标的,也不能用其他方式代替合同的履行。

(2)自己履行原则。行政合同必须本人亲自履行,不能由他人代替履行合同。

(3)及时、全面、适当履行原则。

3. 行政合同的变更、解除和终止。

(1)行政合同的变更,是指行政主体基于裁量权或其他法律事实,在不改变现有合同性质的基础上,对涉及合同主体、客体、内容的条款做相应的修改、补充和限制。行政主体的变更权应该严加限制:①只能在公共利益需要的限度内行使;②不能变更与公共利益无关的条款;③行政主体应当向相对方提出书面说明文件,说明变更的法律依据、事实根据、理由、补偿方式和数额以及其他有关事项;④相对人因变更合同加重负担的应该得到补偿。另外,单方面变更如果超过了一定限度接近一个全新义务时,应另订合同。

(2)行政合同的解除,是指由于社会情况变化,行政合同的继续履行将构成对公共利益重大危害、重大损失或重大不利时,行政主体可以单方面解除合同。解除权的行使是因情况变化而非相对方的过失,对解除权的限制与对变更权的限制相同。

变更和解除行政合同将产生一定的法律后果。行政合同变更后,原合同未履行的部分不再履行,双方按变更后的权利义务关系履行合同,原合同已经履行的部分继续有效。行政合同解除后,双方当事人之间的权利义务关系消灭,彼此不再根据原来的合同约定享有权利或承担义务。行政主体因公共利益需要单方变更或解除合同的,要补偿相对人因此受到的损失;因行政主体违法而导致合同被变更或解除的,行政主体要赔偿相对人因此遭受的损害。

(3)行政合同的终止,即合同双方权利义务的消灭,终止的原因包括:①合同履行完毕,如给付、完成等;②合同期限届满,如承包到期;③双方当事人同意解除;④行政主体因公共利益需要,单方解除合同;⑤行政主体因相对人的过错而采取解除合同的制裁措施;⑥不可抗力导致合同履行已不可能;⑦因行政主体严重过错,行政复议机关或人民法院根据相对人的申请解除该行政合同。

四、行政事实行为与行政法律行为的关系

1. 主要区别。

(1)二者产生法律效果的原因不同。行政事实行为发生法律效果,是因为客观的物质状态的形成或者改变,或由法律直接规定;而行政法律行为的法律效果,通常是基于行政主体的意思表示和观念表明而发生的。

(2)法律调整的重点不同。对于行政事实行为,法律调整的重点在于行为自身或者结果,在其违法时可能发生行政主体或者行政公务人员的责任问题;而对于行政法律行为,法律调整的重点在于意思表示与行为后果。

(3)对外界的影响方式不同。行政法律行为是一种意效行为,产生设权效果,在行政法律关系主体实施行动之前,往往只表现为法律上的可能性;而行政事实行为则直接表现为主体的动作,并以该种行动对外界产生直接作用,引起一定的物理或者生理变化。

2. 二者之间的联系。行政事实行为在大多数情况下要依赖于行政法律行为而实施，这种依赖主要表现为以下三种情况：

(1)有的行政事实行为是行政法律行为的辅助性行为，主要是一种资料性或者技术性行为。

(2)有的行政事实行为构成行政法律行为的前置或者后置程序。

(3)有的行政事实行为是行政法律行为的衍生行为。

配套习题

一、单项选择题

1. 下列关于行政合同的特征，表述正确的是(　)

A. 行政合同不具有合同的一般特征

B. 行政合同的当事人必须有一方是行政主体

C. 在行政合同履行中，行政机关与相对人之间具有平等的权利

D. 解决行政合同纠纷时不能适用调解手段

2. 下列对于在行政合同中行政主体的权利描述错误的是(　)

A. 行政主体可以选择合同的相对方

B. 行政主体可以对不履行或者不适当履行的相对人进行制裁

C. 行政主体可以任意改变行政合同的条款

D. 行政主体对行政合同的履行具有监督权和指挥权

3. 下列关于行政指导的特征，表述不正确的是(　)

A. 行政指导不是基于行政主体的职权实施的

B. 行政指导具有非强制性

C. 行政指导的表现方式灵活多样

D. 行政指导可以依据国家的政策

二、多项选择题

1. 国有土地使用权出让合同是典型的行政合同，下列能表现行政合同性质的是(　)

A. 由市、县人民政府土地管理部门与土地使用者签订

B. 市、县人民政府土地管理部门未按照出让合同约定提供出让的土地的，土地使用者有权解除合同，由土地管理部门返还土地使用权出让金，土地使用者并可以请求违约赔偿

C. 土地使用者超过出让合同约定的动工开发日期满一年未动工开发的，市、县人民政府土地管理部门可以征收相当于土地出让金20%的土地闲置费

D. 土地使用者不按照批准的用途使用国有土地的，由市、县人民政府土地行政主管部门责令交还土地，处以罚款

2. 下列属于行政合同的是(　)

A. 某公安局与甲企业签订的定购办公设备的合同

B. 某县政府与农民签订的征购棉花、粮食的合同

C. 某科研所与市科技局签订的科研合同

D. 某大学与教师之间签订的聘任合同

3. 行政机关单方变更或解除合同的情形有(　)

A. 相对人不按规定履行合同，行政机关作为制裁解除合同

B. 国际市场上的钢材价格大幅度上升

C. 行政机关想更换相对人

D. 国家对粮油价格作了重大调整

4. 行政机关在行政合同中享有的优益权包括(　)

A. 对合同履行的监督权

B. 对相对人的制裁权

C. 单方解除合同的权利

D. 无须征得相对人同意单方缔结合同的权利

5. 解决行政合同纠纷应通过什么途径？(　)

A. 民事诉讼　　B. 行政诉讼

C. 行政复议　　D. 申诉

6. 行政合同终止的情形有(　)

A. 因洪涝灾害，相对人的机器设备全部被损坏无法使用

B. 合同已经履行完毕

C. 行政机关单方解除合同

D. 人民法院判决解除合同

7. 下列对于行政事实行为的表述，不正确的是(　)

A. 行政事实行为是行政主体及其公务人员基于职权作出的

B. 行政事实行为不具备法律上的约束力

C. 所有的行政事实行为都不具有可诉性

D. 行政事实行为必然依赖于行政法律行为

三、名词解释

1. 行政优益权(考研中国人民大学2003年)

2. 行政指导(考研西北政法学院2005年)

四、简答题

1. 行政契约与一般行政行为的区分。

2. 简述行政事实行为与行政法律行为的关系。

3. 简述行政指导的概念和特征。

五、论述题

试论述行政合同中当事人双方的权利和义务。

六、案例分析题

某市政府为了修建一座高架桥，与本市的甲建筑公司签订协议，双方约定：由甲建筑公司自筹资金修建高架桥，高架桥建好后5年内，甲建筑公司按物价部门批准的收费标准向过往车辆收费，作为其收回投资和利润的回报；市政府对甲建筑公司的建设过程和收费情况进行监督检查。请问：

(1)市政府与甲建筑公司签订的协议是行政合同还是民事合同？为什么？

(2)在合同的履行中，除了协议中规定的权利义务外，市政府还有哪些特殊的权利或义务？

(3)在合同履行中，双方对该协议发生争议，甲建筑公司如果向法院起诉，应该提起民事诉讼还是行政诉讼？为什么？

参考答案

一、单项选择题

1. 答案：B

提示：本题考查的是行政合同的特征

解析：行政合同必须以双方的合意为基础，具有合同的一般特征，所以，A项错误；在行政合同履行中，行政主体享有优益权，双方地位不平等，所以，C项错误。行政合同争议可以通过调解的方式解决，因此，D项错误。

2. 答案：C

提示：本题考查的是行政主体在行政合同中的优益权

解析：行政主体的优益权表现为：行政主体可以选择合同的相对方；可以对合同的履行进行监督；可以对不履行和不适当履行的相对方进行制裁。应当注意的是，行政主体有权单方面变更或者解除合同，但这种权力要受到一定的限制，即只能在公共利益需要的限度内行使，不能变更或者解除与公共利益无关的条款，当事人因为行政主体变更或者解除合同而加重的负担应得到补偿。因此，C项错误。

3. 答案：A

提示：本题考查的是行政指导的特征

解析：行政指导行为具有行政性，它也是行政主体基于行政职权，在自己的管辖范围内实施的。因此，选项A错误。行政指导不具有法律约束力，因此是非强制性的。行政指导既可能依据法律，也可能依据法律的原则、精神，甚至是国家政策。行政指导的表现方式是灵活多样的。因此，B、C、D项正确。

二、多项选择题

1. 答案：ACD

提示：本题考查的是行政合同的特征

解析:A选项订立合同至少有一方应当是行政主体,表现了行政合同的特征。B项属于一般合同均具有的特征,并非行政合同特有的特征。C、D项体现了行政主体可以对土地使用者进行制裁,是行政主体行政优益权的表现,应当选。

2. 答案:BC

提示:本题考查的是行政合同的辨识

解析:B项属于行政合同中的国家定购合同。C项属于行政合同中的科研合同。A、D项属于民事合同。

3. 答案:ABD

提示:本题考查的是行政合同中的行政机关单方变更或解除合同的情形

解析:A项属于行政主体的优益权,B、D项导致合同履行的客观情况发生变化,出于公共利益考虑,行政机关可以单方变更或解除合同,而C项与公共利益无关,不能作为单方变更或解除合同的原因。

4. 答案:ABC

提示:本题考查的是行政主体在行政合同中的行政优益权

解析:行政合同必须以行政主体和行政相对人双方意思表示一致即达成合意为前提,所以,D项是错误的,其他三项都正确。

5. 答案:BC

提示:本题考查的是行政合同的纠纷解决方式

解析:行政合同纠纷属于行政纠纷,应该和其他行政纠纷一样,通过行政复议和行政诉讼解决,因此,B、C项正确。

6. 答案:ABCD

提示:本题考查的是行政合同的终止情形

解析:A项属于不可抗力致使合同履行不可能而终止的情况;B项属于正常的终止情况;C项属于行政机关行使行政优益权终止合同的情况;D项属于通过司法判决终止合同的情况。

7. 答案:CD

提示:本题考查的是行政事实行为的特征

解析:行政事实行为也是行政主体及其公务人员基于行政职权作出的,但其不具有法律约束力。故A、B项正确。有些行政事实行为是具有可诉性的,比如我国《国家赔偿法》第3条第3、4、5项和第4条第4项规定的几种行政侵权行为就属于行政事实行为。行政事实行为不必然依赖于行政法律行为,如警察的正当防卫行为,故C、D项错误,应选。

三、名词解释

1. 提示:应从行政优益权的涵义、产生依据、限制等方面回答

答案:在行政合同之中,行政主体并非以民事法人的身份与行政相对人订立关于民事权利义务的协议,而是以合同的方式来达到维护与增进公共利益的目的。因此使契约行为本身受到公法和私法的双重规制,使行政主体也在合同中享有一般民事法人没有的权利,即为了公共利益的实现,在行政合同的履行、变更或解除中,法律赋予行政主体种种行政权力,称为行政优益权。

2. 提示:参见本章"基础知识图解"中行政指导部分,从主体、功能、特点、意义等方面回答

四、简答题

1. 提示:本题考查的是行政合同区别于一般行政行为的特性

答案:行政契约(即行政合同)也是行政主体为了达到行政管理的目的而做出的一种行政行为。但与一般的行政行为相比,大致有以下几方面的不同:①产生的背景不同。一般的行政行为可以追溯到国家的产生;而行政契约则是随着经济与社会的发展,从传统的合同制度中产生的一种特殊的行政行为,其背景是民主法制的发展、福利行政的产生、行政委托行为的出现等。②行为方式不同。一般的行政行为建立在行政权的单方性和强制性之上;而行政契约则是一种双方的行为,以当事人的意思表示一致为前提,具有协商性,行政机关不把自己的意志强加给对方。③权利义务的分配状态不同。一般的行政行为是行政机关基于国家公权力作出的,行政主体享有广泛的权力,而相对人的权利则是一种防御权,双方是一种权力——义务关系;而行政契约中行政主体和相对人双方的权利义务分配基本上是平衡的,双方是一种权利——义务关系。

2. 提示:参见本章"重点知识讲解"中行政事实行为与行政法律行为的关系部分

3. 提示:参见本章"基础知识图解"中行政指导部分

五、论述题

提示:参见本章"重点知识讲解"中行政合同中双方当事人的权利和义务部分,从行政主体的权利

和义务、行政相对人的权利和义务两方面回答

六、案例分析题

答案:(1)市政府与本市甲建筑公司签订的协议是行政合同,而不是民事合同。因为行政合同与民事合同在合同的主体、合同的目的、合同的内容上以及适用的法律规则上都有所不同。本案中,双方签订的协议一方当事人是市政府,是具有行政管理职能的行政主体;该协议修建高架桥的目的是为了公共利益;协议内容包括本市甲建筑公司修建公路以及市政府授权甲建筑公司收费,涉及双方行政法上的权利义务;市政府对合同的履行行使监督权。这些都表明该协议具有行政合同的性质,与民事合同完全不同。

(2)因为该协议是行政合同,市政府在协议履行中享有行政优益权,包括:对合同履行的监督和指挥权;单方面变更或解除合同权;对不履行合同或不按规定履行合同的相对人的制裁权等。市政府应承担的相应的特殊义务包括:兑现其在合同中承诺给相对方的优惠和照顾义务;按照合同规定支付价金的义务;因违反合同约定或违法变更、解除合同损害了相对方合法权益时应承担的赔偿义务;因公共利益需要而行使特权行为给相对一方增加负担和造成损失时应当承担的补偿义务等。

(3)甲建筑公司应提起行政诉讼。因为该协议属于行政合同,是一种具体行政行为,因行政合同引起的纠纷属于行政纠纷,属于行政诉讼的受案范围。

解析:(1)本题考查的是行政合同的特性,可以从合同的订立主体、双方的权利义务关系等方面识别。

(2)本题考查的是行政优益权的内容。行政优益权贯穿于行政合同的整个过程,如行政机关选择相对方的权利;行政机关对合同履行的监督权和指挥权;单方面解除和变更合同权以及制裁权等。

(3)本题考查的是行政合同的救济方式,行政合同属于行政行为的范畴,因行政合同引起的纠纷属于行政纠纷,自然应当属于行政诉讼的受案范围,所以应当通过行政诉讼解决。

第十五章　行政仲裁、调解与信访

内容提示

通过本章的学习，应当了解行政仲裁的概念、特征及其发展历史，掌握劳动仲裁、人事仲裁、农业承包合同仲裁的行政性特点；了解行政调解的特征、种类，掌握调解的原则及调解程序；了解行政信访的概念、特征、信访人的权利和义务，掌握行政信访的原则、行政信访的办理程序。

基础知识图解

一、行政仲裁

行政仲裁	概念	是指国家行政机关依据自身职权，作为仲裁机构对当事人之间发生的争议进行仲裁的一种仲裁类型
	特征	主要包括：①仲裁机构的行政性，仲裁机构是行政机关组建的，甚至就是行政机关的一个组成部分；②仲裁的非自愿性，纠纷发生以后，一方当事人申请仲裁不需要双方当事人在争议发生前或发生后达成仲裁协议，即没有仲裁协议，当事人可以申请仲裁，仲裁机构应当受理；③通过行政手段解决纠纷，仲裁机构的仲裁依靠的是行政权力，仲裁机构之间有上下级领导关系，上级仲裁机构有权撤销下级仲裁机构的仲裁裁决；④行政仲裁者在本机关职权范围内进行仲裁
	具体种类	(1)劳动仲裁是指劳动争议仲裁委员会依法对劳动争议居中裁断的活动，具有以下特点：①劳动仲裁是强制仲裁，仅一方申请仲裁即可发生，另一方无论愿意与否，均应参加；②劳动争议仲裁委员会由劳动行政部门代表、同级工会代表、用人单位的代表组成，主任由劳动行政部门的代表担任，带有一定的行政色彩；③劳动仲裁的程序法定性较强，当事人选择余地较小 (2)人事仲裁。这是我国推进干部人事制度改革的一项新措施。《公务员法》第100条规定，国家建立人事争议仲裁制度。人事争议仲裁应当根据合法、公正、及时处理的原则，依法维护争议双方的合法权益。人事争议仲裁委员会根据需要设立 (3)农村土地承包合同仲裁。《农村土地承包法》第51条规定，因土地承包经营发生纠纷的，双方当事人可以通过协商解决，也可以请求村民委员会、乡(镇)人民政府等解决。当事人不愿协商、调解或者协商、调解不成的，可以向农村土地仲裁机构申请仲裁，也可以直接向法院起诉

二、行政调解

行政调解★	概念	是指具有调解纠纷职能的国家行政机关，根据国家政策、法律，以自愿为原则，在分清责任、明辨是非的基础上，通过说服教育，促使双方当事人互谅互让，从而达成协议解决纠纷的活动
	特征	主要包括：①是行政机关主持的解决争议、消除纷争的调解活动；②具有自愿性；③具有专业性和综合性；④不具有法律上的强制力；⑤对象既可由法律、法规规定，也可由相对方事先在合同中或协议中约定，既可以是行政相对方之间发生的民事纠纷，也可以是行政主体与行政相对方之间发生的行政纠纷；⑥是一种诉讼外的调解
	种类	主要包括：①基层政府的调解；②国家合同管理机关的调解；③公安机关的调解；④婚姻登记机关的调解；⑤知识产权管理机关的调解
	基本原则	主要包括：①平等原则；②合理原则；③自愿原则；④合法原则；⑤效益原则

三、行政信访

行政信访	概念	是指公民、法人或者其他组织采用书信、电子邮件、传真、电话、走访等形式，向各级人民政府、县级以上人民政府工作部门反映情况、提出建议、意见或者投诉请求，依法由有关行政机关处理的活动。其中，反映情况、提出建议、意见或者投诉请求的公民、法人或者其他组织，成为信访人
	特征	(1)行政性。表现在：处理信访工作的机关是各级人民政府及其工作机构，这与向人大常委会、法院、检察院信访部门反映问题有所区别；反映的问题是政府部门受理范围的事项，即属于政府颁布的规章和发布的决定、命令的意见和建议，对政府及其所属工作部门的建议、批评和意见，对政府及其所属工作部门的工作人员的违法失职行为的申诉、控告或者检举等 (2)群众性。是指信访工作必须面向群众、联系群众，工作的对象主要是人民群众 (3)广泛性。表现在：来信来访人员的分布广，各省、市、自治区，各地、市、县、乡、村及其他各个基层单位的群众，都有可能来信来访；来信来访的内容广泛，不仅涉及政治、经济、文化、教育和社会上其他重大问题，而且包括人民群众日常生活中遇到的许多细小事情，国外有关人士的来信，有的还涉及外事和国际问题 (4)民主性。我国是人民群众当家作主的国家，人民群众通过信访反映各种意见和要求，是当家作主的具体体现
	工作原则	主要包括：①方便信访人原则；②依照国家法律和政策办事原则；③实事求是，重证据、重调查研究的原则；④属地管理、分级负责、谁主管、谁负责的原则；⑤解决实际问题与思想疏导、政策宣传、法制教育相结合原则；⑥及时办理，把问题解决在当地或基层原则
	行政信访人的权利和义务★：详见重点知识讲解二	

重点知识讲解

一、行政调解与人民调解、司法调解的区别

三者同属于调解活动,但区别也是明显的,主要在于:

1. 调解的主持人不同。行政调解的主持人是依法享有行政职权、代表国家进行行政管理的国家行政机关。人民调解的主持人是人民调解委员会,它是村民委员会、居民委员会或企事业单位下设的调解民间纠纷的群众性组织;司法调解则是具有司法审判职能的人民法院在审理各类案件时主持的调解活动。

2. 参与的当事人不同。行政调解的参与当事人是在管理过程中的相对人、受相对人侵害的受害人或其他相关人,参与面比较特定;人民调解的参与当事人,是涉及民事权利义务争议的相关当事人,参与面比较广泛;司法调解的参与当事人则仅限于案件的当事人,参与当事人最少。

3. 调解权的来源不同。行政调解的调解权是国家赋予行政机关在行政管理过程中解决民事纠纷和部分行政争议的一种手段;人民调解的调解权来源于一定范围内群众直接授予的民主自治权;司法调解的调解权是国家赋予人民法院审判权的一种表现形式。

4. 调解活动的性质不同。行政调解是行政机关适应市场经济发展需要,转变行为作风、改变工作作风、坚持以人为本的表现,是行政行为的补充;人民调解是不具有诉讼性质的诉讼外民间纠纷解决机制;司法调解是法院审理民事案件、行政赔偿案件和刑事自诉案件的一种结案形式,是诉讼活动。

5. 调解的范围不同。行政调解的范围主要是民事争议和少量的行政争议;人民调解的民间纠纷包括一般纠纷、轻微刑事违法纠纷以及违反社会公德引起的纠纷;司法调解中,法院则可以通过调节方式处理民事纠纷、行政赔偿案件和法律规定的刑事自诉案件。

6. 调解后的效力不同。就行政调解和人民调解而言,两类调解达成的协议对当事人基本没有约束力,任何机关和组织不能强迫当事人履行。但两者还是有区别的,即如果一方拒绝全部履行或者部分履行约定的义务,或者履行后反悔的,在起诉到人民法院时,就会出现不同的结果。经过行政调解的诉讼案件,法院只对原纠纷进行审理,不涉及行政调解的结果;经过人民调解的诉讼案件,由于该调解协议具有民事合同性质,法院只审查经过签字的人民调解协议书,一般不审理原纠纷,只要人民调解协议书符合法定有效条件,一般就认定原调解结果有效。而司法调解达成的协议书或形成的调解书是国家审判机关行使审判权所形成的司法文件,一旦生效,如同法院的判决,对双方都具有法律拘束力,一方不履行,另一方可申请法院强制执行。

二、行政信访人的权利和义务

1. 信访人的权利。信访人的权利,可以从我国宪法中找到根本法的依据。我国《宪法》第41条规定:“中华人民共和国公民对于任何国家机关和国家机关工作人员,有提出批评和建议的权利;对于任何国家机关和国家工作人员的违法失职行为,有向有关国家机关提出申诉、控告和检举的权利,但是不得捏造或者歪曲事实进行诬告陷害。对于公民的申诉、控告或检举,有关国家机关必须查清事实,负责处理,任何人不得压制和打击报复。由于国家机关和国家工作人员侵犯公民权利而受到损失的人,有依照法律规定取得赔偿的权利。”因此,信访中涉及的批评权、建议权、检举权、控告权、申诉权以及要求国家赔偿权,实际上是公民的宪法权利在行政信访中的体现。

(1)信访人有权向国家机关提出下列信访事项:①对国家机关及其工作人员提出批评、意见和建议;②对国家机关及其工作人员的违法失职行为提出控告或者检举;③对侵害自身合法权益的行为提出控告或申诉;④对损害国家、社会、集体利益的行为提出控告或者检举;⑤其他需要反映的情况、问题和要求。

(2)信访人在信访过程中,享有下列权利:①了解信访工作制度和信访事项的处理程序;②要求信访工作人员提供与其有关的信访事项和法律政策咨询服务;③对与信访事项有直接利害关系的信访工作人员提出回避申请;④向受理和办理机关查询与其有关的信访事项的处理情况及结果,并得到答复。

2. 信访人的义务。

(1)遵守法律、法规,不得损害国家、社会、集体利益和其他公民的合法权益。公民的建议权和申诉权受到法律保护,但公民在行使自己权力的同时,有遵守法律和法规的义务,不得对国家、社会、集体的利益和其他公民的合法权利造成损害。

(2)如实反映情况,不得捏造、歪曲事实,不得诬告、陷害他人。信访人提出信访事项,应当客观真实,对其所提供材料内容的真实性负责。信访人捏造歪曲事实、诬告陷害他人,构成犯罪的,依法追究刑事责任;尚不构成犯罪的,由公安机关依法给予治安管理处罚。

(3)依照法律、法规规定的方式和程序进行信访活动,遵守信访秩序。

配套习题

一、单项选择题

下列有关信访的何种做法是正确的?( )(司考2006年卷二,第94题)

A. 田某对乡政府的决定不服,可以采用走访形式到市政府提出信访事项

B. 某县人民政府信访局收到李某提出的信访事项,应当予以登记,并在15日内决定是否受理并书面告知李某

C. 某县工商局不设立专门的信访工作机构,违反了信访规定

D. 沈某对某县人民政府作出的信访事项处理意见不服,可以请求市政府复查

二、多项选择题

下列哪些事项可以申请农村承包土地仲裁委员会仲裁?( )

A. 未取得土地承包经营权纠纷

B. 农村承包地征收补偿费用分配纠纷

C. 土地权属争议

D. 农村宅基地使用权纠纷

三、名词解释

1. 行政仲裁

2. 行政调解

3. 行政信访

四、简答题

简述行政调解与人民调解、司法调解的关系。

参考答案

一、单项选择题

答案:D

提示:本题考查的是信访的形式、受理、处理及救济

解析:《信访条例》第16条规定,信访人采用走访形式提出信访事项,应当向依法有权处理的本级或者上一级机关提出。因此田某应该向乡政府或县政府走访,而不应到市政府,A项错误;根据第21条的规定,信访机构登记了信访事项后,应该根据规定转送有权机关,或直接交办,而不必决定是否受理,故B项错误;根据第6条的规定,县级以上人民政府工作部门可以确定负责信访工作的机构或者人员,具体负责信访工作,而不必设立专门的信访工作机构,故C项不正确;根据第34条规定,信访人对县政府的信访处理不服的,可以请求县政府的上一级即市政府复查,故D项正确。

二、多项选择题

答案:AB

提示:本题考查的是农村土地承包合同仲裁的受理范围

解析:《农村土地承包法》第51条规定:"因土地承包经营发生纠纷的,双方当事人可以通过协商解决,也可以请求村民委员会、乡(镇)人民政府等解决。当事人不愿协商、调解或者协商、调解不成的,可以向农村土地仲裁机构申请仲裁,也可以直接向法院起诉。"

三、名词解释

1. 提示:参见本章"基础知识图解"行政仲裁部分,从行政仲裁的主体、内容方面回答

2. 提示:参见本章"基础知识图解"行政调解部分,从行政调解的主体、功能等方面解释

3. 提示:参见本章"基础知识图解"行政信访部分,从行政信访的方式、功能、意义等方面解释

四、简答题

提示:参见本章"重点知识讲解"行政调解与人民调解、司法调解的区别部分,从调解的主持人、参与人、调解权的来源、调解活动的性质、调解范围和效力等方面回答

第十六章　监督行政

内容提示

通过本章的学习，理解监督行政对于促进行政机关依法行政的价值和作用，了解我国行政监督制度的体系，掌握《行政监察法》、《行政复议法》、《各级人民代表大会常务委员会监督法》的主要内容和具体制度。学习时应当注意在人民代表大会制度背景下理解我国的监督制度体系，注意区分各种监督制度的功能和特定作用，重点掌握行政复议法的主要内容。

基础知识图解

一、监督行政概述

监督行政概述		
监督行政概述	概念	指一切国家机关、社会团体、群众组织、民主党派、公民等对行政机关的行政管理活动及其工作人员遵守法律、执行法律的情况进行监督的活动
	特征	主要包括：①监督行政是其他社会主体对行政机关及其工作人员的监督；②监督行政的内容是监督行政机关及其工作人员遵守法律、执行法律的情况；③监督行政是一种监督主体、监督方法都极为复杂的监督制度
	种类★	(1)以监督行为能否直接产生法律后果为标准，可以分为法制监督和一般监督 (2)以监督主体是来自于行政机关内部还是外部为标准，可以把监督行政分为内部监督和外部监督 (3)以监督的方式不同，可以将监督行政分为日常监督与专门监督

二、权力机关的监督

权力机关的监督		
权力机关的监督	概念	是指我国各级人民代表大会及其常委员会对各级国家行政机关及其工作人员进行的监督
	内容	主要包括：①政治监督；②法律监督；③工作监督
	方式	主要包括：①听取和审议政府工作报告；②提出质询和询问；③调查、视察、检查政府工作；④受理公民的申诉和意见；⑤审查政府的法规、决定和命令；⑥监督政府组成人员

三、行政监察

行政监察	概念	是指国家监察机关对国家行政管理人员和行政管理活动进行监控和纠察的制度
	特征	主要包括:①行政监察是一种行政机关内部的监督;②行政监察是一种专门监督,具有较强的专业性;③行政监察的范围非常广泛
	性质	行政机关隶属于各级人民政府,是各级人民政府行使监察职能的机关,也是管理行政监察事务的行政机关
	管辖★	主要包括:①国务院监察机关的管辖范围;②省、自治区、直辖市监察机关的管辖范围;③自治州、设区的市的监察机关的管辖范围;④县、自治县、不设区的市、市辖区的监察机关的管辖范围。详见重点知识讲解一
	职能	主要包括:①检查国家行政机关在遵守和执行法律、法规和人民政府的决定、命令中的问题。②受理对国家行政机关、国家公务员和国家行政机关任命的其他人员违反行政纪律行为的控告、检举。③调查、处理国家行政机关、国家公务员和国家行政机关任命的其他人员违反行政纪律的行为。④受理国家公务员和国家行政机关任命的其他人员不服主管行政机关给予行政处分的申诉,以及法律、行政法规规定的其他人员不服主管行政机关给予行政处分决定的申诉,以及法律、行政法规规定的其他由监察机关受理的申诉。⑤法律、行政法规规定由监察机关履行的其他职责
	权限	主要包括:①调查与实施强制措施权;②提出监察建议权;③作出监察决定权
	程序	主要包括:①检查程序;②政纪案件的调查、处理程序;③监察机关处理不服行政处分申诉案的程序

四、行政复议

行政复议概述	概念	是指公民、法人或其他组织认为行政机关的具体行政行为侵犯其合法权益,依法向法定的行政机关提出申请,由受理机关根据法定程序对具体行政行为的合法性和适当性进行审查并作出相应决定的活动
	特征★	主要包括:①行政复议具有行政性和对相对人合法权利进行救济的双重属性。②行政复议具有准司法性。详见重点知识讲解五
	原则★	主要包括:①合法原则;②公正、公开原则;③及时、便民的原则;④对具体行政行为合法性和适当性进行审查的原则。详见重点知识讲解六
	管辖★	主要包括:①对县级以上的地方各级人民政府工作部门的具体行政行为不申请复议的管辖;②对地方各级人民政府的具体行政行为不服申请复议的管辖;③对国务院各部门或省、自治区、直辖市人民政府的具体行政行为不服申请复议的管辖。详见重点知识讲解五
	范围★	详见重点知识讲解七
	程序★	详见重点知识讲解十
行政复议决定	种类★	主要包括:①维持决定;②限期履行决定;③撤销、变更或确认决定;④责令赔偿决定
	形式	应当以书面形式作出
	效力及后果	(1)除法律规定为终局的复议决定外,申请人对复议决定不服的,可以在接到复议决定书之日起15日内,或者法律、法规规定的其他期限内向人民法院提起行政诉讼 (2)申请人逾期对复议决定既不履行又不起诉的,或者对终局复议决定不履行的,则将要被依法强制执行 (3)被申请人不履行或者无正当理由拖延履行行政复议决定的,行政复议机关或者有关上级行政机关应当责令其限期履行
	对规范性文件的审查★:详见重点知识讲解十一	

重点知识讲解

一、行政监察机关的管辖

1. 国务院监察机关的管辖范围：

(1)国务院各部门及其国家公务员。

(2)国务院及国务院各部门任命的其他人员。

(3)省、自治区、直辖市人民政府及其领导人员。

2. 省、自治区、直辖市监察机关的管辖范围：

(1)省、自治区、直辖市人民政府各部门及其公务员。

(2)省、自治区、直辖市人民政府及其各部门任命的其他人员。

(3)自治州、设区的市、直辖市辖区(县)人民政府及其州长、副州长、市长、副市长、直辖区(县)长、副区(县)长。

3. 自治州、设区的市的监察机关的管辖范围：

(1)自治州、设区的市人民政府各部门公务员。

(2)自治州、设区的市人民政府及其各部门任命的其他人员。

(3)县、自治县、不设区的市、市辖区人民政府及其县(市)长、副县长、区长、副区长。

4. 县、自治县、不设区的市、市辖区的监察机关的管辖范围：

(1)县、自治县、不设区的市、市辖区人民政府各部门及其公务员。

(2)县、自治县、不设区的市、市辖区人民政府及其各部门任命的其他人员。

(3)乡、民族乡、镇人民政府及其乡长、副乡长、镇长、副镇长。

(4)乡、民族乡、镇人民政府的国家公务员。

(5)乡、民族乡、镇人民政府任命的其他人员。

二、监察机关和监察对象

1. 监察机关。县级以上各级人民政府设立监察机关，作为人民政府的工作部门，受本级人民政府和上级监察机关双重领导，但业务上以上级监察机关领导为主。县级以上地方各级人民政府监察机关正、副领导的任命或免职须经上一级监察机关同意。

2. 派出机构。县级以上各级监察机关经本级人民政府批准，向政府所属部门派出监察机构或人员。实行垂直管理的行政机关中，派出的监察机构经派出它的监察机关批准，可向驻在部门的下属监察机构再派出监察机构或人员。

3. 监察对象。

(1)对本级人民政府各部门及其公务员进行监察，不能对本级政府的正、副职领导人员进行监察。

(2)对本级人民政府及本级人民政府各部门任命的其他人员进行监察。

(3)对下一级人民政府及其领导人员进行监察，不能对下一级政府工作部门及其公务员进行监察。

三、监察措施

监察措施是监察机关为了保证监察职责的履行，尤其是在调查违纪行为时对人身和财产直

接使用强制手段采取的处置措施。它分为以下两种:

1. 一般措施:要求提供材料进行查阅、复制;要求解释说明;责令停止违法违纪行为。

2. 专门措施:对材料的监察措施、对财物的检查、责令在指定时间和地点解释说明、建议暂停职务、查询存款、提请冻结存款。

四、监察建议和监察决定

1. 适用情形。

(1)只能提出监察建议的(《行政监察法》第23条):拒不执行法律、法规或者违反法律、法规以及人民政府的决定、命令,应当予以纠正的;本级人民政府所属部门和下级人民政府作出的决定、命令、指示违反法律、法规或者国家政策,应当予以纠正或者撤销的;给国家利益、集体利益和公民合法权益造成损害,需要采取补救措施的;录用、任免、奖惩决定明显不适当,应当予以纠正的;依照有关法律、法规的规定,应当给予行政处罚的;其他需要提出监察建议的。

(2)既可以作出监察决定,也可以提出监察建议的(《行政监察法》第24条):违反行政纪律,依法应当给予警告、记过、记大过、降级、撤职、开除行政处分的;违反行政纪律取得的财物,依法应当没收、追缴或者责令退赔的。

2. 程序。

(1)同意程序。监察机关作出的重要监察决定和提出的重要监察建议,须报本级政府和上一级监察机关同意;国务院监察部作出的重要监察决定和提出的重要监察建议,须报国务院同意。本级人民政府和上一级监察机关意见不一致的由上级监察机关报同级人民政府决定。

重要监察决定和重要监察建议:监察机关办理"重要检查事项"(指根据本级人民政府或者上级监察机关的部署和要求确定的检查事项,或监察机关认为在本行政区域内有重大影响需检查的事项)和"重要、复杂案件作出的监察决定和提出的监察建议"(指本级人民政府所属部门或下一级任命政府违法违纪的;需要给予本级人民政府所属部门领导人员或者下一级人民政府领导人员撤职以上处分的;社会影响较大的;涉及境外的案件)。

(2)送达:直接送达、委托送达、留置送达。

3. 对监察建议的异议。

(1)收到监察建议之日起30日内向作出监察建议的监察机关提出异议。

(2)监察机关予以审查,于收到异议之日起30内回复。认为异议成立的收回监察建议;认为不成立的书面通知有关单位执行原监察建议。

(3)对回复仍有异议,由监察机关提请本级人民政府或上一级监察机关裁决。

4. 监察决定的救济。

(1)对监察决定不服的,自收到决定之日起30日内向作出决定的监察机关申请复审。

(2)监察机关自收到申请之日起30日内作出复审决定,国务院监察部的复审决定为最终决定。

(3)对复审决定仍不服且复审决定不是最终决定的,可自收到决定之日起30日之内向上一级监察机关申请复核。

(4)上级监察机关自收到申请之日起60日内作出复核决定,决定为最终决定。

五、行政复议的特征

1. 行政复议具有行政性和对相对人合法权利进行救济的双重属性。

(1)由于行政复议机关可以根据法定程序对行政机关行政行为的合法性进行审查,并对违法或不当的行政行为予以撤销、变更，对行政机关不履行法定职责的还可以责令其限期履行。

(2)由于通过行政复议对于监督行政主体依法行政的作用和功能是明显的。

(3)在行政复议中被确认是违法的行政行为，如果其已造成了相对人的实际损害，相对人还可以据此申请国家赔偿。

2. 行政复议具有准司法性。

(1)行政复议与司法审判活动一样，遵循“不告不理”规则，即如果行政相对人不依法提起行政复议的申请，就不会引起行政复议程序的运行。

(2)行政复议是以解决个案的方式来裁决争议的，不像行政立法行为那样，是就一般情况作出带有普遍意义的处理。

(3)行政复议的目的是为了解决争议，只不过所解决的争议属于行政争议，这与司法行为的功能是一致的。

六、行政复议的原则

1. 合法原则。

(1)行政复议机关及其职权应当合法。

(2)行政复议的依据应当合法。

(3)行政复议机关及其工作人员在复议活动中有违法行为的，应当严格依法追究其法律责任。

2. 公正、公开原则。

(1)行政复议机关在程序上必须平等对待各方当事人。

(2)行政复议机关的依据必须是公开的法律文件，不得以内部文件作为复议的依据；复议程序应当公开；行政复议决定应当送达有关当事人等。

3. 及时、便民原则。及时指复议机关应当在法定期限内完成复议工作；便民指复议机关应当有效地保障相对人充分行使复议申请权，尽可能地为复议申请人提供各种便利条件，避免使其耗费不必要的时间、费用和精力。

4. 对具体行政行为合法性和适当性进行审查的原则。指复议机关在复议时，应当对被申请的具体行政行为是否合法和合理进行全面的审查。也就是说，复议机关不仅应当审查具体行政行为在权限、依据、内容、程序等方面是否符合法律规定，还要审查被申请人运用裁量权是否客观适度。

七、行政复议的范围

1. 复议机关应当受理的复议案件。

(1)对行政机关作出的警告、罚款、没收违法所得、没收非法财物、责令停产停业、暂扣或者吊销许可证、暂扣或者吊销执照、行政拘留等行政处罚决定不服的。

(2)对行政机关作出的限制人身自由或者对查封、扣押、冻结财产等行政强制措施决定不服的。

(3)对行政机关作出的有关许可证、执照、资质证、资格证等证书变更、中止、撤销的决定不服的。

(4)对行政机关作出的关于确认土地、矿藏、水流、森林、山岭、草原、荒地、滩涂、海域等自然资源的所有权或者使用权的决定不服的。

(5)认为行政机关侵犯合法的经营自主权的。

(6)认为行政机关变更或者废止农业承包合同,侵犯其合法权益的。

(7)认为行政机关违法集资、征收财物、摊派费用或者违法要求履行其他义务的。

(8)认为符合法定条件,申请行政机关颁发许可证、执照、资质证、资格证等证书,或者申请行政机关审批、登记有关事项,行政机关没有依法办理的。

(9)申请行政机关履行保护人身权利、财产权利、受教育权利的法定职责,行政机关没有依法履行的。

(10)申请行政机关依法发放抚恤金,社会保险金或者最低生活保障费,行政机关没有依法发放的。

(11)认为行政机关的其他具体行政行为侵犯其合法权益的。

公民、法人或者其他组织在针对上述具体行政行为申请复议时,如果认为这些具体行政行为所依据的有关规定不合法,还有权依法一并向复议机关提出对该规定的审查申请。

2. 复议机关不予受理的事项。

(1)不服行政机关作出的行政处分或者其他人事处理决定。

(2)不服行政机关对民事纠纷作出的调解或者其他处理。

八、行政复议的管辖

行政复议管辖包括一般级别管辖和特殊级别管辖。

1. 一般级别管辖。一般情况下,行政复议案件由被申请人的上一级行政机关管辖,包括:

(1)选择管辖。对县级以上地方各级人民政府工作部门的具体行政行为不服的,由申请人选择,可以向该部门的本级人民政府申请行政复议,也可以向上一级行政主管部门申请行政复议。

(2)政府管辖。对地方各级人民政府作出的具体行政行为不服的,由上一级人民政府管辖。其中,省政府依法设立的派出机关即行政公署可以管辖对所属县级地方政府的具体行政行为不服的案件。

(3)垂直管辖。对实行垂直领导的国家行政机关,如海关、金融、国税、外汇管理等行政机关和国家安全机关的具体行政行为不服的,向上一级主管部门申请行政复议。

(4)自身管辖。对国务院部门或者省、自治区、直辖市人民政府的具体行政行为不服的,向作出该具体行政行为的国务院部门或者省、自治区、直辖市人民政府申请复议,不能直接向国务院申请。这主要考虑到国务院的地位和工作性质。对国务院部门或者省、自治区、直辖市政府作出的复议决定不服的,可以向法院提起行政诉讼或申请国务院最终裁决。

2. 特殊级别管辖。

(1)共同管辖。对两个或者两个以上行政机关以共同的名义作出的具体行政行为不服的,向其共同上一级行政机关申请行政复议。

(2)派出管辖。包括对派出机关不服的管辖和对派出机构不服的管辖。对县级以上地方人民政府依法设立的派出机关(地区行政公署、街道办事处、区公所)的具体行政行为不服的,向设立该派出机关的人民政府申请复议;对政府工作部门依法设立的派出机构依照法律、法规或规章的规定,以自己名义作出的具体行政行为不服的,向设立该派出机构的部门或者该部门的本级地方人民政府申请行政复议。

(3)授权管辖。对法律、法规授权组织作出的具体行政行为不服的,分别向直接管理该组织的地方人民政府、地方人民政府工作部门或者国务院部门申请行政复议。如对某大学作出的具体行政行为不服,可以向直接管理该大学的教育行政管理机构申请行政复议。

(4)撤销管辖。对被撤销的行政机关在撤销前所作出的具体行政行为不服的,向继续行使其职权的行政机关的上一级行政机关申请行政复议。

(5)转送管辖。对上述特殊情况下的复议管辖,申请人也可以向具体行政行为发生地的县级地方人民政府提出行政复议申请,由该县级地方政府在7日内,将该申请转送到有关的行政复议机关。

九、行政复议的参加者

1.行政复议的申请人。依照《行政复议法》和本条例的规定,申请行政复议的公民、法人或者其他组织为申请人。根据2007年8月1日实施的《行政复议法实施条例》,复议申请人主要有以下几种情况:

(1)一般情况下,认为自身的合法权益遭到具体行政行为侵犯的公民、法人或者其他组织为行政复议申请人。

(2)合伙企业申请行政复议的,应当以核准登记的企业为申请人,由执行合伙事务的合伙人代表该企业参加行政复议;其他合伙组织申请行政复议的,由合伙人共同申请行政复议。合伙组织以外的不具备法人资格的其他组织申请行政复议的,由该组织的主要负责人代表该组织参加行政复议;没有主要负责人的,由共同推选的其他成员代表该组织参加行政复议。

(3)股份制企业的股东大会、股东代表大会、董事会认为行政机关作出的具体行政行为侵犯企业合法权益的,可以以企业的名义申请行政复议,企业为行政复议申请人。

(4)行政复议代表人:同一行政复议案件申请人超过5人的,推选1~5名代表参加行政复议。

(5)行政复议第三人:行政复议期间,行政复议机构认为申请人以外的公民、法人或者其他组织与被审查的具体行政行为有利害关系的,可以通知其作为第三人参加行政复议。行政复议期间,申请人以外的公民、法人或者其他组织与被审查的具体行政行为有利害关系的,可以向行政复议机构申请作为第三人参加行政复议。第三人不参加行政复议,不影响行政复议案件的审理。

(6)行政复议代理人:申请人、第三人可以委托1~2名代理人参加行政复议。申请人、第三人委托代理人的,应当向行政复议机构提交授权委托书。授权委托书应当载明委托事项、权限和期限。公民在特殊情况下无法书面委托的,可以口头委托。口头委托的,行政复议机构应当核实并记录在卷。申请人、第三人解除或者变更委托的,应当书面报告行政复议机构。

2.行政复议被申请人。公民、法人或者其他组织对行政机关的具体行政行为不服,依照《行政复议法》和本条例的规定申请行政复议的,作出该具体行政行为的行政机关为被申请人。《行政复议法实施条例》又作出几点补充规定:

(1)行政机关与法律、法规授权组织以共同的名义作出具体行政行为的,行政机关和法律、法规授权组织为共同被申请人。行政机关与其他组织以共同名义作出具体行政行为的,行政机关为被申请人。

(2)下级行政机关依照法律、法规、规章规定,经上级行政机关批准作出具体行政行为的,批准机关为被申请人。

(3)行政机关设立的派出机构、内设机构或者其他组织,未经法律、法规授权,对外以自己名义作出具体行政行为的,该行政机关为被申请人。

十、行政复议的程序

1. 行政复议申请。

(1)申请期限:公民、法人或者其他组织认为具体行政行为侵犯其合法权益的,可以自知道该具体行政行为之日起60日内提出行政复议申请;但是法律规定的申请期限超过60日的,以法律规定为准。因不可抗力或者其他正当理由耽误法定申请期限的,申请期限自障碍消除之日起继续计算。不可抗力指不能预见、不能避免和不能克服的客观情况。

(2)申请形式:申请行政复议可以书面申请,也可以口头申请。口头申请的,申请人或其代理人必须亲自到行政复议机关提出,由行政复议机关当面记录申请人的基本情况、行政复议请求、申请行政复议的主要事实、理由和时间。

2. 行政复议受理。

(1)行政复议机关收到行政复议申请后,应当就下列内容进行审查:①申请人是否具有法定资格,即是否其本人权益受到侵害;受侵害的权益是否合法权益;申请人与具体行政行为之间是否存在法律上的利害关系;②有无明确的被申请人;③是否有具体的行政复议请求和事实依据;④是否属于行政复议范围;⑤是否在法定申请期限内提出申请,超过法定申请期限的,是否有正当的理由;⑥是否已向其他有权受理的行政复议机关提出复议申请,或者已向人民法院提起行政诉讼且人民法院已经受理,因为相对人不能重复提出行政复议申请,相对人向人民法院提起行政诉讼,人民法院已经依法受理的,也不得申请行政复议;⑦是否应该由本机关受理或管辖。

(2)行政复议机关对复议申请进行审查后,应当在5日内分别作出处理:①行政复议申请符合法定条件的,应当予以受理,并制作行政复议受理通知书,告知申请人,进入复议程序;②行政复议申请不符合法定条件的,决定不予受理,制作不予受理决定书,发送申请人,并告知其不予受理的理由;③行政复议申请符合法定条件但不属于本机关受理的,应当书面告知申请人向有关行政复议机关提出;④行政复议申请缺少必要内容的,应通知申请人在指定期限内补正,逾期不补正的,视为未申请。

(3)公民、法人或者其他组织依法提出行政复议申请,行政复议机关无正当理由不予受理的,上级行政机关应当责令其受理;必要时,上级行政机关也可以直接受理。法律、法规规定应当先向行政复议机关申请行政复议、对行政复议决定不服再向人民法院提起行政诉讼的,行政复议机关决定不予受理或者受理后超过行政复议期限不作答复的,公民、法人或者其他组织可以自收到不予受理决定书之日起或者行政复议期满之日起15日内,依法向人民法院提起行政诉讼。

(4)受理对被申请复议的具体行政行为的影响。行政复议期间具体行政行为不停止执行;但有下列情形之一的,可以停止执行:①被申请人认为需要停止执行的;②行政复议机关认为需要停止执行的;③申请人申请停止执行,行政复议机关认为其要求合理,决定停止执行的;④法律规定停止执行的,这里的法律,限于全国人大及其常委会通过的法律。

3. 行政复议的审理。

(1)审查前的准备。①复议机关应当自受理申请之日起7日内,将申请书副本或行政复议申请笔录复印件发送被申请人;被申请人应当自收到申请书副本或者复印件之日起10日内提出书面答复,并提交当初作出具体行政行为的证据、依据和有关材料。②申请人、第三人可以查阅被申请人的答复、证据和依据。③决定是否停止具体行政行为的执行。

(2)审查内容。根据《行政复议法》的规定,行政复议机关在审查行政争议案件时,不仅可以对具体行政行为是否合法和适当进行审查,而且必须全面审查具体行政行为所依据的事实和规范性文件,不受行政复议申请范围的限制,这是行政复议制度区别于行政诉讼制度的显著特点。

(3)审查方式。行政复议原则上采取书面审查的办法,但是申请人提出要求或者行政复议机构认为有必要时,也可以采取当面质证、辩论等方式,向有关组织和人员调查情况,听取申请人、被申请人和第三人的意见。

(4)审查依据。行政复议机关审理复议案件,以法律、行政法规、地方性法规、规章以及上级行政机关依法制定和发布的具有普遍约束力的决定、命令为依据。行政复议机关根据申请人申请或者在对具体行政行为进行审查时发现其依据不合法,且属于《行政复议法》第7条规定的情形,如本机关有权处理的,应当在30日内依法处理,无权处理的,应当在7日内依法定程序转送有权处理的行政机关依法处理。有权处理的行政机关应当在60日内依法处理。处理期间中止对具体行政行为的审查。

(5)审查期限。①一般期限,行政复议机关应当在受理申请之日起60日内作出行政复议决定;②特殊期限,单行法律中规定的行政复议期限少于60日的,依单行法律的规定,如《集会游行示威法》中规定的复议期限为3日;③期限延长,情况复杂,不能在规定期限内作出行政复议决定的,经行政复议机关负责人的批准,可以适当延长,并告知申请人和被申请人,但延长期限最多不能超过30日。

(6)行政复议申请的撤回。在审查过程中,行政复议决定作出前,申请人要求撤回行政复议申请的,经说明理由,可以撤回;撤回行政复议申请的,行政复议终止。行政复议机关应该审查申请人撤回申请的理由,决定是否准许撤回申请。

十一、行政复议决定

行政复议机构对被申请人作出的具体行政行为进行审查后,提出意见,经行政复议机关的负责人同意或者集体讨论通过后,作出行政复议决定。

1. 行政复议决定的种类和适用条件。

(1)维持决定。可以维持的具体行政行为必须同时符合五个要素,即认定事实清楚,证据确凿,适用依据正确,程序合法,内容适当的,五项要素缺一不可。

(2)履行决定。被申请人未履行法定职责的,行政复议机关可以决定其在一定期限内履行其法定职责,条件是:被申请人负有法定职责;被申请人不履行,如明确拒绝履行、不及时履行等。

(3)撤销决定。包括全部撤销和部分撤销,条件是具体行政行为认定的主要事实不清、证据不足的;适用依据错误的;违反法定程序的;超越或者滥用职权的;具体行政行为明显不当的,只要有上述条件之一即可撤销该具体行政行为,另外,被申请人不按照《行政复议法》规定的10日期限提出书面答复、提交当初作出具体行政行为的证据、依据和其他有关材料的,视为该具体行政行为没有证据、依据,决定撤销该具体行政行为。撤销后,可以责令被申请人在一定期限内重新作出具体行政行为,但不得以同一事实和理由作出与原具体行政行为相同或基本相同的具体行政行为。

(4)变更决定。指行政复议机关经审查,认定被申请人作出的具体行政行为严重不合理,不撤销而直接变更其内容的决定。

(5)确认违法决定。经审查,具体行政行为确实违法,应该予以撤销,但因特殊情况无法适用撤销决定时,行政复议机关依法决定确认该具体行政行为违法。

(6)赔偿决定。被申请人需要对申请人进行赔偿的,行政复议机关应当制作赔偿决定,并在同一个复议决定里表述。

2. 复议前置与复议终局。公民、法人或者其他组织认为行政机关的具体行政行为侵犯其已经依法取得的土地、矿藏、水流、森林、山岭、草原、荒地、滩涂、海域等自然资源的所有权或者使用权的,应当先申请行政复议;对行政复议决定不服的,可以依法向人民法院提起行政诉讼,不能直接提起行政诉讼。而且,根据国务院或者省、自治区、直辖市人民政府对行政区划的勘定、调整或者征用土地的决定,省、自治区、直辖市人民政府确认土地、矿藏、水流、森林、山岭、草原、荒地、滩涂、海域等自然资源的所有权或者使用权的行政复议决定是最终裁决,不能向法院起诉。

3. 行政复议决定的效力和执行。

(1)行政复议决定书一经送达,即发生法律效力。这里要注意,行政复议决定并非过了起诉期限后才生效。

(2)行政复议决定的履行。被申请人应当履行行政复议决定,被申请人不履行或者无正当理由拖延履行行政复议决定的,行政复议机关或者有关上级行政机关应当责令其限期履行;申请人逾期不起诉又不履行行政复议决定的,或者不履行最终裁决的行政复议决定的,如果是维持具体行政行为的行政复议决定,由作出具体行政行为的行政机关依法强制执行,或者申请人民法院强制执行;如果是变更具体行政行为的行政复议决定,由行政复议机关依法强制执行,或者申请人民法院强制执行。

4. 对规范文件的审查。依照《行政复议法》的有关规定,公民、法人或其他组织对具体行政行为在申请复议的同时,依法可以一并就该具体行政行为所依据的某些规范性文件提出审查申请,同时,行政复议机关在进行复议时,也能主动发现具体行政行为的依据不合法,这就涉及对规范性文件的审查问题。对此,复议机关可以作出如下处理:

(1)公民、法人或者其他组织对具体行政行为在申请复议时,如一并就具体行政行为依据的规范性文件提出审查申请,复议机关对该文件有权处理的,应当在30日内依职权作出处理,包括撤销、废止或修改该规范性文件等;对该文件无权处理的,则应当在7日内按法定程序,转送有权处理的行政机关依法处理,由有权的行政机关在60日内作出有关处理

(2)行政复议机关在进行复议时主动发现具体行政行为的依据不合法的,复议机关对该依据有权处理的应当在30日内依法作出处理;无权处理的则应在7日内依法定程序,转送有权的国家机关(如上级或同级行政机关、国家权力机关等)依法处理。

(3)对规范性文件进行处理期间,复议机关应当中止对原具体行政行为的复议审查。

十二、《中华人民共和国行政复议法实施条例》的新内容

为了进一步完善行政复议具体制度,推动行政复议功能的发挥,国务院于2007年5月23日通过了《中华人民共和国行政复议法实施条例》(以下简称《实施条例》)并于2007年8月1日开始实施。现将《实施条例》的新内容总结如下:

1. 完善行政复议申请制度。

(1)在申请方式上,规定申请人可以通过当面递交、邮寄、传真、口头、电子邮件等方式提出行政复议申请便利了行政复议申请的提出。(参见《实施条例》第18、20条)

(2)行政机关的告知义务:规定行政机关作出的具体行政行为对公民、法人或者其他组织的权利、义务可能产生不利影响的,应当告知其申请行政复议的权利、行政复议机关和行政复议申请期限。(参见《实施条例》第17条)

(3)在行政复议申请期限上,《实施条例》进一步详细规定了各种情况下行政复议的申请期限的计算。(参见《实施条例》第15、16、17条)

(4)详细规定了行政复议申请书须载明的内容。(参见《实施条例》第19条)

(5)完善了行政复议申请人和被申请人制度,相关内容在后面作为独立知识点讲解。

2. 完善行政复议受理制度。

(1)为保障行政复议机关积极受理行政复议案件，切实维护公民、法人或者其他组织的行政复议权，规定公民、法人或者其他组织认为行政机关的具体行政行为侵犯其合法权益提出行政复议申请，除不符合行政复议法和本条例规定的申请条件的，行政复议机关必须受理。（参见《实施条例》第27、28条）

(2)进一步完善了上级行政机关责令受理的程序，规定上级行政机关认为行政复议机关不予受理行政复议申请的理由不成立的，可以先行督促其受理；经督促仍不受理的，应当责令其限期受理，必要时也可以直接受理；认为行政复议申请不符合法定受理条件的，应当告知申请人。（参见《实施条例》第31条）

3. 完善行政复议审理制度，提高行政复议办案质量。

(1)健全了行政复议审查方式。条例规定行政复议机构认为必要时，可以实地调查核实证据；对重大、复杂的案件，申请人提出要求或者行政复议机构认为必要时，可以采取听证的方式审理。（参见《实施条例》第33条）

(2)增加和解制度。为了有效化解行政纠纷，平衡利益，条例规定公民、法人或者其他组织对行政机关行使法律、法规规定的自由裁量权作出的具体行政行为不服申请行政复议的，申请人与被申请人在行政复议决定作出前可以自愿达成和解。（参见《实施条例》第40条）

(3)增加了调解结案的方式。条例规定对行政机关行使法定裁量权作出的具体行政行为不服申请行政复议的案件或者当事人之间的行政赔偿或者行政补偿纠纷，行政复议机关可以按照自愿、合法的原则进行调解。（参见《实施条例》第50条）

(4)明确规定了行政复议中止和终止的适用情形，完善了行政复议审理程序。（参见《实施条例》第41、42条）

4. 完善了行政复议决定制度。

(1)增加了驳回申请的复议决定。在行政复议实践中，有时会出现申请人认为行政机关不履行法定职责申请行政复议，行政复议机关受理后发现该行政机关没有相应法定职责或者在受理前已经履行法定职责的情况；也会出现行政复议机关受理行政复议申请后，发现该行政复议申请不符合《行政复议法》和本条例规定的受理条件的情况，此时适用《行政复议法》规定的维持、撤销、变更、确认违法等行政复议决定都不合适，条例针对上述两种情况规定了驳回行政复议申请的行政复议决定类型。（参见《实施条例》第48条）

(2)明确了变更决定作出的情形。（参见《实施条例》第47条）

(3)明确了具体行政行为重作的期限。为了避免被申请人拖延作出具体行政行为，明确了行政复议机关责令被申请人重新作出具体行政行为时，被申请人重新作出具体行政行为的期限。（参见《实施条例》第49条）

(4)增加了复议决定不加重的规定。（参见《实施条例》第51条）

5. 完善行政复议指导和监督制度。

(1)进一步明确了行政复议指导和监督职责。行政复议机关应当加强对行政复议工作的领导。行政复议机构在本级行政复议机关的领导下，按照职责权限对行政复议工作进行督促、指导。（参见《实施条例》第53条）

(2)规定了县级以上各级人民政府应当加强对所属工作部门和下级人民政府履行行政复议职责的监督。行政复议机关应当加强对其行政复议机构履行行政复议职责的监督。（参见《实施条例》第54条）

(3)规定了行政复议机关可以向有关机关提出纠正相关行政违法行为或者做好善后工作的意见书制度，建立了行政复议机关可以向有关机关提出完善制度、改进行政执法的建议书制度。

（参见《实施条例》第57条）

（4）规定了县级以上各级人民政府行政复议机构应当定期向本级人民政府提交行政复议工作状况分析报告的制度。（参见《实施条例》第58条）

（5）规定了下级行政复议机关应当及时将重大行政复议决定报上级行政复议机关备案的制度。（参见《实施条例》第59条）

配套习题

一、单项选择题

1. 齐某不服市政府对其作出的决定，向省政府申请行政复议，市政府在法定期限内提交了答辩，但没有提交有关证据、依据。开庭时市政府提交了作出行政行为的法律和事实依据，并说明由于市政府办公场所调整，所以延迟提交证据。下列哪一选项是正确的？（　）（司考2007年卷二，第48题）

A. 省政府应接受市政府延期提交的证据材料

B. 省政府应中止案件的审理

C. 省政府应撤销市政府的具体行政行为

D. 省政府应维持市政府的具体行政行为

2. 某县原属A市，1996年6月某县政府作出具体行政行为，但在7月因行政区划的调整，某县被划归B市，公民对该县政府所作的具体行政行为不服，欲申请复议，应当如何处理？（　）

A. 向A市政府申请复议

B. 向B市政府申请复议

C. 报A、B两市共同所属的省政府指定管辖

D. 由A、B两市共同所属的省政府管辖

3. 某市政府依王某申请，作出行政复议决定，撤销市国土房管局对王某房屋的错误登记，并责令市国土房管局在一定期限内重新登记。市国土房管局拒不执行该行政复议决定，王某有权采取的措施是（　）

A. 要求市政府责令市国土房管局限期履行

B. 申请市政府强制执行

C. 申请人民法院强制执行

D. 对市国土房管局不作为再次申请行政复议

4. 赵某对县政府为邻居张某颁发的国有土地使用证不服，向地区行政公署申请复议，地区行署受理后，县政府在一个月后仍未提供答复和有关证据，对此地区行署应如何处理？（　）

A. 催促县政府，并继续等待其提供证据

B. 终止案件的审理

C. 撤销县政府的具体行政行为

D. 维持县政府的具体行政行为

5. 行政复议权只能由法律、法规规定的哪个国家机关专门享有？（　）

A. 审判机关　　B. 检察机关

C. 权力机关　　D. 行政机关

6. 1997年钱某承包了本村的荒山120亩，承包合同约定承包期为30年。2000年1月乡政府换届新一任领导上台，将钱某所承包的荒山收回转包给了包某。钱某不服，向县政府申请复议，此案应如何处理？（　）

A. 不予受理，因不属行政复议受案范围

B. 应予受理，因属于行政复议受案范围

C. 应当提起民事诉讼，因属于民事合同纠纷

D. 应当提起行政诉讼，因属于行政合同纠纷

7. 下列哪项是错误的？（　）

A. 行政复议法律关系是一种监督行政关系

B. 行政复议关系是一种程序性的法律关系

C. 行政复义法律关系是一种诉讼法律关系

D. 行政复议法律关系是行政复议法律范围的后果

8. 根据《行政复议法》，下列论述正确的有（　）

A. 行政复议不仅审查具体行政行为的合法性，而且要审查该行为的合理性

B. 不服行政机关作出的行政处分或者其他人事处理决定的，依照有关法律、行政法规可以申请行政复议

C. 公民、法人或者其他组织向人民法院提起行政诉讼，人民法院已经依法受理的，也可以同时申请行政复议

D. 在行政复议过程中，被申请人可以自行向申请人和其他有关组织或者个人收集证据

二、多项选择题

1. 某市监察局经初步调查，认定该市教育局局长魏某在出国考查期间有严重违纪行为，决定对其进行查处。依据《行政监察法》，下列哪些选项是正确的？（　）（司考 2007 年卷二，第 88 题）

A. 对魏某的调查属重要检查事项，立案应报市政府和省级监察机关备案

B. 某市监察局可以责令魏某在指定地点就有关问题作出解释。若不配合，该局有权扣留魏某

C. 在调查期间，监察局可以作出暂停魏某执行职务的决定

D. 经调查认定魏某不存在违纪事实，监察局应撤销此案并告知某市教育局及其上级机关

2. 下列不能提起行政复议的行为是（　）

A. 某市交通局发布了排气量 1 升以下的汽车不予上牌照的规定，并据此对张某汽车不予上牌照

B. 某乡政府发布通告劝导农民种植草莓的行为

C. 公安交警就交通事故中赔偿问题对当事人进行调解的行为

D. 民政部门对王某成立社团的申请不予批准的行为

3. 王某因殴打李某受到县公安局的处罚，王某不服该处罚决定，向市公安局申请复议，市公安局受理了此案，则该行政复议程序中的参加人是（　）

A. 市公安局　　　　B. 王某

C. 李某　　　　D. 县公安局

4. 居住在某市 A 区的公民甲对该市 B 区公安分局作出的治安处罚决定不服，应该向谁申请复议？（　）

A. A 区公安分局　　　　B. B 区公安分局

C. 市公安局　　　　D. B 区人民政府

5. 根据《行政复议法》的规定，申请人在提起行政复议时可以一并对该具体行政行为所依据的某些规范性文件提起审查申请，但是对于以下哪些规范性文件不能提起？（　）

A. 国务院的规定

B. 某省政府制定的殡葬管理办法

C. 某县政府通过的“计划生育处罚办法”

D. 劳动和社会保障部的规定

6. 张某因聚众闹事被公安机关予以拘留处罚，张某不服此处罚决定，欲提出复议，却不幸突患急病死去，则有权申请复议的是（　）

A. 张某的妻子　　　　B. 张某的父母

C. 张某的朋友　　　　D. 张某的任意亲属

7. 某区政府办公室主任王某因参与赌博被公安机关当场抓获，被处以 10 日的拘留和 1 000元的罚款。王某所在单位知悉后，经研究决定撤销王某的主任职务。王某不服，分别以公安机关和所在单位为被申请人申请行政复议。下列说法正确的是（　）

A. 王某对公安机关的处罚决定和本单位的撤职决定都可申请复议

B. 王某对公安机关的处罚决定和本单位的撤职决定都不能申请复议

C. 王某可以对公安机关的处罚决定申请行政复议

D. 王某无权对本单位给予他的撤职决定申请复议

8. 张某不服某区工商局的行政处罚决定，依法向市工商局申请行政复议，市工商局无正当理由不予受理，对此上级行政机关可以采取的措施是（　）

A. 责令市工商局受理

B. 直接撤销区工商局的处罚决定

C. 必要时直接受理

D. 动员申请人向人民法院起诉

9. 一般情况下行政复议案件由上一级行政机关管辖，但对于下列哪些案件，应由原行政机关管辖？（　）

A. 对国务院各部门所做决定不服的

B. 上一级没有相应主管部门的

C. 对省政府所作决定不服的

D. 对依法律规定经上级行政机关批准的决定不服的

10. 在行政复议期间具体行政行为不停止执行，但有下列哪几种情形可以停止执行？

(   )

A. 行政复议机关认为需要停止执行的

B. 法律、法规规定停止执行的

C. 被申请人认为需要停止执行的

D. 申请人申请停止执行，行政复议机关认为其要求合理，决定停止执行的。

11. 下列属于行政终局裁决行为的是(   )

A. 不服省级政府的复议决定而申请由国务院作出的裁决

B. 由国务院对其部门所作复议决定作出的裁决

C. 省政府根据本机关征用土地的决定作出的确认土地权属的行政复议决定

D. 省政府和国务院部委作出的行政复议决定

12. 下列关于行政复议的管辖，表述正确的是(   )

A. 对海关、金融等行政机关和国家安全机关的具体行政行为不服的，既可向本级人民政府申请复议，也可向上级主管机关申请复议

B. 对政府工作部门依法设立的派出机构依照法律、法规或者规章规定，以自己的名义作出的具体行政行为不服的，向设立该派出机构的部门或者该部门的本级地方人民政府申请行政复议；

C. 对省、自治区人民政府依法设立的派出机关所属的县级地方人民政府的具体行政行为不服的，向设立该派出机关的行政机关申请复议

D. 法律、法规授权组织的具体行政行为不服，分别向直接管理该组织的地方人民政府、地方人民政府工作部门或国务院部门申请复议

三、名词解释

1. 行政复议
2. 行政复议的申请人
3. 行政复议第三人

四、案例分析题

1. 某县村民韩某，自 1993 年起外出打工，于 1996 年定居上海市，并于 1999 年 4 月将户口迁出，落户于河北省某县。2000 年 2 月，韩某带着妻子和不满 3 个月的孩子回家过春节时，被人举报其非婚生育，严重违反计划生育政策。镇人民政府接报后经过调查，认为情况属实，于是对韩某作出了《征收计划外生育费决定》(以下简称《决定》)，但因此时韩某一家已回上海，镇政府遂于 2000 年 4 月 27 日强行将韩某之母带至镇政府，安置在敬老院，限制其人身自由，同时通知韩某之父，何时交来 15 000 元超生费，何时放人。韩父多方筹借到 12 000 元交到镇政府后，镇政府将其妻放出。韩父对镇政府征收计划外生育费的行为不服，于 5 月 25 日向某县政府申请行政复议，要求撤销镇政府的《决定》，退还其所交现金。

请问：(1) 本案中，谁有权对镇政府征收计划外生育费的行为申请复议？为什么？

(2) 本案中，行政复议机关应审查的对象是什么？

2. 某市建委作出《关于对某公司等单位违反建设程序、不规范经营等问题的处理决定》，对某公司罚款 20 万元，延缓一年转为正式资质等级，并要求该公司写出书面检查，通报批评。该《处理决定》未直接送达给某公司，而是在某公司参加的一次会议上作为会议材料下发，被某公司发现。某公司对该处理决定不服，申请复议。

请问：(1) 某公司能否对处理决定申请复议？

(2) 如果可以申请复议，则被申请人、行政复议机关分别是谁？

(3) 如果复议机关受理了本案，应当如何作出处理？为什么？

参考答案

一、单项选择题

1. **答案**:C

提示:本题考查的是行政复议中的证据认定

解析:《行政复议法》第28条第1款规定:"行政复议机关负责法制工作的机构应当对被申请人作出的具体行政行为进行审查,提出意见,经行政复议机关的负责人同意或者集体讨论通过后,按照下列规定作出行政复议决定:①具体行政行为认定事实清楚,证据确凿,适用依据正确,程序合法,内容适当的,决定维持;②被申请人不履行法定职责的,决定其在一定期限内履行;③具体行政行为有下列情形之一的,决定撤销、变更或者确认该具体行政行为违法;决定撤销或者确认该具体行政行为违法的,可以责令被申请人在一定期限内重新作出具体行政行为:主要事实不清、证据不足的;适用依据错误的;违反法定程序的;超越或者滥用职权的;具体行政行为明显不当的。④被申请人不按照本法第23条的规定提出书面答复、提交当初作出具体行政行为的证据、依据和其他有关材料的,视为该具体行政行为没有证据、依据,决定撤销该具体行政行为。"由此可知C项正确。

2. **答案**:B

提示:本题考查的是行政复议的管辖

解析:根据《行政复议法》的规定,对县政府行为不服的,向市政府申请复议,公民在申请复议时某县已划归B市,故依法应该向B市申请复议,因此,B项正确。

3. **答案**:A

提示:本题考查的是行政复议决定的执行

解析:根据《行政复议法》第32条的规定,被申请人不履行或者无正当理由拖延履行行政复议决定的,行政复议机关或者有关上级行政机关应当责令其限期履行。市政府作为行政复议机关,应当责令被申请人履行行政复议决定,这是市政府的法定职责,王某有权请求市政府责令国土房管局限期履行,因此,A项正确。

4. **答案**:C

提示:本题考查的是行政复议中被申请人没有正当理由拒不提供证据的处理

解析:根据《行政复议法》第28条第1款第4项规定,被申请人不在《行政复议法》规定的10日内提出书面答复、提交当初作出具体行政行为的证据、依据和其他有关材料的,视为该具体行政行为没有证据、依据,行政复议机关应该决定撤销该具体行政行为。所以,C项正确。

5. **答案**:D

提示:本题考查的是行政复议机关的行政属性

解析:行政复议是行政权力系统内部的监督制度,所以行政复议机关只能是行政机关,审判机关和检察机关属于司法机关,权力机关是立法机关,三者泾渭分明,因此,D项正确。

6. **答案**:B

提示:本题考查的是行政复议的范围

解析:行政机关通过作出具体行政行为的方式损害了相对人的合法权益,本案中钱某的土地承包经营权受到了乡政府的侵害,属于行政复议的范围,县政府应当受理,因此,B项正确。

7. **答案**:C

提示:本题考查的是行政复议法律关系的性质

解析:行政复议法律关系是行政系统内部上下级机关之间的监督关系,其某些具体的规定具有准司法的性质,借鉴了诉讼中的某些制度,但其不是诉讼法律关系。诉讼法律关系必须是人民法院主持的,而行政复议由行政机关主持,二者显然性质不同,因此,C项说法错误,应选。

8. **答案**:A

提示:本题考查的是行政复议法的一些具体内容

解析:行政复议范围不包括内部行政行为,如人事处理行为;为贯彻司法最终原则,人民法院已经受理的行政案件,不得申请行政复议;行政复议也会审查具体行政行为的合法性,包括实体和程序两方面,所以在行政复议过程中是不允许被申请人在向申请人和其他证人收集证据证明其具体行政行为合法的。故A项正确。

二、多项选择题

1. **答案**:AD

提示:本题考查的是行政监察的相关知识

解析:《行政监察法》第30条规定:“监察机关按照下列程序对违反行政纪律的行为进行调查处理:①对需要调查处理的事项进行初步审查;认为有违反行政纪律的事实,需要追究行政纪律责任的,予以立案;②组织实施调查,收集有关证据;③有证据证明违反行政纪律,需要给予行政处分或者作出其他处理的,进行审理;④作出监察决定或者提出监察建议。重要、复杂案件的立案,应当报本级人民政府和上一级监察机关备案。”因此,A项正确;《行政监察法》第31条规定:“监察机关对于立案调查的案件,经调查认定不存在违反行政纪律事实的,或者不需要追究行政纪律责任的,应当予以撤销,并告知被调查单位及其上级部门或者被调查人员及其所在单位。重要、复杂案件的撤销,应当报本级人民政府和上一级监察机关备案。”因此,D项正确;《行政监察法》第20条规定:“监察机关在调查违反行政纪律行为时,可以根据实际情况和需要采取下列措施:①暂予扣留、封存可以证明违反行政纪律行为的文件、资料、财务帐目及其他有关的材料;②责令案件涉嫌单位和涉嫌人员在调查期间不得变卖、转移与案件有关的财物;③责令有违反行政纪律嫌疑的人员在指定的时间、地点就调查事项涉及的问题作出解释和说明,但是不得对其实行拘禁或者变相拘禁;④建议有关机关暂停有严重违反行政纪律嫌疑的人员执行职务”。由此可知,该监察局无权拘留魏某,因此,B项错误。监察局只有暂停职务的建议权,无决定权,因此,C项错误。

2. **答案**:BC

提示:本题考查的是行政复议的范围

解析:B项不是具体行政行为,C项是行政调解行为,依法都不属于行政复议范围。

3. **答案**:BCD

提示:本题考查的是行政复议程序中的参加人范围

解析:行政复议参加人包括申请人、被申请人、第三人,本案中,王某是申请人,李某是第三人,县公安局是被申请人,而市公安局是行政复议机关,不是参加人,所以,A项错误。

4. **答案**:CD

提示:本题考查的是行政复议程序中的参加人范围

解析:根据《行政复议法》的规定,甲应该向该公安分局的本级人民政府或上一级公安机关申请复议,故C、D项正确。

5. **答案**:AB

提示:本题考查的是行政复议中附带审查规范性文件的范围

解析:根据《行政复议法》第7条的规定,一并提起审查申请的只能是国务院部门的规定;县级以上地方各级人民政府及其工作部门的规定;乡、镇人民政府的规定。对国务院的规定不能提起,某省政府制定的殡葬管理办法属于地方政府规章,也不能提起,所以,A、B项正确。

6. **答案**:AB

提示:本题考查的是复议申请人的范围

解析:根据《行政复议法》的规定,有权申请行政复议的公民死亡的,其近亲属可以申请行政复议,并非任何亲属都可以申请,而近亲属包括其配偶、父母、、子女、兄弟姐妹、祖父母、外祖父母、孙子女、外孙子女等,故A、B项正确。

7. **答案**:CD

提示:本题考查的是行政复议的范围

解析:根据《行政复议法》的规定,王某可以对公安机关的处罚决定申请复议,但对本单位对其的内部行政处分不能申请复议,故C、D项正确。

8. **答案**:AC

提示:本题考查的是复议机关对复议申请不予理睬上级机关的处理

解析:《行政复议法》第20条规定:“公民、法人或者其他组织依法提出行政复议申请,行政复议机关无正当理由不予受理的,上级行政机关应当责令其受理;必要时,上级行政机关也可以直接受理。”所以,A、C项正确。

9. **答案**:AC

提示:本题考查的是国务院部门和省级人民政府所作决定的复议机关

解析:《行政复议法》第14条规定:“对国务院部门或者省、自治区、直辖市人民政府的具体行政行为不服的,向作出该具体行政行为的国务院部门或者省、自治区、直辖市人民政府申请行政复议。”故A、C项正确。

10. **答案**:ACD

提示:本题考查的是行政复议期间具体行政行为不停止执行规定的例外

解析:《行政复议法》第21条规定的具体行政行为停止执行的情形包括:被申请人认为需要停止执行的;行政复议机关认为需要停止执行的;申请人申请停止执行,行政复议机关认为其要求合理,决定停止执行的;法律规定停止执行的。这里要注意应该是“法律”规定停止执行的,不包括法规规定停止执行的情况,所以,B项错误。

11. **答案**:ABC

提示:本题考查的是行政终局裁决行为的范围

解析:A、B项属于由国务院作出最终裁决的情形,C项属于对自然资源纠纷的行政终局裁决情形,对A、B、C项不服,不能向法院起诉。而对D项不服的可以向法院起诉,故D项并非终局裁决。

12. **答案**:BD

提示:本题考查的是对行政复议的管辖的理解

解析:根据《行政复议法》的规定,A项属于垂直管辖,只能向上一级主管部门申请复议,不能向本级人民政府申请复议;C项应该是向该派出机关申请复议,而并非向设立该派出机关的行政机关申请,故只有B、D项正确。

三、名词解释

1. **提示**:参见本章“基础知识图解”中行政复议部分,从行政复议的概念作答

答案:行政复议指公民、法人或其他组织认为行政机关的具体行政行为侵犯其合法权益,依法向法定的行政机关提出申请,由受理机关根据法定程序对具体行政行为的合法性和适当性进行审查并作出相应决定的活动。

2. **提示**:应从行政复议申请人的概念作答

答案:行政复议申请人是认为行政主体的具体行政行为侵害其合法权益,以自己的名义向行政复议机关提出申请,要求对该具体行政行为进行复查并依法作出裁决的人。

3. **提示**:在答出概念时要注意行政复议第三人可能包括行政机关在内

答案:行政复议第三人是指同申请行政复议的具体行政行为有利害关系,申请参加或者由复议机关通知参加的申请人与被申请人以外的其他行政机关、公民、法人或者其他组织。

四、案例分析题

1. **答案**:(1)本案中,韩某有权对镇政府征收计划外生育费的行为申请行政复议。其父可以代其申请,但不能以其父自己名义申请复议,因为镇政府作出的征收决定是针对韩某的。但其父可以对镇政府非法收取其12 000元的行为以自己名义申请复议。

(2)对于韩父提起的复议申请,复议机关应审查的是镇政府非法收取12 000元侵犯其财产权的行为,而不是镇政府作出《计划外生育费决定》的行为。

解析:本题主要考察对行政复议申请人和行政复议审查对象的掌握。申请人是指认为具体行政行为侵犯其合法权益,依法提起申请复议的公民、法人或其他组织。这里需要注意的是:①对别人的权利受到具体行政行为侵害的,不得以自己名义提起复议申请;②行政机关在作为行政管理对象时,可以作为机关法人成为申请人;③在一般情况下,具体行政行为侵害的当事人是申请人。但在特定条件下,申请人的资格也可能发生转移,如有权申请行政复议的公民死亡的,其近亲属可以申请行政复议,包括其配偶、父母、子女、兄弟姐妹、祖父母、外祖父母、孙子女、外孙子女等;有权申请行政复议的法人或者其他组织终止的,承受其权利的法人或者其他组织可以申请行政复议。

行政复议的审查对象是被申请行政机关所作的具体行政行为。解决这个问题应当从准确找出该具体行政行为所在的行政法律关系入手,不同的行政行为处在不同的行政法律关系之中,而不同的行政法律关系又会涉及到不同的主体。只有将行政法律关系理清之后,所涉及到的行政主体、具体行政行为、是否违法、是否需要承担责任等,就会有的放矢了。

2. **答案**:(1)某公司可以申请复议,因为该处理决定针对具体的对象,内容具体明确,是具体行政行为,对此不服可以申请复议。

(2)被申请人是某市建委,行政复议机关是某市政府或省建设厅。因为对县级以上地方各级人民政府工作部门的具体行政行为不服的,由申请人选择,可以向该部门的本级人民政府申请行政复议,也可以向上一级主管部门申请行政复议。

(3)行政复议机关应当撤销该处理决定,因为该决定违反了法定程序,如未经听证程序,未听取当事人的陈述和辩解,未告知当事人救济权利和救济途

径,并且未根据法定程序送达等。而违反法定程序既已构成行政复议机关撤销该处理决定的法定理由。

解析:本题主要考察考生对行政复议范围和行政复议决定的掌握情况。特别应当重视行政复议审查的范围与行政诉讼不同,行政复议是对具体行政行为的全面审查,包括其合法性、合理性在内。本题没有涉及合理性问题,主要是原具体行政行为作出的程序存在重大错误,已经构成无效行政行为,复议决定应当撤销该行政行为。

第十七章 行政诉讼法概述

内容提示

行政诉讼是法院应公民、法人或其他组织的请求,通过法定程序审查具体行政行为的合法性,从而解决一定范围内行政争议的活动。行政诉讼是公民、法人和其他组织维护自身合法权益的有效渠道,也是人民法院对行政机关的监督。通过本章的学习,应当了解行政诉讼与行政诉讼法的概念与特征、行政诉讼法的渊源以及行政诉讼法的效力范围;重点掌握行政争议的概念和辨别,行政诉讼和行政复议关系、行政诉讼与民事诉讼、刑事诉讼的关系。

基础知识图解

一、行政诉讼

行政诉讼	概念	是指法院应公民、法人或其他组织的请求,通过法定程序审查具体行政行为的合法性,从而解决一定范围内行政争议的活动
	特征	主要包括:①行政诉讼是解决一定范围内的行政争议的活动;②行政诉讼的核心是审查具体行政行为的合法性;③行政诉讼是法院运用国家审判权来监督行政机关依法行使职权,保护公民、法人和其他组织合法权益的司法活动;④行政诉讼中的原告、被告具有恒定性
	行政争议	(1)行政争议是行政机关和法律、法规授权的组织在行使行政职权、实施公务活动的过程中与其他行政机关、法律法规授权的组织、公务员以及一般的公民、法人和其他组织发生的法律上的纠纷 (2)判断行政争议主要应从以下几方面入手:①争议的当事人中是否有一方是行使行政职权的主体;②争议是否产生于行使行政职权的过程中;③争议的内容是否是行政法上的权利义务关系,等等。应当结合行政法总论有关行政的内容学习和理解行政争议

二、行政诉讼法

行政诉讼法	概念	是指规范行政诉讼活动、调整行政诉讼关系的一套法律规范。具体要掌握以下几点:①行政诉讼法是一切行政诉讼活动的准则和依据;②调整人民法院、当事人和其他诉讼参与人的各种行政诉讼活动;③是所有规范行政诉讼活动的法律规范的总称,集中体现于行政诉讼法典
	渊源	主要包括:①宪法中有关行政诉讼的规定;②行政诉讼法典;③人民法院组织法;④民事诉讼法中能适用于行政诉讼的规范;⑤各种法律、行政法规、地方性法规中有关行政诉讼的规定;⑥法律解释,包括立法解释和司法解释;⑦有关行政诉讼的国际条约

<table>
<tr><td rowspan="2">行政诉讼法</td><td>效力范围</td><td>(1)空间效力:及于我国国家主权所及的一切空间领域,包括我国领土、领空、领海及领土延伸的所有空间。但例外情况包括:①我国香港、澳门特别行政区不适用大陆地区行政诉讼法;②行政诉讼法中不同效力渊源有不同空间效力,如地方性法规就只适用于该地方
(2)时间效力:指行政诉讼法生效、失效的起止时间和溯及力。对于前者,按照行政诉讼法各渊源法的具体规定;我国法律原则上不具有溯及力,包括行政诉讼法在内
(3)对人的效力:指行政诉讼法对哪些人有拘束力,我国对此采取属地原则
(4)对事的效力:指行政诉讼法适用于哪些案件,即受案范围</td></tr>
<tr><td>与其他法的相互关系</td><td>(1)行政诉讼法与行政实体法:二者是程序法与实体法的关系
(2)行政诉讼法与行政程序法:[1]都是程序性法律,但二者规制的对象不同,行政诉讼法是审判程序法,行政程序法是关于行政行为的程序性法律
(3)行政诉讼法与民事诉讼法:都是诉讼程序法,但二者规制不同性质的诉讼活动,分属不同的诉讼法律部门</td></tr>
</table>

重点知识讲解

行政诉讼与其他相关制度的关系

1.行政诉讼与行政复议。行政诉讼与行政复议是既有区别又相联系的两种制度。二者都以行政争议为处理对象,都是依申请而为的行政救济行为,目的是为了给公民、法人和其他组织的合法权益提供救济,同时也监督行政机关依法行政。

(1)二者的区别。①性质不同。行政诉讼是司法救济,体现了司法审判权对于行政权的监督,属于司法行为;行政复议是上级行政机关提供的行政救济,本质上属于行政行为。②审理(查)范围不同。行政诉讼只审查具体行政行为,对抽象行政行为一般不予审查,而且只对具体行政行为的合法性进行审查,不涉及合理性,例外是对显失公正的行政处罚,人民法院可以依职权变更;而行政复议除了对具体行政行为是否合法和合理进行全面审查,还对一定范围内的抽象行政行为进行一并审查。③审查方式不同。行政诉讼一般采用开庭审理的方式;而行政复议一般采用书面审理。④审级不同。行政复议一般实行一级复议制;而行政诉讼则实行两审终审制。⑤法律效力不同。行政复议决定一经送达即具有法律效力,但并不具有最终效力;行政诉讼除二审判决和再审案件中依二审程序进行的判决作出即生效以外,一审判决作出后须经过上诉期才会生效,而且依据司法最终决定原则,具有最终的效力。

另外,行政复议和行政诉讼在参与人的类型、法定期限、受案范围等方面也有所不同。

(2)行政复议与行政诉讼的衔接。行政复议与行政诉讼都是行政救济体系的重要组成部分。一般来说,行政相对人对具体行政行为不服申请复议,一旦被复议机关受理,在法定的复议期间内,行政诉讼程序是不能被启动的。除法律规定复议终局的以外,行政相对人不服行政复议决定的,可以依法提起行政诉讼。相反,如果行政相对人不服具体行政行为而径直向法院提起行政诉讼后,对诉讼判决不服的,除上诉外不能再提起行政复议。行政复议与行政诉讼的衔接关系

---

[1] 注意实体法程序法区别意义上的程序法与行政程序法的关系:前者是法理学上对法律按照规定的内容不同作的分类,而行政程序法则是行政法中专门对行政主体作出行政行为的程序性规制的法律,属于行政法中程序性法律的一种。二者在字面上相似,但完全不是一回事,切勿混淆。

是:①复议与诉讼由相对人自由选择。除法律、法规规定复议前置的情况外,凡属于人民法院受理范围内的行政案件,行政相对人既可以先向复议机关申请复议,对复议决定不服再向人民法院起诉;也可直接向人民法院起诉。这是复议与诉讼二者关系的常态。②复议前置。它是指行政复议是行政诉讼的必经阶段,即法律法规规定必须先向行政机关申请复议,对复议决定不服才能向人民法院起诉的。但如果复议机关不受理行政相对人的复议申请或者在法定的期限内不处理的,行政相对人有权提起行政诉讼。目前,我国复议前置的情况比较少见,主要有《税收征收管理法》第88条第1款规定:"纳税人、扣缴义务人、纳税担保人同税务机关在纳税上发生争议时,必须先依照税务机关的纳税决定缴纳或者解缴税款及滞纳金或者提供相应的担保,然后可以依法申请行政复议;对行政复议决定不服的,可以依法向人民法院起诉。"《行政复议法》第30条第1款规定:"公民、法人或者其他组织认为行政机关的具体行政行为侵犯其已经依法取得的土地、矿藏、水流、森林、山岭、草原、荒地、滩涂、海域等自然资源的所有权或者使用权的,应当先申请行政复议;对行政复议决定不服的,可以依法向人民法院提起行政诉讼。"③复议终局。即行政相对人选择了向行政复议机关申请复议,而这种复议又属于法律规定的最终裁决的,相对人即使对行政复议决定不服的,也不能向人民法院提起行政诉讼。如《行政复议法》第14条规定:"对国务院部门或者省、自治区、直辖市人民政府的具体行政行为不服的,向作出该具体行政行为的国务院部门或者省、自治区、直辖市人民政府申请行政复议。对行政复议决定不服的,可以向人民法院提起行政诉讼;也可以向国务院申请裁决,国务院依照本法的规定作出最终裁决。"该法第30条第2款规定:"根据国务院或者省、自治区、直辖市人民政府对行政区划的勘定、调整或者征用土地的决定,省、自治区、直辖市人民政府确认土地、矿藏、水流、森林、山岭、草原、荒地、滩涂、海域等自然资源的所有权或者使用权的行政复议决定为最终裁决。"再如,根据《公民出境入境管理法》第15条的规定,受公安机关拘留处罚的公民对处罚不服的,可以向上一级公安机关申请复议,由上一级公安机关作出最终裁决,也可以直接向人民法院提起行政诉讼。根据《外国人入境出境管理法》第29条第2款规定,受公安机关罚款或者拘留处罚的外国人,对处罚不服的,可以向一级公安机关申请复议,由上一级公安机关作出最终裁决,也可以直接向人民法院提起行政诉讼。

2. 行政诉讼与民事诉讼。在1989年《行政诉讼法》颁布以前,我国一直是适用民事诉讼程序规范来审理行政案件,二者为并列的两大诉讼程序,有许多相同点。但是,行政诉讼与民事诉讼仍然存在着许多区别:

(1)诉讼客体和诉讼目的不同。行政诉讼的客体是行政争议,其目的是审查行政行为的合法性,为公民、法人或者其他组织提供法律救济;而民事诉讼的客体是民事争议,其目的是解决民事纠纷,保障当事人的民事权益。

(2)诉讼当事人及其诉权不同。行政诉讼中原、被告具有恒定性,原告只能是作为行政相对人对公民、法人和其他组织,被告只能是行使国家行政权的行政机关和法律法规授权的组织,两者位置不能互换;在民事诉讼中,公民、法人和其他组织既可以当原告,也可以当被告。

(3)审判依据的规范不同。行政诉讼的审判依据是行政诉讼法、行政实体法和行政程序法规范;民事诉讼的审判依据则是民事诉讼法和民事实体规范。

(4)能否适用调解不同。在民事诉讼中,由于当事人双方是平等的民事主体,对自己的民事权利有权自由处分,故而存在法院依法主持调解解决民事纠纷;而在行政诉讼中,被诉行政行为合法性审查部分禁止适用调解,法院在诉讼中不得调解当事人双方的争议,也不得以调解结案。

(5)诉讼是否有前置程序不同。在一些行政纠纷产生之后,必须要经过行政复议才能提起行政诉讼;而民事诉讼则没有类似的前置程序。

(6)举证责任不同。在民事诉讼中,举证责任一般按照“谁主张谁举证”的规则分配举证责任;而在行政诉讼中,基于行政机关行使职权的单方性、强制性,证明具体行政行为的合法性的举证责任由行政机关承担。

(7)判决和执行方式不同。在行政诉讼中,法院审理的重点是被诉具体行政行为的合法性,法院有权对具体行政行为作出维持、撤销、变更、履行等判决,但通常不对当事人在行政法上的权利义务直接作出判决,故行政诉讼的判决形式比较单一;而民事诉讼审理的是民事争议,法院有权作出确认判决、给付判决和变更判决,此类判决可以直接决定当事人的民事权利义务。此外,行政诉讼判决的执行措施也不同于民事诉讼,法律对原被告规定了不同的执行措施,且被告行政机关依法享有对部分判决的直接强制执行权。民事诉讼判决裁定的强制执行,则全部要由法院进行,而且强制执行措施普遍适用于民事诉讼原被告。

3. 行政诉讼与刑事诉讼。

(1)案件性质不同。刑事诉讼审理的是刑事案件,被告是被指控触犯刑法的犯罪嫌疑人;行政诉讼审理的是行政案件,被告是因行使行政职权与相对人一方发生争议的国家行政机关和法律、法规授权的组织。

(2)发动诉讼的主体不同。行政诉讼只能由行政相对人提起;而刑事诉讼一般由检察机关提起公诉或者被害人提起自诉。

(3)审理的目的和结果不同。审理刑事案件的目的是为了查明犯罪事实,正确适用法律,以惩罚犯罪,保护人民,其结果是宣告被告无罪或有罪而处以一定的刑罚;审理行政案件的目的是为了保护公民、法人和其他组织的合法权益,维护和监督行政机关依法行使职权,审理的结果是维持或撤销行政机关的具体行政行为或判决行政机关作出一定的行政行为,给予或不给予相对人行政赔偿等。

(4)审判的依据不同。行政诉讼的审判依据是行政诉讼法、行政实体法和行政程序法规范;刑事诉讼的审判依据则是刑事诉讼法和刑事实体法规范。

配套习题

一、单项选择题

1. 汪玉被武钢殴打,县公安局鉴定汪玉的伤势为轻微伤,对武钢处以拘留3天的处罚。汪玉不服,以自己是重伤,公安局对武钢的处罚过轻为由向法院提起行政诉讼。法院在诉讼期间对汪玉的伤势重新进行鉴定后,发现确属重伤。法院对此应当如何处理?( )

A. 变更处罚决定　　B. 撤销处罚决定

C. 确认处罚决定违法　　D. 中止审理此案

2. 甲地A公司将3辆进口车卖给乙地B公司,B公司将汽车运回期间受到乙地工商局查处。工商局以A公司无进口汽车证明,B公司无准运证从事非法运输为由,决定没收3辆汽车。A公司不服该决定提起诉讼。下列哪些内容是本案受理法院的主要审查对象?( )(律考1998年卷一,单选第27题)

A. 3辆汽车的性质

B. 公司销售行为的合法性

C. B公司购买行为的合法性

D. 工商局处罚决定的合法性

3. 甲村与乙村相邻,甲村认为乙村侵犯了本村已取得的林地所有权,遂向省林业局申请裁决。省林业局裁决该林地所有权归乙村所有,甲村不服。按照《行政复议法》和《行政诉讼法》规定,关于甲村寻求救济的下列哪种说法是正确的?( )(司考2006年卷二,第41题)

A. 只能申请行政复议

B. 既可申请行政复议，也可提起行政诉讼

C. 必须先经过行政复议，才能够提起行政诉讼

D. 只能提起行政诉讼

4. 2005 年 4 月 5 日，县交通局执法人员甲在整顿客运市场秩序的执法活动中，滥用职权致使乘坐在非法营运车辆上的孕妇乙重伤，检察机关对甲提起公诉。为保障自己的合法权益，乙的下列哪种做法是正确的？（　）（司考 2006 年卷二，第 44 题）

A. 提起刑事附带民事诉讼，要求甲承担民事赔偿责任

B. 提起行政赔偿诉讼，要求甲所在行政机关承担国家赔偿责任

C. 提起刑事附带行政赔偿诉讼，要求甲所在行政机关承担国家赔偿责任

D. 提起刑事附带民事诉讼，要求甲及其所在的行政机关承担民事赔偿责任

5. 因甲公司不能偿还到期债务，贷款银行向法院提起民事诉讼。银行在诉讼中得知市发展和改革委员会已于 2004 年 4 月 6 日根据申请，将某小区住宅项目的建设业主由甲公司变更为乙公司。后银行认为行政机关的变更行为侵犯了其合法债权向法院提起行政诉讼，请求确认市发展和改革委员会的变更行为违法。在银行的诉讼请求中应当首先包含下列哪一项？（　）

A. 撤销之诉　　B. 履行之诉

C. 确认之诉　　D. 变更之诉

6. 下列哪些情形下当事人必须先申请复议，对复议决定不服的才能提起行政诉讼？（　）（司考 2007 年卷二，第 49 题）

A. 县政府为汪某颁发集体土地使用证，杨某认为该行为侵犯了自己已有的集体土地使用权

B. 高某因为偷税被某税务机关处罚，高某不服

C. 派出所因顾某打架对其作了处罚，顾某认为处罚太重

D. 对县国土资源局作出的处罚不服

二、多项选择题

1. 李某购买中巴车从事个体客运，但未办理税务登记，且一直未缴纳税款。某县国税局要求李某限期缴纳税款 1 500 元并决定罚款 1 000元。后因李某逾期未缴纳税款和罚款，该国税局将李某的中巴车扣押，李某不服。下列哪些说法是不正确的？（　）（司考 2006 年卷二，第 80 题）

A. 对缴纳税款和罚款决定，李某应当先申请复议，再提起诉讼

B. 李某对上述三行为不服申请复议，应向某县国税局的上一级国税局申请

C. 对扣押行为不服，李某可以直接向法院提起诉讼

D. 该国税局扣押李某中巴车的措施，可以交由县交通局采取

2. A 市张某到 C 市购货因质量问题，张某拒绝支付全部货款，双方发生纠纷后货主即向公安机关告发。C 市公安机关遂以诈骗嫌疑将张某已购货物扣留，并对张某采取留置盘问审查措施。两天后释放了张某，但并没有返还所扣货物。张某欲提起行政诉讼。根据案情回答下列两题。如张某寻求救济，下列哪种说法是正确的？（　）（司考 2002 年卷二，不定项第 95 题）

A. 张某可直接向法院起诉

B. 张某可先提起复议，对复议决定不服再起诉

C. 张某只能申请复议，不能提起行政诉讼

D. 张某既可以直接起诉，也可以先经复议，对复议决定不服再起诉

3. 行政诉讼与民事诉讼都是我国的基本诉讼制度，关于二者的关系，以下哪些表述是正确的？（　）

A. 当解决行政争议成为解决相关民事争议的前提时，可能发生行政附带民事诉讼

B. 在民事诉讼中需要对有关具体行政行为的合法性进行审查时，民事诉讼一般应当终止审理

C. 民事诉讼中调解是重要原则，行政诉讼中除赔偿诉讼外，不得调解

D. 所解决的争议的性质不同是行政诉讼与民事诉讼的主要区别

4. 1995 年 5 月，某县公安局保安物品服务公司将其闲置的 5 间临街门面房出租给宏盛五金交店作为营业场所使用，期限为 5 年，每年由宏盛五金交店按季交付租金。1997 年 5 月 10

日,保安物品服务公司以宏盛五金交店虽经多次催促拒不交付当年第一季度的房租为由解除合同,并责令宏盛五金交店立即迁出房屋。宏盛五金交店愿意马上交付第一、二季度的租金,并请求不要解除合同,但未获得保安物品服务公司的同意。5月20日,保安物品服务公司见宏盛五金交店仍未迁出房屋,便强行查封了该5间房屋。宏盛五金交店对保安服务公司的查封行为不服,向该县法院提起诉讼。宏盛五金交店对保安物品服务公司的查封行为不服,是否可以提起行政诉讼?( )

A. 可以,因为查封行为属于行政强制措施,是具体行政行为

B. 可以,因为保安物品服务公司作为公安局设立的组织,其行为由公安局承担责任

C. 不可以,因为保安物品服务公司不是行政机关

D. 不可以,因为保安物品服务公司的查封行为属于民事行为

5.(接上题)如果保安物品服务公司申请该县公安局查封了房屋,宏盛五金交店是否可以提起行政诉讼?( )

A. 不可以,因为公安局是基于二者的租赁合同而不是行政管理关系采取的查封行为,查封行为不是具体行政行为

B. 可以,因为公安局无权插手一般的民事纠纷,该查封行为超越其职权,侵犯了宏盛五金交店的合法权益

C. 可以,因为公安局是行政主体,其实施了侵犯的具体行政行为侵犯相对人的合法权益,相对人当然可以提起行政诉讼

D. 不可以,因为本案本质上是因租赁合同引发的民事案件,没有必要提起行政诉讼

6. 位于大王乡的多金属硫铁矿区是国家出资勘察形成的大型硫铁矿基地。2003年5月,百乐公司向法定发证机关省国土资源厅申请办理该矿区采矿许可证。2003年11月1日,某市国土资源局以解决遗留问题为由向另一家企业强力公司颁发了该矿区的采矿许可证。2004年1月,省国土资源厅答复百乐公司,该矿区已设置矿权,不受理你公司的申请。关于百乐公司的救济途径,下列哪些说法是正确的?( )(司考2004年卷二,第72题)

A. 就省国土资源厅的拒绝发证行为应当先申请行政复议才能提起诉讼

B. 就省国土资源厅的拒绝发证行为可以直接向人民法院提起诉讼

C. 就市国土资源局向强力公司的发证行为应当先申请行政复议才能提起诉讼

D. 就市国土资源局向强力公司的发证行为可以直接向人民法院提起诉讼

7. 贾某借住陈某的房屋,后伪造陈某的身份证和房屋所有权证,将房屋卖给不知情的单某。房屋登记部门办理过户时未发现材料有假,便向单某发放了房屋所有权证。陈某发现房屋被卖时贾某已去向不明。陈某以登记错误为由,提起行政诉讼要求撤销登记。下列哪些选项是正确的?( )

A. 法院应判决房屋登记部门撤销颁发给单某的房屋所有权证

B. 单某是善意第三人,房屋登记部门不应当撤销给单某颁发的房屋所有权证

C. 陈某应当先申请行政复议,对复议决定不服的,才能向法院起诉

D. 陈某提起行政诉讼的最长期限是20年,自房屋登记机关作出过户登记之日起计算

三、简答题

1. 简述行政诉讼的概念和特征。

2. 简述行政诉讼与行政复议的关系。

四、案例分析题

某县医院根据上级文件的规定和主管部门批准,向县邮电局申请开通"120"急救电话,县邮电局拒绝开通,致使县医院购置的急救车辆和其他设施至今不能正常运转而遭受损失。县医院遂以县邮电局为被告向县法院提起诉讼,请求判令县邮电局立即履行开通"120"急救电话的职责,并赔偿县医院的经济损失。县邮电局辩称:"120"急救电话属于全社会,不属于县医院。根据文件的规定,县邮电局确对本县开通"120"急救电话承担义务,但是不承担对某一医院开通"120"急救电话的义务。原告申办"120"急救电话,不符合文件的规定,请求法院

驳回县医院诉讼请求。县法院经审理查明:医疗机构申请开通“120”急救电话的程序是:经当地卫生行政部门指定并提交书面报告,由地、市卫生行政部门审核批准后,到当地邮电部门办理“120”急救电话开通手续。原告县医院是一所功能较全、急诊科已达标的二级甲等综合医院,具备设置急救中心的条件。县卫生局曾指定县医院开办急救中心,开通“120”急救电话。县医院向被告县邮电局提交了开通“120”急救专用电话的报告,县邮电局也为县医院安装了“120”急救电话,但是该电话一直未开通。县医院曾数次书面请求县邮电局开通“120”急救电话,县邮电局仍拒不开通。(司考2002年卷四,第9题)

请问:本案县医院与县邮电局之间的争议属于民事争议还是行政争议?为什么?

参考答案

一、单项选择题

1. 答案:D

提示:本题考查的是行政诉讼与刑事诉讼的衔接问题

解析:汪玉的伤势被法院重新鉴定为重伤,意味着武钢的行为可能构成故意伤害罪,这是一个刑事争议。对此,涉及到对于犯罪嫌疑人的刑事处罚问题,应当另案由人民检察院提起刑事公诉,由刑事审判庭审理。行政庭应当中止审理此案,将该案移送有关司法机关处理,无权再作出行政审判,故A、B、C三项不正确。D项是唯一正确的作法。

2. 答案:D

提示:本题考查的是行政诉讼的审查对象

解析:行政诉讼是以行政机关的具体行政行为为审判对象,原告行为的合法性不是法院审查的对象。这也是以事实为依据原则在行政诉讼实践中的体现,要重点注意。故A、B、C三项不正确,D项正确。

3. 答案:B

提示:本题考查的是行政诉讼与行政复议的关系

解析:本题中省林业局对甲村与乙村之间的林地所有权进行裁决,对于这一裁决行为,甲村不服,既可以申请行政复议,也可以提起行政诉讼。请注意不可与《行政复议法》第31条第1款的规定混淆,根据该规定,公民、法人或者其他组织认为行政机关的具体行政行为侵犯其已经依法取得的土地、矿藏、水流、森林、山岭、草原、荒地、滩涂、海域等自然资源的所有权或者使用权的,应当先申请行政复议;对行政复议决定不服的,可以依法向人民法院提起行政诉讼。这一行政复议前置的情形仅仅适用于相对人认为行政机关的具体行政行为已经侵犯自己自然资源的所有权或者使用权的情形。根据以上分析,A、C、D三项不正确,B项正确。

4. 答案:B

提示:本题考查的是行政诉讼与刑事诉讼、民事诉讼的关系

解析:在我国没有刑事附带行政诉讼,故C项不正确;因为是执法人员甲的职务行为给乙造成损害,所以,乙不能直接向甲提起民事赔偿诉讼,A、D项不正确;正确的做法应当向甲所在的国家机关要求行政赔偿,提起行政赔偿诉讼,故B项正确。

5. 答案:C

提示:本题考查的是行政诉讼类型

解析:银行想向法院起诉要求确认市发展和改革委员会的变更行为违法,就是要确认某项行政法律关系的状态,因此在其诉讼请求中应当首先包含确认之诉。故A、B、D三项错误,C项正确。

6. 答案:A

提示:本题考查的是行政诉讼与行政复议的关系

解析:《行政复议法》第30条规定:“公民、法人或者其他组织认为行政机关的具体行政行为侵犯其已经依法取得的土地、矿藏、水流、森林、山岭、草原、荒地、滩涂、海域等自然资源的所有权或者使用权的,应当先申请行政复议;对行政复议决定不服的,可以依法向人民法院提起行政诉讼。”故A项正确。《税收征收管理法》第88条第1、2款规定:“纳税人、

扣缴义务人、纳税担保人同税务机关在纳税上发生争议时,必须先依照税务机关的纳税决定缴纳或者解缴税款及滞纳金或者提供相应的担保,然后可以依法申请行政复议;对行政复议决定不服的,可以依法向人民法院起诉。当事人对税务机关的处罚决定、强制执行措施或者税收保全措施不服的,可以依法申请行政复议,也可以依法向人民法院起诉。"故B项不正确。《治安管理处罚法》第102条规定:"被处罚人对治安管理处罚决定不服的,可以依法申请行政复议或者提起行政诉讼。"故C项不正确。《行政处罚法》第45条规定:"当事人对行政处罚决定不服申请行政复议或者提起行政诉讼的,行政处罚不停止执行,法律另有规定的除外。"故D项不正确。

第190页增加相应的答案

二、多项选择题

1. **答案**:AD

提示:本题考查的是特殊行政行为中行政复议与行政诉讼的关系,注意这是历年司法考试的重点

解析:根据《税收征收管理法》第88条第1、2款的规定,对缴纳税款决定不服的,应该先申请复议,然后才能提起行政诉讼,但对于税务机关的处罚决定、强制执行措施或税收保全措施不服的,可以申请复议,也可以提起行政诉讼,故A项错误,C项正确;根据《行政复议法》第12条第1款规定,国税系统属于垂直领导的行政机关,故应该向其上一级主管部门申请复议,B项正确;根据《税收征收管理法》第88条第3款的规定,强制执行措施应由作出处罚决定的税务机关实施,或申请人民法院实施,故D项错误。

2. **答案**:ABD

提示:本题考查的是行政复议的受案范围以及行政复议与行政诉讼的衔接问题

解析:公安机关在该案中的行为不是刑事司法行为,属于以刑事侦查为名插手经济纠纷的行为,是一般的行政侵权行为。故而相对人可以直接提起行政诉讼也可以先复议再诉讼,所以,A、B、D项正确,C项不正确。

3. **答案**:ACD

提示:本题考查的是行政诉讼与民事诉讼的关系

解析:A、C、D项从不同方面正确表述了行政诉讼与民事诉讼的区别与联系。在民事诉讼中需要对有关具体行政行为的合法性进行审查时,民事诉讼一般应当中止审理而非终止审理,在通过行政诉讼解决具体行政行为的合法性后,民事诉讼一般要继续进行,因此,B不正确。

4. **答案**:CD

提示:本题考查的是行政诉讼中法院审查的对象

解析:行政诉讼中法院的审查对象是行政机关的具体行政行为。保安物品服务公司是公安局下设的企业,不是行政机关,不享有任何行政职权,它无权查封其他企业,也不能以公安局的名义做出查封行为,实施的查封行为实质上是民事侵权行为,不是具体行政行为。由此引发的争议不是行政争议而是民事争议,C、D项正确。

5. **答案**:BC

提示:本题考查的是行政诉讼的概念

解析:宏盛五金交店与保安物品服务公司之间的争议因租赁合同引起,属于民事争议,公安局对此不享有管辖权限,A项错误。公安局插手干预民事纠纷,超越其职权,损害了宏盛五金交店的合法权益,该查封行为引起的争议属于行政争议,宏盛五金交店依法有权提起行政诉讼,D错误。

6. **答案**:BD

提示:本题考查的是行政复议与行政诉讼的关系

解析:本题中共有两个行政行为:①省国土资源厅不受理百乐公司办理采矿许可证申请的行为;②市国土资源局向强力公司颁发采矿许可证的行为。本题主要考察行政复议与行政诉讼的先后关系。《行政复议法》第30条第1款规定:"公民、法人或者其他组织认为行政机关的具体行政行为侵犯其已经依法取得的土地、矿藏、水流、森林、山岭、草原、荒地、滩涂、海域等自然资源的所有权或者使用权的,应当先申请行政复议;对行政复议决定不服的,可以依法向人民法院提起行政诉讼。"本题中由于百乐公司尚未取得采矿权,市国土资源局向强力公司颁发采矿许可证的行为并没有侵犯它的任何权利,所以这并不属于行政复议前置的情形,就市国土资源局向强力公司的发证行为可以直接向人民法院提起诉讼,故D项正确,C项不正确。省国土资源厅不受理百乐公司办理采矿许可证申请的行为属于不予受理行政许可的决定,行政相对人可以直接提起行政诉讼,故B项正确,A项错误。

7. 答案:BD

提示:本题综合考查了几个知识点,其中有行政复议与行政诉讼的关系,本题的难点是不动产登记的效力问题

解析:我国《物权法》第 9 条第 1 款规定:"不动产物权的设立、变更、转让和消灭,经依法登记,发生效力;未经登记,不发生效力,但法律另有规定的除外。"第 14 条规定:"不动产物权的设立、变更、转让和消灭,依照法律规定应当登记的,自记载于不动产登记簿时发生效力。"第 16 条规定:"不动产登记簿是物权归属和内容的根据。不动产登记簿由登记机构管理。"我国实行不动产物权登记生效要件主义,登记具有公信力。也就是说,真实权利人的权利不能对抗善意第三人经登记取得物权。故 A 项不正确,B 项正确。不动产登记并不属于复议前置的情形,故 C 项不正确。

《执行〈行政诉讼法〉若干问题的解释》第 42 条规定:"公民、法人或者其他组织不知道行政机关作出的具体行政行为内容的,其起诉期限从知道或者应当知道该具体行政行为内容之日起计算。对涉及不动产的具体行政行为从作出之日起超过 20 年、其他具体行政行为从作出之日起超过 5 年提起诉讼的,人民法院不予受理。"故 D 项正确。

三、简答题

1. 提示:参见本章"基础知识图解"中行政诉讼部分,从行政诉讼的概念和特征两部分回答

2. 提示:参见本章"重点知识讲解"中行政诉讼与其他相关制度的关系部分,从行政诉讼与行政复议的区别与衔接两方面回答

四、案例分析题

答案:县医院与县邮电局之间的争议属于行政争议而非民事争议。理由如下:

(1)邮电局具有行政主体资格。我国国有电信企业承担为社会提供公共服务的职能,国有电信企业行使有关行政管理职权时,为"法律法规授权的组织",具有行政主体资格。

(2)邮电局负有安装"120"急救电话的法定职责。根据案情可知,邮电局安装"120"急救电话的职责来源于关于医疗机构申请开通"120"急救电话的文件的规定,这是国家要求其承担公共服务职能的体现。一旦某所医院获准可以安装"120"急救电话,邮电局为之开通就是不可自由选择的法定义务。这种义务是行政法上的义务,而不是可以同对方当事人自主约定的民法上的义务。

在本案中,县医院经卫生行政部门批准获得安装"120"急救电话的资格,并向县邮电局提交了开通"120"急救专用电话的报告,县邮电局虽为县医院安装了"120"急救电话,但一直未开通,未完全履行其法定职责。邮电局的拖延行为违反了其依法承担的行政法义务,由此引发的争议是行政争议。

解析:本题主要目的在于考查考生对行政争议的理解与判断能力。具体内容参见本章"基础知识图解"中行政诉讼中行政争议部分。

第十八章　行政诉讼基本原则

内容提示

行政诉讼基本原则是指行政诉讼法规定的，贯穿于整个行政诉讼的主要过程，对行政诉讼活动起着支配作用的基本行为准则。通过本章的学习，应当了解行政诉讼基本原则的概念、作用；掌握行政诉讼基本原则的内容以及在该原则指导下产生的相应的行政诉讼制度；重点掌握具体行政行为合法性审查原则的内涵。

基础知识图解

一、行政诉讼基本原则的概念和作用

行政诉讼基本原则	概念	是指行政诉讼法规定的，贯穿于整个行政诉讼的主要过程，对行政诉讼活动起着支配作用的基本行为准则
	作用	主要有：①指导行政诉讼规则体系的建立；②有助于对行政诉讼规范的理解和解释；③规范行政诉讼各方的诉讼行为

二、行政诉讼基本原则的内容

行政诉讼基本原则的内容	人民法院依法独立行使行政审判权原则	主要包括：①行政审判权由人民法院统一行使；②独立审判的主体是人民法院；③人民法院行使行政审判权，必须依法进行；④人民法院行使行政审判权，不受行政机关、社会团体和个人的干涉
	以事实为依据、以法律为准绳原则	(1)以事实为依据：行政诉讼的目的是要审查具体行政行为的合法性，其所依据的事实应当是具体行政行为的证据事实 (2)以法律为准绳：这里的法律不仅包括全国人民代表大会及其常务委员会制定的法律，还包括行政法规和地方性法规
	对具体行政行为实施合法性审查原则★	主要包括：①行政诉讼只对具体行政行为进行审查；②行政诉讼原则上只审查具体行政行为的合法性；③作为合法性审查的例外，行政处罚显失公正的，人民法院也可就其合理性进行审查
	合议、回避、公开审判和两审终审原则★	(1)合议原则：指人民法院对行政案件的审理，由审判员或审判员与人民陪审员按照法定人数和组织形式组成合议庭进行 (2)回避原则：指承办行政案件的审判人员和其他有关人员于有法律规定应当回避的情形，应当经法定程序退出行政诉讼活动 (3)公开审判原则：指人民法院审理行政案件，除法律规定的特殊情况外，一律公开进行 (4)两审终审原则：指行政案件经过两级人民法院的审理即告终结

行政诉讼基本原则的内容	当事人法律地位平等原则	指在行政诉讼中,双方当事人平等地行使诉讼权利,其合法权利平等地受人民法院的保护。注意两点:①当事人法律地位平等,并不意味着当事人的诉讼权利和义务完全相同;②人民法院在适用法律上对双方当事人应当平等对待,不能因人而异
	民族语言文字原则	民族语言文字原则是宪法原则在三大诉讼中的体现。①用本民族语言文字进行诉讼是各民族公民的法定权利,任何人无权限制;②在少数民族聚居或者多民族共同居住的地区审理行政案件和发布法律文书时,应当采用当地民族通用的语言文字;③人民法院应当为不通晓当地民族通用的语言文字的诉讼参加人提供翻译
	辩论原则	指在人民法院的主持下,当事人有权就行政案件的事实和法律问题,陈述各自的主张和意见,互相进行反驳和答辩
	人民检察院实行法律监督原则	中华人民共和国人民检察院是国家的法律监督机关,其有权对行政诉讼实行法律监督,这是为了保障行政诉讼活动依法进行

重点知识讲解

一、具体行政行为合法性审查原则

这一原则是指人民法院审理行政案件,对具体行政行为是否合法进行审查。该原则规定在《行政诉讼法》第5条中。与刑事诉讼和民事诉讼相比,具体行政行为合法性审查原则是行政诉讼中具有特色的基本原则。

1. 对具体行政行为合法性审查的范围。

(1)从客体来看,人民法院只审查行政机关的具体行政行为,不审查行政机关的抽象行政行为和行政诉讼原告行为的合法性。根据《行政诉讼法》第11条和第12条有关行政诉讼受案范围的规定,对于受案范围之外的具体行政行为引起的争议,人民法院不能受理,当然也就不能审查。

(2)从内容来看,人民法院以审查具体行政行为的合法性为原则,以审查具体行政行为的合理性为例外。人民法院审查具体行政行为合法性的具体内容包括:①行政机关是否享有做出具体行政行为的权限,是否超越法定的职责权限以及是否依法享有事务管辖权、级别管辖权和地域管辖权,上述任何一方面违法都构成无权限或者超越权限。②具体行政行为的证据是否确凿充分、事实是否清楚,具体行政行为的证据是否具有合法性、关联性和客观性。③具体行政行为适用法律依据是否正确。④具体行政行为程序是否合法。行政机关不得违反法定程序,行政机关遗漏程序步骤、颠倒顺序、超越时限以及违反法定行为方式的,所作出的具体行政行为违法。⑤具体行政行为的目的是否合法。行政机关不得借用合法的形式,实现非法的目的。否则构成滥用职权,具体行政行为就会被撤销。总之,人民法院应当对具体行政行为的事实问题、法律问题、程序问题和实体问题进行全面审查。

在法定例外情况下,人民法院也可以审查具体行政行为的合理性。《行政诉讼法》第54条第4项规定,行政处罚显失公正的,可以判决变更。《行政处罚法》第4条第1、2款规定,行政处罚遵循公正、公开的原则。设定和实施行政处罚必须以事实为依据,与违法行为的事实、性质、情节以及社会危害程度相当。据此,如果行政处罚的轻重与案件的事实和情节明显不相适应,人民法院可以判决变更。所谓“可以”是指人民法院有权变更,这要根据案件的具体情况而定。

2.具体行政行为合法性审查的意义。

(1)具体行政行为合法性审查原则明确了行政机关与人民法院之间的制约关系。它表明,人民法院有权审查行政机关行使职权的行为。当然,人民法院介入行政管理的范围限于审查具体行政行为的合法性,既不能对行政机关进行全面干预,也不能代替行政机关进行行政管理,甚至作出具体行政行为。

(2)具体行政行为合法性审查原则具体化了公民、法人和其他组织的行政诉讼权利,对诉讼当事人、人民法院等诉讼主体进行行政诉讼活动具有指导意义。

二、合议、回避、公开审判和两审终审原则

合议、回避、公开审判和两审终审原则存在于三大诉讼之中,又被称为行政诉讼的基本制度。

1.合议原则(合议制度),是指人民法院对行政案件的审查,由审判员或审判员与人民陪审员按照法定人数和组织形式组成合议庭进行。人民法院审理行政案件,由审判员组成合议庭,或者由审判员、陪审员组成合议庭。合议庭的成员,应当是3人以上的单数。审判委员会在审判业务上对合议庭进行指导和监督。

2.回避原则,是指承办行政案件的审判人员和其他有关人员由于法律规定应当回避的情形,应当经法定程序退出行政诉讼活动。回避适用于审判人员、书记员、勘验人、鉴定人和翻译人员等。回避的条件是审判人员或其他有关人员与本案有利害关系或者其他关系可能影响公正审判。回避分为自行回避和申请回避两种。前者指符合法律规定的人员主动申请回避,后者指诉讼当事人申请审判人员和其他人员回避。当事人申请回避,应在案件开始审理时提出。回避事由在案件开始审理后知道的,也可以在法庭辩论终结前提出。申请回避,可以口头提出也可以书面提出。被申请回避的人员在人民法院作出回避决定前,应当暂停参与本案的工作,但需要采取紧急措施的除外。人民法院对当事人提出的回避申请,应当在申请提出的3日内,以口头或者书面形式作出决定,申请人对决定不服的,可以在接到决定时申请复议一次。复议期间,被申请回避的人员,不停止参加本案的工作。人民法院对复议申请应当在3日内作出复议决定,并通知复议申请人。

3.公开审判原则,指人民法院审理行政案件,除法律规定的特殊情况外,如涉及国家秘密、个人隐私等,一律公开进行。公开审判原则包括两项内容:①审判过程公开;②审判结果公开。公开审判要求人民法院的审判活动应当对社会公开,其实质意义在于将人民法院的审判活动置于诉讼当事人及广大群众的监督之下,确保审判公正。

4.两审终审原则,指行政案件经过两级人民法院的审理即告终结。当事人对第一审判决、裁定不服的,可以向上一级人民法院提起上诉,启动第二审程序。第二审人民法院的判决、裁定是终局裁定,对此,当事人不得再提起上诉。另外,最高人民法院是国家最高审判机关,其作出的一审判决、裁定,当事人不得上诉。

配套习题

一、单项选择题

1.甲地A公司将3辆进口车卖给乙地B公司,B公司将汽车运回期间受到乙地工商局查处。工商局以A公司无进口汽车证明,B公司无准运证从事非法运输为由,决定没收3辆汽

车。A公司不服该决定提起诉讼。下列哪些内容是本案受理法院的主要审查对象？（ ）

A. 3辆汽车的性质

B. 公司销售行为的合法性

C. B公司购买行为的合法性

D. 工商局处罚决定的合法性

2. 以下原则属于行政诉讼法特有原则的是（ ）

A. 独立审判原则

B. 当事人诉讼地位平等原则

C. 使用本民族语言文字的原则

D. 审查具体行政行为合法性的原则

3. 以下哪些不属于人民法院对行政行为进行审查的范围？（ ）

①具体行政行为的合法性

②规章的合法性

③行政处罚行为是否显失公正

④抽象行政行为的合理性

A. ②④　　B. ②③④

C. ①②③④　　D. ④

4. 下列有关我国行政诉讼内容的理解，错误的是（ ）

A. 行政诉讼的被告必须是行政主体

B. 行政诉讼的原告不能是行政机关

C. 行政诉讼的审查对象是行政主体的具体行政行为

D. 行政诉讼的审理机关是人民法院内部的行政审判庭

5. 某林业派出所购置森林防火指挥车一辆，并根据国家国森防2号文件有关森林消防专用车免征养路费的有关规定，向本县公路养路费征收办公室申请办理免征养路费证。但是，该县公路养路费征收办公室认为林业派出所属于事业单位，不予颁发养路费免征证，并对该车辆照章征费。林业派出所不服，向人民法院提起行政诉讼。问：对于林业派出所提起的诉讼，人民法院是否应当作为行政诉讼案件予以受理，为什么？（ ）

A. 应当，因为被告是行政机关

B. 应当，因为原告作为行政相对人，对具体行政行为不服，有权向人民法院提起行政诉讼

C. 不应当，因为原告是行政机关

D. 不应当，因为原告必须先申请行政复议，对复议不服才能向人民法院提起诉讼

6. 行政诉讼中原、被告的法律地位（ ）

A. 平等

B. 不平等

C. 完全对等

D. 人民法院在适用法律上对双方当事人可区别对待

二、多项选择题

1. 以下选项正确体现合法性审查原则的是（ ）

A. 法院认为工商局不予答复某公司向其申请颁发营业执照的行为构成不履行法定职责，判决工商局在一定期限内做出答复

B. 法院判决撤销工商局违法注销某销售企业营业执照的决定

C. 法院认为工商局对某公司的处罚过重，判决将罚款20 000元变更为5 000元

D. 法院维持工商局驳回某公民向其申请税务登记的决定

2. 行政诉讼法的基本原则有（ ）

A. 以事实为根据，以法律为准绳的原则

B. 具体行政行为的合法性审查原则

C. 合议、回避、公开审判和两审终审原则

D. 使用本民族语言文字进行诉讼原则

3. 以下关于行政诉讼中“当事人法律地位平等原则”的表述正确的是（ ）

A. 行政机关在行政诉讼中仍处于优越于原告人——公民、法人或其他组织的地位

B. 公民、法人或其他组织与行政机关均是法律地位平等的当事人，平等的享有诉讼权利

C. 诉讼中对原、被告适用的法律制度应完全一致，如果不一致，双方的法律地位就难言平等

D. 该原则强调的是双方当事人在行政诉讼、在司法权面前的平等，针对原被告设置不同的法律制度与此不矛盾

4. 以下关于“合法性审查原则”的意义表述正确的是（ ）

A. 该原则明确了行政权与司法权的界限

B. 该原则为评价行政行为的合法性提供了可操作的法律标准

C. 确认了公民、法人或其他组织请求司法救济

的权利

D. 明确了法院与行政机关之间监督与被监督的关系

三、简答题

具体行政行为合法性审查原则。

四、论述题

简述我国行政诉讼的基本原则。（考研中国人民大学2004年）

参考答案

一、单项选择题

1. 答案：D

提示：本题考查的是行政诉讼以事实为依据原则

解析：行政诉讼审查的是被诉具体行政行为的合法性，原告行为的合法性不是法院审查的对象。这也是以事实为依据原则在行政诉讼实践中的体现，要重点注意。D项正确。A、B、C三项不正确。

2. 答案：D

提示：本题考查的是“审查具体行政行为合法性的原则”这一行政诉讼的特殊原则

解析：在和民事诉讼、刑事诉讼的比较中，只有“审查具体行政行为合法性的原则”才是行政诉讼所独有的，而民事诉讼是审理民事主体之间的民事争议，刑事诉讼则是审理犯罪行为。故答案为D项。A、B、C项不正确。

3. 答案：A

提示：本题考查的是行政诉讼的审查范围

解析：行政诉讼一般是审查具体行政行为的合法性，例外的情况是对显失公正的行政处罚行为的合理性进行审查，故C项不正确。而规章等抽象行政行为不属于行政诉讼的审查范围，要注意的是人民法院对规章的适用是“参照”，实际上是赋予了法院审查规章是否合法的职权，但这并不表明行政诉讼的审查范围就包括了规章，因为这只是附带的行为，并不是行政诉讼的宗旨，而且在诉讼中也是反映不出来的。故A项正确。B、D项不正确。

4. 答案：B

提示：本题考查的是行政诉讼基本原则所对应的行政诉讼的内容

解析：行政诉讼的审查对象是具体行政行为的合法性，故C项不正确；人民法院依法审理行政诉讼案件，具体的审理机关是法院内部的行政庭，故D项不正确；行政诉讼的审查对象是具体行政行为的合法性，而具体行政行为只有行政主体才能作出，所以行政诉讼的被告只能是行政主体，故A项不正确；当行政机关作为行政相对人时，其合法权益受到具体行政行为侵害的，其有权起诉，故行政诉讼的原告可能是行政机关，故B项正确。

5. 答案：B

提示：本题考查的是对行政诉讼概念的理解

解析：同上第4题。

6. 答案：A

提示：本题考查的是行政诉讼中的平等原则

解析：《行政诉讼法》第7条明确规定，当事人在行政诉讼中的法律地位平等，故A项正确，B项不正确。完全对等是不可能做到的，因为行政诉讼原被告之间有巨大的差异，法律不可能对它们作出同等的要求，比如原告相对属于弱势，法律往往加重其权利，而增加行政机关的义务，从而使双方的法律地位平等，故C项错误。平等原则要求人民法院适用法律应当平等，否则平等原则就是空谈，故D项错误。

二、多项选择题

1. 答案：ABD

提示：本题考查的是合法性审查原则

解析：合法性审查原则最终要通过法院的判决加以体现。一般情况下，法院对于违法的具体行政行为予以撤销、确认违法或者无效，对于合法的具体行政行为加以维持或者确认合法，当行政主体构成不履行法定职责时判决其履行，都是合法性审查原则的体现。在行政处罚显失公正的情况下，法院可以判决变更，以司法决定取代行政决定，是对合法性审查的必要补充,同样是合法性审查原则的内容。

2. 答案:ABCD

提示:本题考查的是行政诉讼的四大原则

解析:参考本章“基础知识图解”中行政诉讼基本原则的内容部分。

3. 答案:BD

提示:本题考查的是对平等原则的理解

解析:平等原则要求公民、法人或其他组织与行政机关均是法律地位平等的当事人,平等地享有诉讼权利,履行诉讼义务。为了达到这一目的,针对不同当事人的实际情况,法律对不同当事人规定了不同的制度,因此,B、D项正确。行政机关享有法律赋予的职权,其实际能力优于公民、法人和其他组织,但其行政诉讼中的法律地位却是和公民、法人和其他组织是平等的,并没有优越。故A项不正确。正因为如此,如果对原被告使用相同的法律制度,那么二者在行政诉讼中平等的法律地位就无法实现了。

4. 答案:ACD

提示:本题考查的是对合法性审查原则的理解

解析:行政诉讼中人民法院只审查具体行政行为的合法性,而一般不审查其合理性,这是法律对司法权和行政权规定的一个界限,明确了二者的分工,故A项正确。正因为法院能够审查具体行政行为的合法性,故而才确立了法院与行政机关监督与被监督的关系,公民、法人和其他组织受到具体行政行为侵害的,就可以请求人民法院予以救济,故C、D项正确。但合法性审查原则只是一个法律原则,具体怎样审查合法性还有待具体的法律规范来规定,所以该原则远没有确立具体可操作的审查标准,故B项不正确。

三、简答题

提示:应从审查的对象和审查的深度两个方面回答

答案:《行政诉讼法》第5条规定,人民法院审理行政案件,对具体行政行为是否合法进行审查。因此,合法性审查原则包含两层含义:①合法性审查的对象是具体行政行为;②合法性审查的深度仅限于具体行政行为的合法性,而不能及于合理性。即人民法院的审查内容仅限于行政机关是否有为该行为的职权,是否滥用职权;据以作出具体行政行为的证据是否确实、充分;适用法律是否正确;是否遵循了法定程序。对于行政机关裁量权的运用是否恰当等具体行政行为的合理性问题,人民法院不能审查。

四、论述题

提示:参见本章“基础知识图解”和“重点知识讲解”,从行政诉讼法的基本原则概念、作用两个方面作答,结合我国《行政诉讼法》中列出的几项行政诉讼法的基本原则简要论述即可

第十九章　行政诉讼受案范围与管辖

内容提示

通过本章学习，了解行政诉讼受案范围的概念；理解受案范围确立的标准和方式；重点掌握人民法院受理的八大类行政案件和人民法院不予受理的事项；了解行政诉讼管辖的概念；重点掌握级别管辖、地域管辖和裁定管辖的具体内容。

基础知识图解

一、行政诉讼受案范围

行政诉讼受案范围	概念	也称法院的主管范围，是指人民法院受理行政案件的范围，即法律规定的、法院受理审判一定范围内行政案件的权限
	确立标准	主要包括：①符合我国政治制度的特点；②最大限度地保护公民、法人和其他组织的合法权益，同时要适应我国行政诉讼制度发展水平的实际情况；③稳定性和灵活性相结合
	确立方式	我国行政诉讼制度在确定受案范围上基本采取混合的方式。①以概括的方式确立行政诉讼受案范围的基本界限。公民、法人或者其他组织认为行政机关和行政机关工作人员的具体行政行为侵犯其合法权益，有权依照本法向人民法院提起诉讼。②以否定列举的方式对不属于行政诉讼受案范围的事项作了排除的规定。③以肯定列举的方式列出了应当受案的一系列具体行政案件

二、人民法院受理的行政案件

人民法院受理的行政案件★	《行政诉讼法》第11条列出了行政诉讼的受案范围： (1)对行政机关行政处罚不服的案件 (2)机关行政强制措施不服的案件 (3)行政机关侵犯法律规定的经营自主权的案件 (4)认为符合法定条件申请行政机关颁发许可证和执照，行政机关拒绝颁发或者不予答复的案件 (5)申请行政机关履行保护人身权、财产权的法定职责，行政机关拒绝履行或者不予答复的案件 (6)认为行政机关没有依法发给抚恤金的案件 (7)认为行政机关违法要求履行义务的案件 (8)行政机关侵犯其他人身权、财产权的案件 (9)法规规定可以起诉的其他行政案件

三、人民法院不予受理的事项

人民法院不予受理的事项★	《行政诉讼法》第12条具体列出了人民法院不受理的一系列事项： (1)国防、外交等国家行为 (2)抽象行政行为 (3)行政机关对行政机关工作人员的奖惩、任免等决定 (4)法律规定由行政机关最终裁决的具体行政行为 (5)公安、国家安全等机关依照刑事诉讼法的明确授权实施的行为 (6)行政机关的调解行为以及法律规定的仲裁行为 (7)不具强制力的行政指导行为 (8)驳回当事人对行政行为提起申诉的重复处理行为 (9)行政机关对公民、法人或者其他组织权利、义务不产生实际影响的行为

四、行政诉讼管辖

行政诉讼管辖	概念	是指人民法院之间受理第一审行政案件的分工和权限
	与行政诉讼受案范围的不同	受案范围解决的是人民法院对哪些行政案件拥有审判权；而管辖则是解决人民法院内部之间对某个行政案件究竟由哪个法院行使审判权的问题
	确立原则	主要有：①便于当事人进行行政诉讼原则；②保证人民法院正确、公正、有效行使审判权的原则；③人民法院均衡负担原则
	种类★	以不同的标准可以对行政诉讼管辖作出不同的分类：①级别管辖与地域管辖；②法定管辖与裁定管辖；③专属管辖与任意管辖

重点知识讲解

一、人民法院受理的行政案件

1. 对行政机关行政处罚不服的案件。行政处罚是行政机关依法对违反行政管理秩序的公民、法人或者其他组织的惩戒。《行政诉讼法》规定，人民法院受理公民、法人或者其他组织对拘留、罚款、吊销许可证和执照、责令停产停业、没收财物等行政处罚不服提起的行政诉讼。

2. 对行政机关行政强制措施不服的案件。行政强制措施是指行政机关为了查明情况或有效控制违法、危害状态，根据需要依法对有关相对人的人身或财物进行暂时性限制的强制措施。《行政诉讼法》规定，人民法院受理公民、法人或者其他组织对限制人身自由或者对财产的查封、扣押、冻结等行政强制措施不服提起的诉讼。

3. 认为行政机关侵犯法律规定的经营自主权的案件。法定经营自主权的主体主要包括各种企业和经济组织，包括国有企业、集体企业、合资企业、外资企业、私营企业等。在个人从事经营活动时，也享有经营自主权。经营自主权是指个人或者企业依法对自身的机构、人员、财产、原材料供应、生产、销售等各方面事务自主管理经营的权利。

4. 认为符合法定条件申请行政机关颁发许可证和执照，行政机关拒绝颁发或者不予答复的案件。许可证和执照是国家行政许可制度的主要表现形式。行政许可既是行政机关的职权，也是行政机关的职责，对于符合法定许可条件的公民、法人或者其他组织来讲，如果行政机关推诿或者拒绝许可，就剥夺、限制了公民、法人或者其他组织应当享有的合法权益，而许可证和执照与人身权利和自由以及财产权利又是有着直接关系的。因此，行政机关不予颁发许可证执照的行为，就是侵犯了公民、法人或者其他组织的人身权和财产权的一种表现。

需要注意的是，行政诉讼法这里所指的“许可证、执照”，应当泛指所有具有许可性质的具体行政行为，涵盖了整个行政许可制度。凡在实质上属于行政许可的，无论其是否冠以许可证、执照的名称，都在此范围之列。

5. 申请行政机关履行保护人身权、财产权的法定职责，行政机关拒绝履行或者不予答复的案件。这种案件形成的条件主要有：①公民、法人或者其他组织在面临人身权、财产权受到侵害时，依法向行政机关申请保护；②行政机关对公民、法人或者其他组织的申请拒绝或者不予答复；③被诉行政机关应当具有相应法定职责。如果公民、法人或者其他组织选择了错误的行政机关进行申请，该行政机关拒绝的，则不能提起行政诉讼。

6. 认为行政机关没有依法发给抚恤金的案件。抚恤金案件的原告和被告具有特定性。原告只能是享有抚恤金的公民个人，被告只能是依法具有发放抚恤金等专项费用职责的行政机关。行政机关未依法发放抚恤金的行为通常表现为：①不依法定标准发放抚恤金；②扣减抚恤金；③不按期发放抚恤金。

7. 认为行政机关违法要求履行义务的案件。所谓“违法要求履行义务”主要是指“三乱”，即“乱罚款”、“乱摊派”、“乱收费”。其中，“乱罚款”属于行政处罚案件的情形，“乱摊派”、“乱收费”属于行政征收案件。行政机关违法要求履行的义务可能是财产义务，也可能是行为义务。主要情形是：①法律、法规没有设定义务，但行政机关要求公民、法人或其他组织履行；②行政机关违反法定程序要求履行义务，如收费不出具法定的收据。

8. 认为行政机关侵犯其他人身权、财产权的案件。这类案件包括：①行政裁决案件。行政裁决是指行政机关对平等主体之间发生的与公共行政密切相关的民事纠纷作出的具有法律效力的处理。②行政确认案件。行政确认是指行政机关对特定的法律事实、法律关系或者法律状态作出具有法律效力的认定并且予以证明的具体行政行为。③行政检查案件。行政检查是指行政机关为了督促公民遵纪守法，而了解有关情况的具体行政行为。在检查过程中，行政机关可以采取进入场所、调阅帐表、扣押、查封、登记保存等多种手段。在这些措施侵害公民合法权益时，公民可以提起行政诉讼。④行政合同案件。行政合同不是具体行政行为，但是，在行政合同的签订、履行过程中，行政机关可能需要实施具体行政行为。当事人对行政合同中的具体行政行为不服的，可以起诉。

9. 法律、法规规定可以起诉的其他行政案件。《行政诉讼法》第11条第2款规定：“除前款规定外，人民法院受理法律、法规规定可以起诉的其他行政案件。”这就是说，对于其他超出行政诉讼法规定之外的行政案件，只要其他法律、法规规定可以起诉的，也都属于人民法院的受案范围。

二、人民法院不予受理的事项

根据《行政诉讼法》第12条和《若干问题的解释》的规定，人民法院不受理公民、法院或者其他组织对下列几类事项提起的诉讼：

1. 国防、外交等国家行为。此处所称的国家行为，是指国务院、中央军事委员会、国防部、外交部等根据宪法和法律的授权，以国家的名义实施的有关国防和外交事务的行为，以及经宪法和法律授权的国家机关宣布紧急状态、实施戒严和总动员等行为。

2. 抽象行政行为。抽象行政行为是指行政机关制定行政法规、行政规章和发布具有普遍约束力的决定、命令的行为。

3. 行政机关对行政机关工作人员的奖惩、任免等决定。行政机关对行政机关工作人员的奖惩、任免等决定是行政机关作出的、涉及公务员权利义务的各类决定的统称。除了奖惩、任免决定之外，行政机关的内部人事管理行为还包括行政机关对其工作人员作出的培训、考核、离退休、工资、休假等方面的决定。最高人民法院《关于监察机关作出的开除处分行为是否属于人民法院行政诉讼受案范围的答复》(2000 年 11 月 1 日)将监察机关作出的开除处分决定排除在受案范围之外。

4. 法律规定由行政机关最终裁决的具体行政行为。这里所说的"法律"只限于全国人民代表大会及其常务委员会制定、通过的规范性文件。

5. 公安、国家安全等机关依照刑事诉讼法的明确授权实施的行为。在我国，公安、国家安全等国家机关具有双重的职权身份：既是实施刑事案件侦查等刑事司法活动的机关，又是从事公安、国家安全等方面管理的行政机关。因而，既可以对刑事犯罪嫌疑人实施刑事侦查措施等刑事司法行为，又可对一般违反行政法的相对人实施行政处罚、行政强制措施等具体行政行为。刑事司法行为与具体行政行为具有不同的性质，它们各自针对的是不同的对象。我国的行政诉讼法目前只针对具体行政行为，因而公安、国家安全机关的刑事司法行为不在行政诉讼的受案范围之内。《若干问题的解释》第 1 条第 2 款第 2 项规定，公安、国家安全等机关依照刑事诉讼法的明确授权实施的行为，不属于人民法院行政诉讼的受案范围，公民、法人或者其他组织不服不得提起行政诉讼。当然，公安、国家安全等机关依照刑事诉讼法明确授权实施的刑事司法行为不属于人民法院行政诉讼的范围，并不代表公民由此遭受的侵害就无法得到救济。依据《刑事诉讼法》等规定，检察机关可以依法纠正司法机关的违法错误的刑事司法行为，另外，受害人也可以依法申请国家赔偿。

6. 行政机关的调解行为以及法律规定的仲裁行为。行政调解指行政机关劝导发生民事争议的当事人自愿达成协议的一种行政活动。行政调解针对的是发生了民事权益争议的当事人，没有强制性。也就是说，行政调解的最终结果是纠纷当事人自愿达成调解协议。由于行政调解没有公权力的强制属性，对当事人没有法律约束力，因此没有可诉性。

7. 不具强制力的行政指导行为。行政指导行为是行政机关以倡导、示范、建议、咨询等方式，引导公民自愿配合而达到行政管理目的行为，属于非权力行政方式。其特点是自愿性、灵活性、简便性和经济性。公民是否遵从行政指导，完全取决于其自身意愿。要注意，如果行政机关假借行政指导之名，强迫或者变相强迫相对人服从行政决定的，这种行政指导实际上是具体行政行为，具有可诉性。

8. 驳回当事人对行政行为提起申诉的重复处理行为。重复处理行为是指以行政机关根据公民的申请或者申诉，对原有的生效行政行为作出的没有任何改变的二次决定。重复处理行为实质上是对原已生效的行政行为的简单重复，并没有形成新的事实或者权利义务状态。人民法院不受理重复处理行为的主要原因是维护公共行政的稳定性和效率。

9. 行政机关对公民、法人或者其他组织权利、义务不产生实际影响的行为。这主要是指行政机关在作出行政行为之前实施的各种准备行动，例如行政机关开会讨论、征求意见等。由于行政行为尚未作出，最终的法律结论没有形成，起诉的客体没有形成。这里需要注意"实际影响"是指公民、法人或者其他组织的权利、义务发生了变化，例如限制、减少了权利，增加、免除、减少了义务等。

三、行政诉讼管辖

1. 级别管辖。级别管辖是指各级人民法院之间受理第一审行政案件的分工和权限。它仅指各级普通法院在受理第一审行政案件上的分工,不包括专门法院。行政诉讼的级别管辖分为:基层人民法院的管辖、中级人民法院的管辖、高级人民法院的管辖和最高人民法院的管辖。

(1)基层人民法院管辖的第一审行政案件。《行政诉讼法》第13条规定:"基层人民法院管辖第一审行政案件。"这一规定表明,除上级人民法院管辖的第一审行政案件外,一般行政案件均由基层人民法院作为一审法院。

(2)中级人民法院管辖的第一审行政案件。根据《行政诉讼法》第14条和最高人民法院《关于审理国际贸易行政案件若干问题的规定》的有关规定,中级人民法院管辖下列第一审行政案件:

第一,确认发明专利案件、海关处理的案件。确认发明专利的案件主要包括以下四种:①关于是否应当授予专利权的案件;②关于宣告专利权无效或者维持专利权的案件;③关于专利实施强制许可的案件;④关于处理专利侵权行为的案件。海关处理的案件,主要有海关处理的纳税案件和有关海关处罚、行政强制措施的行政案件等。

第二,对国务院各部门或省、自治区、直辖市人民政府所作的具体行政行为提起诉讼的案件。规定这类行政案件由中级人民法院管辖的原因主要是,这些行政机关的级别较高,所作的具体行政行为影响较大,涉及面较广,有较强的政策性。

第三,本辖区重大、复杂的行政案件。根据《最高人民法院关于行政案件管辖若干问题的规定》(法释【2008】1号)(以下简称《关于管辖的若干规定》)对此的界定,本辖区重大、复杂的行政案件是指以下四类案件:①被告为县级以上人民政府的案件,但以县级人民政府名义办理不动产物权登记的案件可以除外;②社会影响重大的共同诉讼、集团诉讼案件;③重大涉外或者涉及香港特别行政区、澳门特别行政区、台湾地区的案件;④其他重大、复杂的案件。

第四,当事人以特殊理由直接向中级人民法院起诉或当事人向有管辖权的基层法院起诉,但受诉法院7日内未立案也未作出裁定时当事人向中级人民法院起诉,该中级人民法院决定自己审理的。

《关于管辖的若干规定》还就中级人民法院对两种特殊情形的处理作了规定。

第一种情形:当事人以案件重大复杂为由或者认为有管辖权的基层人民法院不宜行使管辖权,直接向中级人民法院起诉,中级人民法院应当根据不同情况在7日内分别作出以下处理:①指定本辖区其他基层人民法院管辖;②决定自己审理;③书面告知当事人向有管辖权的基层人民法院起诉。

第二种情形:当事人向有管辖权的基层人民法院起诉,受诉人民法院在7日内未立案也未作出裁定,当事人向中级人民法院起诉,中级人民法院应当根据不同情况在7日内分别作出以下处理:①要求有管辖权的基层人民法院依法处理;②指定本辖区其他基层人民法院管辖;③决定自己审理。

由此可见,以上两种情形中当中级人民法院决定自己审理时,即属于中级人民法院管辖的新一类行政案件。值得注意的是,第二种情形是管辖权从基层法院向中级人民法院的移转,故实质上属于管辖权的移转。

(3)高级人民法院管辖的第一审行政案件。高级人民法院管辖本辖区内重大、复杂的第一审行政案件。

(4)最高人民法院管辖的第一审行政案件。最高人民法院管辖全国范围内重大、复杂的第一审行政案件。

2. 地域管辖。

(1)一般地域管辖。行政案件由最初作出具体行政行为的行政机关所在地的法院管辖。经复议的案件,复议机关改变原具体行政行为的,也可以由复议机关所在地人民法院管辖。

这里需要注意的问题是:①一般地域管辖适用于没有法定特殊因素的一般行政案件。如果一个案件兼具两种性质,应当优先适用特殊地域管辖的规定。例如,复议机关改变原具体行政行为的不动产案件,在管辖上应适用有关不动产的特殊管辖规定。②一般地域管辖采取了"原告就被告"原则。行政案件原则上由最初作出具体行政行为的行政机关所在地法院管辖。③复议机关维持原具体行政行为的案件,仍由作出原具体行政行为的行政机关所在地法院管辖。在这种情况下,复议决定是原具体行政行为的简单重复,审查的客体实际上仍然是原具体行政行为。④复议机关改变原具体行政行为的,可以由作出原具体行政行为的行政机关所在地法院管辖,也可以由复议机关所在地人民法院管辖,这是属于共同管辖的一种情形。复议机关改变具体行政行为意味着原具体行政行为丧失了效力,而作出了一个新的具体行政行为。

根据《若干问题的解释》第7条规定,所谓"复议决定改变原具体行政行为"是指如下情形之一:①复议决定改变了原具体行政行为所认定的主要事实和证据的。②改变原具体行政行为所适用的规范依据且对定性产生影响。所谓"改变",包括增加、减少、调整原具体行政行为所适用的法律条款,或者做出了新的解释,或者改变案件的定性。③撤销、部分撤销或者变更原具体行政行为的处理结果的。复议决定无论是否改变原具体行政行为所认定的事实和所适用的依据,只要最终处理结果改变原具体行政行为,就应当适用该条款的诉讼管辖。处理结果的改变有撤销、部分撤销、变更等形式。

(2)特殊地域管辖。

第一,对限制人身自由的行政强制措施不服而提起的诉讼,由被告所在地或者原告所在地法院管辖。《若干问题的解释》第9条第1款规定:"'原告所在地',包括原告的户籍所在地、经常居住地和被限制人身自由所在地。所谓经常居住地,是指公民离开住所地连续居住满1年以上的地方。所谓被限制人身自由所在地,是指公民被羁押、限制人身自由的场所所在地。"

第二,因不动产提起的诉讼,由不动产所在地的人民法院管辖。所谓不动产,是指形体上不可移动或者移动就会损失其经济价值的财产,如土地、建筑物、滩涂、山林、草原等。这里需要注意的问题是:①"不动产"的范围。行政诉讼法所称的"不动产",应当是指"不动产权",而不是指"不动产物"。具体包括:不动产所有权、使用权案件,建筑物的拆除、改建案件,不动产污染案件,自然权属征收案件,自然资源采伐许可案件等。②必须是"不动产案件",即"不动产"必须是案件的客体或者是当事人争议的标的,或者"不动产"是产生行政诉讼的原因。

根据最高人民法院《关于国有资产产权管理行政案件管辖问题的解释》(2001年2月21日),当事人因国有资产产权界定行为提起行政诉讼的,应当根据不同情况确定管辖法院。产权界定行为直接针对不动产作出的,由不动产所在地人民法院管辖。产权界定行为针对包含不动产在内的整体产权作出的,由最初作出产权界定的行政机关所在地人民法院管辖;经过复议的案件,复议机关改变原产权界定行为的,也可以由复议机关所在地人民法院管辖。

(3)共同管辖。共同管辖,是指两个以上的法院对同一个诉讼案件都有合法的管辖权的情况。行政诉讼法规定的共同管辖的情况有:

第一,行政复议决定改变原具体行政行为的案件,行政复议机关和原行政机关所在地的人民法院均有权管辖。

第二,采取限制人身自由的行政强制措施的案件,被告所在地的法院与原告户籍地、住所地、被限制人身自由所在地的法院都有权管辖。根据《若干问题的解释》第9条,如果行政机关基于同一事实既对人身又对财产实施行政处罚或者采取行政强制措施的,被限制人身权自由的公民、被扣押或者没收财产的公民、法人或者其他组织对上述行为均不服的,既可以向被告所在地人民法院起诉,也可以向原告所在地人民法院起诉,受案法院可以一并管辖。

第三,临界不动产案件,有关行政区域的人民法院都有权管辖。这里比较常见的是因临界库区、保护区而发生的案件。

为了避免管辖权争议,解决办法是:①原告选择。两个以上人民法院都有管辖权的案件,原告可以选择其中一个人民法院提起诉讼。②最先收到诉状的人民法院管辖。原告向两个以上有管辖权的人民法院提起诉讼的,由最先收到诉状的人民法院管辖。③受诉人民法院一并管辖。即在限制人身自由的强制措施案件中,行政机关同时采取其他行政措施的,原告可以选择法院,受诉人民法院可以一并管辖。④协商管辖或者指定管辖。因共同管辖发生争议的,有关法院可以协商;协商不成的,由共同上级法院指定管辖。

3. 裁定管辖。裁定管辖是由法院直接做出裁定或决定来确定诉讼管辖法院。裁定管辖包括移送管辖、指定管辖和移转管辖。

(1)移送管辖。这是指受诉人民法院在决定受理之后发现案件不属于自己管辖,将案件移送到有管辖权的法院。其要件是:①移送案件的法院已经决定受理,即诉讼程序已经开始但未审结。在审查起诉期间发现不属于自己管辖的,应当告知当事人向有管辖权的法院起诉,不产生移送问题;如果受诉法院已经作出了生效判决,也不发生移送管辖问题。②移送案件的法院对本案无管辖权,必须移送。③受到移送的法院认为自己也无管辖权的,不能再次移送。这时可能发生消极的管辖权争议,应当由共同上级法院解决。上级法院在未做出决定以前,该行政案件仍由受移送的法院管辖。④必须作出移送案件的裁定。受诉法院合议庭提出移送意见,报经法院院长批准之后裁定。受移送的法院不得拒收、退回或再自行移送。⑤法院在裁定移送之前,应当听取当事人意见。但是,法律和司法解释都没有规定当事人对移送裁定有上诉权。

(2)指定管辖。指定管辖,是指上级人民法院决定将行政案件交由下级法院管辖的制度。它有四种情形:

第一,有特殊原因,有管辖权的法院不能行使管辖权。所谓特殊原因,是指导致有管辖权的人民法院不能公正、及时审结案件的情况。包括:①事实原因。由于自然灾害、战争、意外事故等不可抗力事实。②法律原因。如法院与本案当事人有利害关系。

第二,法院之间发生管辖权争议。同级法院之间发生争议,应当互相协商;协商不成的,应当报请共同上一级法院决定管辖。

第三,当事人以案件重大复杂为由或认为有管辖权的基层人民法院不宜行使管辖权,直接向中级人民法院起诉或者当事人向有管辖权的基层人民法院起诉,受诉人民法院在7日内未立案也未作出裁定,当事人向中级人民法院起诉,中级人民法院根据情况指定本辖区其他基层人民法院管辖的。最高人民法院《关于管辖的若干规定》第2、3条对此作了规定。

第四,根据《关于管辖的若干规定》第4、5条的规定,基层人民法院对其管辖的第一审行政案件,认为需要由中级人民法院审理或者指定管辖的,或者对基层人民法院管辖的第一审行政案件,中级人民法院均可指定本辖区其他基层人民法院管辖。

(3)移转管辖。又称为管辖权转移,是指基于上级法院裁定,下级法院将自己管辖的行政案件转交上级法院审理,或者上级法院将自己有管辖权的案件,交由下级法院审理。这里需要注意的是:①转移的法院与接受的法院之间应当具有审级关系,没有上下级审级关系的法院之间不能移转管辖。②移转管辖的理由由法院裁量,但必须出于诉讼公正、效率的目的。③行政诉讼法对于移转管辖的程序没有规定。应当认为,移转管辖涉及当事人的诉权,应当听取当事人的意见,并且允许当事人上诉。

另外,最新的司法解释《关于管辖的若干规定》第2~5条规定了几种不同情形的移转管辖,需要注意。

(4)管辖权异议。管辖权异议,是指行政诉讼当事人对受理案件的法院提出的管辖权方面的异议。对此,《若干问题的解释》第10条规定:"当事人提出管辖异议,应当在接到人民法院应诉通知书之日起10日内以书面形式提出。对当事人提出的管辖异议,人民法院应当进行审查。异议成立的,裁定将案件移送有管辖权的人民法院;异议不成立的,裁定驳回。"

另外需注意,根据2008年《关于管辖的若干规定》第7条的规定,指定管辖不适用管辖权异议。

配套习题

一、单项选择题

1. 以下哪一事项属于人民法院的行政诉讼受案范围?( )

A. 某县人民武装部强制公民张某服兵役的行为

B. 劳动仲裁委员会对劳动争议依据劳动法规定进行的仲裁行为

C. 乡政府对某起邻里纠纷的居间调解行为

D. 某省政府制定该省计划生育罚款办法的行为

2. 下列选项中哪一项是能够提起行政诉讼的行为?( )

A. 某乡政府对几家农户土地纠纷进行裁决的行为

B. 某部委辞退其公务员的行为

C. 某乡政府发布通告劝导农民种植高产农作物的行为

D. 某公安机关按照刑事诉讼法规定对犯罪嫌疑人采取的监视居住

3. 某市原有甲、乙、丙、丁四家定点屠宰场,营业执照、卫生许可证、屠宰许可证等证照齐全。1997国务院发布《生猪屠宰管理条例》,该市政府根据其中确认并颁发定点屠宰标志牌的规定发出通告,确定只给甲发放定点标志牌。据此,市工商局将乙、丙两家屠宰场营业执照吊销,卫生局也将卫生许可证吊销。乙、丙、丁三家屠宰场对此不服,找到市政府,市政府称通告属于抽象行政行为,需遵守执行。下列说法不正确的是( )

A. 乙有权提起行政诉讼

B. 丙有权提起行政诉讼

C. 丁有权提起行政诉讼

D. 市政府的通告不属于行政诉讼范围

4. 公民肖某1998年在赴澳门探亲期间,通过其亲属在美国驻澳门总领馆,花2.5万美元购买了美国护照。后以美国公民的身份持用该护照多次出入国境。2002年10月某公安机关在调查肖某参与的一起案件中,发现肖某在购买外国护照后,没有向我国公安机关或国外的中国外交代表机关、领事机关申请办理退出中华人民共和国国籍手续,也未前往美国定居。根据《国籍法》的有关规定,肖某不具备退出、丧失或自动丧失中华人民共和国国籍的条件。因而,不承认其取得美国国籍。于是,该公安机关根据有关规定,在其所持的美国护照上做了不承认标记,然后将护照退还本人。肖某以公安机关在其所持的美国护照上做不承认标记构成行政侵权为由提起行政诉讼。那么人民法院的如下做法正确的是( )

A. 不予受理,因公安机关的行为属于国家行为,不属于行政诉讼的受案范围

B. 不予受理,因为马某不具备中国国籍,其不具备行政诉讼的原告资格

C. 受理,公安机关的行为属于行政诉讼的受案范围,该行为不属于国家行为

D. 按照行政诉讼法的规定，应先行受理，然后再驳回起诉，因为不仅该行为属于国家行为，而且马某不具备原告资格

5. 对下列行政行为能提起诉讼的是（　）

A. 对行政机关罚款不服

B. 内部行政行为

C. 由行政机关最终裁决的具体行政行为

D. 行政指导行为

6. 下列行政行为中不属于可诉范围的是（　）

A. 交警部门作出的吊销驾驶执照的行为

B. 公安人员强制将精神病人带离闹市行为

C. 工商部门拒绝发给申请者营业执照行为

D. 交通警察对交通事故的损害赔偿进行的调解处理

7. 下列行为属于国家行为的是（　）

A. 外交部与某国签订国际条约

B. 全国人大制定行政程序法

C. 安全局逮捕涉嫌间谍犯罪的甲某

D. 公安机关对违反出入境管理法的美国公民甲某处以拘留3天的处罚

8. 青川县人民政府的一名职工李某发表了小说《航天英魂》，作品反映了在航天行业默默奉献的技术人员高尚的爱国主义情操，引起了极好的社会效应，县政府因此向李某颁发了杰出青年的称号，根据该县规定，获得杰出青年称号的公民每年可获1 000元的奖励。后来李某的领导因与其不和，指示政府撤销了其杰出青年的称号，李某对此不服，向人民法院起诉县政府撤销其杰出青年称号的行为。以下说法正确的是（　）

A. 李某的起诉符合法律规定

B. 李某的起诉不符合法律规定，因为她是县政府的工作人员，对其的处理是内部行政行为

C. 李某的起诉不符合法律规定，她应对其领导提起民事诉讼

D. 李某的起诉不符合法律规定，因为撤销行为本身并没有剥夺李某的权益

9. X市X县工商局在进行执法检查时发现，该县机电公司从邻县贸易公司购进的3辆进口汽车的准运证均是伪造的，遂根据有关规定对机电公司作出没收3辆汽车和罚款5万元的处罚决定。县机电公司不服，向市工商局申请复议。市工商局认为县工商局的处罚过重，遂作出没收3辆汽车但不罚款的行政复议决定，如果机电公司对复议决定不服，下列哪个法院拥有对该案的管辖权？（　）

A. 县人民法院

B. 市工商局所在地人民法院

C. 县法院或市工商局所在地法院

D. 邻县人民法院

10. 重大涉外案件由下列哪个法院管辖？（　）

A. 基层法院　　B. 中级法院

C. 海事法院　　D. 专门法院

11. 张某为某市A区的个体户，一天他将200公斤苹果运往外市销售。途中被该市B区公安分局所设的检查站扣留，检查站以不准外销的理由将苹果强制收购。张某对此不服，向市公安局申请复议，市公安局维持了原处罚决定。张某仍不服，准备提起行政诉讼。请问，张某该向下面哪所法院提起诉讼？（　）

A. A区人民法院

B. B区人民法院

C. A区人民法院或B区人民法院

D. 市中级人民法院

12. 下列案件确定属于中级人民法院管辖的是（　）

A. 某公司要求确认其外观设计专利权的案件

B. 集团诉讼案件

C. 县人民政府为被告的案件

D. 卫生部为被告的案件

13. 甲、乙两村因土地所有权产生纠纷，向县人民政府申请解决，县人民政府裁决土地所有权属于甲村，乙村不服向上一级行政机关申请复议，复议机关维持了县人民政府的裁决。乙村仍不服，提起行政诉讼。那么，以下哪个法院有管辖权？（　）

A. 县人民政府所在地的人民法院

B. 复议机关所在地的人民法院

C. 争议土地所在地的人民法院

D. 县人民政府所在地的人民法院或复议机关所在地的人民法院

14. 甲乙两人互殴，公安机关依据《治安管

理处罚条例》进行调解处理。双方就医疗费赔付达成调解协议。事后，甲履行了协议而乙没有履行。甲依法可以选择的救济途径是（　）（司考2003年卷二，第96题）

A. 提起民事诉讼要求乙赔偿损失

B. 提起行政诉讼要求撤销该调解协议

C. 要求公安机关强制执行该调解协议

D. 提起行政附带民事诉讼要求撤销调解协议并判决乙赔偿损失

15. 2001年5月某市公安局以涉嫌诈骗为由对甲进行刑事立案侦查。公安局将甲带至局内留置盘问48小时，搜查了甲的住处，扣押了搜出的现金10万元，冻结了搜出的20万元银行存款，并对甲实行监视居住。次年1月，公安局以甲刊登虚假广告、骗取学生学费为由，决定没收非法所得10万元，解除冻结。此后公安局一直未对甲诈骗一事作出处理，甲向法院提起行政诉讼。下列何种行为可以成为法院的审理对象？（　）（司考2003年卷二，第99题）

A. 没收非法所得10万元

B. 扣押现金10万元

C. 冻结20万元银行存款

D. 留置盘问48小时

16. 王某户籍所在地是甲市A区，工作单位所在地是甲市B区。2002年1月王某在乙市出差时因涉嫌嫖娼被乙市A区公安分局传唤，后被该公安分局以嫖娼为由处以罚款500元。在被处罚以前，王某被留置于乙市B区两天。经复议王某对罚款和留置措施提起行政诉讼。下列哪一法院对本案没有管辖权？（　）（司考2005年卷二，第50题）

A. 甲市A区人民法院　B. 甲市B区人民法院

C. 乙市A区人民法院　D. 乙市B区人民法院

17. 甲、乙两村分别位于某市两县境内，因土地权属纠纷向市政府申请解决，市政府裁决争议土地属于甲村所有。乙村不服，向省政府申请复议，复议机关确认争议的土地属于乙村所有。甲村不服行政复议决定，提起行政诉讼。下列哪个法院对本案有管辖权？（　）（司考2007年卷二，第39题）

A. 争议土地所在地的基层人民法院

B. 争议土地所在地的中级人民法院

C. 市政府所在地的基层人民法院

D. 省政府所在地的中级人民法院

二、多项选择题

1. 下列情形中，可以提起行政诉讼的有（　）

A. 某县公安局认定王某殴打孙某致轻微伤，决定对王某处以拘留15天的行政处罚。王某不服，向市公安局申请复议，市公安局经过审查，认定孙某辨认错误，不是王某而是刘某殴打了孙某，撤销了县公安局的处罚决定，刘某欲起诉

B. 甲、乙为邻居，甲向当地规划部门申请建房，获得许可，但乙认为甲建房之后将影响其房屋的采光权，乙欲起诉

C. 甲把乙打伤，乙向公安机关报案后，县公安机关作出对甲拘留7天的处罚决定，甲认为处罚过重，向市公安局申请复议，市公安局经过复议，撤销了县公安局的处罚决定，乙欲起诉

D. 张的自行车被盗，怀疑是李所为，遂举报，某县公安局对李作出治安拘留15天的处罚决定，后来发现错误，决定撤销该处罚决定，张不服，欲起诉

2. 以下哪些反倾销案件属于人民法院受案范围？（　）

A. 有关倾销及倾销幅度、损害及损害程度的终裁决定

B. 有关是否征收反倾销税的决定

C. 追溯征收、退税、对新出口经营者征税的决定

D. 有关保留、修改或者取消反倾销税以及价格承诺的复审决定

3. 公民、法人和其他组织对下列哪些行为可以提起行政诉讼？（　）

A. 劳动鉴定委员会实施的能力鉴定行为

B. 工商局的合同鉴证行为

C. 大学根据《学位条例》拒绝发放学位证书的行为

D. 注册会计师协会对注册会计师职业证照不予年检的行为

4. 某市工商局经市规划局批准，在居民区盖了一栋高大的办公楼，由于距离过近，致使大批居民的住宅无法采光。下列说法正确的是（　）

A. 某市工商局的行为侵犯了附近居民的相邻权

B. 居民有权起诉规划局批准建楼的行为

C. 居民提起行政诉讼应当以某市工商局为被告

D. 居民无权起诉规划局的行为

5. 以下哪些行为属于行政诉讼法规定的“国家行为”的范畴？( )

A. 海关拒绝某未履行纳税义务的公民出境

B. 外经贸部代表我国加入 WTO

C. 国务院发布戒严令

D. 我国与大韩民国建交

6. 1999 年，某县政府认为今后几年内棉花的市场需求量很大，而现在市场上供不应求，因此号召本县农户扩大棉花种植面积，并规定，种植棉花的农户政府将优先供应农资，并在价格方面予以优惠，对棉花政府包购；种植其他作物的农户不得享受优惠供应农资的待遇，对其农产品政府也不按国务院规定的保护价收购。于是该县 50% 的农户将所有土地全部种植了棉花。不料县政府的决策判断错误，棉花第二年供过于求，价格暴跌。政府拒绝收购棉花，广大农户的棉花大量积压，造成很大损失。对本案中县政府的行为性质和可诉性认识错误的是( )

A. 这是政府的行政指导行为，对农户的权利义务不产生实际影响，不具有可诉性

B. 这是政府的行政指导行为，不具有强制力，不具有可诉性

C. 这是政府的行政指导行为，其具体内容既有利益诱导又包含了利益制裁，对农户的行为趋向具有强制力，具有可诉性

D. 这是政府与农户的行政合同行为，政府违反合同约定的义务，具有可诉性

7. 甲市刘某违反《治安管理处罚条例》，被乙市铁路公安分局给予拘留 10 天的处罚，刘某不服向乙市公安局申请复议，乙市公安局将处罚结果更改为罚款 200 元。刘某不服向法院提起行政诉讼。对此案有管辖权的法院有哪些？( )(司考 2003 年卷二，第 74 题)

A. 乙市铁路运输法院

B. 甲市刘某所在地基层人民法院

C. 乙市铁路公安分局所在地基层人民法院

D. 乙市公安局所在地基层人民法院

8. 商务部根据中国四家公司的申请并经调查公布了反倾销调查的终裁决定，认定从 A 国进口苯酚存在倾销，有关公司倾销幅度为 6% ~144%，决定自 2004 年 2 月 1 日起，对 A 国甲公司征收 6%、乙公司征收 144% 的反倾销税，期限均为 5 年。下列哪些说法是正确的？( )(司考 2004 年卷二，第 76 题)

A. 甲公司可以对商务部关于倾销幅度的终裁决定提起行政诉讼

B. 乙公司可以对商务部征收 144% 的反倾销税的决定提起行政诉讼

C. 法院应当参照国务院部门规章和地方政府规章对被诉行政行为进行审查

D. 法院可以参照有关涉外民事诉讼程序规定审理反倾销行政案件

9. 金某因举报单位负责人贪污问题遭到殴打，于案发当日向某区公安分局某派出所报案，但派出所久拖不理。金某向区公安分局申请复议，区公安分局以未成立复议机构为由拒绝受理，并告知金某向上级机关申请复议。下列哪些说法是正确的？( )(司考 2005 年卷二，第 85 题)

A. 金某可以向某区人民政府申请复议

B. 金某可以以某派出所为被告向法院提起行政诉讼

C. 金某可以以某区公安分局为被告向法院提起行政诉讼

D. 应当对某区公安分局相关责任人给予行政处分

10. 下列案件属于行政诉讼受案范围的有( )(司考 2005 年卷二，第 98 题)

A. 某区房屋租赁管理办公室向甲公司颁发了房屋租赁许可证，乙公司以此证办理程序不合法为由要求该办公室撤销许可证被拒绝。后乙公司又致函该办公室要求撤销许可证，办公室作出“许可证有效，不予撤销”的书面答复。乙公司向法院起诉要求撤销书面答复

B. 某区审计局对丙公司的法定代表人进行离任审计过程中，对丙、丁公司协议合作开发的某花园工程的财务收支情况进行了审计，后向丙、丁公司发出了丁公司应返还丙公司利润 30 万元的通知。丁公司对通知不服向法院提起诉讼

C. 某市经济发展局根据 A 公司的申请，作出鉴

于B公司自愿放弃其在某合营公司的股权，退出合营公司，恢复A公司在合营公司的股东地位的批复。B公司不服向法院提起诉讼

D. 某菜市场为挂靠某行政机关的临时市场，没有产权证。某市某区工商局向在该市场内经营的50户工商户发出通知，称自通知之日起某菜市场由C公司经营，各工商户凭与该公司签订的租赁合同及个人资料申办经营许可证。50户工商户对通知不服向法院提起诉讼

11. 某省甲市南区人民政府为改造旧城建设，成立一公司负责旧房拆除。郭某因与该公司达不成协议而拒不搬迁。南区人民政府决定对其住房强制拆迁。郭某对强制拆迁行为不服向南区人民法院提出行政诉讼，一个月未得到南区人民法院答复。下列哪些说法是正确的？(　)(司考2006年卷二，第87题)

A. 郭某可以向甲市中级人民法院起诉

B. 郭某可以向甲市中级人民法院申诉

C. 郭某可以向某省高级人民法院起诉

D. 因此案不属行政诉讼受案范围，南区人民法院不予答复是正确的

12. 甲公司与乙公司签订建设工程施工合同，甲公司向乙公司支付工程保证金30万元。后由于情况发生变化，原合同约定的工程项目被取消，乙公司也无资金退还甲公司，甲公司向县公安局报案称被乙公司法定代表人王某诈骗30万元。公安机关立案后，将王某传唤到公安局，要求王某与甲公司签订了还款协议书，并将扣押的乙公司和王的财产移交给甲公司后将王某释放。下列哪些说法是正确的？(　)(司考2006卷二，第90题)

A. 县公安局的行为有刑事诉讼法明确授权，依法不属于行政诉讼的受案范围

B. 县公安局的行为属于以办理刑事案件为名插手经济纠纷，依法属于行政诉讼的受案范围

C. 乙公司有权提起行政诉讼，请求确认县公安局行为违法并请求国家赔偿，法院应当受理

D. 甲公司获得乙公司还款是基于两公司之间的债权债务关系，乙公司的还款行为有效

三、名词解释

1. 行政诉讼受案范围

2. 国家行为

四、简答题

1. 简述法律确立行政诉讼受案范围的方式。

2. 我国中级人民法院受理的第一审行政案件。(考研北京大学2006年)

五、论述题

1. 不属于我国行政诉讼受案范围的情况有哪些？

2. 简述我国行政诉讼法规定的可诉行政行为与不可诉事项的范围。(考研北京大学2003年)

六、案例分析题

1. 甲系一个体工商户，经营服装生意，赚钱颇多，乙系甲朋友，了解甲的生意状况，常有嫉妒之心。某日乙邮寄一匿名信给甲，限甲在当年当月30日将现金10万元送往乙指定的一地点；并警告不得报警，否则，其尚在上学的十岁儿子丙将性命不保。甲接信后，很害怕，遂向当地A区公安分局B派出所报警。B派出所搪塞，一周后仍未回答复，距交款时间即当月30日还差五天，甲遂向当地基层法院提起诉讼，请求法院责令公安派出所提供人身保护。

请问：法院可否受理此案？为什么？

2. 万某系某国家行政机关工作人员，在一次因公出国归来时，其所携带应申报物品而未向海关通报，被海关查获。海关对其作出没收应申报而未申报物品和罚款1 000元的处罚。万某所在单位得知此事后，对其作出记过的行政处分。万某对上述两决定不服，向人民法院提起行政诉讼。

请问：人民法院应否受理此案？理由何在？

参考答案

一、单项选择题

1. 答案:A

提示:本题考查的是行政诉讼的受案范围

解析:行政机关的调解行为和法律规定的仲裁行为如劳动仲裁不属于行政诉讼范围,因此,BC两项不选,D项属于行政机关制定和发布具有普遍约束力的决定和命令,也不属于行政诉讼范围。A项属于行政机关违法要求履行义务,属于行政诉讼范围。

2. 答案:A

提示:本题考查的是行政诉讼受案范围中的行政裁决行为

解析:B项属于行政机关的内部行为;C项属于不具有强制力的行政指导行为;D项属于公安机关依照刑事诉讼法的明确授权实施的行为,以上行为均不属于行政诉讼的范围。

3. 答案:D

提示:本题考查的是属于行政诉讼受案范围的拒绝颁发许可证、执照的行为

解析:市政府的通告属于具体行政行为,因为它明确确定只给甲发放定点标志牌,这就意味着剥夺了乙、丙、丁三家屠宰场的屠宰资格。因此市政府的通告属于行政诉讼范围,乙、丙、丁均有权起诉。D项正确。

4. 答案:C

提示:本题考查的是不属于行政诉讼受案范围的国家行为的认定问题

解析:本题中公安机关根据有关规定,在肖某所持的美国护照上做了不承认标记,这一行为属于履行职权的具体行政行为,由于并不涉及到外交、国防等因素,因此不属于国家行为,具有可诉性。因此,C项正确。

5. 答案:A

提示:本题考查的是行政诉讼受案范围和除外情形

解析:根据行政诉讼法和相关司法解释的规定,行政机关的内部行为、没有强制力的行政指导行为和由行政机关终局裁决的行为,均不可以提起行政诉讼。要注意的是,是否是行政指导行为不能根据行政行为的名称判断,应当根据其实质上是否具有强制力来判断。行政处罚属于行政诉讼典型的受案范围,A项正确。

6. 答案:D

提示:本题结合交通部门的职权考查的是行政诉讼的受案范围

解析:吊销驾照属于行政处罚,强制带离现场属于行政强制措施,拒绝颁发营业执照的行为均属于行政诉讼的受案范围。故A、B、C项不正确。而交警的调解行为则不属于行政诉讼受案范围,因其没有强制执行的效力,不是具体行政行为,D项正确。

7. 答案:A

提示:本题考查的是国家行为的认定

解析:根据《若干问题的解释》第2条规定,国家行为是指国务院、中央军事委员会、国防部、外交部等根据宪法和法律的授权,以国家名义实施的有关国防和外交的行为。据此,B、C、D项不正确,不属于国防和外交的事项,而且实施主体也不正确。

8. 答案:A

提示:本题考查的是撤销荣誉称号和奖金的行为是否属于行政诉讼受案范围

解析:根据行政诉讼法的规定,只要具体行政行为事实上损害了公民、法人和其他组织的权益,就可以起诉。在本案中,县政府撤销授予李某的荣誉称号事实上也剥夺了她的奖金,损害了其合法权益,而在这个行政法律关系中,李某虽然是一个政府职工,但却以一个普通公民的身份接受"杰出青年"的称号,故其具有原告资格。A项正确。

9. 答案:C

提示:本题考查的是复议改变行政决定的管辖

解析:依照《行政诉讼法》第17条,经复议的案件,复议机关改变原具体行政行为的,既可以最初作出具体行政行为的行政机关所在地人民法院管辖,也可以由复议机关所在地法院管辖。C项正确。

10. 答案:B

提示:本题考查的是重大涉外案件的管辖

解析:根据《行政诉讼法》第14条的规定,中级人民法院享有对于重大复杂案件的管辖权,B项

正确。

11. 答案:B

提示:本题考查的是复议未改变原具体行政行为的管辖

解析:复议未改变原具体行政行为的,仍由作出原具体行政行为的行政机关所在地的基层人民法院管辖。故B区人民法院有管辖权,B项正确。

12. 答案:D

提示:本题考查的是中级人民法院的管辖范围

解析:参见本章“重点知识讲解”中第二部分,级别管辖关于中级人民法院管辖的规定。

13. 答案:C

提示:本题考查的是不动产案件的管辖

解析:参见本章“重点知识讲解”中关于特别地域管辖的论述。

14. 答案:A

提示:本题考查的是调解协议

解析:根据《若干问题的解释》第1条第2款第3项的规定,当事人对行政机关的调解行为不服提起诉讼的,不属于行政诉讼的受案范围,故BD两项不正确。本案中调解协议是甲乙双方自愿达成的,不属于行政行为。公安机关无权强制执行该调解协议,而只能强制执行其自己作出的具体行政行为,故C项错误。

15. 答案:A

提示:本题考查的是行政诉讼受案范围的排除

解析:主要涉及刑事司法行为。根据《若干问题的解释》第1条第2款第2项的规定,公民、法人或者其他组织对公安、国家安全等机关依照刑事诉讼法的明确授权实施的行为不服提起诉讼的,不属于行政诉讼的受案范围。本题中公安机关扣押现金10万元、冻结20万元银行存款以及对甲进行留置盘问的行为属于刑事强制措施。而没收非法所得的行为属于行政行为,因此可诉,故可以是人民法院审理的对象,A项正确。

16. 答案:B

提示:本题考查的是诉讼管辖

解析:对限制人身自由的行政强制措施不服提起的诉讼,由被告所在地或者原告所在地人民法院管辖。原告所在地,包括原告的户籍所在地、经常居住地和被限制人身自由地。王某的工作单位所在地甲市B区既非原告所在地,也非被告所在地,所以甲市B区人民法院没有管辖权。B项正确。

17. 答案:B

提示:本题考查的是行政诉讼管辖

解析:行政诉讼法规定了不动产的专属管辖规则。《行政诉讼法》第19条规定:“因不动产提起的行政诉讼,由不动产所在地人民法院管辖。”所以C项和D项不正确。《行政诉讼法》第14条规定:“中级人民法院管辖下列第一审行政案件:①确认发明专利权的案件、海关处理的案件;②对国务院各部门或者省、自治区、直辖市人民政府所作的具体行政行为提起诉讼的案件;③本辖区内重大、复杂的案件。”可以知道,本案是由行政复议决定引起的,所以被告是省政府,故应该适用上引条款第2项,A项应该排除,B项正确。

二、多项选择题

1. 答案:ABCD

提示:本题考查的是行政诉讼受案范围

解析:A、C、D三项均属于对行政处罚行为不服,法院应当受理诉讼。B项中公民对影响其相邻权的行政行为不服,属于行政诉讼范围。

2. 答案:ABCD

提示:本题考查的是反倾销案件的行政诉讼主管

解析:最高人民法院《关于审理反倾销行政案件应用法律若干问题的规定》第1条的规定:人民法院依法受理对下列反倾销行政行为提起的行政诉讼:①有关倾销及倾销幅度、损害及损害程度的终裁决定;②有关是否征收反倾销税的决定以及追溯征收、退税、对新出口经营者征税的决定;③有关保留、修改或者取消反倾销税以及价格承诺的复审决定;④依照法律、行政法规规定可以起诉的其他反倾销行政行为。

3. 答案:CD

提示:本题考查的是对一些具体行为是否可诉的判断

解析:目前对鉴定、鉴证一类的行为均不能起诉,因此,A、B项不选。

4. 答案:AB

提示:本题考查的是具体行政行为的认定和判断

解析:工商局建楼的行为影响了附近居民的采光,属于侵犯附近居民的相邻权,而工商局是经过市规划局批准才建楼的,因此对于市规划局批准建楼的行为有权起诉，因此，A、B 项应选。居民提起行政诉讼应当以市规划局为被告，因此，C 项不对。

5. **答案**:BCD

提示:本题考查的是对行政诉讼中“国家行为”的认定

解析:A 项属于具体行政行为。B、D 项属于外交行为，C 项属于实施戒严的行为，不属于行政诉讼范围。

6. **答案**:ABD

提示:本题考查的是对行政指导行为的认定

解析:首先，县政府的行为属于行政指导行为，不是行政合同，D 项不正确。其次，不属于行政诉讼范围的行政指导行为必须是不具有强制力的，本题中县政府的指导行为既有利益诱导又有制裁，对农户实际上有强制力，属于可诉的行政行为。

7. **答案**:CD

提示:本题考查的是行政诉讼的级别管辖

解析:根据《若干问题的解释》第 6 条第 2 款，专门法院不审理行政案件，因此，A 项错误。本案中的拘留属于限制人身自由的行政处罚，不适用《行政诉讼法》第 18 条的规定，因此，B 项错误。由于复议机关乙市公安局改变了乙市铁路公安分局的决定，根据《行政诉讼法》第 13、17 条的规定，本案中的管辖法院包括最初作出行政行为的行政机关所在地人民法院，即乙市铁路公安分局所在地的基层人民法院和复议机关所在地人民法院，即乙市公安局所在地的基层人民法院。

8. **答案**:ABD

提示:本题考查的是行政诉讼范围和法律适用

解析:C 项没有依据，所以不正确。其他三项都以 2002 年最高人民法院《关于审理反倾销行政案件应用法律若干问题的规定》的相关规定为依据，A、B 两项的依据都是该规定第 1 条，D 项依据是该规定第 11 条。

9. **答案**:ABCD

提示:本题考查的是对行政不作为的行政复议和行政诉讼

解析:依《行政复议法》第 20 条，行政复议机关无正当理由不予受理复议申请，上级行政机关应当责令其受理；必要时，上级行政机关也可以直接受理。因此，A 正确。派出所对金某的报案久拖不理，区公安分局以未成立复议机构为由拒绝受理复议，均构成行政不作为，金某均可向对二者提起行政诉讼，故 B、C 项正确。又依《行政复议法》第 34 条，D 项也正确。

10. **答案**:BCD

提示:本题考查的是行政诉讼受案范围

解析:A 项中的书面答复属于驳回当事人对行政行为提起申诉的重复处理行为，不属于受案范围，所以，A 项不正确。B 项中的通知、C 项中的批复、D 项中的通知分别属于《行政诉讼法》第 11 条第 8 项、第 3 项、第 1 项规定的可诉行政行为。

11. **答案**:AB

提示:本题考查的是行政诉讼管辖和受案范围

解析:本案中有关管辖的法院是南区人民法院，但郭某提起行政诉讼后，该法院没有答复。根据《若干问题的解释》第 32 条第 3 款的规定，受诉人民法院在 7 日内既不立案，又不作出裁定的，起诉人可以向上一级人民法院申诉或者起诉。因此，A、B 项正确。南区人民政府的强制拆迁行为已经侵犯郭某的合法财产权，属于行政诉讼受案范围，因此，D 项错误。

12. **答案**:BC

提示:本题考查的是行政诉讼的受案范围

解析:甲乙公司之间的债务纠纷应通过民事诉讼途径解决，公安局无权插手干预，且王某并未构成犯罪，故公安局要求王某签订还款协议书及扣押财产的行为，并非《刑事诉讼法》明确授权的行为，应属于行政诉讼受案范围，A 项错误，B 项正确；乙公司对公安局的违法行为有权提起行政诉讼，但由于公安局的违法行为已经实施完毕，故只能要求确认该行为违法，并可以其他国家赔偿，C 项正确；甲乙公司之间的债权债务纠纷应由法院判断，公安局的违法行为虽导致了还款行为，但还款行为的前提和基础是违法无效的，故该还款行为同样无效，D 项错误。

三、名词解释

1. **提示**:参见本章“基础知识图解”中行政诉讼受案范围部分

2. **提示**:应依据《若干问题的解释》第 2 条回答

答案:行政诉讼法司法解释第 2 条规定，国家行为是指国务院、中央军事委员会、国防部、外交部等根据宪法和法律的授权，以国家的名义实施的有关国防和外交事务的行为，以及经宪法和法律授权的国家机关宣布紧急状态、实施戒严和总动员等行为。因此，国家行为就是那些以国家名义实施的、涉及国家主权或重大国家利益的具有政治意义的行为。

四、简答题

1. **提示**:本题不能仅依我国情况回答,应将受案范围列举的情况包括其他国家通常采取的方式简要列出

答案:世界各国规定法院受理行政案件范围的模式很不一致,总体上有以下三种情况:

(1)概括式规定。概括式规定是指由统一的行政诉讼法典对法院的受案范围作出原则性的概括规定。所以其立法背景使其受案范围非常宽泛。

(2)列举式规定。列举式规定有肯定的列举和否定的列举两种方式。肯定的列举是指行政诉讼法或其他法律、法规对于法院能受理哪些行政案件,一一具体加以列举,被列举的行政案件属于受案范围,未加列举的,法院不得受理。其立法背景使其受案范围非常狭小。

否定的列举也称排除式,是指法律对不属于行政诉讼受案范围的事项,即法院不能受理的事项,一一具体加以列举,凡被列举的事项都不属于行政诉讼受案范围,而未作排除列举的则都在行政诉讼的受案范围之内。其立法背景使其受案范围非常广泛。

(3)混合式规定。又称结合式规定,即采取列举与概括相结合的方式规定行政诉讼受案范围。根据上述三种模式的立法背景之间的逻辑关系,混合式只可能是概括式和否定列举的混合。

2. **提示**:参见本章"重点知识讲解"中行政诉讼管辖中的级别管辖部分,结合相关法律和司法解释的规定简要列出中级人民法院管辖的第一审案件范围即可

五、论述题

1. **提示**:《行政诉讼法》第12条和司法解释对此作了规定,结合法条阐明原理即可,参见本章重点知识讲解二

2. **提示**:本题实际上考查的是行政诉讼的受案范围。参见本章"基础知识图解"中的行政诉讼受案范围部分和"重点知识讲解"中人民法院受理的行政案件和人民法院不予受理的事项部分。因此,应当从受案范围的概念、具体规定两方面简要回答

六、案例分析题

1. **答案**:法院可以受理。在本案中甲要求公安局派出所民警为其儿子丙提供人身保护,公安派出所却未作出任何答复,而保护公民人身权、财产权属于公安机关的法定职责,因此本案中派出所的行为属于行政不作为。根据行政诉讼法的规定,申请行政机关履行保护人身权、财产权的法定职责,行政机关拒绝履行或不予答复的,属于行政诉讼的范围,因此法院可以受理此案。

解析:本题主要目的在于考察考生对行政诉讼受案范围的掌握情况。参见本章重点知识讲解一。

2. **答案**:人民法院应当受理万某不服海关没收和罚款具体行政行为的起诉,不应当受理万某对单位处分不服的起诉。因为,海关作出的没收万某应申报而未申报的物品并罚款1 000元具体行政行为,万某不服,依据《行政诉讼法》第2条规定的受案范围起诉,人民法院应当受理。但单位对万某的处分行为,属于行政机关内部行政行为,不属于行政诉讼受案范围。故人民法院不应受理万某对单位处分不服的起诉。

解析:本题主要目的在于考察考生对行政诉讼受案范围的掌握情况。人民法院只受理对行政处罚不服的起诉,不受理对行政处分的起诉;前者属于行政诉讼受案范围内的行政处罚案件,后者是行政机关对其工作人员实施的奖惩、任免等内部行为,不在行政诉讼的受案范围内。

第二十章　行政诉讼参加人

内容提示

行政诉讼参加人是行政诉讼制度的重要组成部分。通过本章的学习，了解行政诉讼参加人的概念、范围和特征等；重点掌握行政诉讼的原告资格及其转移、被告的确认和法定类型、共同诉讼人、行政诉讼第三人制度；了解行政诉讼代理人制度。

基础知识图解

一、行政诉讼参加人概述

行政诉讼参加人	概念和范围		是指作为行政诉讼主体，起诉、应诉以及参加到行政诉讼活动中来的人。包括当事人和其地位类似于当事人的诉讼代理人。当事人包括原告、被告和第三人。诉讼代理人包括法定代理人、指定代理人和委托代理人
	行政诉讼当事人	概念特征	(1)是指因具体行政行为的合法性发生争议，以自己的名义起诉、应诉和参加诉讼，并受人民法院裁判拘束的人。当事人有狭义和广义之分。狭义当事人仅指原告与被告，包括共同原告与共同被告；广义的当事人除原告和被告外，还包括第三人。本书采广义说 (2)特征：①行政诉讼当事人是发生争议的行政法律关系的主体；②以自己的名义参加诉讼；③与案件有直接利害关系；④受人民法院裁判拘束
		当事人行政诉讼的权利能力和行为能力	(1)行政诉讼权利能力：指当事人拥有的能够以自己名义进行行政诉讼活动并享有诉讼权利、承担诉讼义务的资格和能力，又称当事人能力。在我国，公民、法人和其他组织以及行政机关都具有行政诉讼权利能力 (2)行政诉讼行为能力：指当事人能够亲自进行行政诉讼活动，具有的独立行使诉讼权利和履行诉讼义务的能力，又称诉讼能力。当事人要亲自参加行政诉讼，必须具备行政诉讼行为能力。我国行政诉讼法对行政诉讼行为能力没有明确规定，可参照民事诉讼的有关规定
		诉讼权利和诉讼义务	(1)诉讼权利包括：①与实体权益直接相关的诉讼权利。如原告的起诉权，变更或增加诉讼请求的权利，撤诉权和上诉权；被告有应诉权和答辩权，在一审中改变其具体行政行为和上诉权。②程序上的诉讼权利。如申请回避权，举证权，辩论权，委托代理权，查阅、复制本案材料以及有关法律文件的权利等。③对法院生效裁判的执行申请权。胜诉一方有权向人民法院申请执行 (2)诉讼义务包括：依法行使诉讼权利，按时到庭参加诉讼，履行举证义务，遵守法庭秩序，自觉履行生效的法律文书等。在行政诉讼中，原告与被告的诉讼权利、义务并不对等。如原告有起诉权，而被告没有发诉权；举证责任倒置等

二、行政诉讼原告

行政诉讼原告★	概念范围	是指对行政机关具体行政行为不服,以自己的名义起诉,请求法律保护而引起行政诉讼程序的公民、法人和其他组织。包括:①公民;②法人;③其他组织
	原告资格	行政诉讼原告资格,是指某一公民或者组织充当行政诉讼原告所应具备的条件。可分为三项:①原告必须是行政相对人;②原告必须是认为其合法权益受到具体行政行为侵害的人;③原告必须是受可诉具体行政行为侵害的人
	原告资格的转移	主要包括:①有权提起诉讼的公民死亡,其近亲属可以提起诉讼;②有权提起诉讼的法人或者其他组织终止,承受其权利的法人或者其他组织可以提起诉讼
	特殊情况下原告的确认★	(1)侵权案件中受害人的原告资格问题 (2)受具体行政行为侵害的第三人的原告资格问题 (3)侵犯经营自主权案件中的原告资格问题

三、行政诉讼被告

行政诉讼被告★	概念特征	(1)是指原告指控其具体行政行为侵犯原告的合法权益而向人民法院起诉,人民法院受理后通知其应诉的行政机关和法律、法规授权的组织 (2)特征:①被告恒定为作为行政主体的行政机关和法律、法规授权的组织;②被告是被人民法院通知应诉的人;③被告原告处于对立地位
	被告的确认	行政诉讼被告的确认应遵循两个规则:①被告须为行政主体;②被告须为其行为引起行政争议的行政主体
	被告的法定类型	主要包括:①直接起诉的被告;②经过复议程序的被告;③共同作出具体行政行为的被告;④法律、法规授权组织作为被告;⑤受委托的组织作出具体行政行为时的被告;⑥行政机关被撤销后的被告;⑦派出机关及派出机构作为被告

四、共同诉讼人

共同诉讼人	概念	是指共同诉讼的当事人,包括共同诉讼的原告和被告
	必要的共同诉讼人	(1)必要的共同诉讼,是指当事人一方或双方为两人以上,诉讼的标的是同一具体行政行为的诉讼。其原告和被告统称为必要共同诉讼人 (2)实践中,必要共同诉讼人主要有以下几种情况:①行政诉讼中的共同被处罚的人;②侵权案件中的致害人和受害人均对给予致害人的行政处罚不服,提起诉讼,致害人和受害人是共同原告;③其他具体行政行为的共同受害人,均对具体行政行为不服提起诉讼,受害人是共同原告;④被指控违法的具体行政行为由两个以上的行政机关作出,参与作出的行政机关为共同被告 (3)对必要共同诉讼人,法院有义务通知未起诉的其他共同原告参加诉讼,当如果有原告资格的人不愿起诉,法院不得强行追加,可以通知他们作为第三人参加诉讼。对于必要共同被告,原告起诉中有遗漏的,人民法院有权在征求原告人同意的基础上追加被告,并通知被告应诉。被追加的被告无权拒绝应诉
	普通的共同诉讼人	(1)普通的共同诉讼,是指当事人一方或双方为两人以上,诉讼标的同一,由法院合并审理的诉讼。普通共同诉讼中的共同原告和共同被告统称为普通共同诉讼人 (2)与必要共同诉讼人不同的是,普通共同诉讼人之间没有必然联系,其诉讼行为不影响其他共同诉讼人

五、行政诉讼第三人

行政诉讼第三人	概念特征	(1)行政诉讼第三人,是指与被诉具体行政行为有利害关系、申请参加或者由人民法院通知其参加到行政诉讼中来的其他公民、法人或者其他组织 (2)特征:①第三人是原告、被告以外的人。②第三人具有独立的诉讼地位。第三人参加诉讼是为了维护自己的合法权益,有权站在原告或者被告的立场上进行诉讼,或者仅主张自己的权益。③第三人参加的是他人已经开始、尚未结束的诉讼。④第三人参加诉讼的方式有两种,申请参加和由人民法院通知参加
	第三人资格	是指某一公民、法人或其他组织充当行政诉讼第三人所应具备的条件。包括两项:①第三人必须是行政诉讼原告、被告以外的其他公民、法人或者其他组织。②第三人必须同被诉具体行政行为有利害关系,即法律上的权利义务关系
	第三人的几种情形	(1)行政处罚案件中的第三人:①行政处罚案件中的受害人或被处罚人;②行政处罚案件中的共同被处罚人 (2)行政裁决案件中的第三人。行政裁决通常对一方有利,对另一方不利,其中,不利的一方起诉的,另一方当事人可以作为第三人参加诉讼 (3)受具体行政行为影响的第三人 (4)具体行政行为冲突案件中的第三人。当两个以上行政机关作出相互矛盾的具体行政行为时,非被告的行政机关作为第三人 (5)参与作出具体行政行为的非行政机关第三人
	第三人参加行政诉讼的程序	(1)第三人参加诉讼的时间为原诉讼开始以后,终结以前 (2)参加诉讼的方式有两种:①第三人主动申请参加,由法院决定;②第三人虽未主动申请,法院通知其参加诉讼

六、行政诉讼代理人

行政诉讼代理人	概念	行政诉讼代理人,是指在代理权限内,以当事人的名义进行行政诉讼活动的人
	特征	主要包括:①行政诉讼代理人只能以行政诉讼当事人的名义参加行政诉讼活动;②行政诉讼代理人只能在代理权限范围内活动;③行政诉讼代理人在代理权限内的诉讼行为,其法律后果归属于被代理人
	种类	(1)法定代理人。是指根据法律规定而享有代理权、代替无诉讼能力人进行诉讼的人。法定代理人为全权代理,具有与当事人基本相同的地位,可以处分实体权利和诉讼权利,其实施的一切行为视同当事人的行为 (2)指定代理人。是指基于法院指定而享有代理权、代替无诉讼行为能力人进行行政诉讼的人。在法定代理人互相推诿代理责任的或者法定代理人不能行使代理权的,可由人民法院指定其中一人代为诉讼。指定代理人为法定代理人的,其权限为全权代理;为法定代理人以外的,代理权由法院确定 (3)委托代理人。是指受当事人、法定代理人的委托代理进行行政诉讼活动的人

重点知识讲解

一、行政诉讼原告

1. 行政诉讼原告资格。行政诉讼原告资格，是指某一公民或组织充当行政诉讼原告所应具备的条件。行政诉讼原告资格的确立主要是为了明确相对人的诉权，防止乱诉，避免司法成本的浪费和保证行政秩序的稳定。原告资格必须具备的三项条件是：

(1)原告必须是行政相对人。建立行政诉讼制度的根本目的在于为相对人提供法律救济、保障相对人的合法权益；而行政机关拥有法定的权力和手段，可迫使相对人服从管理，无需通过诉讼的途径来达到管理的目的。需要指出的是，行政机关在法律上具有双重地位，当其作为行政主体，是不具有原告资格；但当其作为相对人的身份，接受其他行政机关的管理，受到具体行政行为侵害时，也可以成为行政诉讼的原告。

(2)原告必须是认为其合法权益受到具体行政行为侵害的人。这里有四层内容：①合法权益，严格地说是指法定权利，即受法律保护的利益，不包括法定外利益，而且主要是指人身权、财产权受到侵害的人才有原告资格。②原告必须是自己的合法权益受到侵害的人。任何人不得为他人的利益而起诉。这是出于对个人人格的尊重。诉权是一种权利，当事人可以行使，也可以放弃。当事人放弃诉权的，他人不得强迫其行使。③这里所说的侵害是指对相对人行政法上的权利义务产生影响，包括已经产生影响和一旦实施必将产生影响，而不仅限于已经造成实际损害。④这里的侵害并不以真实存在为必要条件，只要起诉“认为”其合法权益受到侵害即可。

(3)原告必须是受可诉具体行政行为侵害的人。换言之，原告所受侵害和可诉具体行政行为存在因果关系。

2. 原告资格的转移。原告资格是法律赋予特定人提起行政诉讼的权利，通常不能转移。但在特定情况下，法律规定原告资格可以转移。根据《行政诉讼法》第24条的规定，原告资格的转移有两种情况：

(1)有权提起诉讼的公民死亡，其近亲属可以提起诉讼。即具有原告资格的公民死亡，其原告资格转移到近亲属。死亡包括自然死亡和宣告死亡。近亲属的范围，包括配偶、父母、子女、兄弟姐妹、祖父母、外祖父母、孙子女、外孙子女和其他具有扶养、赡养关系的亲属。承受原告资格的近亲属提起诉讼的，胜诉时享有其应有的权利，如得到违法没收的财产；败诉时，则应履行相应的义务，如交纳应缴的税款。但对死亡公民的人身处罚以及人身强制措施不能施于近亲属。

(2)有权提起诉讼的法人或者其他组织终止，承受其权利的法人或者其他组织可以提起诉讼。法人或其他组织终止，具体有两种情况：①自行终止；②因行政决定终止。自行终止的，原告资格转移到承受其权利的法人或其他组织；因行政决定终止的，则原法人和其他组织仍具有原告资格。但原法人和其他组织对终止决定没有异议的，原告资格转移到承受其权利义务的法人或其他组织。

3. 几种特殊情况下原告的确认。在通常情况下，原告资格的确认并没有困难。但在特殊情况下，需要具体分析。

(1)侵权案件中受害人的原告资格问题。在行政处罚案件中，不仅被处罚人具有原告资格，而且受害人也具有原告资格。

(2)受具体行政行为侵害的第三人的原告资格问题。这里的第三人是指具体行政行为涉及的行政机关、直接相对人以外的人。具体的说，与具体行政行为有法律上利害关系，但不是具体行政行为的直接对象。《若干问题的解释》第 13 条第 1 项明确规定,“被诉的具体行政行为涉及其相邻权或公平竞争权的”,公民、法人或其他组织具有原告资格。

(3)侵犯经营自主权案件中的原告资格问题。《若干问题的解释》第 17 条规定,非国有企业被行政机关注销、撤销、合并、强令兼并、出售、分立或者改变企业隶属关系的,该企业或者其法定代表人可以起诉。第 18 条规定,股份制企业的股东大会、股东代表大会、董事会等认为行政机关作出的具体行政行为侵犯企业经营自主权的,可以企业名义提起诉讼。此外,《若干问题的解释》第 15 条规定,联营企业、中外合资或者合作企业的联营、合资、合作各方,认为联营、合资、合作企业权益或者自己一方合法权益受到具体行政行为侵害的,均可以自己名义提起诉讼。

二、行政诉讼的被告

1. 行政诉讼被告的确认。按照《行政诉讼法》第 25 条和《若干问题的解释》的规定并结合行政法的有关原理,行政诉讼的被告确认应当遵循以下两个规则:

(1)被告须为行政主体。行政主体,是指依法享有行政权力、代表国家和地方独立进行行政管理,并独立参加行政诉讼的组织。行政主体理论强调的是在行政机关对外管理中,只有符合特定条件的行政机关及法律法规授权的组织才能够独立对外管理、独立参加诉讼。

(2)被告须为其行为引起行政争议的行政主体。行政主体作为行政诉讼的被告,是确认行政诉讼被告的一般原则。在一个具体的行政案件中究竟以哪个行政主体为被告,需要进一步明确。本规则包括两层含义:①被告必须是运用行政权力作出或其委托的组织或个人作出有争议的具体行政行为的行政主体;②被告必须是因具体行政行为的合法性与相对人发生争议,被诉至法院并被法院通知应诉的行政主体。

2. 被告确认的法定类型。一般原则是作出具体行政行为的行政机关是被告。其他特殊类型包括:

(1)行政复议案件中被告的确认。经复议而起诉的案件,被告的确认分为以下四种情况:①复议机关维持原具体行政行为的,以作出原具体行政行为的行政主体为被告;②复议机关改变原具体行政行为的,复议机关就是被告。这所说的改变,包括法律依据、认定事实和处理决定等方面的任何实质性的改变;③复议机关在法定期限内不作复议决定,当事人对原具体行政行为不服起诉的,应以作出原具体行政行为的行政主体为被告;④复议机关在法定期限内不作复议决定,当事人对复议机关不作出复议决定不服起诉的,应当以复议机关为被告。

(2)委托行政的被告确认。行政机关委托的公务组织作出具体行政行为的,委托的行政机关是被告。值得注意的问题是:①委托的行政机关对受委托的组织依法行使委托职权承担监督责任。如果受委托组织利用职权实施违法行为,仍然要由委托的行政机关承担法律责任。委托机关履行了法定责任后,可以按照规定追究受委托组织的责任,但是,这是委托机关与受委托组织的内部事务,与外部关系中的公民、法人和其组织无关。②行政诉讼法规定的“授权”只有法律授权、法规授权等形式,规章以下的规范性文件的“授权”视为委托。对此,《若干问题的解释》第 21 条规定,行政机关没有法律、法规或者规章规定,授权其内部机构、派出机构或其他组织行使行政职权的,应当视为委托。当事人不服提起诉讼的,应当以该行政机关为被告。③委托与授权的区别主要是:委托是委托机关与受委托组织双方意思表示一致的结果,委托者是行政机关,委托的机关与受委托组织之间实际上是一种公法代理关系,不产生新的行政主体。授权是立法机关给行政机关之外的社会组织行政职权,赋予其一定的行政主体资格,实际上是公务分权的一种形式。

(3)经上级机关批准而作出具体行政行为的被告确认。根据《若干问题的解释》第 19 条规定,具体行政行为的作出或者生效需要上级行政机关批准的,被告应是在生效行政处理决定上署名的机关。

(4)派出机构作出具体行政行为的被告确认问题。派出机关是指根据宪法和地方组织法规定由人民政府设立派出机关,如行政公署、区公所和街道办事处,都有被告资格。

关于派出机构的被告资格问题,以是否有法律法规规章授权为标准。①如果法律法规规章对派出机构有授权,派出机构就取得了行政主体资格,无论它作出的行政行为是否超越了授权范围,都是法律后果的承担者,应当作为被告;②如果法律法规规章没有授权给派出机关,无论该派出机关是否以自己名义作出行政行为,它在法律上都不是行政行为的法律主体和后果承担者,不能以该派出机构为被告,而应以所属的行政机关为被告。

(5)若干行政机关共同作出同一个具体行政行为的被告确认。两个以上的行者机关作出同一个具体行政行为的,共同作出具体行政行为的行政机关是共同被告。

(6)内部机构的被告确认。临时性机构或临时性综合执法机构比较常见,有些是由一个行政机关设立,有些是由几个行政机关设立,有些是由同级政府牵头由几个职能部门组建的。这些内部机构不是政府的常设职能部门,而是职能部门以外的辅助工作机构,但被行政机关赋予了一定的管理职能。这类机构是否可以作被告,关键在于是否有法律法规规章的授权。有授权的,它们就能够在授权范围内取得行政主体资格,作为被告;没有授权,就不是行政主体,没有独立承担责任的能力,应当由负责组建设立的机关作为被告。根据《若干问题的解释》第20条规定,行政机关没有法律、法规、规章规定的情况下,“授权”其内设机构、派出机构或者其他组织实施行政行为的视为委托;内设机构或派出机构在没有法律、法规、规章授权的情况下,以自己的名义作出具体行政行为,当事人不服起诉的,应当以该行政机关为被告。

(7)不作为案件中的被告确认。不作为案件的被告确认是一个难题。标准有两个:①形式标准,即公民是否提出了申请,以及哪个行政机关接到了申请。按照形式标准,在公民提出了申请的情况下,行政机关不实施任何法律行为的,以接到申请的行政机关为被告。如果公民向行政机关提出了申请,接到申请的行政机关认为不属于自己职权范围内的,应当书面告知正确的行政机关或者将申请材料转送有职权的行政机关。在这种情况下,主管行政机关是被告。②实质标准,即接到申请的行政机关是否有作为的职责。只有承担作为职责行政机关才能作被告。通常是以实质标准为主,形式标准为辅。

配套习题

一、单项选择题

1. 人民法院认为应当追加被告而原告不同意追加的,人民法院应当通知其以何身份参加诉讼?(　)

A. 被告　　B. 第三人

C. 原告　　D. 共同诉讼人

2. 法律、法规或者规章授权行使行政职权的行政机关内设机构、派出机构或者其他组织,超过法定授权范围实施行政行为,当事人不服提起行政诉讼,应以谁为被告?(　)

A. 实施该行为的机构或者组织

B. 实施行为的机构或组织所属的行政机关

C. 该机构或组织与其所属的行政机关为共同被告

D. 该机构或组织所属的行政机关为被告,该机构或组织为第三人

3. 经复议的案件,复议机关改变原具体行政行为的,如果公民、法人或其他组织仍不服,则应以哪一机关为被告?(　)

A. 作出原具体行政行为的行政机关

B. 复议机关

C. 作出原具体行政行为的机关和复议机关

D. 作出原具体行政行为的机关或复议机关

4. 可以依照规定查阅本案有关材料，可以向有关组织和公民调查，收集证据的是( )

A. 当事人　　　　B. 原告

C. 被告　　　　D. 代理诉讼的律师

5. 农民吴某承包的A村土地被县政府征收，则吴某可以( )

A. 以自己的名义起诉

B. 以A村的名义起诉

C. 不具有原告资格

D. 只能作为共同诉讼人参加诉讼

6. 下列选项中具有被告资格的是( )

A. 在没有法律、法规或者规章授权的情况下，以自己的名义作出的具体行政行为的行政机关内部组织

B. 在没有法律、法规或者规章授权的情况下，以自己的名义作出的具体行政行为的行政机关的派出机构

C. 行政机关组建并赋予行政管理职能但不具有独立承担法律责任的机构，以自己的名义作出具体行政行为

D. 超越法定职权作出行政行为的法律、法规授权组织

7. 在诉讼过程中，被告可以( )

A. 可以变更原具体行政行为

B. 不可以变更原具体行政行为

C. 经原告同意可以变更原具体行政行为

D. 经法院同意可以变更原具体行政行为

8. 1995年3月，某乡人民政府批准了A村村民吴某建房4间，占地100平方米的申请(附有房屋的4张样图)。一个月后，当吴某划线动工建房之时，其邻居王某发现吴某侵占本属自己的宅基地3平方米，吴某以乡人民政府有批件为由拒绝让步，二人遂发生争执。王某对乡政府的批准行为是否享有原告资格？( )

A. 不享有。因为乡人民政府的批准行为不是针对王某作出的，因而王某不能针对该行为提起行政诉讼

B. 享有。因为王某处于乡人民政府批准行为的相关人地位，虽然不是该行为的发动者，但却受到该行为效力的影响

C. 不享有。王某所受的侵害来自吴某的建房行为，与之发生争执的也是吴某，因而王某应以吴某为被告提起民事诉讼，而不能以乡政府为被告提起行政诉讼

D. 享有。王某是合法权益受到损害的相邻权人，可以依据《若干问题的解释》的规定提起行政诉讼

9. 以下哪种情形下的起诉人不能因具体行政行为侵害自己的公平竞争权而享有原告资格？( )

A. 认为在一起公共工程的投标过程中行政机关与中标者暗箱操作而起诉的投标人

B. 某市工商局在全市范围内开展评比，甲商店被评为消费者最信不过单位"奖"，甲商店认为市工商局的评比有失片面而起诉

C. 甲商店因认为行政机关批准乙商店成立影响了自己的营业额而起诉

D. 某市政府要求对进入本市的产品进行额外的质量检测，某外地企业因而起诉

10. 某县卫生局与县技术监督局联合进行食品卫生大检查。检查过程中发现个体户陈某销售假冒味精。县卫生局和技术监督局联合作出决定，责令陈某停止销售并全部销毁假冒味精，并处以3 000元罚款。陈某对此处罚决定不服，提起行政诉讼。那么，该案的被告应为( )

A. 县卫生局

B. 县技术监督局

C. 县人民政府

D. 县卫生局和县技术监督局

11. 王某因多次行窃被公安机关处以15日行政拘留，王某不服向复议机关申请复议，复议机关维持了原行政处罚。王某以复议机关为被告向法院提起行政诉讼。法院的下列做法正确的是( )

A. 以被告不适格为由驳回起诉

B. 以被告不适格为由变更被告，将作出原具体行政行为的公安机关列为被告

C. 以被告不适格为由，通知王某变更被告

D. 通知作出原具体行政行为的公安机关作为第三人参加诉讼

12. 市政府批复同意本市乙区政府征用乙区某村丙小组非耕地 63 亩，并将其中 48 亩使用权出让给某公司用于建设商城。该村丙小组袁某等村民认为，征地中有袁某等几户村民的责任田 32 亩，区政府虽以耕地标准进行补偿但以非耕地报批的做法违法，遂向法院提起行政诉讼。下列哪一选项是正确的？(　)(司考 2007 年卷二，第 40 题)

A. 袁某等 32 户村民可以以某村丙小组的名义起诉

B. 袁某等 32 户村民可以以自己名义起诉

C. 应当以乙区人民政府为被告

D. 法院经审理如果发现征地批复违法，应当判决撤销

二、多项选择题

1. 对某行政机关就甲、乙之间的土地使用权纠纷作出的裁决，下列说法正确的是(　)

A. 甲某具有原告资格

B. 乙某具有原告资格

C. 甲、乙可以成为共同原告

D. 甲、乙不可以成为共同原告

2. 下列选项中具有原告资格的是(　)

A. 被诉具体行政行为涉及其相邻权的公民

B. 被诉具体行政行为涉及其公平竞争权的企业

C. 在复议程序中被追加为第三人的公民

D. 要求主管行政机关依法追究加害人法律责任的公民

3. 具有申请回避权的有(　)

A. 原告　　B. 被告

C. 第三人　　D. 法定代理人

4. 核准登记的合伙企业向人民法院提起诉讼的，应当(　)

A. 以核准登记的字号为原告

B. 以合伙人为共同原告

C. 由执行合伙企业事务的合伙人作诉讼代表人

D. 以上答案均不对

5. 有原告资格的公民死亡的，其原告资格可转移给下列哪些人？(　)

A. 子女

B. 祖父母

C. 外孙子女

D. 其他具有抚养关系的亲属

6. 下列选项中，具有被告资格的是(　)

A. 改变了原具体行政行为的复议机关

B. 作出具体行政行为的派出机关

C. 作出具体行政行为的法律、法规和规章授权的非行政组织

D. 依委托行使职权的派出机构

7. 上市公司蓝索公司因严重违规操作被证券监督管理委员会终止股票交易，对于该项决定，能够以蓝索公司名义提起行政诉讼的主体有哪些？(　)(司考 2003 年卷二，第 79 题)

A. 拥有蓝索公司股票的股民

B. 蓝索公司的股东代表大会

C. 蓝索公司的主要债权人

D. 蓝索公司的董事会

8. 张某与林某同为甲市田山有限公司的股东，林某以个人名义在甲市免税进口一辆轿车，由张某代办各类手续，平时归张某使用。后张某将轿车卖给甲市国浩公司，并将所得款 35 万元人民币划入田山有限公司的账户内。甲市某区工商局认为张某的行为构成倒卖国家禁止或者限制自由买卖的物资、物品行为，决定没收张某销售款；此后又冻结田山有限公司的账款。张某不服，向甲市工商局申请复议。甲市工商局以张某的行为构成偷税为由，维持了原处罚决定。张某遂向法院提起行政诉讼。下列说法不正确的是(　)(司考 2005 年卷二，第 99 题)

A. 林某也有权对处罚决定提起行政诉讼

B. 张某可以田山有限公司的名义提起诉讼

C. 本案的被告为甲市某区工商局

D. 冻结帐款行为不属于本案的审理对象

9. 区城乡建设局批复同意某银行住宅楼选址，并向其颁发许可证。拟建的住宅楼与张某等 120 户居民居住的住宅楼间距为 9.45 米。张某等 20 人认为该批准行为违反了国家有关规定，向法院提起了行政诉讼。对此，下列哪些选项是错误的？(　)(司考 2007 年卷二，第 80 题)

A. 因该批准行为涉及张某等人的相邻权，故张某等人有权提起行政诉讼

B. 张某等 20 户居民应当推选 2～5 名诉讼代表人参加诉讼

C. 法院可以通知未起诉的100户居民作为第三人参加诉讼

D. 张某等20户居民应当提供符合法定起诉条件的证据材料

10. 甲银行与乙公司签订了贷款合同并约定乙以其拥有使用权的土地作抵押。双方在镇政府内设机构镇土地管理所办理了土地使用权抵押登记,该所出具了《证明》。因乙不能归还到期贷款,甲经法院强制执行时,发现乙用于抵押的国有土地使用证系伪造。甲遂对镇土地管理所出具的抵押证明提起行政诉讼。下列哪些选项是正确的?( )(司考2007年卷二,第82题)

A. 本案的被告应当是镇土地管理所

B. 本案的被告应当是镇政府

C. 镇土地管理所出具抵押证明的行为是超越职权的行为

D. 法院应当判决确认抵押证明违法

三、名词解释

1. 行政诉讼参加人
2. 行政诉讼当事人
3. 共同诉讼人
4. 行政诉讼第三人
5. 诉讼代表人

四、简答题

1. 行政诉讼原告资格的构成要件有哪些?

2. 行政诉讼代理人与诉讼代表人有何区别?

五、案例分析题

1. 梁某系浙江省某乡农民,家有披屋一间。1997年11月,经乡人民政府批准,领取了建房许可证后,梁某开始拆除该披屋,准备按许可的四间建房。但东面邻居林某却以梁某在距其房一米左右的地方挖土筑地基,会导致自己屋基下沉为由进行阻止。此时梁某已经打好了地基浇筑了地梁,并置备了建筑材料,因此双方互不相让产生纠纷,经乡政府多次调处未果。结合以上案情回答以下问题:

(1)如果乡政府于1998年1月份发出(98)第10号文件,以原告建房不符合规划为由,收回注销了梁某的建房许可证,那么林某对乡政府颁发许可证的行为是否可以起诉?梁某对乡政府的撤销许可证的行为是否享有原告资格?若梁某起诉,林在诉讼中处于何种地位?

(2)如果乡政府在多次调处未果的情况下于1998年5月份才发出上述文件,那么梁某对乡政府的撤销行为是否还有原告资格?林某此时在诉讼中处于何种地位?

2. 甲市人民政府在召集有关职能部门、城市公共交通运营公司(以下简称城市公交公司)召开协调会后,下发了甲市人民政府《会议纪要》,明确:城市公交公司的运营范围,界定在经批准的城市规划区内;城市公交公司在城市规划区内开通的线路要保证正常运营,免缴交通规费;在规划区范围内,原由交通部门负责的对城市公交公司违法运营的查处,交由建设部门负责。《会议纪要》下发后,甲市城区交通局按照《会议纪要》的要求,中止了对城市公交公司违法运营的查处。

田某、孙某和王某是经交通部门批准的三家运输经营户,他们运营的线路与《会议纪要》规定免缴交通规费的城市公交公司的两条运营线路重叠,但依《会议纪要》,不能享受免缴交通规费的优惠。三人不服,向法院提起诉讼,要求撤销《会议纪要》中关于城市公交公司免缴交通规费的规定,并请求确认市政府《会议纪要》关于中止城区交通局对城市公交公司违法运营查处的内容违法。(司考2005年卷四,第1题)

(1)甲市人民政府《会议纪要》所作出的城市公交公司免缴交通规费的内容是否属于行政诉讼受案范围?为什么?

(2)田某、孙某和王某三人是否具有原告资格?为什么?

(3)田某、孙某和王某三人提出的确认甲市人民政府中止城区交通局对城市公交公司违法运营查处的内容违法的请求,是否属于法院的审理范围?为什么?

参考答案

一、单项选择题

1. 答案:B

提示:本题考查的是被告的追加问题

解析:根据行政诉讼法的规定,人民法院认为应当追加被告而原告不同意追加的,应当作为第三人参加诉讼。

2. 答案:A

提示:本题考查的是经法律、法规和规章授权的机构超过法定授权范围实施行政行为的被告确认

解析:经过法律、法规和规章授权的机构超过法定授权范围实施行政行为,仍以实施该行为的机构为被告,因为经过法律授权的机构及享有法定职权,超越职权只能导致该行为无效,该机构本身已经因法律授权成为行政主体,具备被告资格。所以,A项正确。

3. 答案:B

提示:本题考查的是复议改变原决定的被告确认

解析:复议改变原行政行为的,如果行政相对人对复议结果不服,应以复议机关作为行政诉讼被告,故B项正确。在经过复议的行政案件被告的确认中,应当分清楚原告是对原决定不服还是对改变后的决定不服,两种情况下,被告会有不同。

4. 答案:D

提示:本题考查的是律师在行政诉讼中的权利

解析:在行政诉讼中,有关当事人和代理人均可以依照规定查阅本案有关材料,但可以向有关组织和公民调查,收集证据的只能是律师。这是律师在诉讼中享有的特殊权利。故D项正确。

5. 答案:A

提示:本题考查的是行政征收的原告确认

解析:行政征收作为一种具体行政行为,行政相对人不服的可以直接以自己的名义起诉。故A项正确。

6. 答案:D

提示:本题考查的是行政诉讼的被告资格

解析:行政诉讼的被告必须是能独立承担行政法律责任的行政主体,因此只有法律、法规和规章授权的机构以自己名义作出行政行为时,才具有被告资格。故D项正确。没有法律、法规、规章授权的机构,不是行政主体,不能独立承担法律责任,不具备被告资格。C项中行政机关组建的机构是行政委托,虽然是以自己的名义作出的具体行政行为,但不能独立承担法律责任,所以不具有行政主体资格,也就不能作被告。

7. 答案:A

提示:本题考查的是诉讼中被告改变具体行政行为

解析:行政权在行政诉讼中受到司法权的监督,但司法监督仅及于被诉具体行政行为的合法性审查,而对于被告行政机关根据具体情况改变具体行政行为,法院无权干预,相对人更无权干预了。故A项正确。

8. 答案:B

提示:本题考查的是利害关系人的原告资格

解析:公民、法人和其他组织只要其合法权益受到了具体行政行为的损害均可以提起行政诉讼,而不一定要是行政行为的相对人。本案中王某的合法权益——相邻权受到了侵害,但这种侵害只能来自吴某的建房行为,其可以提起民事诉讼。相邻权指在民事主体间产生,不涉及行政机关的批准行为。行政诉讼的提起必须是受到具体行政行为的损害,故D项不正确。

9. 答案:C

提示:本题考查的是侵害公平竞争权的原告资格问题

解析:如何认定公平竞争权受到侵害是关键。行政机关批准乙商店并没有侵害甲商店的公平竞争权,保护公平竞争权并不代表就不能带来竞争,相反在市场经济体制下,政府应当提倡竞争而不是限制竞争。故C项正确。

10. 答案:D

提示:本题考查的是共同被告

解析:一个具体行政如果有两个及以上行政机关共同作出,那么相对人不服提起诉讼应当以共同作出行政行为的机关为共同被告,故D项正确。

11. 答案:C

提示:本题考查的是被告不适格的变更问题

解析:复议机关维持原具体行政行为的,原告对复议决定不服的,应当以作出原具体行政行为机关为被告。根据《若干问题的解释》第23条的规定,原告起诉的被告不适格的,应通知原告变更,原告不同意的,驳回起诉。故C项正确。

12. 答案:B

提示:本题考查的是行政诉讼原告、被告资格等

解析:《执行〈行政诉讼法〉若干问题的解释》第16条规定:“农村土地承包人等土地使用权人对行政机关处分其使用的农村集体所有土地的行为不服,可以自己的名义提起诉讼。”故A项错误,B项正确。《执行〈行政诉讼法〉若干问题的解释》第19条规定:“当事人不服经上级行政机关批准的具体行政行为,向人民法院提起诉讼的,应当以在对外发生法律效力的文书上署名的机关为被告。”本题有意淡化了关于署名机关的提示,意图增加难度,然而C项表达得过于绝对,根据已有信息无法判断行政决定是否以市政府名义作出。故C项错误。该批复行为只是部分违法,也就是不应该以非耕地批准耕地征用,同时还涉及第三人的信赖利益,所以根据《行政诉讼法》第54条,人民法院经过审理应当部分撤销(只针对32亩)。故D项错误。

二、多项选择题

1. 答案:ABC

提示:本题考查的是共同原告

解析:甲、乙均具有原告资格是没有问题的。甲、乙作为行政裁决的双方,如果均对行政裁决不服而提起行政诉讼,虽然二者要求相反,但诉讼标的同一必须合并审理,甲乙是共同原告。故A、B、C项正确。

2. 答案:ABD

提示:本题考查的是原告资格

解析:在行政复议中追加的第三人又可能是涉及该具体行政行为的其他行政机关,如果是共同作出具体行政行为的行政机关作为第三人参加行政复议的,那么其当然不具有原告资格。故C项不正确,A、B、D项正确。

3. 答案:ABCD

提示:本题考查的是回避申请人

解析:参见本章“基础知识图解”中行政诉讼参加人概述中关于行政诉讼参加人的权利部分。

4. 答案:AC

提示:本题考查的是经核准登记的合伙企业的起诉问题

解析:根据《若干问题的解释》第14条规定,合伙企业起诉的,应当以核准登记的字号为原告,由执行合伙事务的合伙人作为诉讼代表人。故A、C项正确。

5. 答案:ABCD

提示:本题考查的是行政诉讼中的近亲属范围

解析:根据《若干问题的解释》第11条规定,行政诉讼的近亲属包括配偶、父母、子女、兄弟姐妹、祖父母、外祖父母、孙子女、外孙子女和其他具有扶养、赡养关系的亲属。

6. 答案:ABC

提示:本题考查的是行政诉讼被告资格

解析:参见本章“重点知识讲解”中行政诉讼被告部分中的被告确认的法定类型。复议机关改变原具体行政行为的,复议机关就是被告。A项正确。有法律、法规、规章授权的派出机关和组织,是被告;没有授权的,由派出它的行政机关作被告。一般认为派出机关是有授权的。所以,B项正确。依委托的派出机构不具有行政主体资格,不能作被告。所以,D项错误。

7. 答案:BD

提示:本题考查的是股份制企业内部机构的原告资格

解析:根据《若干问题的解释》第18条的规定,股份制企业的股东大会、股东代表大会、董事会等认为行政机关作出的具体行政行为侵犯企业经营自主权的,可以企业名义提起诉讼。股民没有行政诉讼原告资格。故B、D项正确。

8. 答案:ABC

提示:本题考查的是行政处罚案件的原被告资格和审查对象

解析:林某虽然原是轿车的所有权人,但工商局处罚的对象是张某,该处罚与林某无法律上利害关系,所以他无权提起行政诉讼,故A项错误。《若干问题的解释》第18条规定,可以公司名义起诉的主体有股东大会、股东代表大会、董事会等,而不包括股东,所以,B项不正确。甲市工商局维持了原处罚决定,但改变了处罚事由,据此,本案的被告应当为甲市工商局,故C项也错误。本案的审理对象是甲市工商局的复议决定,该复议决定改变了原处罚的

理由。区工商局冻结田山有限公司账款的行为属于行政强制措施,不属于本案的审理对象,D项表述正确。

9. 答案:BC

提示:本题考查的是行政诉讼参加人

解析:《执行〈行政诉讼法〉若干问题的解释》第14条规定:"合伙企业向人民法院提起诉讼的,应当以核准登记的字号为原告,由执行合伙企业事务的合伙人作诉讼代表人;其他合伙组织提起诉讼的,合伙人为共同原告。不具备法人资格的其他组织向人民法院提起诉讼的,由该组织的主要负责人作诉讼代表人;没有主要负责人的,可以由推选的负责人作诉讼代表人。同案原告为5人以上,应当推选1~5名诉讼代表人参加诉讼;在指定期限内未选定的,人民法院可以依职权指定。"由此可知,B项错误;《执行〈行政诉讼法〉若干问题的解释》第24条规定:"行政机关的同一具体行政行为涉及两个以上利害关系人,其中一部分利害关系人对具体行政行为不服提起诉讼,人民法院应当通知没有起诉的其他利害关系人作为第三人参加诉讼。"因此,C项错误,应选。因为法律的表达是"应当",而题目的表达是"可以"。

10. 答案:BCD

提示:本题综合考查了行政诉讼的被告、证据和判决

解析:镇土地管理所属于内设机构,不具有对外行政管理职能,不是行政主体,因此,A项错误,B项正确;同时,由于其并非行政主体,因此对外作出的证明行为是超越职权的违法行为,所以C项正确。证明行为也是一种行政行为,只不过具有附属性,对其应该适用确认违法判决。故D项正确。

三、名词解释

1. 提示:参见本章"基础知识图解"中行政诉讼参加人概述部分

答案:行政诉讼参加人是因起诉或者应诉参加行政活动的人,包括原告、被告和第三人以及他们的诉讼代理人。

2. 提示:参见本章"基础知识图解"中行政诉讼参加人中的行政诉讼当事人部分

答案:行政诉讼当事人,特指原告、被告和第三人。他们的共同特征是:与被诉具体行政行为有着法律上的利害关系,以自己的名义参加行政活动并接受人民法院裁判的拘束。

3. 提示:根据共同诉讼人的概念进行解释

答案:当事人双方或一方为两人以上,因同一具体行政行为发生的行政案件,或者因同样的具体行政行为发生的行政案件,人民法院认为可以合并审理的,为共同诉讼。而共同诉讼人就是参与共同诉讼的当事人。

4. 提示:参见本章"基础知识图解"中行政诉讼第三人部分

答案:行政诉讼第三人是同提起诉讼的具体行政行为有利害关系,为维护自己的合法权益而参加诉讼的个人或组织。

5. 提示:本题考查的是共同诉讼中诉讼代表人

答案:诉讼代表人指为了方便诉讼,由人数众多的一方当事人推选或人民法院指定,代表当事人进行诉讼活动的人。

四、简答题

1. 提示:参见本章"重点知识讲解"中行政诉讼原告中的行政诉讼原告资格的构成要件部分

答案:行政诉讼的原告资格是指某一公民、法人或者其他组织充当行政诉讼原告所应具备的条件。原告资格的构成要件可以概括为:①原告必须是行政相对人;②原告必须是认为其合法权益受到具体行政行为侵害的人;③原告必须是受可诉具体行政行为侵害的人。

2. 提示:应从是否与本案有利害关系,是否需要明确授权以及活动范围回答

答案:二者的区别体现在:

(1)诉讼代表人本身是本案的利害关系人,与本案的诉讼结果有直接的利害关系;诉讼代理人与本案则没有直接的利害关系。

(2)诉讼代表人实施诉讼行为不仅是为了所代表的当事人,同时也是为了自己的利益;诉讼代理人则是为了所代理的当事人的利益才参加诉讼。

(3)诉讼代理人实施诉讼代理必须有被代理人的明确授权或基于法律的规定;诉讼代表人的推选,可由部分当事人推选,即由部分当事人的授权,并不要求全体当事人的明确授权,但诉讼代表人诉讼行为的效力仍及于全体原告。

(4)诉讼代理人有一般代理人和全权代理人之分,一般代理人只能代理特定的诉讼行为;诉讼代表人能代表当事人进行所有的诉讼行为。

(5)诉讼代理人存在于原告、被告、第三人三方；诉讼代表人只存在于原告一方。

五、案例分析题

1. **答案**：(1)因乡政府已经撤销了颁发建房许可证的行为，因而林某不能再起诉一个不存在的具体行政行为，因此，林某不可以起诉乡政府颁发许可证的行为；梁某可以起诉。因为依《若干问题的解释》第13条第4项的规定，梁某处于具体行政行为信赖人的地位，依法享有原告资格；林某应作为第三人。作为相邻权人，人民法院对乡政府撤销建房许可证的行为合法性的判断影响着其相邻权能否获得保护，因而可以以第三人的身份参加诉讼。

(2)可以。虽然乡政府颁发建房许可证的行为已经过了起诉期间，但乡政府的撤销行为的起诉期间未过，因而作为信赖人的梁某对乡政府撤销建房许可证的行为享有原告资格。林某此时可以作为第三人。因为他与该具体行政行为有利害关系。

解析：本题考查的是对具体行政行为产生信赖利益是的诉讼资格问题，以及利害关系人的诉讼地位。信赖利益属于法律应当保护的利益，如果行政机关撤销其已经作出的具体行政行为损害了相对人的信赖利益，那么相对人可以提起行政诉讼，相关的利害关系人可以作为第三人参加诉讼。

2. **答案**：(1)属于受案范围。本案中《会议纪要》作出的规定不属于行政指导行为，也不属于抽象行政行为。

(2)具有原告资格。甲市人民政府的决定直接影响到了三人的公平竞争权。具体行政行为涉及公民、法人或者其他组织公平竞争权的，可以提起行政诉讼。

(3)不属于。该请求涉及到甲市人民政府对建设局和交通局的职能调整，属于政府对行政机关之间的职权分配，不属于司法审查的范围。

解析：(1)本题的关键是认定《会议纪要》的性质，实际上是如何判断行政机关的一个行为是否属于具体行政行为。市政府的《会议纪要》虽然是以文件的形式存在，但是却是针对可以确定的具体相对人，根据相关法律和司法解释，这也是具体行政行为的表现形式之一。其具有强制力，不属于行政指导，且侵害了田、孙、王的合法权益，属于行政诉讼的受案范围。

(2)关于原告资格的认定。原告资格必须具备的三项条件是：①原告必须是行政相对人。在本案中这没有问题。②原告必须是认为其合法权益受到具体行政行为侵害的人。这里有四层内容：首先，合法权益，严格地说是指法定权利，即受法律保护的利益，不包括法定外利益，而且主要是指人身权、财产权受到侵害的人才有原告资格。其次，原告必须是自己的合法权益受到侵害的人。任何人不得为他人的利益而起诉。这是出于对个人人格的尊重。诉权是一种权利，当事人可以行使，可以放弃。当事人放弃诉权的，他人不得强迫其行使。再次，这里所说的侵害是指对相对人行政法上的权利义务产生影响，包括已经产生影响和一旦实施必将产生影响，而不仅限于已经造成实际损害。最后，这里的侵害并不以真实存在为必要条件，只要起诉“认为”其合法权益受到侵害即可。③原告必须是受可诉具体行政行为侵害的人。换言之，原告所受侵害和可诉具体行政行为存在因果关系。

(3)对于行政诉讼受案的排除范围，请参见第十九章“重点知识讲解”中人民法院不予受理的范围部分。

第二十一章　行政诉讼证据

内容提示

行政诉讼证据制度是行政诉讼的核心问题之一。通过本章的学习，应当全面掌握行政诉讼的特有证据形式；理解举证责任的分配及其规则；掌握法院对证据的调取、保全，以及证据的质证、认定。

基础知识图解

一、行政诉讼证据

<table>
<tr><td rowspan="4">行政诉讼证据</td><td>概念</td><td>是指在行政诉讼过程中，一切用来证明案件事实情况的材料</td></tr>
<tr><td>行政诉讼证据的特殊性</td><td>(1)来源的特殊性。因为行政案件中，行政诉讼之前往往已经经历了行政程序，行政诉讼证据主要是在行政程序中已产生或确定的证据
(2)举证责任分配的特殊性。与民事上“谁主张，谁举证”的分配规则不同，行政诉讼中被告对被诉具体行政行为的合法性负举证责任，原告只在特定情况下承担举证责任
(3)证明对象的特殊性。与民事、刑事证据的证明对象不同，行政诉讼证据是证明具体行政行为是否合法</td></tr>
<tr><td>种类</td><td>书证，物证，视听资料，证人证言，当事人的陈述，鉴定结论，勘验笔录，现场笔录。其中，现场笔录是行政诉讼特有的证据形式。现场笔录，是指行政机关及其工作人员在执行行政职务过程中，在实施具体行政行为时，对某些事项当场所作的书面记录</td></tr>
<tr><td>提供证据的要求</td><td>(1)书证。①原则上提供书证的原件，在提供原件有困难时，可以提供与原件核对无误的复印件、照片、节录本。按照规定，原本、正本和副本均属于书证的原件。②提供由有关部门保管的书证原件的复印件、影印件或者抄录件的，应当注明出处，经该部门核对无异后加盖公章。③当事人提供报表、图纸、会计账册、专业技术资料、科技文献等书证的，应当附有说明材料。④被告提供的被诉具体行政行为所依据的询问、陈述、谈话类笔录，应当有行政执法人员、被询问人、陈述人、谈话人签名或盖章
(2)物证。提供物证原物有困难的，可以提供与原物核对无误的复制件或者证明该物证的照片、录像等
(3)视听资料。①当事人应当向法院提供视听资料的原始载体，确有困难时可以提供复制件；②当事人应注明制作方法、制作时间、制作人和证明对象等；③声音资料应附有该声音内容的文字记录
(4)证人证言。①载明证人的姓名、年龄、性别、职业、住址等；②须有证人的签名；③注明证人出具证言的日期；④附有居民身份证复印件等证明证人身份的文件
(5)鉴定结论。①载明委托人和委托鉴定的事项；②有向鉴定部门提交的相关材料；③有鉴定使用的科技手段和依据；④有鉴定部门和鉴定人的资格说明；⑤有鉴定人签名和鉴定部门的盖章
(6)现场笔录。应当有相应的证明、认证和相关人员的签名</td></tr>
</table>

二、行政诉讼举证责任

行政诉讼举证责任	概念	法律假定的一种后果,是指承担举证责任的当事人应当举出证据证明自己的主张是成立的,否则将承担败诉的不利后果
	分配★	(1)被告对作出的具体行政行为的合法性负有举证责任 (2)原告在特定情况下也承担一定的举证责任

三、证据调取和保全

证据调取	人民法院依职权调取的证据	包括两种情形:①相关事实认定涉及国家利益、公共利益或者他人合法权益;②涉及依职权追加当事人、终止诉讼、终结诉讼、回避等程序性事项
	人民法院依申请调取的证据	(1)人民法院依当事人申请调取证据的范围和条件。以下三种证据材料,如果原告或者第三人不能自行收集,在能够提供确切线索时,可以申请人民法院调取:①由国家有关部门保管而须由人民法院调取的证据材料;②涉及国家秘密、商业秘密、个人隐私的证据材料;③确因客观原因不能自行收集的其他证据材料。注意,在人民法院依申请调取证据的范围问题上,《行政证据规定》和《若干问题的解释》有一个重要区别,就是《行政证据规定》将申请人仅限定于原告和第三人,而《若干问题的解释》则没有作此限制 (2)调取证据申请及其处理。当事人应当在举证期限内提交调取证据申请书。对于申请,人民法院应当及时审查。对于不予调取的决定,当事人及其诉讼代理人可以在收到决定通知书起3日内向受理申请的人民法院书面申请复议一次。人民法院应当在收到复议申请之日起5日内作出答复
证据保全	概念	是指在证据可能灭失或以后难以取得的情况下,人民法院根据诉讼参加人的申请或依职权主动采取措施,对证据加以确定和保护的制度
	种类与方法	(1)证据保全既可以发生在诉讼开始前,也可以发生在诉讼之中。诉前证据保全须由利害关系人申请,而诉中证据保全既可以应申请也可依职权进行。当事人申请诉中证据保全应当在举证期限届满前以书面形式提出,人民法院可以要求其提供担保 (2)证据保全的方法。因证据的种类不同而采用不同的措施,人民法院可视情况采取查封、扣押、拍照、录音、录像、复制、鉴定、勘验、制作询问笔录等保全措施

四、行政诉讼的质证与认证

质证★	概念	是指在审判人员的主持下,诉讼参与人按照法定程序,针对证据材料的证据资格和证明力进行解释、说明、质疑和反驳的证明行为
	特点	主要有:①质证的主体是诉讼参加人和证人、专家辅助人等;②质证的客体是当事人提交的证据材料的证据资格和证明力;③质证是在审判法官的主持下按照法定程序进行的;④质证的方法多种多样,但原则上应当坚持一证一质
	规则★	详见本章重点知识讲解二
	不同证据的要求	详见本章重点知识讲解二

认证★	认证的原则	主要有:①全面、客观地审核证据;②遵循法官职业道德;③运用逻辑推理和生活经验
	证据资格认证规则	《行政证据规定》和《若干问题的解释》规定了通用规则,此外《行政证据规定》还规定了特别规则: (1)被告及其诉讼代理人在作出具体行政行为后或者在诉讼程序中自行收集的证据,不能作为认定被诉具体行政行为合法的依据 (2)被告在行政程序中非法剥夺公民、法人或者其他组织依法享有的陈述、申辩或者听证权利所采用的证据,不能作为认定被诉具体行政行为合法的依据 (3)原告或者第三人在诉讼程序中能够提供的、被告在行政程序中为作为具体行政行为依据的证据,不能作为认定被诉具体行政行为非法的依据 (4)复议机关在复议程序中收集和补充的证据,或者作出原具体行政行为的行政机关在复议程序中未向复议机关提交的证据,不能作为认定被诉具体行政行为合法的依据 (5)被告在行政程序中依照法定程序要求原告提供的证据,原告依法应当提供而拒不提供,在诉讼程序中提供的证据,法院一般不予采纳
	证明力的认证规则★	证明力认证是指对依法被确立为证据的材料对待证事实的证明强弱程度的认定。《行政证据规定》规定了证明力认证规则。详见本章重点知识讲解二
	认证程序	(1)庭审中经过质证的证据,能够当庭认定的,应当当庭认证;不能当庭认定的,应当在合议庭合议时认定,裁判文书中阐明证据是否采纳的理由 (2)法庭发现当庭认定的证据有误,可以按照下列方式纠正:①庭审结束前发现错误的,应当重新进行认定;②庭审结束后、宣判前发现错误的,在裁判文书中予以更正并说明理由,也可以再次开庭予以认定;③有新的证据材料可能推翻已认定的证据的,应当再次开庭予以认定

重点知识讲解

一、举证责任

1. 举证责任的分配。

(1)被告对被诉具体行政行为的合法性承担举证责任。之所以这样规定,原因是:①具体行政行为符合法定程序的一个最基本的顺序规则是“先取证,再裁决”,即行政机关在作出裁决前,必须要充分收集证据,然后根据事实,对照法律作出具体行政行为。因此,当行政机关作出的行政行为被诉至法院的时候,其应当能够有充分的事实材料证明其行政行为的合法性。这是被告承担举证责任的基础。②在行政法律关系中,行政机关居于支配地位,其实施行为时无须征得公民、法人和其他组织的同意。而公民、法人和其他组织则处于被动地位。因而为了体现在诉讼中双方当事人的平等性,就应当要求被告证明其行为的合法性。否则将对原告不利。事实上,由于行政法律关系中双方当事人的这种地位不同,原告将无法或者难以收集到证据。即使收集到,也可能难以保全。而如果当原告不能举证证明自己主张时,由原告承担败诉责任是显失公允的。③行政机关的举证能力比原告强,在不少情况下,原告几乎没有举证能力,有的案件的证据需要一定的专业知识、技术手段、资料以至于设备才能取得,而这些又往往是原告所不可能具有的。如是否对环境造成污染,污染的程度多大,某项独创是否获得发明专利,药品管理中伪劣药品的认定等,这些都是原告无法收集、保全的,因而要求原告承担举证责任是超出其承受能力的。

(2)对具体行政行为合法性以外的问题,采取"谁主张,谁举证"。行政诉讼的核心问题是审查具体行政行为的合法性,但是,除此之外行政诉讼还有其他问题,对其他问题的举证责任仍然实行"谁主张,谁举证"。以下几种情况,原告将承担举证责任:①原告应当举证证明其起诉符合法律规定。比如,原告应当举出证据证明具体行政行为的存在。但被告认为原告起诉超过诉讼时效的,此时应由被告举证。②在起诉被告不作为案件中,原告应当举证证明其曾向该行政机关提出履行法定职责的申请。但下列情形除外:其一,被告应当依职权主动履行法定职责的;其二,原告因被告受理申请登记制度不完备等正当事由不能提供相应证据材料并能够做出合理说明的。③在行政赔偿诉讼中,原告应当对被告行政行为造成损害的事实承担举证责任。

2. 举证规则。

(1)举证期限。①被告的举证期限。被告应当在收到起诉状副本之日起 10 日内提交答辩状,并提供作出具体行政行为的证据、依据;被告不提供或者无正当理由逾期提供的,应当认定为该具体行政行为没有证据、依据。被告因不可抗力或者客观不能控制的正当事由,不能在前款规定的期限内提供证据的,应当在收到起诉讼状副本之日起 10 内向法院提出延期提供证据的书面申请。法院准许延期提供的,被告应当在正当事由消除后 10 日内提供证据。逾期提供的,视为被诉具体行政行为没有相应证据。②原告和第三人的举证期限。原告或者第三人应当在开庭审理前或者法院指定的交换证据之日提供证据。因正当事由申请延期提供的,经法院准许,可以在法庭调查中提供。逾期提供证据的,视为放弃举证权利。原告或第三人在第一审程序中无正当事由未提供而在第二审程序中提供的证据,法院不予接纳。

(2)对被告举证的要求。①被告举证的范围。被告应当提供作出该具体行政行为的证据和所依据的规范性文件。被告的举证范围应当包括一般意义上的证据,既包括反映案件事实的材料,也包括被告作出具体行政行为所依据的规范性文件,即法律、法规、规章以及规章以下的规范性文件。②被告提交的证据应当是在行政程序中收集的证据。被告在行政诉讼中不得向原告和证人收集证据。复议机关在复议程序中收集和补充的证据,或者作出原具体行政行为的机关在复议程序中未向复议机关提交的证据,不能作为法院认定具体行政行为合法的证据。

(3)当事人补充证据的规定。为了查明事实,除了由当事人主动提交证据外,法院有权要求当事人提供和补充证据。当事人补充证据的规则:①被告在作出具体行政行为时已经收集到,但因不可抗力等正当理由没有提供的;②原告或者第三人在诉讼过程中,提出了其在被告实施行政行为过程中没有提出的反驳理由或者证据的;③对当事人无争议,但涉及国家利益、公共利益或者他人权益的事实,法院可以责令当事人提供或者补充有关证据。

二、行政诉讼的质证与认证

1. 质证。

(1)质证的规则。①关于质证的法律效力。质证是证据得以作为定案依据的必要条件,没有经过质证的证据是不能作为定案依据的。被告经合法传唤,无正当理由拒不到庭而需要依法缺席判决的,被告提供的证据不能作为定案依据,当事人在庭前交换中没有争议的证据除外。②可以不经质证的证据及其要求。当事人在庭前证据交换过程中没有争议并记录在卷的证据,经审判人员在庭审中说明后,可以作为认定案件事实的依据。这是行政诉讼中关于可以不经质证的证据的唯一规定。③关于质证的内容。当事人应当围绕证据的关联性、合法性和真实性,针对证据有无证明效力以及证明效力大小进行质证。法庭在质证过程中,对于案件没有关联的证据材料,应与排除并说明理由。④质证的方式。质证是在审判人员的主持下,当事人对证据进行对质、辩论、说明、解释、反驳的活动,主要以言辞的形式进行。即当事人及其代理人按照一定的规则,相互之间或与其他参与人之间进行发问、回答、质疑、答辩等。

(2)对不同形式证据的具体质证要求。我国法律规定多种不同的证据,他们具有不同的形式、证明方式,对这些不同证据的质证有不同的具体要求。①对书证、物证和视听资料进行质证时,当事人应当出示证据的原件或者原物。但出示原件或者原物确有困难,经法庭准许可以出示复制件或者复制品;如果原件或者原物已不存在,可以出示证明与原件、原物一致的其他证据。视听资料应当当庭播放或者显示,并由当事人进行质证。②对证人证言的质证,应当遵循当庭对质原则。证人出庭的程序,可以由当事人申请。当事人申请证人出庭的,应当在举证期限届满前提出,并经法庭许可。法院准许的,应当在开庭审理前通知证人出庭作证。当事人在庭审中要求证人出庭的,法庭可以根据审理案件的具体情况,决定是否准许以及是否延期审理。③对鉴定结论的质证。当事人要求鉴定人出庭接受询问的,鉴定人应当出庭。鉴定人出庭作证时,法庭应当核实其身份、与当事人及案件的关系,并告知鉴定人如实说明鉴定情况的法律义务以及作虚假说明的法律责任。④二审及审判监督程序中的质证。原则上,在二审或者审判监督程序中对已经质证的证据不再质证。但当事人对一审认定的证据仍有争议的,法庭也应当另行质证,对原判决、裁定认定事实的证据不足而提起再审所涉及的主要证据,法庭也应当另行质证。另外,无论是二审还是在审判监督程序中,如果出现新的证据,对新证据都应当进行质证。所谓新证据是指:在一审程序中应当准予延期提供而未获准提供的证据;当事人在一审中依法申请调取而未获准许或者未取得,法院在二审程序中调取的证据;原告或者第三人提供的在举证期限届满后发现的证据。

2. 认证。行政诉讼中的认证是审判人员在确认证据资格和证明力的基础上,再认定案件事实的行为。证据材料均应经过质证,而经过质证的证明材料就应当对其证明资格和证明力作出认定。证据的认定是认定案件事实的依据,只有经过认证的证据材料才能作为适用法律的基础。认证是所有诉讼活动中都必须实施的,有其共同的规则,而作为行政诉讼又有其特殊的规则。

(1)认证的原则。认证的原则是指审判人员认定证据材料的证据资格和证明力所要遵循的准则。法庭应当对经过庭审质证的证据和无须质证的证据进行逐一审查核对全部证据综合审查,遵循法官职业道德,运用逻辑推理和生活经验,进行全面、客观和公正的分析判断,确定证据材料与案件事实之间的证明关系,排除不具有关联性的证据材料,准确认定案件事实。

(2)证据资格认证规则。①被告及其代理人在作出具体行政行为后或者在诉讼程序中自行收集的证据,不能作为认定被诉具体行政行为合法的依据。②被告在行政程序中非法剥夺公民、法人和其他组织依法享有的陈述、申辩或者听证权利取得的证据,不能作为认定被诉具体行政行为合法的依据。③原告或者第三人在诉讼程序中提供的、被告在行政程序中未作为具体行政行为依据的证据,不能作为认定被诉具体行政行为合法的依据。④复议机关在复议程序中收集和补充的证据,或者作出原具体行政行为的机关在复议程序中未向复议机关提交的证据,不能作为法院认定具体行政行为合法的证据。⑤被告在行政程序中依照法定程序要求原告提供证据,原告依法应当提供却拒不提供,在诉讼程序中提供的证据,法院一般不予认定。

(3)证明力认证规则。证明力认证是指对依法被确立为证据的材料对待证事实的证明强弱程度的认定。《行政证据规定》对此作了规定。①证明同一事实的不同种类证据证明力的认定。证明同一事实的数个证据,其证明效力一般可以按照以下情形分别认定:国家机关以及其他职能部门依职权制作的公文文书优于其他书证;鉴定结论、现场笔录、勘验笔录、档案材料以及经过公证或者登记的书证优于于其他书证、视听资料和证人证言;原件、原物优于复制件、复制品;法定鉴定部门的鉴定结论优于其他鉴定部门的鉴定结论;法庭主持勘验所制作的勘验笔录优于其他部门主持勘验所制作的勘验笔录;原始证据优于传来证据;其他证人证言优于当事人有亲属关系或者其他密切关系证人提供的对该当事人有利的证人证言;出庭作证的证人的证人证言优于未出庭的证人证人证言;数个种类不同、内容一致的证据优于一个孤立的证据。②电子邮件等数据资料的证明力认定。以有形载体固定或者显示的电子数据交换、电子邮件以及其他数据资料,其制作情况和真实性经对方当事人确认,或者以公证等其他形式予以证明的,与原件具有同等的证明效力。③自认证据的证明力大小。在庭审中一方当事人或者其代理人在代理权限内对另一方当事人陈述的案件事实表示认可的,法院可以对该事实予以认定。但有相反证据足以推翻的除外。在不受外力影响的情况下,一方当事人提供的证据,对方当事人明确表示认可的,可以认定该证据的证明效力;对方当事人予以否认,但不能提供充分的证据进行反驳的,可以综合全案情况审查认定该证据的证明效力。④法庭可以直接认定的事实。在这种情况被称之为司法认知,是各国证据学者的共识。凡众所周知的事实、自然规律及定理、按照法律规定推定的事实、已经依法证明的事实、根据日常生活法则推定的事实,可以由法庭直接认定,当事人有相反证据足以推翻的除外。另外,原告确有证据证明被告持有的证据对原告有利,被告无正当理由拒不提供的,法庭可以推定原告的主张成立;生效的法院判决文书或者仲裁机构裁决文书认定的事实,可以作为定案的依据,但是如果发现裁判文书或者裁决文书认定的事实有重大问题的,应当中止诉讼,通过法定程序予以纠正后恢复诉讼。⑤不能单独作为定案依据的证据。某些证据,虽然在合法性和关联性上不存在问题,但是由于出现特殊情况,其证明力减弱,不能单独作为定案的依据,需要其他证据予以佐证。未成年人所作的与其年龄和智力不相适应的证人证言;与一方当事人有亲属关系或者其他密切关系的证人所作的对该当事人有利的证人证言,或者与一方当事人有不利关系的证人所作的对该当事人不利的的证言;应当出庭作证而无正当理由不出庭作证的证人的证言;难以识别是否经过修改的视听资料;无法与原件、原物核对的复制件或者复制品;经过一方当事人或者他人改动,对方当事人不予认可的证据资料;其他不能单独作为定案依据的证据材料。

配套习题

一、单项选择题

1. 公民甲在下班途中遭遇歹徒,被抢去财物若干,甲在追歹徒的过程中,大声呼喊,此时本区巡逻的民警乙认为甲并未向自己呼救,而且歹徒已逃远,故并未追赶,在此过程中,群众丙、丁目睹了这一过程。事后,甲越想越气,认为民警未履行保护人民群众人身财产安全的职责,以乙所在公安局为被告,向法院提起行政诉讼,并要求公安局赔偿其被抢财物,公安局则认为,该案已过起诉期限。本案中,对下列哪个事项,甲应承担举证责任?( )

A. 甲曾向乙呼救的事实

B. 甲被抢去财物的事实

C. 起诉并未超过起诉期限

D. 乙是某公安局的民警

2. 下列选项中哪一个不属于行政诉讼的法定证据?( )

A. 书证与物证

B. 具体行政行为所依据的规范性文件

C. 现场笔录

D. 勘验笔录

3. 对于行政诉讼中人民法院调取证据的说法正确的是( )

A. 人民法院调取证据的权力是有限的,只有在特定情形下才能调取

B. 人民法院认为必要时就可以调取证据,这是人民法院的一项权利

C. 被告申请人民法院向原告调取证据的，人民法院不予准许

D. 被告提供了证据线索，但无法自行收集而申请人民法院调取的，人民法院应该调取

4. 下列关于证据采信的说法中哪一个是错误的？(　)

A. 被告违反法定程序收集的证据不能作为证明具体行政行为合法的证据

B. 被告及其诉讼代理人在作出具体行政行为后收集的证据，不能作为证明具体行政行为合法的证据

C. 行政诉讼中的定案证据都必须经法庭开庭质证

D. 复议机关在复议过程中收集和补充的证据不能作为人民法院维持原具体行政行为的根据

5. 卫生防疫站对王某经营的餐馆进行卫生检查，发现厨师在操作间未戴帽子，备用餐具有油腻及小飞虫，当场制作了检查笔录。两天后对王某处以200元罚款。王某不服向法院起诉，卫生防疫站向法院提供了检查笔录。下列何种说法是正确的？(　)(司考2003年卷二，第98题)

A. 检查笔录应至少有2名执法人员的签名

B. 检查笔录应加盖卫生防疫站的公章

C. 检查笔录必须有当事人的签名

D. 法院对检查笔录进行审查时，制作笔录的执法人员必须出庭

6. 2001年5月某市公安局以涉嫌诈骗为由对甲进行刑事立案侦查。公安局将甲带至局内留置盘问48小时，搜查了甲的住处，扣押了搜出的现金10万元，冻结了搜出的20万元银行存款，并对甲实行监视居住。次年1月，公安局以甲刊登虚假广告、骗取学生学费为由，决定没收非法所得10万元，解除冻结。此后公安局一直未对甲诈骗一事作出处理，甲向法院提起行政诉讼。下列何种行为可以成为法院的审理对象？(　)(司考2003年卷二，第99题)

A. 没收非法所得10万元

B. 扣押现金10万元

C. 冻结20万元银行存款

D. 留置盘问48小时

7. 田某对某市房管局向李某核发房屋所有权证的行为不服，以自己是房屋所有权人为由请求法院判决撤销某市房管局的发证行为。田某向法院提交了房屋所有权证，李某向法院提交了该房屋买卖合同，某市房管局向法院提交了李某的房屋产权登记申请、契税完税证等证据。下列哪一说法是正确的？(　)(司考2004年卷二，第42题)

A. 房屋所有权证、房屋买卖合同、房屋产权登记申请、契税完税证均系书证

B. 李某可以在一审庭审结束前向法院提交房屋买卖合同

C. 田某向法院提交其房屋所有权证是承担举证责任的表现

D. 法院在收到被告提交的证据后应当出具收据，加盖法院印章和经办人员印章

8. 依据行政诉讼的有关规定，下列哪一证据材料在原告不能自行收集，但能够提供确切线索时，可以申请人民法院调取？(　)(司考2004年卷二，第46题)

A. 涉及公共利益的证据材料

B. 涉及个人隐私的证据材料

C. 涉及中止诉讼事项的证据材料

D. 涉及回避事项的证据材料

9. 关于行政诉讼证据，下列哪一说法是正确的？(　)(司考2004年卷二，第47题)

A. 人民法院依职权调取的证据，应当在法庭出示，由当事人质证

B. 涉及商业秘密的证据，可以不公开质证

C. 第二审程序中，所有第一审认定的证据无须再质证

D. 生效的人民法院判决书认定的事实无须质证，可以作为定案的证据

10. 谢某对某公安局以其实施盗窃为由处以15日拘留的处罚不服，向法院提起行政诉讼。该局向法院提供的证据有：报案人的报案电话记录、公安人员询问笔录、失窃现场勘验笔录、现场提取指纹一枚，及该指纹系谢某左手拇指所留的鉴定书。下列哪一种说法是正确的？(　)(司考2005年卷二，第39题)

A. 对报案人所作的询问笔录应当加盖某公安局、公安人员和报案人印章

B. 现场提取的指纹为物证

C. 某公安局提供的证据均为直接证据

D. 根据某公安局所提供的证据，可以认定其处罚决定证据确实充分

11. 黄某在与陈某的冲突中被陈某推倒后摔成轻微伤，甲市乙县公安局以此对陈某作出行政拘留15日的决定。陈某不服申请复议，甲市公安局经调查并补充了王某亲眼看到黄某摔伤的证言后维持了原处罚决定。陈某向法院提起诉讼。庭审中，陈某提出该处罚未经过负责人集体讨论，一审法院遂要求被告补充提供该处罚由负责人集体讨论决定的记录。下列哪一种说法是正确的？（　）（司考2005年卷二，第45题）

A. 此案应由甲市公安局所在地人民法院管辖

B. 王某的证言只能作为证明甲市公安局的复议决定合法的证据

C. 法院要求被告补充记录的做法不符合法律规定

D. 法院对被告提供的记录形成时间所作的审查属于对证据的关联性审查

12. 关于行政诉讼中的证据保全申请，下列哪一选项是正确的？（　）（司考2007年卷二，第45题）

A. 应当在第一次开庭前以书面形式提出

B. 应当在举证期限届满前以书面形式提出

C. 应当在举证期限届满前以口头形式提出

D. 应当在第一次开庭前以口头形式提出

二、多项选择题

1. 章某向工商局申请办理营业执照，工商局以材料不全为由一直拖延不办。章某提起行政诉讼。人民法院经审理认为，章某的申请符合法定条件，工商局应当办理。关于本案举证责任的分配，下列说法正确的是（　）

A. 章某应当证明向工商局提出申请的事实

B. 章某应当证明工商局拖延不办违法

C. 工商局如果认为章某的起诉超过期限，应当对此承担举证责任

D. 章某应当证明自己的申请符合法定条件

2. 对于证明同一事实的数个证据，下列选项中有关它们证据证明力的说法正确的是（　）

A. 原件、原物优于复制件、复制品

B. 其他证人证言优于与当事人有亲属关系或者其他密切关系的证人提供的对该当事人有利的证言

C. 出庭作证的证人证言优于未出庭作证的证人证言

D. 原件优于以有形载体固定或者显示的电子数据交换、电子邮件以及其他数据资料

3. 公安局以徐某经营的录像厅涉嫌播放淫秽录像为由，将录像带、一台VCD机和一台彩色电视机扣押，对徐某作出罚款500元的决定。徐某不服提起行政诉讼后，公安局向法院提交了有关录像带的鉴定结论。下列说法哪些是正确的？（　）（司考2003年卷二，第72题）

A. 徐某认为鉴定结论有误口头申请重新鉴定，人民法院应予准许

B. 该鉴定结论中应当载明鉴定所使用的科学技术手段

C. 徐某要求鉴定人出庭接受询问，除有正当事由外鉴定人应当出庭

D. 徐某证明鉴定结论内容不完整，人民法院应不予采纳

4. 甲向法院提起行政诉讼，诉称某公安局在他不在家的情况下，撬锁对其租住的房屋进行治安检查，之后未采取任何保护措施即离开，致使其丢失现金5 000元，要求被告赔偿损失。甲向法院提供了其工资收入证明、银行取款凭证单复印件、家中存有现金的同乡证言和房东听到其丢失现金的证言。下列说法哪些是错误的？（　）（司考2003年卷二，第27题）

A. 上述证据均系直接证据

B. 银行取款凭单复印件应加盖银行的印章

C. 房东的证言必须有房东的签名和租房协议原件

D. 上述证据在开庭审理前提交法院才有效

5. 下列哪些证据不能作为人民法院认定具体行政行为合法的根据？（　）

A. 被告的代理律师在行政行为作出后，自行向原告和证人收集的证据

B. 被告严重违反法定程序而收集的证据

C. 被告在行政程序中非法剥夺相对人依法享有的陈述、申诉或者听证权利所采用的证据

D. 原告或者第三人在诉讼程序中提供的、被告

在行政程序中未作为具体行政行为依据的证据

6. 某县公安局以郭某因邻里纠纷殴打并致邱某轻微伤为由，对郭某作出拘留10天的处罚。郭某向法院提起诉讼。某县公安局向法院提交了处罚的主要证据，华某和邱某舅舅叶某二人的证言及该县中心医院出具的邱某的伤情证明。下列说法正确的是（　）（司考2004年卷二，第97题）

A. 华某的证言的证明效力优于叶某的证言

B. 某县公安局申请华某出庭作证，应当在开庭前提出

C. 若华、叶二人的证言相互矛盾，法庭应判决撤销某县公安局的处罚决定

D. 若一审法庭未通知邱某参加诉讼，二审法院应将案件发回重审

7. 甲、乙公司签订了甲公司向乙公司购买5辆"三星"牌汽车的合同。乙公司按约定将汽车运至甲公司所在地火车站。某市工商局接到举报扣押了汽车，并最终认定乙公司提供的五辆"三星"牌汽车是国外某一品牌汽车，乙公司将其冒充国产车进行非法销售，遂决定没收该批汽车。乙公司在提起行政诉讼后，向法院提供了该批汽车的技术参数，某市工商局则提供了某省商检局对其中一辆车的鉴定结论。下列哪些说法是正确的？（　）（司考2006年卷二，第85题）

A. 乙公司在提供图片及技术参数时，应附有说明材料

B. 若乙公司提供证据证明某省商检局的鉴定结论内容不完整，法院应不采纳该鉴定结论

C. 某省商检局的鉴定结论为某市工商局处罚乙公司的证据，是法院采纳此鉴定结论的条件之一

D. 对某市工商局的没收决定，甲公司具有原告资格

8. 县烟草专卖局发现刘某销售某品牌外国香烟，执法人员表明了自己的身份，并制作了现场笔录。因刘某拒绝签名，随行电视台记者张某作为见证人在笔录上签名，该局当场制作《行政处罚决定书》，没收15条外国香烟。刘某不服该决定，提起行政诉讼。诉讼中，县烟草专卖局向法院提交了现场笔录、县电视台拍摄的现场录像、张某的证词。下列哪些选项是正确的？（　）（司考2007年卷二，第84题）

A. 现场录像应当提供原始载体

B. 张某的证词有张某的签字后，即可作为证人证言使用

C. 现场笔录必须有执法人员和刘某的签名

D. 法院收到县烟草专卖局提供的证据应当出具收据，由经办人员签名或盖章

三、名词解释

1. 行政诉讼证据
2. 举证责任
3. 质证

四、简答题

1. 简述行政诉讼证据的特征。
2. 简述我国行政诉讼法关于举证责任的规定。
3. 简述证据排除规则。

五、论述题

论述行政诉讼证据的特殊规则（考研中国政法大学2004年）

六、案例分析题

1995年11月10日，某县王宅信用社工作人员陈某、夏某、任某、谢某4人前往原告张某家催收贷款，在马府下村公路上遇到原告后，即向其填发了催款通知书，并要其在通知书送达回执上签字，因张拒签并驾车离去，陈某等4人上前阻拦，从车窗爬入驾驶室与张争夺方向盘，车失控，冲入路旁菜地，夏某、谢某的手脚被擦伤。被告该县公安局下属的下杨乡派出所接到报案后，即派员赶往现场将张某传唤到派出所，同时责令张某将拖拉机开至派出所，并以该拖拉机系犯罪工具为由予以扣押，但未办理任何手续。此日，被告对张某作出治安拘留15天的处罚。但拘留期限届满后，被告未及时将拖拉机返还原告。1996年2月14日，原告张某从派出所取回拖拉机时，该所向其收了保管费200元。1996年4月原告以拖拉机被非法扣押造成巨大经济损失为由向被告提出赔偿申请，被

告于同年5月30日作出不予受理的决定，原告遂向该县人民法院提起行政赔偿诉讼。经查明：拖拉机被扣期间，一只电瓶报废，损失350元，被扣期间，原告上缴养路规费等法定费用262.48元，原告提供的因四只轮胎报废所造成的损失1 100元的票据系伪造，且未能提供部分随车物件灭失的证据。

该县人民法院依照《国家赔偿法》第4条第2项、第3项、第7条第1款、第28条第1、2、6项之规定作出以下判决：①被告县公安局赔偿原告张某直接经济损失612.48元，返还收取的保管费200元，合计812.48元，上述款项限被告于判决生效后10日内履行。②驳回原告其他诉讼请求。

问：本案原、被告的举证责任是什么？

参考答案

一、单项选择题

1. 答案：B

提示：本题考查的是原告的举证责任

解析：原告在一并提起的行政赔偿诉讼中，应当证明因受被诉行为侵害而造成损失的事实，故选B项。但是在起诉被告不作为的案件中，如果被告应当依职权主动履行法定职责的，原告不必提供其在行政程序中曾经提出申请的证据材料，故不选A项。

2. 答案：B

提示：本题考查的是对法定证据的认定

解析：参见本章“基础知识图解”中的证据种类部分。

3. 答案：A

提示：本题考查的是法院调取证据

解析：《证据规定》第22条规定了两种情形下法院可依职权收集证据，并且还规定了申请法院调取证据情况下的主体只能是原告和第三人。所以，人民法院调取证据的权力是有限的，依职权调取只有两种情形，依申请只有原告和第三人有申请资格。故A项正确。

4. 答案：A

提示：本题考查的是证据认定

解析：《行政诉讼证据规定》对行政诉讼证据认证规定了，被告在行政程序中非法剥夺公民、法人或其他组织依法享有的陈述、申辩或者听证权利的证据，不能作为认定被诉具体行政行为合法的证据。可见，并非是被告所有违反法定程序收集的证据都不能作为证明具体行政行为合法的证据。A项正确。

5. 答案：A

提示：本题考查的是现场笔录

解析：根据《行政处罚法》第37条第1款规定：“行政机关在调查或者进行检查时，执法人员不得少于两人，并应当向当事人或者有关人员出示证件。当事人或者有关人员应当如实回答询问，并协助调查或者检查，不得阻挠。询问或者检查应当制作笔录。”因此，A项正确。根据《行政诉讼证据规定》第10条第1款第4项的规定，检查笔录无须加盖所属行政机关的公章，故B项错误。根据该《规定》第15条的规定，现场笔录一般应当交当事人核对无误后，由当事人签名，但如果当事人拒绝签名或者不能签名也没有关系，故C项不正确。根据该《规定》第44条的规定，只有在特殊情况下才有必要要求相关执法人员出庭作证，故D项错误。

6. 答案：A

提示：本题考查的是行政诉讼受案范围的排除

解析：根据《若干问题的解释》第1条第2款第2项的规定，公民、法人或者其他组织对公安、国家安全等机关依照刑事诉讼法的明确授权实施的行为不服提起诉讼的，不属于行政诉讼的受案范围。本题中公安机关扣押现金10万元、冻结20万元银行存款以及对甲进行留置盘问的行为属于刑事强制措施。而没收非法所得的行为属于行政行为，因此可诉，故可以人民法院审理的对象，A项正确。

7. 答案：A

提示：本题考查的是行政诉讼证据

解析：B项中的情形不符合《行政诉讼证据规定》第7条的规定；C项中的情形不符合2000年《若

干问题的解释》第27条的规定;D项的情形不符合《行政诉讼证据规定》第20条的规定。因此,只有A项正确。

8. 答案:B

提示:本题考查的是申请人民法院调取证据的情形

解析:《行政诉讼证据规定》第23条规定,原告或者第三人不能自行收集,但能够提供确切线索的,可以申请人民法院调取下列证据材料:①由国家有关部门保存而须由人民法院调取的证据材料;②涉及国家秘密、商业秘密、个人隐私的证据材料;③确因客观原因不能自行收集的其他证据材料。人民法院不得为证明被诉具体行政行为的合法性,调取被告在作出具体行政行为时未收集的证据。故B项正确。

9. 答案:D

提示:本题考查的是质证

解析:《行政诉讼证据规定》第38条的规定,当事人申请人民法院调取的证据,由申请调取证据的当事人在庭审中出示,并由当事人质证。人民法院依职权调取的证据,由法庭出示,并可就调取该证据的情况进行说明,听取当事人意见。故A项错误。根据该规定第37条的规定,涉及国家秘密、商业秘密和个人隐私或者法律规定的其他应当保密的证据,不得在开庭时公开质证,故B项错误。根据该规定第50条的规定,在第二审程序中,对当事人依法提供的新的证据,法庭应当进行质证;当事人对第一审认定的证据仍有争议的,法庭也应当进行质证,故C错误。根据第70条的规定,生效的人民法院裁判文书或者仲裁机构裁决文书确认的事实,可以作为定案依据。但是如果发现裁判文书或者裁决文书认定的事实有重大问题的,应当中止诉讼,通过法定程序予以纠正后恢复诉讼。故D项正确。

10. 答案:B

提示:本题考查的是几种具体的证据

解析:根据《行政诉讼证据规定》第10条的规定,被告提供的被诉具体行政行为所依据的询问、陈述、谈话类笔录,应当有行政执法人员、被询问人、陈述人、谈话人签名或者盖章,但不需要加盖某公安局的印章。故A项错误。物证是指以自己的存在、形状、质量等外部特征和物质属性,证明案件事实的物品。现场提取的指纹即为物证,B项正确。公安局提供的证据中报案人的报案电话记录、公安人员询问笔录、勘验笔录等均属于间接证据,C项错误。根据《行政诉讼证据规定》第53条的规定,法院应当对证据进行逐一审查和对全部证据综合审查。本题中被告提交的证据并不能直接证明谢某实施了盗窃行为,D项错误。

11. 答案:B

提示:本题考查的是管辖和证据

解析:本题中行政拘留的处罚决定是由甲市乙县公安局作出的,虽经过甲市公安局复议,但复议决定维持了原处罚决定,因此管辖法院应当是作出原具体行政行为的甲市乙县公安局所在地的基层人民法院,A项错误。王某的证言是在行政复议过程中补充的,根据《行政诉讼证据规定》第61条的规定,复议机关在复议程序中收集和补充的证据,或者作出原具体行政行为的行政机关在复议程序中未向复议机关提交的证据,不能作为人民法院认定原具体行政行为合法的依据。故B项正确。根据该《规定》第9条的规定,人民法院有权要求当事人提供或者补充证据,C项表述错误。根据《规定》第56条的规定,法院对被告提供的记录形成时间所作的审查属于对证据的真实性审查,D项错误。

12. 答案:B

提示:本题着重考查证据的保全程序,需要掌握相关的司法解释

解析:2002年《行政诉讼证据规定》第27条规定:"当事人根据《行政诉讼法》第36条的规定向人民法院申请保全证据的,应当在举证期限届满前以书面形式提出,并说明证据的名称和地点、保全的内容和范围、申请保全的理由等事项。当事人申请保全证据的,人民法院可以要求其提供相应的担保。法律、司法解释规定诉前保全证据的,依照其规定办理。"故B项正确。

二、多项选择题

1. 答案:AC

提示:本题考查的是举证责任的分配

解析:在起诉被告不作为的案件中,原告应当提供其在行政程序中曾经提出申请的证据材料,故选A项。如果被告主张原告的起诉超过期限,应当对此承担举证责任,故选C项。

2. 答案:ABC

提示:本题考查的是不同种类证据的证明力

解析:以有形载体固定或者显示的电子数据交

换、电子邮件以及其他数据资料,其制作情况和真实性经对方当事人确认,或者以公证等其他有效方式予以证明的,与原件具有同等的证明效力,故D项不正确。

3. **答案:**BCD

提示:本题考查的是鉴定结论在诉讼中的运用

解析:被告行政机关向人民法院提供的在行政程序中采用的鉴定结论应当符合下列条件:①应当载明委托人和委托鉴定的事项;②应有向鉴定部门提交的相关材料;③应有鉴定的依据和使用的科学技术手段;④应有鉴定部门和鉴定人鉴定资格的说明;⑤应有鉴定人的签名和鉴定部门的盖章。对于通过分析获得的鉴定结论,还应当说明分析过程。根据最高人民法院《关于行政诉讼证据若干问题的规定》第32条第1款第3项的规定,B项正确。根据该《规定》第29条的规定,当事人申请重新鉴定必须以书面形式,故A项错误。根据第47条第1款的规定,C项正确。根据第62条第3项的规定,D项正确。根据该条规定,原告或第三人提出证据证明有以下三种情况的,人民法院不予采纳:鉴定人不具备鉴定资格;鉴定程序严重违法;鉴定结论错误、不明确或者内容不完整。

4. **答案:**ACD

提示:本题考查的是几种证据的证明资格和运用

解析:题中证据均系间接证据,因为并不能直接证明"某公安分局在他不在家的情况下,撬锁对其租住的房屋进行治安检查,之后未采取任何保护措施即离开,致使其丢失现金5 000元"的事实,故A项错误。银行取款凭单属于书证,原件和复印件均需有银行印章,故B项正确。房东证言不需要租房协议的原件,故C项不正确。原告或者第三人应当在开庭审理前或者人民法院指定的交换证据之日提供证据,故D项不正确。

5. **答案:**ABCD

提示:本题考查的是证据的证明资格和证明力问题

解析:被告及其诉讼代理人在作出具体行政行为后自行收集的证据;被告严重违反法定程序收集的其他证据均不能作为认定被诉具体行政行为合法的根据。被告在行政程序中非法剥夺公民、法人或者其他组织依法享有的陈述、申辩或者听证权利所采用的证据;原告或者第三人在诉讼程序中提供的、被告在行政程序中未作为具体行政行为依据的证据,也不能作为认定被诉具体行政行为合法的根据。

6. **答案:**ACD

提示:本题考查的是证据的证明力

解析:《行政诉讼证据规定》第63条第7项的规定,其他证人证言优于与当事人有亲属关系或者其他密切关系的证人提供的对该当事人有利的证言,本题中华某与当事人没有任何关系,而叶某是邱某的舅舅,因此华某的证言的证明效力优于叶某的证言,故A项正确;根据《行政诉讼证据规定》第43条的规定,当事人申请证人出庭作证的,应当在举证期限届满前提出,并经人民法院许可,故B项表述错误;本题中华某和邱某的舅舅二人的证言是唯一的证据,如果二人证言相互矛盾,公安局的处罚决定就缺乏证据证明,在此情况下,人民法院有权撤销该决定,故C项正确;根据《若干问题的解释》第71条的规定,原审判决遗漏了必须参加诉讼的当事人或者诉讼请求的,第二审人民法院应当裁定撤销原审判决,发回重审,本题中邱某作为行政处罚中的受害人,属必须参加诉讼的当事人,故D项正确。

7. **答案:**ABC

提示:本题考查的是鉴定结论

解析:根据《行政诉讼证据规定》第10条的规定,提供报表、图纸、会计账册、专业技术资料、科技文献等书证的,应当附有说明材料,A项正确。根据《规定》第32条第2款的规定,鉴定结论内容欠缺或者不明确的,法院不应采纳,B项正确。根据《规定》第62条的规定,对被告在行政程序中采纳的鉴定结论,原告或者第三人提出证据证明有下列情形之一的,人民法院不予采纳:①鉴定人不具备鉴定资格;②鉴定程序严重违法;③鉴定结论错误、不明确或者内容不完整。也就是说,对于被告在行政程序中采纳的证据,只要不具有上述三种情形,法院应当采纳。本题中某省商检局的鉴定结论作为某市工商局处罚乙公司的证据,是法院采纳此鉴定结论的条件之一,C项正确。甲公司与工商局没收汽车的行为之间没有法律上的利害关系,甲公司的利益并未受到影响,故不具原告资格,D项错误。

8. **答案:**AD

提示:本题考查的是行政诉讼证据

解析:2002年《行政诉讼法证据规定》第12条规定:"根据《行政诉讼法》第31条第1款第3项的规定,当事人向人民法院提供计算机数据或者录音、录像等视听资料的，应当符合下列要求：①提供有关资料的原始载体。提供原始载体确有困难的，可以提供复制件；②注明制作方法、制作时间、制作人和证明对象等；③声音资料应当附有该声音内容的文字记录。”故A项正确。《行政诉讼证据规定》第13条规定：“根据《行政诉讼法》第31条第1款第4项的规定，当事人向人民法院提供证人证言的，应当符合下列要求：①写明证人的姓名、年龄、性别、职业、住址等基本情况；②有证人的签名，不能签名的，应当以盖章等方式证明；③注明出具日期；④附有居民身份证复印件等证明证人身份的文件。”可以知道该题目中尚不满足④，故B项错误。现场笔录并不一定要求刘某的签名，《行政诉讼证据规定》第15条规定：“根据《行政诉讼法》第31条第1款第7项的规定，被告向人民法院提供的现场笔录，应当载明时间、地点和事件等内容，并由执法人员和当事人签名。当事人拒绝签名或者不能签名的，应当注明原因。有其他人在现场的，可由其他人签名。法律、法规和规章对现场笔录的制作形式另有规定的，从其规定。”可以知道C项不正确。《行政诉讼证据规定》第20条规定：“人民法院收到当事人提交的证据材料，应当出具收据，注明证据的名称、份数、页数、件数、种类等以及收到的时间，由经办人员签名或者盖章。”故D项正确。本题正确答案为A、D项。

三、名词解释

1. **提示**：应从行政诉讼证据的概念来回答，参见本章“基础知识图解”中行政诉讼证据部分

2. **提示**：应从行政诉讼举证责任的概念来回答

答案：举证责任是法律假定的一种后果，承担举证责任的当事人应当举出证据证明自己的主张是成立的，否则将承担败诉的不利后果。

3. **提示**：参见本章“基础知识图解”中行政诉讼的质证与认证部分，从质证的概念和特征来回答

四、简答题

1. **提示**：行政诉讼证据既有一般证据的特征，也有其自身的特征

答案：行政诉讼证据具有其他证据相同的特征即相关性、客观性与合法性。除此之外，行政诉讼证据还有自身的特殊性：①证据种类的广泛性；②证据来源的特定性；③举证责任分担的特定性。

2. **提示**：参见本章“重点知识讲解”中举证责任分配部分，应区别行政诉讼法对举证责任做的一般规定和特别规定分别回答

3. **提示**：即回答出法律对于什么情况下的证据不得作为定案的依据，这在行政诉讼法中有明确规定

答案：证据排除规则，是指收集证据必须依法进行，对不符合法律规定取得的证据应当予以排除，不得作为定案的根据。在行政诉讼中下列证据应予以排除：①在被告作出具体行政行为后，被告及其诉讼代理人、复议机关等收集的证据；②严重违反法定程序收集的证据；③以非法手段获取的证据，包括两种情形：一是以利诱、欺诈、胁迫、暴力等不正当手段获取的证据；二是以违反法律禁止性规定或者侵犯他人合法权益的方法取得的证据；④其他非法证据。如不具备鉴定资格的组织或个人作出的鉴定结论。

五、论述题

提示：对于行政诉讼证据的特殊规则，应当分别从证据的种类、举证规则、收集规则、质证规则、认证规则等方面来回答行政诉讼证据规则中有特色的地方

六、案例分析题

答案：本案属于“在行政诉讼中一并提起行政赔偿诉讼的案件”，涉及两方面的举证问题：①被告扣押原告的拖拉机随后又收取保管费的行政行为是否合法；②原告因受被诉行政行为的侵害而造成损失的事实。被告应就其扣押原告的拖拉机随后又收取保管费的行政行为是否合法负举证责任。原告应就起诉符合法定条件和因受被诉行政行为的侵害而造成损失的事实负举证责任。

解析：本题对举证责任的分配实际上分为两个层次，①是确认被告必须对被诉具体行政行为的合法性承担举证责任；②是除此之外的事项实行“谁主张、谁举证”原则。具体上，根据《若干问题的解释》的规定，在一并提起的行政赔偿诉讼中，原告应当举证证明因受诉行为侵害而造成损害的事实。具体参见本章“重点知识讲解”举证责任分配中原告承担举证责任的论述。

第二十二章　行政诉讼程序

内容提示

行政诉讼程序是行政诉讼法的主体内容。通过本章的学习，应当掌握一审程序和审理过程中的具体规则；重点掌握行政诉讼的起诉与受理；熟悉行政诉讼的一审程序、第二审程序和审判监督程序；了解妨害行政诉讼的强制措施。

基础知识图解

一、起诉和受理

起诉与受理	起诉	概念	是指公民、法人或者其他组织认为行政机关及其工作人员的行政行为侵犯了自己的合法权益，依法诉请人民法院对该行政行为予以合法性审查以保护自己合法权益的诉讼行为
		条件★	主要包括：①原告须是认为其合法权益受到行政主体具体行政行为侵害的公民、法人或者其他组织；②有明确的被告；③有明确的诉讼请求和事实依据；④属于人民法院受案范围和受诉人民法院管辖
		程序和方式	①对于有复议选择的，当事人可以自由选择是复议后起诉还是直接起诉；对于法定复议前置的，应当先复议，再行起诉 ②起诉原则上以书面的方式，原告须向人民法院提交起诉状和副本
	受理	概念	行政诉讼中的受理，是指人民法院对原告的起诉经过审查，决定对合格的起诉进行审理的诉讼行为
		对起诉的审查和处理	人民法院审查的内容主要有：①案件是否符合《行政诉讼法》第二章及最高人民法院《若干问题的解释》第 1 条规定的受案范围和起诉管辖；②案件是否符合《行政诉讼法》第 41 条关于起诉条件的规定；③依法复议前置的，是否经过复议；④是否符合起诉期限的规定，有无超过起诉期限；诉状的内容是否全面、明确；是否属于重复起诉等
		受理的法律后果	受理又称为起诉成立，人民法院一旦受理起诉，即产生如下法律后果：①人民法院取得了该案的管辖权，并排斥其他法院和机关的管辖；②当事人明确了在该诉讼中的地位，并以此承担相应的诉讼权利和义务；③诉讼时效中断，原具体行政行为的最终效力由人民法院裁判

二、第一审程序

<table>
<tr><td rowspan="4">第一审程序</td><td>审理前的准备</td><td>主要包括:①通知被告应诉并发送诉讼文书;②组成合议庭;③决定是否公开审理;④合议庭阅卷;⑤更换和追加当事人;⑥财产保全和先予执行;⑦准备开庭</td></tr>
<tr><td>开庭审理</td><td>又称为法庭审理,是指审判人员在当事人和其他诉讼参与人的参加下,依照法律规定的方式和程序对案件进行全面审理并作出裁判的行为
(1)宣布开庭。审理时,首先由审判长宣布开庭;然后依次是核对当事人身份,宣布案由,宣布审理人员、书记员名单,告知当事人有关诉讼的权利和义务,并询问当事人是否提出回避申请
(2)法庭调查。法庭调查的顺序是:①当事人陈述,法庭依原告、被告、第三人及他们各自的诉讼代理人的顺序进行询问,并分别听取他们的陈述;②告知证人的权利和义务、证人作证、宣读未到庭证人证言;③宣读鉴定结论。当事人及其法定代理人经审判长许可,可以向鉴定人发问;④出示书证、物证和视听资料;⑤宣读勘验笔录、现场笔录
(3)法庭辩论。法庭辩论的顺序参照《民事诉讼法》第127条的规定,先原告,后被告,再第三人,最后相互辩论
(4)评议及宣判。合议庭评议案件时,首先应确定案件事实是否全部查清,案件事实应如何正确认识,在此基础上再进一步判明被告所作具体行政行为是否合法。合议庭评议实行少数服从过多数原则</td></tr>
<tr><td>审理中的各项制度★</td><td>主要包括:①撤诉;②缺席判决;③延期审理;④合并审理。详见本章重点知识讲解二</td></tr>
<tr><td>审结期限和结案方式</td><td>(1)审结期限。对第一审行政案件,人民法院应当在立案之日起3个月内作出第一审判决。有特殊情况需要延长的,由高级人民法院批准,高级人民法院审理第一审案件需要延长的,由最高人民法院批准。第二审行政案件,人民法院应当在收到上诉状之日起2个月内审结。基层人民法院申请延长办案期限,应当直接报高级人民法院批准,同时报中级人民法院备案
(2)结案方式。人民法院审理行政案件,除侵权赔偿诉讼外,不适用调解方式结案,只能用判决或者裁定方式结案</td></tr>
</table>

三、第二审程序

<table>
<tr><td rowspan="5">第二审程序</td><td>概念</td><td>行政诉讼第二审程序,又称为上诉审程序,是指上级人民法院对下级人民法院就第一审行政案件所作的裁判,在其发生法律效力以前,由于当事人的上诉而对案件进行重新审理的程序</td></tr>
<tr><td>上诉条件</td><td>主要包括:①必须有上诉的法定对象,即有可以提起上诉的判决和裁定;②必须有合格的上诉人和被上诉人;③必须遵守上诉的法定期限;④必须提交上诉状;⑤必须依法交纳诉讼费用</td></tr>
<tr><td>上诉提起程序</td><td>(1)当事人上诉,一般应向原审人民法院提出,但也可以直接向第二审法院提出。当事人直接向二审法院提出上诉的,二审法院应当在5日内将收到的上诉状交原审法院
(2)原审法院或者二审法院收到上诉状后应当立即通知对方当事人。二审法院应当在5日内将上诉状发交原审法院,原审法院在5日内将上诉状副本送达对方当事人。原审法院应当在5日内连同全部案卷和证据报送二审法院</td></tr>
<tr><td colspan="2">上诉撤回★:详见本章重点知识讲解四</td></tr>
<tr><td colspan="2">上诉案件审理★:详见本章重点知识讲解三</td></tr>
</table>

四、审判监督程序

审判监督程序	概念	(1)又称再审程序,是指人民法院自行发现已经发生法律效力的裁判确有错误,或者根据人民检察院的抗诉,而依法对案件再次审理的程序 (2)与当事人申请再审的关系:当事人申请再审不属于审判监督程序,而是可能引起再审,只有当当事人的申诉被人民法院或检察院受理后,经人民法院或者人民检察院依职权开始审判监督程序
	再审的提出★	(1)提起再审的主体:各级人民法院院长和审判委员会、上级人民法院、上级人民法检察院 (2)提起再审的条件:发现发生法律效力的裁判违反法律、法规的规定 (3)提起再审的程序:①本院院长提交审判委员会讨论决定再审;②上级人民法院提审或者指令下级人民法院再审;③人民检察院抗诉
	再审案件的审理程序	(1)裁定中止原判决的执行。凡按再审程序决定再审的案件,均应作出裁定中止原判决的执行 (2)另行组成合议庭 (3)分别适用第一审、第二审程序审理。即发生法律效力的裁判原来是依照第一审程序作出的,则再审也按照第一审程序进行,所作出的裁判可以上诉;原来裁判是依照第二审程序作出的,再审按照第二审程序进行,所作出的裁判为终审裁判
	再审案件的裁判	(1)原判决、裁定认定事实清楚,适用法律正确的,应当判决维持并继续执行原审判决 (2)原判决、裁定认定事实或者适用法律确有错误的,应当依法作出新的裁判,重新对具体行政行为进行合法性审查

五、对妨害行政诉讼的强制措施

对妨害行政诉讼的强制措施	概念	是指人民法院为保证行政诉讼的顺利进行,对实施妨害行政诉讼行为的人依法采取的强制手段
	性质特点	(1)性质:行政诉讼的强制措施,是一种诉讼中的强制性手段,而不属于法律制裁 (2)特点:①它以排除对行政诉讼的妨害、保障行政诉讼活动的正常进行为目的;②它只适用于妨害行政诉讼的人;③它是由人民法院依职权采取的
	妨害行政诉讼行为的构成	主要包括:①必须有妨害行政诉讼的实际行为;②必须是在行政诉讼的过程中实施的;③必须是行为人的故意行为;④行为人的违法行为必须达到一定的严重程度
	妨害行为的种类	主要包括:①有义务协助的人,对人民法院的协助执行通知书,无故推诿、拒绝或者妨碍执行的;②伪造、隐藏、毁灭证据的;③指使、贿买、胁迫他人作伪证或者威胁、阻止证人作证的;④隐藏、转移、变卖、毁损已被查封、扣押、冻结的财产的;⑤以暴力、威胁或者其他方法阻碍人民法院工作人员执行职务或者扰乱人民法院工作秩序的;⑥对人民法院工作人员、诉讼参与人、协助执行人侮辱、诽谤、诬陷、殴打或者打击报复的
	行政诉讼强制措施的适用	(1)种类:①训诫;②责令具结悔过;③罚款;④拘留 (2)适用:①对训诫的适用:训诫只能适用于六种妨害行政诉讼行为中情节最轻者。训诫决定由审判组织作出并当场宣布,并由书记员记入笔录;②对责令具结悔过的适用:责令具结悔过决定由合议庭集体做出,悔过书应呈交法庭附卷备查,书记员记录在卷;③对罚款的适用:罚款由合议庭做出,并报本院院长批准实行。行为人对罚款不服的,可以向法院申请复议,复议期间不停止执行;④对拘留的适用:拘留是强制措施中最严厉的一种。适用于以暴力、威胁或者其他方法阻碍人民法院工作人员执行职务或者扰乱人民法院工作秩序的行为或者对法院工作人员、诉讼参与人、协助执行人进行侮辱、诽谤、诬陷、殴打或者打击报复的行为。拘留决定由合议庭作出,报院长批准执行。行为人对拘留决定不服的,可以向法院申请复议,复议期间不停止执行。拘留、罚款可以合并使用

重点知识讲解

一、起诉的条件

原告起诉成立必须具备四个条件：

1. 原告须是认为其合法权益受到行政主体具体行政行为侵害的公民、法人或者其他组织。这一条件具体包含以下四方面的要求：①原告是作为行政相对人的公民、法人或者其他组织；②行政机关的具体行政行为必须客观存在；③原告与被诉具体行政行为之间具有利害关系；④原告认为具体行政行为侵犯了其合法权益。

2. 有明确的被告。即原告在起诉时必须指明谁是被告，否则起诉不能成立。

3. 有明确的诉讼请求和事实依据。具体的诉讼请求是指原告请求法院通过审判程序保护自己合法权益的具体内容。如果没有明确的诉讼请求，法院无从开始审理。

原告起诉的事实依据应该包括案件事实和证据事实。案件事实包括：①当事人争议的行政法律关系发生、变更、消灭的法律事实。②当事人的合法权益受到行政行为侵害或者当事人之间发生行政争议的事实。证据事实是证明案件真实性的、客观性的事实根据。一般情况下，法院对原告起诉时的事实根据只作形式审查。

4. 属于人民法院受案范围和受诉人民法院管辖。如果起诉的案件依法不属于人民法院受案范围，则原告没有起诉权利，案件虽然属于法院受案范围，但不属于受诉人民法院管辖的，原告应当向有管辖权的人民法院起诉。

起诉具备了上诉四个条件后，还需要遵守法定的起诉期限。《行政诉讼法》和《若干问题的解释》中规定了三种情况下的期限：①直接起诉的期限为 3 个月；②经复议案件或者行政复议期满的期限为 15 日；③起诉期限的延长（在障碍消除后 10 日内可以申请延长）。除《行政诉讼法》外，单行法律中也有规定了特殊起诉期限的，如《邮政法》、《水污染防治法》规定起诉期限为 15 日；《森林法》、《渔业法》、《土地管理法》、《海关法》规定的期限为 30 日；《专利法》规定的期限为 3 个月。

关于诉讼时效的起算时间，行政诉讼法规定的是“知道”，而不是“应当知道”，这应当理解为确实知道，而不是推测知道。这就要求做出行政行为的机关和组织必须明白、准确的告知行政相对人，否则其将一直保留有知道做出行政行为之日起 3 个月内起诉的权利。

行政机关告知了具体行政行为的内容，但未告知诉权和起诉期限的，《若干问题的解释》第 41 条明确规定：“行政机关作出具体行政行为时，未告知公民、法人或者其他组织诉权或者起诉期限的，起诉期限从公民、法人或者其他组织知道或者应当知道诉权和起诉期限之日起计算，但从知道或者应当知道具体行政行为内容之日起最长不超过 2 年。”复议决定未告知诉权或起诉期限的也适用 2 年的规定。

若行政机关作出具体行政行为后，既没有告知行政相对人具体行政行为内容也没有告知诉权和起诉期限的，《若干问题的解释》第 42 规定：“公民、法人或者其他组织不知道行政机关作出的具体行政行为内容的，其起诉期限从知道或者应当知道该具体行政行为内容之日起计算。对涉及不动产的具体行政行为从作出之日期超过 20 年、其他具体行政行为从作出之日起超过 5 年提起诉讼的，人民法院不予受理。”这是关于诉权最长保护期限的规定。

二、第一审程序中的各项制度

审理中的各项制度主要用来处理诉讼过程中出现的特殊情况。

1. 撤诉。

(1)行政诉讼中的撤诉,是指原告或者上诉人自立案至人民法院作出裁判前,向法院撤回自己的诉讼请求,不再要求法院对案件进行审理的行为。根据是否由当事人提出,撤诉可分为申请撤诉和视为申请撤诉两类。前者是指当事人主动向受诉人民法院提出撤诉申请,不再要求受诉法院对案件继续审理的行为,是当事人积极地处分自己的权利;后者是指当事人拒绝履行法定诉讼义务,视为其申请撤诉的情形,是当事人对自己权利的消极处分。

(2)撤诉的条件。

第一,申请撤诉的条件。2008 年《最高人民法院关于行政诉讼撤诉若干问题的规定》(以下简称《关于撤诉的若干规定》)第 2 条规定了申请撤诉的条件。①撤诉申请必须是原告(一审)和上诉人(二审)或者经他们特别授权的代理人。被告或者第三人和被上诉人均不得提出撤诉申请。②申请撤诉必须基于当事人自己的真实意思表示。行政机关都不能强迫原告撤诉。③撤诉必须符合法律规定,不得规避法律,也不能损害公共利益和他人合法权益。同时,根据 2008 年《关于撤诉的若干规定》第 2 条的规定,在被告改变具体行政行为而原告申请撤诉的情形中,被告改变被诉具体行政行为,不得违反法律、法规的禁止性规定,不得超越或者放弃职权,不得损害公共利益和他人合法权益。④撤诉申请必须在人民法院宣判前作出。依据 2008 年《关于撤诉的若干规定》第 2 条第 3 款的规定,在被告改变具体行政行为而原告申请撤诉的情形中,被告已经改变或者决定改变被诉具体行政行为,必须书面告知人民法院。⑤撤诉须经人民法院许可且第三人无异议。人民法院应当对撤诉申请进行审查,符合条件的,裁定准许撤诉,案件审理终结;申请不符合条件的,裁定驳回申请,案件继续审理。

需要指出的是,行政诉讼原告申请撤诉往往是因为被告改变其所作出的具体行政行为。对此,2008 年《关于撤诉的若干规定》第 3、4 条分别对属于"被告改变其所作出的具体行政行为"和可以视为"被告改变其所作出的具体行政行为"的情形作了规定。"有下列情形之一的,属于《行政诉讼法》第 51 条规定的'被告改变其所作的具体行政行为':①改变被诉具体行政行为所认定的主要事实和证据;②改变被诉具体行政行为所适用的规范依据且对定性产生影响;③撤销、部分撤销或者变更被诉具体行政行为处理结果。""有下列情形之一的,可以视为'被告改变其所作的具体行政行为':①根据原告的请求依法履行法定职责;②采取相应的补救、补偿等措施;③在行政裁决案件中,书面认可原告与第三人达成的和解。"

被告改变被诉具体行政行为,原告申请撤诉,有履行内容且履行完毕的,人民法院可以裁定准许撤诉;不能即时或者一次性履行的,人民法院可以裁定准许撤诉,也可以裁定中止审理。

第二审或者再审期间行政机关改变被诉具体行政行为,当事人申请撤回上诉或者再审申请的,参照上述一审程序中撤诉的规定。

准许撤回上诉或者再审申请的裁定可以载明行政机关改变被诉具体行政行为的主要内容及履行情况,并可以根据案件具体情况,在裁定理由中明确被诉具体行政行为或者原裁判全部或者部分不再执行。

第二,视为撤诉的条件。①原告或上诉人经合法传唤,无正当理由拒不到庭,可以按撤诉处理;②原告或上诉人未经法庭许可中途退庭的,可以按撤诉处理;③原告或者上诉人未按规定期限缴纳案件受理费,又不提出缓缴、减免申请,或者提出申请未获批准的,按自动撤诉处理。

(3)撤诉的法律后果。①讼法律程序终结。②人民法院裁定准许原告撤诉后,原告以同一事实和理由重新起诉的，人民法院不予受理。这一点与民事诉讼不同，在民事诉讼中，原告的撤诉经法院准许后，视为自始未起诉，原告仍有权起诉。但原告或者上诉人未按规定期限缴纳案件受理费按自动撤诉处理的，原告如果在法定期限内再次起诉或上诉，并依法解决诉讼费预交问题的，人民法院应予受理。

2. 缺席判决。缺席判决是指人民法院开庭审理时，在一方当事人或者双方当事人都未到庭陈述、辩论的情况下而作出判决的一种法律制度。缺席判决原则上适用于被告，条件是"被告无正当理由拒不到庭"。根据最高人民法院有关规定，人民法院裁定不准许原告撤诉，如果原告仍拒不到庭，人民法院可以比照《行政诉讼法》第 48 条作出缺席判决。缺席判决只能在案件事实全部查清的情况下才能作出。

3. 延期审理。延期审理是指在法定情形出现时，人民法院决定把已经确定的审理日期或正在进行的审理推延至另一日期再审理的制度。行政诉讼法未规定延期审理，根据审判实践并比照民事诉讼法的有关规定，延期审理适用于以下情形：①因当事人请求而延期审理。当事人有正当理由无法继续参加诉讼，请求延期审理，如申请撤诉，申请回避等。②当事人有正当事由不能按时参加诉讼的。③能证明案件事实的必要证据不齐备，主要证人不能到庭，需要通知新的证人到庭或调取新的证据，需要重新鉴定、勘验或者补充证据的。④其他需要延期审理的情况，如合议庭成员因紧急公务或者因病不能出席庭审的。

4. 合并审理。合并审理是指人民法院可以决定对相互有关系的行政案件进行合并审理的制度。根据《若干问题的解释》第 46 条的规定，人民法院可以决定对案件合并审理的情形有：①当事人的一个行为同时违反两个或者两个以上的法律、法规，如果不同的主管机关分别依据不同的法律、法规给予行政处罚的，受处罚人不服起诉的，人民法院可以合并审理；②行政机关就同一事实对若干人分别作出行政处理决定，被处理的人不服，分别起诉到人民法院的，人民法院可以根据具体情况决定是否进行合并审理；③在诉讼过程中，被告又发现原告有新的违法行为，并对其进行了处理，如果原告对新行政行为不服起诉到同一法院的，人民法院可以决定合并审理；④人民法院认为可以合并审理的其他情形。

5. 诉讼中止。诉讼中止，是指正在进行的诉讼程序，因遇到某种无法克服或难以避免的特殊情况，而暂时停止诉讼的一种法律制度。根据《若干问题的解释》第 51 条的规定，应当中止诉讼的情形包括：①原告死亡，需要等到其近亲属决定是否参加诉讼的；②原告丧失诉讼行为能力，需要确定其法定代理人的；③作为一方当事人的法人、行政机关或者其他组织终止，尚未确定其权利承受者的；④一方当事人因不可抗力事由不能参加诉讼的；⑤案件涉及法律适用问题，需要送请有关机关作出解释或者确认的；⑥案件的审判须以相关民事、刑事或者其他行政案件的审理结果为依据，而相关案件尚未审结的；⑦其他应当中止诉讼的情形。

诉讼中止和延期审理的区别主要是：前者是将诉讼程序暂时停止，待中止事由消失后再继续进行诉讼，一般诉讼程序什么时候会继续开始无法确定，且中止时间一般较长；后者只是推延开庭审理的时间，其他的诉讼活动并不停止，一般能够确定下一次开庭的时间，且推延开庭的时间较短。

6. 诉讼终结。诉讼终结，是指正在进行的诉讼程序由于遇到某种特殊情况而结束，以后不再对案件进行审理的一种法律制度。

诉讼终结与诉讼中止的区别在于：前者是完全结束对案件的审理，以后不再恢复诉讼程序；后者只是诉讼程序的暂时中断，待障碍消除后还要恢复诉讼程序。根据《若干问题的解释》第 52 条的规定，应当终结诉讼的情况有：

（1）原告死亡，且没有近亲属或者近亲属放弃诉讼权利，或者诉讼中止满 90 日，其近亲属仍不表明是否参加诉讼的。

(2)作为原告的自然人丧失诉讼行为能力,尚未确定法定代理人,诉讼中止满90日,仍无人继续诉讼的。

(3)作为原告的法人或者其他组织终止后,其权利义务的承受人放弃诉讼权利,或者尚未确定权利义务的承受人,中止诉讼满90日,仍无人继续诉讼的。

诉讼终结时,人民法院应当制作裁定书,裁定书一经送达即发生法律效力,当事人不得上诉,终结诉讼的法律后果是人民法院不再对该案进行审理,原告不得就同一事实和理由就同一诉讼标的再行起诉。

7.决定是否停止具体行政行为的执行。《行政诉讼法》第4条规定,诉讼期间不停止具体行政行为的执行。但下列情形停止具体行政行为的执行:①被告认为需要停止执行的;②原告申请停止执行,人民法院认为该具体行政行为的执行会造成难以弥补的损失,并且停止执行不会损害公共利益,裁定停止执行;③法律、法规规定需要停止执行的。

8.案件的移送。案件的移送是指人民法院在案件的审理过程中,发现行政机关工作人员有违反政纪和犯罪行为,或者原告的行为构成犯罪,应当追究刑事责任的,将案件的全部或者一部分送到有关部门处理的措施。

案件移送的条件是:①由有移送权的人民法院移送;②受移送的有关机关必须负责查处;③人民法院发现有违反政纪或者犯罪的,应当马上移送,不能等到案件审结以后再行移送。

三、上诉案件的审理

1.上诉案件审理的特点。

(1)以原审法院的裁判为基础,即二审的审理是在一定的基础上进行的。因此,二审法院除了审查上诉的请求和理由外,还要着重审查一审裁判认定的事实和适用的法律有无错误。

(2)合议庭只能由审判员组成。

(3)可以实行书面审理。

(4)审理期限较短,为2个月。

2.上诉案件的审理范围和审理程序。根据《若干问题的解释》第67条第1款的规定,二审法院审理上诉案件必须全面审查第一审法院认定的事实是否清楚和适用的法律法规是否正确,有无违反法定程序。

二审法院审理上诉案件,除适用二审程序外,可以适用一审程序的有关规定。例如,二审法院开庭审理上诉案件的程序与一审程序基本相同,既要做好审理前的准备,也要经过开庭、法庭调查、法庭辩论、合议庭评议和宣判等诉讼程序。

3.上诉案件的审理结果。根据《行政诉讼法》第61条的规定,人民法院审理上诉案件有以下四种结果:

(1)驳回上诉,维持原判。原判决认定事实清楚,适用法律正确,作出该判决。

(2)依法改判。原判决认定事实清楚,但适用法律错误,依法改判。

(3)撤销原判,发回重审。原判决认定事实不清,证据不足,或者由于违法法定程序可能影响案件正确判决的,裁定撤销原判发回重审。当事人对重审案件的判决结果不服的,可以上诉。

(4)查清事实后改判。这与撤销原判,发回重审的条件相同,只是处理方式不同。

4.审理上诉案件需要注意的具体问题。《若干问题的解释》第68、69、70条就审理上诉案件的几个具体问题作了如下规定:

(1)二审法院审理不服一审裁定不予受理的上诉案件,如认为该案应该受理,应该裁定撤销原裁定,指令原审人民法院立案受理。

(2)二审人民法院审理不服一审法院裁定驳回起诉的上诉案件,如认为一审法院裁定有错误的,应裁定撤销原审裁定,发回原审人民法院重新审理。

(3)二审法院裁定发回一审法院重审的行政案件,原审法院应当另行组成合议庭进行审理。

(4)二审法院审理上诉案件,需要改判时,应当撤销、部分撤销一审判决,并依法判决维持、撤销或者变更被诉的具体行政行为。

(5)二审法院审理上诉案件,需要改变原审判决的,应当同时对被诉具体行政行为作出判决。

四、上诉的撤回

1. 上诉人撤回上诉的条件包括:①必须在第二审法院宣判前提出书面申请;②必须经二审法院审查后作出裁定批准;③撤诉必须是出于当事人自愿。

2. 发现有下列情形之一的,人民法院有权裁定不准撤诉:①原审法院的裁判确有错误,应当依法纠正或发回重审的案件;②上诉人因行政机关改变其原具体行政行为而申请撤回上诉的;③撤回上诉将影响或损害被上诉人权益的;④撤回上诉将损害国家、集体、他人利益的。

3. 撤回上诉的法律后果:①上诉人丧失对本案的上诉权,不得再行上诉;②一审裁判发生法律效力;③上诉人负担诉讼费用。

4. 要特别注意的是,对于当事人双方都上诉的案件,不能因一方当事人申请撤回上诉而终结对案件的审理,即一方当事人撤回上诉不能一撤到底。

五、审判监督程序

1. 审判监督程序概述。

(1)概念:行政诉讼中的审判监督程序,又称为再审程序,是指人民法院自行发现已经发生法律效力的裁判违法法律、法规的规定,或者根据人民检察院的抗诉,而依法对案件再次审理的程序。

(2)再审程序和二审程序的区别。①提起的主体不同。前者为享有审判监督权的司法机关和公职人员;后者为第一审程序中的当事人。②审理的对象不同。前者审理的是已经发生法律效力的裁判;后者审理的是还未发生法律效力的裁判。③提起的条件不同。前者须是生效的裁判违反法律、法规的规定,后者须具备上诉的四个要件。④提起的时间不同。当事人申请再审,应当在裁判发生法律效力后2年内提出;后者须遵守上诉的期限规定。⑤审理的法院不同。前者既包括一审法院,又包括二审法院;后者只限于第一审法院的上一级法院。

2. 再审的提起程序。再审的提起程序因提起的主体不同而有不同,具体可以分为三种情况:

(1)本院院长提交审判委员会讨论决定再审。各级人民法院院长对本院已经发生法律效力的裁判,发现违反法律、法规的,认为需要再审的,应当提交审判委员会讨论决定是否再审。

(2)上级人民法院提审或者指令下级人民法院再审。提审,是指上级人民法院将全部案件材料调取后自己再审。指令再审,是指上级人民法院要求下级人民法院对某一案件必须进行再审。凡是二审终结的案件,上级法院指令再审时,应当指令原第二审法院再审,对提审的案件一律适用二审程序,所作的裁判是发生法律效力的裁判,不能提起上诉。

(3)人民法检察院抗诉。《行政诉讼法》第64条规定:"人民检察院对人民法院已经发生法律效力的判决、裁定,发现违反法律、法规规定的,有权按照审判监督程序提出抗诉。"根据司法解释,最高人民检察院对各级人民法院已经发生法律效力的行政判决、裁定,上级人民检察院对下级人民法院已经发生法律效力的行政判决、裁定，发现违反法律、法规规定的，应当按照审判监督程序提起抗诉。对同级人民法院生效的裁判，发现违法的，应当建议上级人民法检察院按照审判监督程序提起抗诉。

人民法院对抗诉案件必须进行再审，并将审理结果告知提起抗诉的人民检察院，同时在对案件进行再审时，人民法院应当通知人民检察院派员出席庭审。

配套习题

一、单项选择题

1. 人民法院应当在接到原告起诉后7日内立案或者裁定不予受理。如果在7日内人民法院不能决定是否应当受理的，应当如何处理？(　)

A. 应当不予受理

B. 应当先予受理

C. 应当向上级人民法院申请延长立案期限

D. 报请上级人民法院决定

2. 某日刮大风，将马路边与居民张某家同侧的电线杆刮倒，靠在张某家的房屋上。张某立即向电力局打电话请求排除险情，电力局不回答复。张某第二天即向法院起诉电力局不履行法定职责。关于张某的起诉，下列说法正确的是(　)

A. 赵某只有在电力局明确拒绝后才能起诉

B. 因为尚未对赵某的权益造成损害，赵某无权起诉

C. 法院应当受理，因为情况紧急，赵某有权立即起诉

D. 法院不应受理，因为只有在电力局60日内不履行职责时才能起诉

3. 公民甲用平板车拉西瓜到集市销售，因车栅断裂，西瓜滚落一地，周围许多人上前哄抢，甲请求在一旁的民警乙制止，乙说我也没办法，不予理会。结果给甲造成了财产损失，甲欲起诉，本案的起诉期间是(　)

A. 3个月

B. 该不作为行为60日后的3个月内

C. 2年

D. 60日

4. 某县工商局对甲作出罚款的行政处罚，甲不服诉至法院，法院在立案之日起第3日，将起诉状副本发送给某县工商局，但其收到之日起10日后，并未向法院提交答辩状和据以作出被诉具体行政行为的全部证据和所依据的规范性文件，对此法院应当(　)

A. 向被告催交答辩状

B. 延期审理

C. 按一般程序进行审理，视为被诉具体行政行为没有相应的证据

D. 作缺席判决

5. 李某向人民法院提起行政诉讼，法院以向上级请示为由一直未予任何答复，李某应当如何处理？(　)

A. 可以向上一级人民法院上诉

B. 可以向上一级人民法院申诉

C. 可以向上一级人民检察院申诉

D. 可以请求同级人民检察院抗诉

6. 某生产企业位于A市B区。某日因有人举报该企业加工制造伪劣产品，B区工商部门对其进行了突击检查。检查结果认定该企业生产加工中确实存在违法行为，决定对其处以3 000元罚款，扣押查封部分生产设备。该企业不服处罚决定，向A市工商管理部门申请行政复议。A市工商部门认定该企业违法行为存在，原处罚措施不力，决定对其罚款5 000元并扣押查封更多生产设备。该企业对行政复议决定不服，决定起诉，应当(　)

A. 在复议期满之日起15日内起诉

B. 在复议期满之日起10日内起诉

C. 在收到复议决定书之日起15日内起诉

D. 在收到复议决定书之日起10日内起诉

7. 公安局对甲作出治安拘留10天处罚决

定后随即执行。甲申请复议，上级公安局作出维持原处罚的复议决定。甲向法院提起诉讼，第一审法院判决维持拘留决定，甲在上诉中又提出行政赔偿请求。第二审人民法院经审理，认定公安局对甲的拘留违法，应如何处理此案？(　)(司考2003年卷二，第97题)

A. 撤销第一审判决，并撤销拘留决定，判令公安局赔偿甲的损失

B. 撤销第一审判决，并确认拘留决定违法，就赔偿问题进行调解，调解不成应将全案发回重审

C. 撤销第一审判决，并确认拘留决定违法，就赔偿问题进行调解，调解不成应将行政赔偿部分发回重审

D. 撤销第一审判决，并撤销拘留决定，并就赔偿问题进行调解，调解不成的，告知甲就赔偿问题另行起诉

8. 在行政诉讼过程中，下列哪一行为人民法院须征得原告同意才能实施？(　)(司考2004年卷二，第45题)

A. 允许被告改变具体行政行为

B. 通知第三人参加诉讼

C. 追加被告

D. 决定合并审理

9. 潘某不服某卫生局的行政处罚决定向法院提起诉讼。诉讼过程中，卫生局撤销了原处罚决定，潘某遂向法院申请撤诉，法院作出准予撤诉的裁定。一周后，卫生局又以同一事实和理由作出了与原处罚决定相同的决定。下列哪一种说法是正确的？(　)(司考2005年卷二，第41题)

A. 潘某可以撤回撤诉申请，请求法院恢复诉讼，继续审理该案

B. 潘某可以对法院所作的准予撤诉裁定提出上诉

C. 潘某可以申请再审，请求法院撤销准予撤诉的裁定

D. 潘某可以对卫生局新的处罚决定提起诉讼

10. 1995年田某向原国家专利局申请A发明专利，次年4月与胡某签订“关于创办B厂协议书”。在田某不知情的情况下，1998年4月20日某区工商局根据胡某的申请向胡某颁发了B厂企业法人营业执照，胡某为法定代表人。1999年5月11日，某区工商局根据B厂的申请注销了该厂的登记。2000年10月20日田某向某区工商局了解B厂情况，同年11月2日该局告知该厂登记、注销情况。2003年7月31日国家专利行政部门授予田某A专利权并予以公告。2004年8月10日，田某以某区工商局向胡某颁发企业法人营业执照行为侵犯其专利权为由向法院提起诉讼。下列哪一种说法是正确的？(　)(司考2005年卷二，第48题)

A. 田某的专利权保护期自2004年7月31日开始起算

B. 田某起诉期限自2000年10月20日开始起算

C. 如果《专利法》对起诉期限有特别规定时，田某提起诉讼的起诉期限应从其规定

D. 对田某的起诉，法院不予受理

11. 法院因主要证据不足判决撤销被诉具体行政行为并判令被告重新作出具体行政行为后，被告以同一事实与理由作出与原具体行政行为基本相同的具体行政行为，原告向法院提起诉讼的，法院下列哪种做法是正确的？(　)(司考2006年卷二，第46题)

A. 确认被告重新作出的具体行政行为违法

B. 确认被告重新作出的具体行政行为无效

C. 判决撤销该具体行政行为，并判令被告重新作出具体行政行为

D. 判决撤销该具体行政行为，并向该行政机关的上一级行政机关或者监察、人事机关提出司法建议

12. 行政诉讼中，起诉状副本送达被告后，下列关于行政诉讼程序的哪种说法是正确的？(　)(司考2006年卷二，第50题)

A. 原告可以提出新的诉讼请求，但变更原诉讼请求的，法院不予准许

B. 法庭辩论终结前，原告提出新的诉讼请求的，法院应予准许

C. 法庭辩论终结前，原告提出新的诉讼请求或变更原诉讼请求的，法院应予准许

D. 原告提出新的诉讼请求的，法院不予准许，但有正当理由的除外

13. 李某和钱某参加省教委组织的“省中小学教师自学考试”。后省教委以“通报”形式，

对李某、钱某等4名作弊考生进行了处理，并通知当次考试各科成绩作废，3年之内不准报考。李某、钱某等均得知该通报内容。李某向省政府递交了行政复议申请书，省政府未予答复。李某诉至法院。下列哪一选项是错误的？(　)(司考2007年卷二，第42题)

A. 法院应当受理李某对通报不服提起的诉讼

B. 李某对省教委提起诉讼后，法院可以通知钱某作为第三人参加诉讼

C. 法院应当受理李某对省政府不予答复行为提起的诉讼

D. 钱某在诉讼程序中提供的、被告在行政程序中未作为处理依据的证据可以作为认定被诉处理决定合法的依据

14. 甲有乙、丙两子。甲与乙曾订立赡养协议，并将自己的10棵荔枝树全部给乙。县政府向乙颁发了10棵荔枝树的林权证。甲去世后，丙认为自己的继承权受到侵犯，要求镇政府处理。镇政府重新分割了荔枝树，还派员将荔枝果摘下变卖，保存价款3000元，烂果400斤交由乙处理。乙不服，向法院提起行政诉讼。下列哪一选项是错误的？(　)(司考2007年卷二，第43题)

A. 在诉讼过程中，县政府颁发给乙的林权证仍然有效

B. 如果乙撤诉后，以同一事实和理由重新起诉的，法院不予受理

C. 法院将起诉状副本送达被告后，乙提出被告应赔偿荔枝烂果损失的诉讼请求，法院应予准许

D. 镇政府变卖荔枝果并保存价款的行为没有法律依据

15. 某派出所以扰乱公共秩序为由扣押了高某的拖拉机。高不服，以派出所为被告提起行政诉讼。诉讼中，法院认为被告应是县公安局，要求变更被告，高不同意。法院下列哪种做法是正确的？(　)(司考2007年卷二，第44题)

A. 以派出所为被告继续审理本案

B. 以县公安局为被告审理本案

C. 裁定驳回起诉

D. 裁定终结诉讼

二、多项选择题

1. 下列涉及期间的表述，正确的有(　)

A. 人民法院应当在立案之日起3个月内作出第一审判决

B. 公民、法人或者其他组织直接向人民法院提起诉讼的，应当自具体行政行为作出之日起3个月内提出

C. 公民、法人或其他组织认为具体行政行为侵犯其合法权益的，可以在知道具体行政行为作出之日起60日内提出行政复议申请

D. 赔偿请求人请求国家赔偿的时效为2年，自国家机关及其工作人员行使职权的行为作出之日起计算

2. 在二审程序中，以下说法正确的是(　)

A. 行政机关不能改变具体行政行为

B. 经当事人同意和人民法院许可，行政机关可以改变具体行政行为

C. 原审判决遗漏了必须参加诉讼的当事人或者诉讼请求的，二审法院可以直接审理

D. 二审法院需要改变原审判决的，应同时对被诉具体行政行为作出判决

3. 公民崔某因殴打他人被公安机关处以拘留10日的行政处罚，崔某不服向该公安机关的上一级公安机关申请复议，复议机关予以维持，崔某不服向人民法院提起行政诉讼。一审法院审理后对公安机关的处罚决定予以维持，崔某不服又提起上诉，认为原审法院认定的事实错误。那么二审法院应该(　)

A. 开庭审理，只要二审法院认为原审事实清楚即可书面审理

B. 开庭审理，当事人对原审法院认定的事实有争议的，二审法院就应当开庭审理

C. 书面受理，因为行政诉讼二审以书面审理为原则，开庭审理为例外

D. 书面审理，只要二审法院认为原审事实清楚即可书面审理

4. 人民法院审理上诉行政案件，在哪些情况下应当裁定作出发回重审？(　)

A. 原审判决遗漏诉讼请求的

B. 原审判决遗漏必须参加诉讼的第三人的

C. 原审判决遗漏被告的

D. 原审不予受理裁定确有错误的

5. 发生法律效力的行政赔偿调解书，具备以下哪些条件可以申请再审？（ ）

A. 当事人确有证据证明调解违背自愿原则

B. 当事人确有证据证明对调解协议的内容认识错误

C. 调解协议的内容尚未执行

D. 在调解书发生法律效力后两年内提出再审申请

6. 下列有关人民法院审理再审行政案件的表述，正确的有（ ）

A. 人民法院审理再审案件，认为原生效判决确有错误，在撤销原生效判决的同时，应当裁定撤销生效判决，发回作出生效判决的人民法院重新审判

B. 人民法院审理再审案件，认为原生效裁定确有错误，在撤销原生效裁定的同时，可以对生效裁定的内容作出相应裁判，也可以发回作出生效裁定的人民法院重审

C. 第二审人民法院维持第一审人民法院驳回起诉裁定错误的，再审法院应当撤销第一审、第二审人民法院裁定，指令第一审人民法院审理

D. 第二审人民法院维持第一审人民法院不予受理裁定错误的，再审法院应当撤销第一审、第二审人民法院裁定，指令第一审人民法院受理

7. 某市某区公安分局认定赵某有嫖娼行为，对其处以拘留15天，罚款3 000元。赵某不服申请复议，市公安局维持了原处罚决定。赵某提起行政诉讼。在第一审程序中，原处罚机关认定赵某有介绍嫖娼行为，将原处罚决定变更为罚款1 000元。赵某对改变后的处罚决定仍不服。下列说法哪些是正确的？（ ）（司考2003年卷二，第75题）

A. 法院应继续审理原处罚决定

B. 法院应审理改变后的处罚决定

C. 审理原处罚决定还是改变后的处罚决定由法院决定

D. 原告对原处罚决定不申请撤诉的，法院应当对原处罚决定作出相应判决

8. 某合资企业的甲、乙两股东就股权转让达成协议。后因情况发生变化，甲、乙两股东又签订了一项合同修正案，约定在该合同批准后一年内甲有权以一定的价格向乙回购已经出让的股权。2001年4月1日，股权转让合同以及合同修正案一同获得批准。7月2日，甲提出回购，乙不同意，并告知甲原审查批准机关于2001年6月1日又作出一批复，该批复指出，2001年4月1日批复只是批准股权转让合同，未批准股权回购条款，股权回购时仍需报批。下列说法正确的是（ ）（司考2004年卷二，第99题）

A. 甲有权申请法院强制执行审批机关2001年4月1日确认股权回购的批复

B. 甲乙之间关于股权回购的约定有效，甲可以对乙的违约行为提起诉讼

C. 审批机关2001年6月作出的批复并未设定新的权利义务，法院不应受理甲对该批复提起的诉讼

D. 甲在2003年8月对审批机关2001年6月1日作出的批复提起诉讼已经超过诉讼期限

9. 对下列哪些案件人民法院可以适用先予执行？（ ）（司考2005年卷二，第89题）

A. 10岁孤儿王某起诉要求乡人民政府颁发孤儿生活供养证的

B. 伤残军人罗某起诉要求县民政局发放抚恤金的

C. 张某被工商执法人员殴打致残起诉要求赔偿的

D. 王某因公致残起诉要求某市社会保险管理局支付保险金的

三、名词解释

1. 行政诉讼的起诉
2. 审判监督程序
3. 受理

四、简答题

1. 简述人民法院对起诉进行审查的主要内容。

2. 简述提起我国审判监督程序的不同情形。

五、案例分析题

2000年2月，A市居民张某去B市提取一批从香港进口的香料。在此过程中，张某被B市海关以“走私犯罪嫌疑”为由扣留（此属行政

行为)。扣留1个月之后,海关定论:张某行为不构成走私犯罪,但存在违反海关监管规定的行为,决定免予处罚;故将张某释放。张某被释放后对海关的扣留行为不服,于释放后的第50天向B市人民政府申请行政复议,B市人民政府第二天便以当事人申请复议超过申请时效为由决定不予受理。张某回到A市,马上以B市海关为被告,向H市有关基层法院提起行政诉讼,要求:①确认B市海关扣留原告行为违法;②判令被告赔偿由此所造成的损失。A市基层法院受理了此案,但事后又驳回了原告的起诉,理由是:①行政赔偿案件应当先向侵权的行政机关即B市海关提出请求,原告未经事先向B市海关请求赔偿便向法院起诉,程序上不允许;②行政赔偿程序应当以"确认违法"为前提,海关扣留张某的行为尚未经有权机关确认违法,故不能向法院起诉。原告收到该法院驳回起诉的裁定后,便向A市中级人民法院上诉,A市中级人民法院受理了此案。正在此期间,原告在一次意外事故中死亡。原告除一位关系疏远的外孙女外无任何亲属。法院通知原告外孙女有权以原告代理人的身份继续诉讼,但原告外孙女宣布放弃诉讼权利。法院便宣布该案诉讼终结。

请问:A市有关法院在处理张某诉讼案中,程序上存在什么瑕疵?为什么?

参考答案

一、单项选择题

1. 答案:B

提示:本题考查的是人民法院应当先予受理的情形

解析:人民法院在7日内不能决定是否受理的,应当先予受理;受理后经审查不符合起诉条件的,裁定驳回起诉。故B项正确。

2. 答案:C

提示:本题考查的是紧急情况下的起诉期限

解析:公民、法人或者其他组织在紧急情况下请求行政机关履行保护其人身权、财产权的法定职责,行政机关不履行的,起诉期间不受60日的限制。

3. 答案:A

提示:本题考查的是两种起诉期限的竞合问题

解析:公民、法人或者其他组织申请行政机关履行法定职责,行政机关在接到申请之日起60日内不履行的,公民、法人或者其他组织向人民法院提起诉讼,人民法院应当依法受理。又根据公民、法人或者其他组织直接向人民法院提起诉讼的,应当在知道作出具体行政行为之日起3个月内提出。本题答案应为A项。

4. 答案:C

提示:本题考查的是被告不提供或者无正当理由逾期提供证据的处理

解析:被告不提供或者无正当理由逾期提供证据的,视为被诉具体行政行为没有相应的证据。注意与缺席判决区别,经人民法院两次合法传唤,被告无正当理由拒不到庭的,可以缺席判决。

5. 答案:B

提示:本题考查的是人民法院既不立案又不作出裁定的处理

解析:受诉人民法院在7日内既不立案,又不作出裁定的,起诉人可以向上一级人民法院申诉或者起诉。应当注意的是这里起诉并不是向上一级法院上诉。

6. 答案:C

提示:本题考查的是申请人不服复议决定的起诉期限

解析:申请人不服行政复议决定的,可以在收到复议决定书之日起15日内向人民法院提起诉讼。故C项正确。如果复议机关逾期不作复议决定的,申请人可以在复议期满之日起15日内向人民法院起诉。

7. 答案:D

提示:本题考查的是人民法院对上诉案件的处理

解析:《若干问题的解释》第70条规定:"第二审

人民法院审理上诉案件，需要改变原审判决的，应当同时对被诉具体行政行为作出判决。”本题中由于公安局对甲的拘留违法，而第一审法院判决维持拘留决定，因此应当撤销第一审判决，同时还应当撤销拘留决定。为什么还要撤销拘留决定呢？因为如果不撤销拘留决定，仅仅撤销第一审判决的话，拘留判决仍然存在。《解释》第71条第4款规定：“当事人在第二审期间提出行政赔偿请求的，第二审人民法院可以进行调解；调解不成的，应当告知当事人另行起诉。”据此，D项正确。

8. 答案：C

提示：本题考查的是行政诉讼程序

解析：根据《若干问题的解释》第50条第1款的规定，被告在一审期间改变被诉具体行政行为的，应当书面告知人民法院，不须人民法院同意，也不需要经过原告的同意，故A项错误；根据《行政诉讼法》第27条和《若干问题的解释》第24条的规定，人民法院有权通知第三人参加诉讼，不需要经过原告同意，故B项错误；根据《若干问题的解释》第23条的规定，原告所起诉的被告不适格，人民法院应当告知原告变更被告，原告不同意变更的，裁定驳回起诉，故C项正确；根据《若干问题的解释》第46条的规定，人民法院可以在四种情况下决定合并审理，不需要原告同意，故D项错误。

9. 答案：D

提示：本题考查的是诉讼过程中被告撤销原具体行政行为后原告撤诉的处理

解析：法院作出准予撤诉的裁定并没有错误，因此潘某不能申请再审，故C项错误。当事人只能对不予受理、驳回起诉、管辖异议的裁定提出上诉，所以，B项不正确。由于撤诉申请针对的原处罚决定已被撤销，法院准予撤诉，由原处罚决定引起的诉讼法律关系已经终结，因此不存在撤回撤诉申请、恢复诉讼的问题，所以，A项错误。一周后，卫生局作出与原来相同的处罚决定，属于新的具体行政行为，潘某有权对这个新的具体行政行为提起诉讼，所以，D项正确。

10. 答案：D

提示：本题考查的是起诉期限

解析：国家专利行政部门于2003年7月31日授予田某A专利权，某区工商局向胡某颁发B厂企业法人营业执照，以及胡某注销B厂的行为均发生在2003年7月31日之前，也就是说当时田某并未获得A专利权，因此胡某并未侵犯其专利权。田某的起诉不符合条件，人民法院应当不予受理。

11. 答案：D

提示：本题考查的是被告以同一事实与理由作出与原具体行政行为基本相同的具体行政行为，原告向法院提起诉讼的处理

解析：根据《若干问题的解释》第54条第3款的规定，行政机关以同一事实和理由重新作出与原具体行政行为基本相同的具体行政行为，人民法院应当根据《行政诉讼法》第54条第2项、第55条的规定判决撤销或者部分撤销，并根据《行政诉讼法》第65条第3款的规定处理。《行政诉讼法》第54条第2项规定法院应当作出撤销判决，第65条第3款规定，法院可以向该行政机关的上一级行政机关或者监察、人事机关提出司法建议。因此，本题应当选D项。

12. 答案：D

提示：本题考查的是起诉状副本送达被告后的行政诉讼程序

解析：根据《若干问题的解释》第45条的规定，起诉状副本送达被告后，原告提出新的诉讼请求的，人民法院不予准许，但有正当理由的除外。

13. 答案：D

提示：本题综合考查了行政诉讼受理、第三人、诉讼证据等

解析：“通报”针对特定的人和事，是具体行政行为，法院对针对具体行政行为的起诉应该受理，A项正确。相对李某的起诉而言，钱某属于第三人，与具体行政行为有利害关系，法院可以通知他参加诉讼，B项正确。省政府的行为属于行政不作为，可以被诉。故C项正确。2002年《行政诉讼证据规定》第60条规定：“下列证据不能作为认定被诉具体行政行为合法的依据：①被告及其诉讼代理人在作出具体行政行为后或者在诉讼程序中自行收集的证据；②被告在行政程序中非法剥夺公民、法人或者其他组织依法享有的陈述、申辩或者听证权利所采用的证据；③原告或者第三人在诉讼程序中提供的、被告在行政程序中未作为具体行政行为依据的证据。”可见D项错误，符合题干当选。

14. 答案：C

提示：本题综合考查了行政诉讼程序

解析：具体行政行为在被诉期间仍然具有形式确定力，因此诉讼过程中县政府的确权行为仍然是

有效的,A 项正确。《执行〈行政诉讼法〉若干问题的解释》第 36 条规定:"人民法院裁定准许原告撤诉后,原告以同一事实和理由重新起诉的,人民法院不予受理。准予撤诉的裁定确有错误,原告申请再审的,人民法院应当通过审判监督程序撤销原准予撤诉的裁定,重新对案件进行审理。"故 B 正确。《执行〈行政诉讼法〉若干问题的解释》第45 条规定:"起诉状副本送达被告后,原告提出新的诉讼请求的,人民法院不予准许,但有正当理由的除外。"C 项错误,符合题干当选。据依法行政的基本原理,行政机关对于行政争议的标的不能随意处分,故 D 项正确。

15. 答案:C

提示:本题考查的是行政诉讼程序中被告的变更问题

解析:《执行〈行政诉讼法〉若干问题的解释》第 23 条:"原告所起诉的被告不适格,人民法院应当告知原告变更被告;原告不同意变更的,裁定驳回起诉。应当追加被告而原告不同意追加的,人民法院应当通知其以第三人的身份参加诉讼。"故 C 项正确。

二、多项选择题

1. 答案:AC

提示:本题考查的是关于期间的规定

解析:公民、法人或者其他组织直接向人民法院提起诉讼的,应当在知道作出具体行政行为之日起 3 个月内提出。法律另有规定的除外。故 B 项错误。赔偿请求人请求国家赔偿的时效为 2 年,自国家机关及其工作人员行使职权的行为被确认为违法之日起计算。故 D 项错误。本题横跨了几个部门法,难度较大,代表了一种命题的趋向,应当注意。

2. 答案:AD

提示:本题考查的是二审程序的相关规定

解析:在二审程序中行政机关不能改变具体行政行为,故 B 项错误。原审判决遗漏了必须参加诉讼的当事人或者诉讼请求的,二审法院应当裁定撤销原审判决,发回重申,故 C 项错误。

3. 答案:AB

提示:本题考查的是二审程序是否开庭审理的处理

解析:当事人对原审人民法院认定的事实有争议的,或者第二审人民法院认为原审人民法院认定事实不清楚的,第二审人民法院应当开庭审理。只有在个别情况下,人民法院对上诉案件认为事实清楚的,才实行书面审查。此部分虽不是司法考试的热点,但也应当注意。

4. 答案:ABC

提示:本题考查的是上诉程序的发回重审

解析:原审判决遗漏了必须参加诉讼的当事人或者诉讼请求的,第二审人民法院应当裁定撤销原审判决,发回重审。由于被告和第三人都属于当事人,因此,B、C 项入选。二审人民法院经审理认为原审人民法院不予受理或者驳回起诉的裁定确有错误,且起诉符合法定条件的,应当裁定撤销原审人民法院的裁定,指令原审人民法院依法立案受理或者继续审理。故 D 项不应选。

5. 答案:AD

提示:本题考查的是行政赔偿调解书的再审

解析:当事人对已经发生法律效力的行政赔偿调解书,提出证据证明调解违反自愿原则或者调解协议的内容违反法律规定的,可以在 2 年内申请再审。

6. 答案:BCD

提示:本题考查的是人民法院审理再审程序

解析:人民法院审理再审案件,认为原生效判决、裁定确有错误,在撤销原生效判决或者裁定的同时,可以对生效判决、裁定的内容作出相应裁判,也可以裁定撤销生效判决或者裁定,发回作出生效判决、裁定的人民法院重新审判,故 A 项错误,B 项正确。C、D 项参见《若干问题的解释》第 79 条的规定。

7. 答案:BD

提示:本题考查的是被告在一审期间改变被诉具体行政行为的处理

解析:根据《若干问题的解释》第 50 条第 2、3 款的规定:"原告或者第三人对改变后的行为不服提起诉讼的,人民法院应当就改变后的具体行政行为进行审理。""被告改变原具体行政行为,原告不撤诉,人民法院经审查认为原具体行政行为违法的,应当作出确认其违法的判决;认为原具体行政行为合法的,应当判决驳回原告的诉讼请求。"因此,B、D 项正确。

8. 答案:BCD

提示:本题考查的是行政诉讼程序

解析:A 项说法不正确,因为审判机关 2001 年 4 月 1 日确认股权回购的批复已经为 2001 年6 月1 日的批复所取代,不再有效;B 项说法正确,因为符合相关民事法律;C 项说法是正确的,因为符合 2000 年最高人民法院《行政法法解释》第 1 条的规定;D 项说法正确,因为符合《行政诉讼法》第 39 条的规定。

9. **答案**:BD

提示:本题考查的是先予执行的适用

解析:《若干问题的解释》第 48 条第 2 款规定:“人民法院审理起诉行政机关没有依法发给抚恤金、社会保险金、最低生活保障费等案件,可以根据原告的申请,依法书面裁定先予执行。”B、D 项正确。

三、名词解释

1. **提示**:参见本章“基础知识图解”行政诉讼起诉部分

2. **提示**:参见本章“基础知识图解”审判监督程序部分

答案:又称再审程序,是指人民法院自行发现已经发生法律效力的裁判确有错误,或者根据人民检察院的抗诉,而依法对案件再次审理的程序。

3. **提示**:应从起诉的概念和法律后果两方面来回答比较全面

答案:行政诉讼中的受理,是指人民法院对原告的起诉经过审查,决定对合格的起诉进行审理的诉讼行为。受理又称为起诉成立,人民法院一旦受理起诉,即产生如下法律后果:①人民法院取得了该案的管辖权,并排斥其他法院和机关的管辖;②当事人明确了在该诉讼中的地位,并以此承担相应的诉讼权利和义务;③诉讼时效中断,原具体行政行为的最终效力由人民法院裁判。

四、简答题

1. **提示**:主要回答人民法院对起诉审查的几方面内容

答案:人民法院对起诉进行审查的主要内容是:①原告是否适格;②被告是否适格;③原告起诉是否有具体的诉讼请求和事实根据;④请求事项是否属于行政审判权限范围以及受诉人民法院管辖;⑤法律规定必须由法定或指定代理人、代表人为诉讼行为的,是否符合法律规定的要求;⑥法律、法规规定行政复议为提起诉讼必经程序的是否已经过复议;⑦起诉是否超过法定期限;⑧起诉人是否重复起诉。

2. **提示**:参见本章“重点知识讲解”审判监督程序部分,应当根据审判监督程序的提出主体不同列出不同情形

五、案例分析题

答案:A 市有关法院在处理张某诉讼案中,程序上存在下列瑕疵:①A 市基层法院无权受理本案,本案是海关处理的案件,应当移送中级法院。②A 市基层法院驳回原告起诉的理由不正确,只有公民单独就行政赔偿提出请求的,才应当先由行政机关解决,公民可以在提起行政诉讼时一并提出赔偿请求。③A 市中级人民法院直接受理本案不正确,如果其认为 A 市基层法院驳回起诉的裁定有错误,应当裁定撤销原裁定,然后受理。④法院通知原告外孙女有权以原告代理人的身份继续诉讼不正确,原告外孙女有权以原告的身份继续诉讼。

解析:本案例重点考查行政诉讼的审理程序。涉及了行政诉讼的管辖,行政赔偿程序,原告资格的转移问题。具体内容参见本章“重点知识讲解”行政诉讼程序部分,第十九章“重点知识讲解”行政诉讼管辖部分以及第二十五章“重点知识讲解”行政赔偿程序部分。

第二十三章　涉外行政诉讼、行政诉讼中的法律适用与裁判

内容提示

行政诉讼中的法律适用与裁判是行政诉讼中的难点内容,也是重点。通过本章的学习,要了解涉外行政诉讼的原则和法律适用;重点掌握行政诉讼中的法律适用规则尤其是法律适用冲突规则,以及行政诉讼的判决种类和理由;了解行政诉讼的裁定与决定的概念、适用范围和效力。

基础知识图解

一、涉外行政诉讼的概念、特征、管辖和法律适用

涉外行政诉讼		
	概念	是指外国人、无国籍人、外国组织认为我国国家行政机关及其工作人员所作的具体行政行为侵犯其合法权益,依法向人民法院提起行政诉讼,由人民法院对具体行政行为进行审查并作出裁判的活动
	管辖	一般的涉外行政是由基层人民法院一审管辖,但下列除外: (1)重大、复杂的涉外行政案件有中级以上人民法院一审管辖。所谓重大、复杂案件包括:①被告为县级以上人民政府的涉外案件;②争议标的数额较大;③社会影响重大的涉外共同诉讼、集团诉讼案件;④其他重大复杂案件 (2)国际贸易行政案件由中级以上人民法院一审管辖 (3)反倾销、反补贴行政案件由被告所在地高级人民法院指定的中级人民法院或由被告所在地的高级人民法院一审管辖
	法律适用	我国缔结或参加的国际条约,我国法律确认其效力。我国缔结或者参加的国际条约与行政诉讼法有不同规定的,适用国际条约的规定,但我国声明保留的条款除外
	原则	(1)同等原则。是指外国人、无国籍人、外国组织在我国进行行政诉讼时,可以享有与我国公民、组织在行政诉讼中所享有的同样的诉讼权利,同时也应承担与我国公民、组织在行政诉讼中所应承担的同样的诉讼义务 (2)对等原则。是指外国法院对中国公民、组织的行政诉讼权利加以限制的,中国法院对其公民、组织的行政诉讼权利实行同样的限制

二、涉外行政诉讼的期间和送达的特别规定

<table>
<tr><td rowspan="2">涉外行政诉讼的期间和送达</td><td>期间</td><td>(1)上诉期间。居住在域外的当事人,不服一审人民法院判决、裁定的,其上诉的期间为30日
(2)答辩期间。居住在域外的被上诉人,在收到上诉状副本后,提出答辩状的期间为30日
(3)送达期间。居住在域外的当事人,邮寄、公告送达诉讼文书的期间为6个月</td></tr>
<tr><td>送达</td><td>主要包括:①依条约规定的方式送达;②通过外交途径送达;③委托使馆送达;④向委托代理人送达;⑤向代表机构、分支机构或业务代办人送达;⑥邮寄送达;⑦公告送达</td></tr>
</table>

三、行政诉讼的法律适用

<table>
<tr><td rowspan="4">行政诉讼的法律适用</td><td>概念</td><td colspan="2">是指人民法院按照法定程序将法律、法规以及法院决定参照适用的规章具体运用于各种行政案件中,对被诉具体行政行为合法性予以审查的活动</td></tr>
<tr><td>各种法律法规的适用★</td><td colspan="2">主要包括:①法律的适用;②行政法规的适用;③地方性法规的适用;④规章在行政诉讼中的适用;⑤一般规范性文件在行政诉讼中的意义</td></tr>
<tr><td rowspan="2">法律适用冲突及其规则</td><td>法律适用冲突的概念</td><td>是指人民法院在审判活动中,发现对同一法律事实或者法律关系,有两个或者以上的法律规范作了不同规定,且适用不同的法律会带来不同的法律后果的情形</td></tr>
<tr><td>法律冲突适用规则★</td><td>是指人民法院在对具体行政行为合法性的审查过程中,用以解决法律冲突所采用的规则和方法</td></tr>
</table>

四、行政诉讼的判决

<table>
<tr><td rowspan="5">行政诉讼的判决</td><td>概念</td><td colspan="2">是指人民法院在行政案件审理终结时,根据法律和事实,以国家审判机关的名义对所审查的具体行政行为合法性所作的决定</td></tr>
<tr><td>一审判决的种类★</td><td colspan="2">主要包括:①维持判决;②撤销判决;③履行判决;④变更判决;⑤驳回原告诉讼请求;⑥确认判决</td></tr>
<tr><td>一审判决的效力</td><td colspan="2">人民法院的判决已经作出,就具有了法律效力,非经法定程序不得改变其效力。其中,人民法院判决被告重新作出具体行政行为的,被告不得以同一事实和理由作出与原具体行政行为基本相同的具体行政行为。但以下两者不在此限:①行政机关重新作出的具体行政行为所依据的事实和理由有所改变的;②人民法院以程序违法为由,判决撤销具体行政行为行政机关重新作出具体行政行为的</td></tr>
<tr><td rowspan="2">二审判决和再审判决</td><td>二审判决</td><td>(1)判决驳回上诉,维持原判。这是第二审人民法院对第一审判决认定的事实和适用的法律予以的全面肯定
(2)依法改判。①第一审判决认定事实清楚,但适用法律、法规有错误,二审法院可以直接改判;②原判决认定事实不清,证据不足,或者违反了法定程序可能影响案件正确审判的,可以查证后改判
(3)二审判决的效力:终审判决,一经作出立即生效,当事人应立即履行判决</td></tr>
<tr><td>再审判决</td><td>(1)原判决认定事实清楚,适用法律、法规正确,应裁定撤销中止执行和决定再审的决定,执行原判决
(2)原判决认定事实有误,违反法律、法规的规定,按一审程序再审或者发回重审的,再审判决具有一审裁判的效力;按二审程序再审的,再审判决具有二审判决的效力</td></tr>
</table>

五、行政诉讼的裁定和决定

<table>
<tr><td rowspan="5">行政裁定和决定</td><td>裁定概念</td><td>是指人民法院在案件审理和裁判执行过程中，就程序问题和个别实体问题进行处理的形式</td></tr>
<tr><td>决定概念</td><td>是指人民法院在诉讼过程中，对有关特殊问题的处理形式</td></tr>
<tr><td>裁定适用范围</td><td>主要包括：①裁定起诉不予受理；②裁定驳回起诉；③裁定管辖异议；④裁定诉讼期间停止具体行政行为的执行或驳回停止执行的申请；⑤裁定财产保全；⑥裁定先予执行；⑦裁定准许或者不准许撤诉；⑧裁定中止诉讼；⑨裁定终结诉讼；⑩裁定补正判决书中的笔误；⑪裁定终结执行；⑫提审、指令再审或者发回重审；⑬移送或者指定管辖；⑭准许或者不准许执行具体行政行为；⑮其他需要裁定的事项</td></tr>
<tr><td>决定适用范围</td><td>主要包括：①回避；②对妨害诉讼的行为人采取强制措施；③重大、疑难案件的处理由院长提交审判委员会决定；④决定再审、提审或者指定再审的</td></tr>
<tr><td>裁定决定的效力</td><td>(1)裁定：除不予受理裁定，驳回起诉裁定，可以在一审法院作出裁定之日起10内向上一级法院上诉外，其他裁定一经宣布或送达，即发生法律效力
(2)决定：一经送达，即发生法律效力。对于当事人可以申请复议的决定，复议期间不停止决定的执行</td></tr>
</table>

重点知识讲解

一、法律的适用及其冲突解决

1.行政诉讼的法律的适用。依据《行政诉讼法》以及有关司法解释的规定，人民法院审理行政案件，以法律、法规为审判依据，参照规章，对于合法有效的规章及其他规范性文件可以在裁判文书中引用。详细言之，行政诉讼的审判依据包括法律、行政法规和地方性法规、自治条例和单行条例。关键是规章的参照适用和其他规范性文件的适用问题。

(1)规章包括部门规章和地方政府规章两种。规章在人民法院审理行政案件时处于参照地位，“参照”规章是与“依据”法律、法规相对的，具有特定含义。“依据”是指人民法院审理行政案件时必须适用该规范，而不能拒绝适用；而“参照”则是指人民法院审理行政案件，对规章进行斟酌和鉴定后，对符合法律、行政法规规定的规章予以适用，作为审查具体行政行为合法性的根据；对不符合或不完全符合法律、法规原则精神的规章，人民法院有灵活处理余地，可以不予适用。因而“参照”不是无条件的适用，而是有条件的适用，即在某些情况下可以适用，在某些情况下也可以不予适用。因此，参照规章实际上赋予了人民法院对规章的审查权。

(2)其他规范性文件在行政诉讼中的地位。《行政诉讼法》对规章以下的其他规范性文件在行政诉讼中的法律效力没有作出规定。规章以下的其他规范性文件是行政机关进行管理的重要手段，行政机关的具体行政行为中很大一部分是依照其他规范性文件作出的。要审理这些具体行政行为的合法性，就必须审查这些其他规范性文件，这是客观现实使然。所以，人民法院在行政审判中，在对其他规范性文件合法性进行严格审查的前提下可以参考适用，对于合法有效的其他规范性文件可以在裁判文书中引用。但是鉴于其他规范性文件的缺陷性。这并非将一般规范性文件置于同规章相同的地位,人民法院在适用一般规范性文件时拥有比对待规章更大的取舍权力。规章在符合法律、法规的情况下人民法院必须参照适用,而人民法院参考其他规范性文件时只是考虑其规定,其他规范性文件只具有辅助作用。

(3)人民法院对司法解释的援引。《若干问题的解释》第62条第1款规定:"人民法院审理行政案件,适用最高人民法院司法解释的,应当在裁判文书中援引。"法院根据司法解释判案但在判决书中却不引用,将会大大降低判决书的说理性,难以使当事人相信法院是在依法判案,而在裁判文书中援引人民法院的司法解释可以克服以上弊端。

2.行政诉讼中的法律冲突及其解决。行政诉讼法律适用冲突是指人民法院在审判行政案件的过程中,发现对同一法律事实或关系,有两个或两个以上的法律文件作出了并不相同的规定,法院适用不同的法律规定就会产生不同的裁判结果。法律适用冲突发生的前提是各种法律文件规定不同,包括不同的法律、行政法规、地方性法规、自治条例和单行条例、规章、授权立法文件。行政诉讼法律冲突的适用规则是人民法院在审查具体行政行为的合法性时,为解决法律适用冲突所采取的方法和所遵循的规则,由此决定选择适用相应的行政法律文件或具体行政法律规范条款。行政诉讼法律的冲突适用规则有以下几类:

(1)特别冲突适用规则,即普通法与特别法的规定不一致时一般优先适用特别法。

(2)层级冲突适用规则。它是各种不同效力等级的行政法律规范相冲突时适用何种效力层级法律规范的冲突适用规则。不同效力等级的行政法律规范发生冲突实际上是一种违法性冲突,应该选择适用效力等级高的法律规范。

(3)同级冲突适用规则。它是解决制定机关不同但效力层级相同的法律规范相冲突应适用何种规范的规则。目前国家尚未制定这类冲突规范,《行政诉讼法》规定的"人民法院认为地方人民政府制定、发布的规章与国务院部、委制定、发布的规章不一致的,以及国务院部、委制定、发布的规章之间不一致的,由最高人民法院送请国务院作出解释或者裁决。"这虽然不是人民法院据此能够直接确定适用何种法律规范,从而解决法律适用的规则,但对人民法院来说,仍可以看做是解决冲突的办法。

(4)新旧法冲突适用规则。它是指因新的法律规范与旧的法律规范的规定不一致而决定适用何种行政法律规范的冲突适用规则。新旧法冲突适用规则应体现新法优于旧法和法律不溯及既往的原则。

(5)人际冲突适用规则。它是调整因不同民族、种族或人的特殊身份的法律适用冲突的规则。人际冲突适用规则一般明确规定,不同民族、种族或特殊身份的人,适用就该民族、种族或特殊身份的人作出特别规定的法律文件或规范。《行政诉讼法》规定:"人民法院审理民族自治地方的行政案件,应以该民族自治地方的自治条例和单行条例为依据",即是这一冲突适用规则的体现。

(6)区际冲突适用规则。它是规定我国不同行政区域的法律规范发生适用冲突时,适用哪一行政区域内法律规范的冲突适用规则。在我国,对大陆法律规范与港、澳、台地区法律规范的冲突,适用属地管辖原则,即发生于港、澳、台地区的行政案件,适用于在港、澳、台地区施行的法律规范;发生于大陆的行政案件,则适用当地施行的法律规范。此外,此类冲突还可以通过双方协议解决。

二、行政诉讼的判决

行政诉讼判决是人民法院审理行政案件终结时,根据所查清的事实和法律规定对行政案件实体问题作出的结论性处理决定。

1.一审判决。行政诉讼中最重要的是一审判决。一审判决共有六种形式:维持判决、撤销判决、履行判决、变更判决、驳回原告诉讼请求判决和确认判决。

(1)维持判决。是人民法院通过审理,确认被告的具体行政行为合法,予以维持的判决。维持判决应同时具备以下条件:①具体行政行为证据确凿,即指具体行政行为认定的事实清楚,证据确实充分;②适用法律、法规正确,是指具体行政行为对认定的事实定性准确,对法律、法规的引用正确;③符合法定程序,即指具体行政行为的程序符合法律、法规规定的程序。

(2)撤销判决。撤销判决是人民法院经过对案件的审查,认定被诉具体行政行为部分或全部违法,从而部分或全部撤销被诉具体行政行为,并可以责令被告重新作出具体行政行为的判决。

第一,撤销判决的形式。撤销判决可分为三种具体形式:①全部撤销,适用于具体行政行为全部违法或具体行政行为部分违法但具体行政行为不可分的情形;②部分撤销,适用于具体行政行为部分违法且具体行政行为可分的情形;③判决撤销并责令被告重新作出具体行政行为,适用于违法具体行政行为被撤销后,行政法律关系中的具体法律问题并未解决,尚需被告对具体行政行为所涉及的事项作出处理的情形。

第二,撤销判决的适用条件。具体行政行为具备下列情形之一的,人民法院应当作出撤销判决:①主要证据不足;②适用法律、法规错误;③违反法定程序;④超越职权;⑤滥用职权。

人民法院判决撤销违法的被诉具体行政行为,将会给国家利益、公共利益或者他人合法权益造成损失的,人民法院在判决撤销的同时,可以分别采取以下方式处理:①判决被告重新作出具体行政行为;②责令被诉行政机关采取相应的补救措施;③向被告和有关机关提出司法建议;④发现违法犯罪行为的,建议有权机关处理。

人民法院判决被告重新作出具体行政行为的,被告不得以同一事实和理由作出与具体行政行为基本相同的具体行政行为。但人民法院以违反法定程序为由,判决撤销被诉具体行政行为的,行政机关重新作出具体行政行为不受此限。同时,被告重新作出的具体行政行为与原具体行政行为结果相同,但主要事实或者主要理由有改变的,不属于"与原具体行政行为基本相同"的情形。如果被告行政机关违反上述规定,仍以同一事实和理由重新作出了与原具体行政行为基本相同的具体行政行为,人民法院应判决撤销或部分撤销该具体行政行为,并对拒绝履行人民法院生效判决、裁定的行政机关采取相应的强制措施,促使其履行义务。另外,在一般情况下,法院判决被告重新作出具体行政行为时,不应当限定重作期限。因为法院一般很难限定,这是行政机关专业知识的范畴,但被告行政机关如不及时重新作出具体行政行为,将会给国家利益、公共利益或当事人利益造成损失的,人民法院可以限定重新作出具体行政行为的期限。

人民法院的撤销判决还涉及与行政复议决定之间的关系问题。复议决定维持原具体行政行为的,人民法院判决撤销原具体行政行为,复议决定自然无效。复议决定改变原具体行政行为错误,人民法院判决撤销复议决定时,应当责令复议机关重新作出复议决定。

(3)履行判决。履行判决是人民法院经过审理认定行政机关负有法定职责,无正当理由拒不履行或拖延履行的,责令被告限期履行法定职责的判决。

履行判决的条件。履行判决应满足以下两个条件:①被告负有法定职责,应当履行一定的义务;②行政机关不履行或拖延履行法定职责。行政机关有职责就应当履行,如果没有正当理由不履行或拖延履行,则会导致对公民、法人或其他组织合法权益的侵害。所谓不履行是指行政机关明确拒绝公民、法人或其他组织的申请,而拖延履行是指行政机关不及时履行自己的职责。

《若干问题的解释》对行政机关履行法定职责的期限作了如下规定:①如果法律、法规、规章和其他规范性文件明确规定了行政机关履行法定职责的期限,从其规定。行政机关未在该期限内履行的视为不履行,如果超过了法定期限再履行,则视为拖延履行。②如果上述规范性文件均未规定行政机关履行法定职责的期限的,行政机关的履行期限为接到公民、法人或其他组织的申请之日起60日。在60日内不履行的,当事人可以向人民法院提起诉讼。③公民、法人或者其他组织在紧急情况下请求行政机关履行保护其人身权、财产权的法定职责,行政机关不履行的,不受前面规定的期限的限制。

人民法院在判决被告履行法定职责时,原则上应指明行政机关履行该职责的期限,目的是促使行政机关尽快履行职责,但是如果情况特殊,人民法院无法为行政机关履行职责确定明确的期限的,人民法院可以不确定履行期限,即以指定履行期限为原则,以不指定履行期限为例外。

(4)变更判决。变更判决是人民法院经审理,认定行政处罚行为显失公正,运用国家审判权直接予以改变的判决。变更判决是人民法院行使司法变更权的具体表现。与撤销判决最大的区别在于变更判决直接确定了当事人的权利与义务,因此便于实现行政审判的任务。但从国家职能分工来看,审判机关与行政机关应当相互尊重各自的权力,如果过多地赋予法院变更权,则会造成审判权对行政权的侵犯。因此人民法院在行政诉讼中仅享有有限的变更权,这种有限表现于变更判决的适用条件:①变更判决只适用于行政处罚行为,人民法院只对行政处罚享有变更权,对于其他具体行政行为则无权变更;②变更判决只适用于显失公平的行政处罚行为。显失公正是指行政处罚虽然在形式上不违法,但处罚结果明显不公正,损害了公民、法人或者其他组织的合法权益。显失公正主要表现为:行政处罚畸轻畸重;同等情况不同等对待或不同情况同等对待;行政处罚缺少必要的限度,以至于影响了被处罚者的基本生活;行政处罚反复无常;行政处罚违反比例原则的要求。

根据《若干问题的解释》的规定,人民法院在作出变更判决时应遵循以下规则:①一般情况下,法院在审理行政处罚案件中,不得变更具体行政行为加重对原告的处罚,包括加重处罚幅度或增加处罚的内容。②在利害关系人同为原告的情况下,法院可以加重对原告的处罚。利害关系人是指与原告利益相对、诉讼请求相悖的人,而非与具体的行为有利害关系的人。③对行政机关未处罚的相对人,法院在判决中不得直接给予处罚。综上所述,人民法院对行政处罚作出变更判决原则上只能减轻不能加重。

(5)驳回原告诉讼请求判决。驳回原告诉讼请求判决是人民法院经审理认为原告的诉讼请求依法不能成立,但又不适宜对被诉具体行政行为作出其他类型的判决的情况下,直接作出否定原告诉讼请求的一种判决形式。

驳回原告的诉讼请求判决适用于下列情况:①起诉被告不作为理由不能成立的。法院在审查不作为的合法性问题时,如果认为被告行政机关并无法定的作为义务,按照《行政诉讼法》所规定的判决形式,法院只能作出维持判决,即维持行政机关的"不作为"。行政机关并未作出什么具体行政行为,法院却要维持这种并未作出的行政行为是很荒唐的。用驳回原告诉讼请求的判决则可以避免这种尴尬。②被诉具体行政行为合法但存在合理性的问题。我国行政诉讼以合法性审查为原则,法院通常无权对具体行政行为的合理性进行审查和判断。如果被诉具体行政行为合法但存在合理性问题,依照《行政诉讼法》规定的判决形式,法院只能作出维持的判决。但一个具体行政行为不合理就是存在瑕疵,维持一个存在瑕疵的具体行政行为显然是不合法的。而且,法院的维持判决一经作出,行政机关就必须执行,这样即使被告行政机关及其上级机关事后认定原具体行政行为不合理,也无法进行变更。采用驳回原告诉讼请求的判决形式可以避免使用维持判决的不足。③被诉具体行政行为合法,但因法律、政策的变化需要变更或废止的。实践中经常有这种情形,被诉具体行政行为依据当时的法律、法规是合法的,但这种法律、法规可能因法律、国家政策变化需要宣布废止或变更。这种情况下，如果采用维持判决则是在维持一种即将被宣布废止或变更的法律规范，这是不符合司法正义原则的。而且，此时也不能采用撤销、变更等判决，因为被诉具体行行为依据当时的法律、法规是合法的。因此，在此种情形下应采用驳回原告诉讼请求。④其他应当判决驳回原告诉讼请求的情形。除上述三种情形外，人民法院在审理行政案件中发现不能或不适宜作出其他类型的判决，而原告的诉讼请求又不能成立的，人民法院可以作出驳回原告诉讼请求的判决。

(6)确认判决。确认判决是人民法院通过对被诉具体行政行为的审查，确认被诉具体行政行为合法或违法的一种判决形式。按照被诉具体行政行为合法与否的结果，确认判决可分为确认具体行政行为合法或有效的判决与确认被诉具体行政行为违法或无效的判决。人民法院认为被诉具体行政行为合法，但不适宜判决维持或者驳回原告诉讼请求的，可以作出确认其合法或者有效的判决。

第一，确认具体行政行为合法或者有效判决的适用条件是：①被诉具体行政行为合法；②人民法院不适宜判决维持或者驳回原告诉讼请求。

第二，被诉具体行政行为依法不成立或者无效的。被诉具体行政行为依法不成立，是指这个行为在法律上还不存在，从法律角度而言，一个未成立的具体行政行为是不能被撤销的。无效的行政行为是指被诉具体行政行为具有重大明显的瑕疵，因而该行为自始无效。对于依法不成立或者无效的具体行政行为不能判决撤销，因为判决撤销针对的是一个已成立、生效的具体行政行为，所以这种情形也应当适用确认判决。

第三，被诉具体行政行为违法，但撤销该具体行政行为将会给国家利益或者公共利益造成重大损失的，人民法院应当作出确认被诉具体行政行为违法的判决，并责令被诉行政机关采取相应的补救措施；造成损害的，依法判决承担赔偿责任。

2. 二审判决和再审判决。

(1)二审判决。二审判决是第二审人民法院经第二审程序对案件所作的判决。第二审判决有以下两种：①判决驳回上诉，维持原判。维持原判的条件是：原审判决认定事实清楚，即第一审判决所依据的事实有充分的证据可资证明；原审判决适用法律、法规正确。②依法改判。即第二审人民法院用判决的形式直接改正第一审法院错误的判决。改判是第二审人民法院对第一审判决内容的改变，是第二审人民法院重新作出的判决，它可以对原判的内容全部加以改变，也可以对原判的内容部分予以改变。依法改判适用于以下两种情况：原判决认定事实清楚，但适用法律、法规有错误；原判决认定事实不清，证据不足，或者由于违反法定程序可能影响案件正确判决的，裁定撤销原判，发回原审人民法院重审，也可以查清事实后改判。对此种情况下的改判需注意两点：其一，二审法院必须在查清事实的基础上进行改判；其二，根据《行政诉讼法》的规定，在上述两种可适用改判的情况下，人民法院也可以作出撤销原判发回重审的裁定。但对严重违反法定程序的，则无论主要事实清楚与否，均应发回重审。第二审人民法院审理上诉案件，需要改变原审判决的，应当同时对被诉具体行政行为作出判决。因为第二审人民法院审理上诉案件，须对原审人民法院的裁判和被诉具体行政行为是否合法进行全面审查，因此二审法院在对一审法院的判决进行改判时，必然会涉及到对被诉具体行政行为重新予以认定，从而对被诉具体行政行为依法维持、撤销或者变更。

(2)再审判决。再审裁判是人民法院按照审判监督程序所作出的裁判。再审裁判既可以采用判决形式，也可以采用裁定形式。①人民法院经过再审审理认为原审判决认定事实和适用法律均无不当时，人民法院应当裁定撤销原中止执行的裁定，继续执行原判决。②人民法院经过再审审理认为原审判决、裁定确有错误的，人民法院分不同情况进行处理：其一，原审人民法院审理案件时违反法定程序可能影响案件正确裁决的，人民法院应当作出裁定，将案件发回作出生效裁判的人民法院重新审理。这些情形主要有：审理本案的审判人员、书记员应当回避而未回避的；依法应当开庭审理而未经开庭即作出判决的；未经合法传唤当事人而缺席判决的；遗漏必须参加诉讼的当事人的；对与本案有关的诉讼请求未予裁判的。其二，人民法院经过再审审理，如果认为第二审人民法院维持第一审人民法院不予受理或者驳回起诉裁定错误的，再审人民法院应当撤销第一审、第二审人民法院裁定，指令第一审人民法院受理。其三，除上述两种情况外，再审人民法院认为原审判决、裁定确有错误时，在撤销原生效裁决或者裁定的同时，可以对生效判决、裁定的内容作出相应裁判，也可以裁定撤销生效判决、裁定，发回作出生效判决、裁定的人民法院重新审判。再审判决、裁定的效力取决于再审人民法院按照哪一种程序审理，如果按照第一审程序审理，再审人民法院所作的判决、裁定，当事人可以上诉；如果按照第二审程序审理，所作的判决、裁定是发生法律效力的判决、裁定，当事人不得上诉。

配套习题

一、单项选择题

1. 在行政诉讼中，不能上诉的裁定是（　）

A. 不予受理的裁定

B. 驳回起诉的裁定

C. 驳回管辖权异议的裁定

D. 移送管辖的裁定

2. 钱某与王某均系S县某村村民，两人多次以收废品为名，偷盗该县铜厂的半成品铜管、铜线，某日二人在作案时被铜厂工人抓获，送到县公安局。公安局认为王某认错态度较好，罚款100元，另对钱某处以10日的拘留。钱某不服，申请复议，复议机关维持原处罚决定。钱某仍不服，请求法院撤销处罚决定。本案中，针对钱某的请求，法院不可能做出的判决类型为（　）

A. 维持判决　　B. 变更判决

C. 撤销判决　　D. 赔偿判决

3.（接上题）如果王某以第三人参加诉讼，经审理法院认为，处罚决定对王某的处罚显然过轻，应当如何处理？（　）

A. 不能做出任何处理，因为法院不能行使行政处罚权

B. 应当直接加重对王某的处罚，因为法院审理案件必须以事实为根据，以法律为准绳

C. 应当撤销处罚决定，并责令公安局重新作出处罚决定

D. 应当发出司法建议，让公安机关变更原具体行政行为

4. S县某村甲、乙二人因邻里纠纷发生互殴，S县公安局分别作出拘留甲10日、对乙警告的行政处罚。甲申请复议，N市公安局将对甲的处罚变更为拘留5日。如果甲请求变更对他的处罚而提起诉讼，法院经审理发现甲、乙二人对于殴打的发生都有过错，给对方造成的伤害也相当，应当如何处理？（　）

A. 撤销被告对甲的处罚决定

B. 变更被告对甲的处罚决定

C. 撤销被告对乙的处罚决定

D. 变更被告对乙的处罚决定

5. 1998年8月，县公安局在审查孙某卖淫案中发现张某曾有嫖娼行为，遂于当年9月对张某作出罚款1 000元的处罚决定。张某不服该处罚决定，提起诉讼。法院经审查认定张某最后一次嫖娼行为发生于1996年5月，张某当时付给孙某500元现金及一些首饰。根据上述事实，法院应如何处理？（　）（律考1998年卷一，第36题）

A. 维持被告处罚决定　B. 变更被告处罚决定

C. 撤销被告处罚决定　D. 裁定驳回原告起诉

6. 刘某因超载被公路管理机关执法人员李某拦截，李某作出罚款200元的处罚决定，并要

求刘某当场缴纳。刘某要求出具书面处罚决定和收据，李某认为其要求属于强词夺理，不予理睬。刘某无奈，在缴纳罚款后就处罚行为向法院提起诉讼。法院就本案应当作出何种判决？（　）

A. 撤销判决

B. 变更判决

C. 撤销并责令公路管理机关重新作出处罚决定

D. 确认无效判决

7. 王某未经批准于1998年7月在S市城西区与城北区交界处建了一排简易厂房从事服装生产。1999年4月，S市规划部门在执法检查时认为王某所建的产房是违章建筑，通知其限期拆除，并罚款2000元。王某不服，向规划局所在地的城南区法院提起行政诉讼。在诉讼过程中，规划局将原行政行为变更为限期拆除，取消了罚款决定。如果王某不撤诉，也未起诉变更后的决定，法院经审理认为原行政决定合法的，应当如何处理？（　）

A. 维持原决定

B. 确认原决定合法

C. 确认原决定有效

D. 驳回王某的诉讼请求

8. 汤晋是某县建材公司职工。1999年2月，因所在公司违反劳动法律法规，停发及乱扣其经济收入，于是向县劳动局申请依法调查处理此事，保护其合法财产权。县劳动局局长在该申请上批示："将此文转交物资局处理"。事后，既未对申请书中反映的问题进行监督，也未给汤晋作出答复。同年5月，汤晋以劳动局不履行法定职责、不保护其合法财产权为由，提起行政诉讼。劳动局认为，其将汤晋的申请转交物资局处理，依法履行了其法定职责。在此情况下，法院应当作出什么判决？（　）

A. 维持批示的判决

B. 撤销批示的判决

C. 确认批示合法的判决

D. 责令劳动局在一定期限内履行职责，并答复汤晋的判决

9. 人民法院审理涉外行政案件的法律适用规则是（　）

A. 优先适用我国缔结或者参加的国际条约，但我国申明保留的条款除外

B. 不适用行政诉讼法而适用国际条约

C. 与非涉外案件一样适用行政诉讼法

D. 适用行政诉讼法，但我国缔结或者参加的国际条约与行政诉讼法有不同规定的，除我国申明保留的规定外，优先适用国际条约

10. 某化工企业生产国家明令淘汰的产品，某技术监督局依据《产品质量法》某条的规定作出罚款2 000元的处罚决定。该企业不服，提起行政诉讼，法院经审查以技术监督局的处罚决定适用法律不当为由判决撤销了处罚决定。下列哪一说法是正确的？（　）（司考2004年卷二，第43题）

A. 技术监督局不得再对该企业作出行政处罚

B. 技术监督局不得再对该企业作出罚款决定，但可以作出其他行政处罚

C. 技术监督局可以依据原处罚决定适用的《产品质量法》条文规定作出与原来不同的处罚决定

D. 技术监督局可以依据原处罚决定适用的《产品质量法》条文规定以外的相关条款作出与原来相同的处罚决定

11. 某乡人民政府对程某征收农民负担费用500元，县人民政府经复议将费用减为400元。程某不服遂向法院提起诉讼。法院经审理认为征收400元的费用违反了国家规定的不得超过上年度农民人均纯收入5%的标准。法院应如何处理此案？（　）（司考2005年卷二，第42题）

A. 变更县政府的决定，确定应交纳费用的具体标准

B. 确认县政府的决定违法，责令乡政府重新作出决定

C. 撤销县政府的决定，责令乡政府重新作出决定

D. 撤销县政府的决定，责令县政府重新作出决定

12. 法院因主要证据不足判决撤销被诉具体行政行为并判令被告重新作出具体行政行为后，被告以同一事实与理由作出与原具体行政行为基本相同的具体行政行为，原告向法院提起诉讼的，法院下列哪种做法是正确的？（　）（司考2006年卷二，第46题）

A. 确认被告重新作出的具体行政行为违法

B. 确认被告重新作出的具体行政行为无效

C. 判决撤销该具体行政行为，并判令被告重新作出具体行政行为

D. 判决撤销该具体行政行为，并向该行政机关的上一级行政机关或者监察、人事机关提出司法建议

二、多项选择题

1. 驳回原告诉讼请求的判决的适用条件是（　）

A. 起诉被告不作为理由不能成立的

B. 被诉具体行政行为合法但存在合理性问题的

C. 被告不作为违法，但判决其履行职责已无实际意义的

D. 被告具体行为违法但不具有可撤销内容的

2. 某市公安局经市规划局批准，在居民区盖一栋高大的办公楼。由于距离过近，致使大批居民的住宅无法采光。于是居民将规划局诉至法院。法院经审查认为规划局的批准行为违法。法院对此案应当如何处理？（　）

A. 撤销规划局的批准行为

B. 确认批准行为违法

C. 因涉及国家财产，维持批准行为

D. 责令规划局采取相应的补救措施

3. 甲厂在没有提出申请，未取得建设工程规划许可证的情况下，在本厂第三号大门左侧，筑建一道高2.2米，长32米的水泥砖围墙，该县城乡建设委员会以武鸣染织厂未经规划部门批准，擅自兴建围墙，违反了《中华人民共和国城市规划法》第32条，该省人大常委会《关于建筑管理若干规定》第12条和该省政府《关于城镇管理若干规定》第1条第4款的规定为由，作出强制拆除甲厂违章建筑围墙的决定，甲厂向法院起诉并提出国务院某部的一个与省政府规章规定相反的规章，审理过程中，法院（　）

A. 应当依据《中华人民共和国城市规划法》第32条

B. 应当参照该省人大常委会《关于建筑管理若干规定》第12条和该省政府《关于城镇管理若干规定》第1条第4款的规定

C. 应当参照国务院某部规章，而不参照该省政府《关于城镇管理若干规定》

D. 决定是参照国务院某部规章还是该省政府《关于城镇管理若干规定》，应当由最高人民法院送请国务院作出解释或者裁决

4. 某房地产开发公司未经有关部门批准在河道边建造起价值5 000万的商品房。市防洪指挥部领导小组认为该片住宅违反了《防洪法》的有关规定，作出予以拆除的处罚决定并于第二天强行爆破拆除，但没有下达任何书面决定。房地产开发公司认为该处罚决定主体和程序均不合法，遂向法院提起行政诉讼。法院经审理发现具体行政行为确实违法。对此，下列哪些处理是错误的？（　）

A. 撤销该处罚决定，并判令被告赔偿原告损失

B. 确认处罚决定违法，责令被告采取相应的补救措施

C. 撤销该处罚决定，判令被告重新作出处罚决定

D. 驳回原告诉讼请求

5. 对于以下哪些情形，法院可以判决驳回原告或者上诉人的诉讼请求？（　）

A. 农民胡某进城摆摊卖西瓜，被城市无赖强拿硬要，恰好工商执法人员刘某路过，胡某请求刘某制止无赖们的行为，刘某置之不理。胡某以刘某所在的工商局为被告，起诉其不作为

B. 王某在路边搭建一间房屋，经营日常百货。城建局认为该建筑为违章建筑，责令其拆除。王某认为城建局由市政府领导，遂以市政府为被告提起诉讼。法院告知其应当起诉城建局，王某执意起诉市政府

C. 李某认为工商局对其工商登记申请不予答复属违法不履行法定职责，向法院起诉，请求责令工商局予以登记，并要求对其因此遭受的损失予以赔偿。一审法院判决工商局限期履行职责，但对赔偿请求未作处理。李某不服，提起上诉。二审法院经审查认为李某未遭受损失

D. S县工商局和物价局共同对对消费者大肆进行价格欺诈的个体户陈某处以5 000元的罚款，并没收其非法所得30 000元。陈某不服，以工商局为被告提起行政诉讼，一审法院维持处罚决定。陈某提起上诉

6. 市城市规划局批准建设的居住小区整体结构设计违反了国家的有关法律规定，给原告

甲村的利益造成严重损害，但是房屋及其配套设施等已经建成交付使用。撤销批准建设的具体行政行为将会给公共利益造成重大损失，人民法院应当如何处理？（　）（司考 2003 年卷二，第 78 题）

A. 判决确认被诉具体行政行为违法

B. 判决被告对原告承担赔偿责任

C. 责令被诉行政机关采取相应的补救措施

D. 维持被诉具体行政行为

7. 某区 12 户居民以某区规划局批准太平居委会搭建的自行车棚影响通风、采光和通行权为由，向法院提起行政诉讼，要求法院撤销规划局的批准决定。法院经审查，认定经规划局批准搭建的车棚不影响居民的通风、采光和通行权，且适用法律正确，程序合法。下列哪些说法是正确的？（　）（司考 2004 年卷二，第 77 题）

A. 原告应推选 2 至 5 名诉讼代表人参加诉讼

B. 太平居委会为本案的第三人

C. 法院应判决驳回原告的诉讼请求

D. 法院应判决维持某区规划局的批准决定

8. 罗某受到朱某的人身威胁，向公安机关报案，公安机关未采取任何措施。3 天后，罗某了解到朱某因涉嫌抢劫被刑事拘留。罗某以公安机关不履行法定职责为由向法院提起行政诉讼，同时提出行政赔偿请求，要求赔偿精神损失。法院经审理认为，公安机关确未履行法定职责。下列哪些选项是正确的？（　）（司考 2007 年卷二，第 83 题）

A. 因朱某已被刑事拘留，法院应当判决驳回罗某起诉

B. 法院应当判决确认公安机关不履行职责行为违法

C. 法院应当判决公安机关赔偿罗某的精神损失

D. 法院应当判决驳回罗某的行政赔偿请求

9. 某公司提起行政诉讼，要求撤销区教育局作出的《关于不同意申办花蕾幼儿园的批复》，并要求法院判令该局在 20 日内向花蕾幼儿园颁发独立的《办学许可证》。一审法院经审理后作出确认区教育局批复违法的判决，但未就颁发《办学许可证》的诉讼请求作出判决。该公司不服一审判决，提起上诉。下列说法正确的是（　）（司考 2007 年卷二，第 93 题）

A. 二审法院应当裁定撤销一审判决

B. 二审法院应当维持一审判决

C. 二审法院可以裁定发回一审法院重审

D. 二审法院应当裁定发回一审法院重审，一审法院应当另行组成合议庭进行审理

三、名词解释

1. 行政诉讼法律适用
2. 法律适用冲突
3. 确认判决（考研中国政法大学 2003 年）
4. 行政诉讼决定

四、简答题

1. 简述行政诉讼中法律适用的特征。
2. 行政诉讼法律冲突的适用规则有哪些？

五、案例分析题

2001 年 2 月 10 日，甲将一车生猪从 A 省运往 B 省 C 市销售，途中遇到该市卫生防疫站检查。甲只带有生猪检疫证明，而无运输工具消毒证明，检查站以 C 市卫生局的名义，根据《B 省畜禽检疫管理规定》第 31 条，责令对运载生猪的货车进行补检，补检费加倍收取；根据《B 省畜禽经营管理办法》第 3 条，认为甲无畜禽经营许可证，其提供的食品站的营业执照不符合该办法的要求，属无证经营，因此移交工商部门处理。甲认为，根据 A 省的规定，食品站可以经营生猪，无须畜禽经营许可证；在 A 省运输生猪也不需要运输工具检疫证明。B 省 C 市卫生防疫站的决定没有法律依据，属于滥用职权，因此，向 C 市法院提起诉讼。

请运用行政诉讼中有关法律适用规则分析在本案中人民法院应当如何正确适用法律。

参考答案

一、单项选择题

1. 答案:D

提示:本题考查的是不能上诉的裁定

解析:在行政诉讼中,只有不予受理、驳回起诉、管辖权异议的裁定可以上诉,其他裁定不可以上诉。

2. 答案:D

提示:本题考查的是判决的类型

解析:要注意本题的答案具有开放性。钱某与王某共同实施违法行为,但各自违法行为的情节、危害程度以及事后认错悔过等事实并不明确,公安局做出处罚的程序的合法性如何也不确定。法院所能够作出的判决种类要分别视以上因素对判决的影响而定。如果对钱某的处罚合法且不属于显失公正,法院可以判决维持;如果显失公正,法院可以判决变更;如果存在滥用职权或者违反法定程序的情形,法院可以判决撤销。由于钱某没有提出赔偿请求,所以不可能做出赔偿判决。D 项符合题意。

3. 答案:A

提示:本题考查的是起诉不加重处罚的例外

解析:本案由钱某提起,其请求是撤销对自己的处罚决定而非认为对王某的处罚过轻,要求加重对王某的处罚。因此,对王某的处罚决定不是本案的审查对象,法院不能对该处罚决定进行处理。B、C 项不正确。这种情况不属于适用司法建议的情形,D 项不正确。

4. 答案:B

提示:本题考查的是变更判决

解析:法院发现甲、乙二人对于殴打的发生都有过错,给对方造成的伤害也相当,二人确实存在违法行为,不适用撤销判决,A、C 项错误。本案因甲要求变更对其的处罚决定而引起,法院审查的是市公安局对甲予以处罚的复议决定,对乙的处罚决定不是本案的审查对象,所以不能变更对乙的处罚决定,D 项错误。如果对甲的处罚决定显失公正,法院可以判决变更。

5. 答案:C

提示:本题考查的是撤销判决

解析:违反治安管理的行为公安机关在 6 个月内没有发现的,不再处罚。公安局在两年后才发现张某的违法行为,无权对此进行处理,其处罚决定超越职权,法院应当适用撤销判决。

6. 答案:D

提示:本题考查的是确认无效判决

解析:李某在实施行政处罚时不出具书面处罚决定和收据,违反法定程序。行政处罚违反法定程序依法无效。法院对依法无效的行为应当判决确认无效,同时排除撤销判决和变更判决的适用。

7. 答案:D

提示:本题考查的是驳回诉讼请求判决

解析:在诉讼过程中,被告改变原具体行政行为,原告不撤诉,也不起诉新作出的具体行政行为的,法院应当对原具体行政行为进行审查;认为原具体行政行为合法的,应判决驳回原告诉讼请求。原具体行政行为被改变后已经不存在,即使其合法,法院也无法适用维持判决,A 项错误。被诉具体行政行为合法,但不宜判决维持或者驳回诉讼请求时,适用确认其合法或者有效的判决。本案不存在适用确认判决的条件,B、C 项错误。

8. 答案:D

提示:本题考查的是履行判决

解析:劳动局不对建材公司的行为进行调查,却把汤晋的申请批示给物资局,实属敷衍塞责。劳动局不依法履行其法定职责,法院应当判决其在法定期限内履行职责并答复汤晋。其他判决形式显然不能适用。

9. 答案:D

提示:本题考查的是涉外行政诉讼法律适用的规则

解析:对我国缔结或者参加的国际条约与行政诉讼法有不同规定的,适用国际条约的规定,但我国声明保留的条款除外,故选 D 项。

10. 答案:D

提示:本题考查的是撤销判决

解析:本题考查的是撤销判决的效力。撤销判决作出后,如果原告有违法行为需要处理,被告行政机关有权再次作出决定,A、B 项错误;但应受撤销判决的约束,不得以判决认定为违法、错误的理由重新作出决定,C 项错误。D 项正确。

11. 答案:D

提示:本题考查的是撤销判决

解析:根据《若干问题的解释》第 53 条第 2 款的

规定，复议决定改变原具体行政行为错误，人民法院判决撤销复议决定时，应当责令复议机关重新作出复议决定。

12. **答案**:D

提示:本题考查的是人民法院判令重做后，被告以同一事实与理由作出与原具体行政行为基本相同的具体行政行为，原告向法院提起诉讼后的处理

解析:根据《若干问题的解释》第54条第3款的规定，行政机关以同一事实和理由重新作出与原具体行政行为基本相同的具体行政行为，人民法院应当根据《行政诉讼法》第54条第2项、第55条的规定判决撤销或者部分撤销，并根据《行政诉讼法》第65条第3款的规定处理。《行政诉讼法》第54条第2项规定法院应当作出撤销判决，第65条第3款规定，法院可以向该行政机关的上一级行政机关或者监察、人事机关提出司法建议。因此，本题应选D项。

二、多项选择题

1. **答案**:AB

提示:本题考查的是驳回原告诉讼请求的判决的适用条件

解析:C、D项属于确认被诉具体行政行为违法的适用条件，不正确。

2. **答案**:BD

提示:本题考查的是确认判决

解析:在本案中，公安局的大楼已经建成，若撤销该批准行为，大楼应当被拆除，这将会给国家利益造成重大损失，因此应当适用确认批准行为违法的判决。同时为保护附近居民的合法权益，应责令规划局采取相应的补救措施尽量减轻危害后果。B、D项正确。

在这种案件中，重点在于：判断具体行政行为是否造成了实际的不可挽回的损害后果；合理衡量已经遭受的损害的利益与撤销具体行政行为所导致损失的利益何轻何重。

3. **答案**:AD

提示:本题考查的是法律适用冲突的解决

解析:人民法院审理行政案件，以法律和行政法规、地方性法规为依据。地方性法规适用于本行政区域内发生的行政案件。该省政府《关于城镇管理若干规定》和国务院某部规章可以作为参照对象，两者发生冲突时，由最高人民法院送请国务院作出解释或者裁决。

4. **答案**:ACD

提示:本题考查的是撤销判决

解析:虽然法院认为本案中被诉具体行政行为确实违法，但该行为已经实施完毕，因此不具有可撤销内容，不能适用撤销判决而应适用确认违法的判决。因被诉行为违法，因而也不能适用驳回原告诉讼请求判决。A、C、D项符合题意。

5. **答案**:AC

提示:本题考查的是判决驳回原告或者上诉人的诉讼请求的情形

解析:A项中胡某应向公安机关请求保护财产权，工商局不负有该职责，因而起诉工商局不作为的理由不能成立，适用驳回诉讼请求判决。B项中王某起诉被告错误且不变更被告，应当裁定驳回起诉，而不能驳回诉讼请求。一审判决对赔偿请求未作处理，二审法院经审查认为李某未遭受损失，应当判决驳回赔偿请求。D项中陈某未起诉物价局，一审法院未追加物价局为被告，也没有通知其以第三人的身份参加诉讼，一审判决遗漏必须参加诉讼的当事人，二审法院应当裁定撤销原判发回重审。需要通过本题认真掌握法院对案件中的实体问题和程序问题的不同处理手段。

6. **答案**:ABC

提示:本题考查的是确认判决的适用

解析:被诉具体行政行为违法，所以，不可能选D项。根据《若干问题的解释》第58条的规定，正确答案应为A、B、C项。

7. **答案**:BD

提示:本题考查的是行政诉讼程序与判决

解析:本题考查的是行政诉讼程序与判决。根据《若干问题的规定》第14条第3款的规定，同案原告为5人以上，应当推选1～5名诉讼代表人参加诉讼，故A项错误。根据《行政诉讼法》第27条的规定，同提起诉讼的具体行政行为有利害关系的其他公民、法人或者其他组织，可以作为第三人，故B项正确。CD两个选项主要是考查驳回诉讼请求判决与维持判决的适用情形。根据《若干问题的解释》第56条的规定，人民法院在四种情形下应当判决驳回原告的诉讼请求，本题的情况不符合该条规定，故C项错误。经规划局批准搭建的车棚不影响居民的通风、采光和通行权，且适用法律正确，程序合法，故适用维持判决，D项正确。

8. **答案**:BD

提示:本题综合考查了确认判决和行政赔偿

解析:加害人被追究法律责任不能豁免行政机关的相应责任,故A项错误。《执行〈行政诉讼法〉若干问题的解释》第57条规定:"人民法院认为被诉具体行政行为合法,但不适宜判决维持或者驳回诉讼请求的,可以作出确认其合法或者有效的判决。有下列情形之一的,人民法院应当作出确认被诉具体行政行为违法或者无效的判决:①被告不履行法定职责,但判决责令其履行法定职责已无实际意义的;②被诉具体行政行为违法,但不具有可撤销内容的;③被诉具体行政行为依法不成立或者无效的。"故B项正确。我国《国家赔偿法》没有规定精神损害赔偿,故C项错误D项正确。

9. **答案**:AD

提示:本题考查的是对一审法院漏审诉讼请求的上诉判决

解析:《执行〈行政诉讼法〉若干问题的解释》第71条规定:"原审判决遗漏了必须参加诉讼的当事人或者诉讼请求的,第二审人民法院应当裁定撤销原审判决,发回重审。"所以A、D项当选。法律规定是"应当"而非"可以",故C项错误。

三、名词解释

1. **提示**:参见本章"基础知识图解"行政诉讼的法律适用中部分

2. **提示**:参见本章"基础知识图解"行政诉讼的法律适用部分中法律适用冲突的概念

3. **提示**:参见本章"重点知识讲解"行政诉讼的判决部分

答案:确认判决是人民法院通过对被诉具体行政行为的审查,确认被诉具体行政行为合法或违法的一种判决形式。

4. **提示**:参见本章"基础知识图解"行政诉讼的裁定和决定部分。答出行政诉讼决定的概念

答案:行政诉讼决定,是指人民法院为了保证行政诉讼的顺利进行,依法对行政诉讼中的某些特殊事项所作的处理。

四、简答题

1. **提示**:行政诉讼法律适用的特征与民事诉讼没有本质区别,因此可以参照民事诉讼法律适用特征回答

答案:行政诉讼的法律适用具有以下特点:①行政诉讼法律适用的主体为人民法院;②行政诉讼中的法律适用,是人民法院对行政案件的第二次法律适用;③行政诉讼的法律适用时最终适用,具有最终的法律效力;④行政诉讼适用的目的主要是为了解决被诉具体行政行为的合法性问题。

2. **提示**:参见本章"重点知识讲解"法律适用及其冲突解决部分,只要列出行政诉讼法律冲突的适用规则的具体种类就可以,不必展开

五、案例分析题

答案:本案中甲是否属于无证经营应当适用A省的规定,根据A省的规定他具有经营生猪的合法资格,因此卫生局关于无证经营的处理决定适用法律错误;至于甲在B省的运输行为则应当适用B省的有关规定,按照B省的有关规定,他没有运输工具消毒证明,因此应当补检,卫生局的法律适用是正确的。

解析:本题主要考查考生对行政诉讼中法律适用规则的掌握。行政诉讼法律适用冲突是指人民法院在审判行政案件的过程中,发现对同一法律事实或关系,有两个或两个以上的法律文件作出了并不相同的规定,法院适用不同的法律规定就会产生不同的裁判结果。法律适用冲突发生的前提是各种法律文件,包括不同的法律、行政法规、地方性法规、自治条例和单行条例、规章、授权立法文件。行政诉讼法律冲突的适用规则是人民法院在审查具体行政行为的合法性时,为解决法律适用冲突所采取的方法和所遵循的规则,由此决定选择适用相应的行政法律文件或具体行政法律规范条款。

根据行政诉讼法的规定,地方性法规适用于本地方发生的行政案件,本案所涉及的法律适用问题是国内不同省份之间的地方性法规适用冲突,属于区际法律冲突。根据区际法律冲突适用规则,如果不同地方对自然人、法人或者其他组织的行为的法律规定不同,应当适用该自然人、法人或者其他组织行为发生地的法律规范;如果不同地方对自然人、法人或者其他组织的法律主体资格、能力等有不同规定的,应当适用该自然人、法人或者其他组织的住所地、户籍所在地、或法人成立地的法律规范,简要地说,行为适用属地管辖原则,主体资格适用属人管辖原则。在我国,对大陆法律规范与港、澳、台地区法律规范的冲突,适用属地管辖原则,即发生于港、澳、台地区的行政案件,适用于在港、澳、台地区施行的法律规范,发生于大陆的行政案件,则适用当地施行的法律规范。此外,此类冲突还可以通过双方协议解决。

第二十四章　行政诉讼的执行

内容提示

行政诉讼执行是执行组织将已生效的行政案件法律文书确定的权利义务变为现实的权利义务的过程。它是行政诉讼的最终实现阶段,因此具有重要的现实意义。通过本章的学习,应当了解行政诉讼执行的概念和特点,执行的基本原则;掌握执行的条件、主体、对象、执行措施和执行程序;重点掌握非诉行政行为的执行。

基础知识图解

一、行政诉讼执行概述

行政诉讼执行	概念	是指行政案件当事人逾期拒不履行人民法院生效的法律文书,人民法院和有关行政机关运用国家强制力量,依法采取强制措施,促使当事人履行义务,从而使生效法律文书的内容得以实现的活动
	特点	主要包括:①执行组织是人民法院或有权行政机关;②执行申请人或被申请人有一方是行政机关;③强制执行的根据是已生效的诉讼文书;④行政诉讼中的执行是强制性的;⑤强制执行的法律后果是裁判文书所确定的义务得以实现
	执行的原则	(1)诉讼地位平等原则。①当事人双方都受到法院裁判的约束,均须履行裁判确定的权利义务;②对于拒绝履行义务的当事人,对方均有权申请法院强制执行;③拒不履行义务的当事人,必须承担相应的法律后果 (2)依法执行原则。①执行组织只能是人民法院或有权行政机关;②执行程序上,必须按法定的期限、措施和程序执行;③在执行范围上,只能就司法文书确定的财产和人身范围内执行,不得超出

二、执行的条件、主体、对象

行政诉讼执行	执行条件	主要包括:①有执行的依据;②有可供执行的内容;③被执行人有能力履行而拒不履行义务;④当事人在法定期限内提出了执行申请
	执行主体	(1)执行组织:法院及有权行政机关 (2)执行当事人:即执行申请人和被申请人;执行人与被执行人 (3)执行参与人:除执行当事人外其他参与执行过程的单位或个人。①因占有执行标的物而被涉及的主体,如银行;②因与被执行人有管理、监护关系而协助执行的人,如为成年人父母,上级机关;③因属于被执行财产所在地的基层管理组织而被要求到场的组织。如村委会,街道办等 (4)案外异议人。指执行当事人以外的,对执行标的提出主张的主体。案外异议人对执行标的提出确有理由的异议的,法院应当中止执行

<table>
<tr><td rowspan="2">行政诉讼执行</td><td>执行对象</td><td>指生效的执行依据所确定的,并由执行机关的执行行为所指向的客体。分为三类:①物。包括财物和其他物件。②行为。即执行的内容是实施特定的行为。③人身。这是行政诉讼执行特有的,民事诉讼的执行不能将人身作为执行对象</td></tr>
<tr><td>执行范围</td><td>即执行对象的范围,要解决哪些物可以执行,哪些必须由被执行人保留等。实践中主要涉及物的范围。①只有属于被执行人本人所有的财产才能成为执行对象,其他无论什么关系人的财产都不能纳入执行范围;②如果被执行人是公民的,按照法律规定,还应当保留被执行人以及由其抚养的家属生活必需的费用和生活必需品;③被执行人是行政机关,除了可供执行的款项外,其他物不能纳入执行范围,如办公设备等</td></tr>
</table>

三、执行措施和执行程序

<table>
<tr><td rowspan="2">执行措施</td><td>概念</td><td>指行政机关在执行过程实施的迫使被执行人履行行政裁判义务的措施和方法</td></tr>
<tr><td>种类及其适用范围</td><td>主要包括:①冻结;②划拨;③扣留、提取;④查封、扣押、拍卖和收购;⑤强制交付;⑥强制迁出或强制退出;⑦强行拆除;⑧强行销毁;⑨罚款;⑩司法建议</td></tr>
<tr><td>执行程序★</td><td colspan="2">执行提起→执行审查→执行准备→执行实施→执行阻却→执行完毕→执行补救
详见本章重点知识讲解一</td></tr>
</table>

重点知识讲解

一、执行程序

行政诉讼执行程序由一系列独立的环节组成,包括:提起、审查、准备、阻却、完毕、补救等。

行政诉讼执行的提起是引起执行程序发生的阶段,它或者由申请人提起,或者由执行机关依职权而提起。这里着重讨论申请人向人民法院提出执行的情形。

对发生法律效力的行政判决、行政裁定书、行政赔偿判决书和行政赔偿调解书,负有义务的一方当事人拒绝履行的,对方当事人可以依法申请人民法院强制执行。当事人申请人民法院强制执行必须具备下列条件:

1. 申请执行人必须具有申请主体资格,必须是行政法律文书中享有权利的一方当事人,既可以是行政机关,也可以是公民、法人或者其他组织。

2. 申请执行的依据必须是已经发生法律效力的行政法律文书。

3. 必须向有执行管辖权的人民法院提出。行政诉讼的执行管辖通常由第一审人民法院负责,在特定情况下,第二审人民法院也可以行使执行管辖权。

4. 执行申请必须在法定期限内提出。申请人是公民的,申请执行生效的行政判决书、行政裁判书、行政赔偿判决书和行政赔偿调解书的期限为 1 年,申请人是行政机关、法人或者其他组织的为 180 日。申请执行的期限从法律文书规定的履行期间最后一日起计算;法律文书中没有规定履行期限的,从该法律文书送达当事人之日计算。逾期申请的,除有正当理由外,人民法院不予受理。

二、非诉行政案件的执行

1. 非诉行政案件执行的概念。非诉行政案件的执行，是指公民、法人或其他组织既不向人民法院提起行政诉讼，又不履行行政机关作出的具体行政行为，行政机关向人民法院提出执行申请，由人民法院采取强制措施，使行政机关的具体行政行为得以实现的制度。它有以下特点：①非诉行政案件的执行机关是人民法院，而非行政机关。②非诉行政案件执行的根据是行政机关作出的行政处理决定，执行标的是行政机关所作的具体行政行为。③非诉行政案件的执行申请人是行政机关，被执行人只能为公民、法人或者其他组织。但在特定情况下，非诉行政案件的申请人也可能是生效具体行政行为确定的权利人或其继承人。④非诉行政案件的执行前提是公民、法人或者其他组织在法定期限内，既不提起行政诉讼，也不履行具体行政行为所确定的义务。

2. 非诉行政案件执行的适用范围。非诉行政案件执行的适用范围解决的是，在何种情况下行政机关可以申请人民法院强制执行具体行政行为，在何种情况下行政机关不能申请人民法院强制执行具体行政行为，它事实上涉及到人民法院与行政机关对具体行政行为强制执行的分工和二者行政强制执行权的划分。非诉行政案件的执行的适用范围是：凡行政机关对具体行政行为没有强制执行权，以及行政机关和人民法院对具体行政行为皆享有强制执行权时，行政机关都可以申请人民法院强制执行该具体行政行为。具体适用范围如下：

(1)法律、行政法规、地方性法规没有赋予行政机关对该具体行政行为的强制执行权，公民、法人或者其他组织在法定期限内既不提起行政诉讼也不履行的，行政机关申请人民法院强制执行，人民法院应当依法强制执行。

(2)法律、行政法规、地方性法规规定，该具体行政行为既可以由行政机关依法强制执行，也可以申请人民法院强制执行，行政机关申请人民法院强制时，人民法院也应予执行。

(3)行政机关依法律、法规规定部分享有强制执行权，部分不享有强制执行权，行政机关对没有强制执行权部分申请人民法院执行的，也属于非诉行政案件执行范围。

3. 非诉行政案件执行程序。

(1)非诉行政案件的申请与受理。非诉行政案件的执行自行政机关的申请开始，在申请阶段需要注意以下问题：①非诉行政案件执行的申请人。非诉行政案件执行的申请人一般是作出该具体行政行为的行政机关，但在特定情况下，生效具体行政行为所确立的权利人或其继承人、权利承受人也可以成为非诉执行案的申请人。生效具体行政行为所确立的权利人或其继承人、权利承受人申请强制执行具体行政行为应满足以下条件：其一，权利人申请执行的具体行政行为仅限于法律授权行政机关对平等主体之间的裁决；其二，只有行政机关在申请强制执行的期限内未提出申请的情况下，权利人方可提出强制执行申请；其三，权利人提出强制执行申请，只限于行政机关申请强制执行期限届满之日起 3 个月内提出；其四，权利人申请法院强制执行，除了期限、条件等特别规定外，参照行政机关申请人民法院强制执行具体行政行为的规定。行政机关对平等主体之间的民事争议所作的裁决，涉及到三方主体，一方是行政裁决者即行政机关，另外两方则为民事争议的双方当事人。由于行政裁决中所确认的权利义务的承受者是民事争议的双方，因此负有义务的一方如果不履行义务，则另一方权利人将受到直接的损害。同时，由于行政裁决的特殊性，行政机关在行政裁决中并没有为自己设定权利，因此实践中常常怠于申请人民法院强制执行，致使权利人的权利可能受到损害，在此种情况下权利人可以直接向法院申请强制执行。②非诉行政案件执行的申请期限。行政机关申请人民法院强制执行其具体行政行为，应当自被执行人的法定起诉期限届满之日起 180 日内提出，逾期申请的，除有正当理由外，人民法院不予受理。③非诉行政案件的执行管辖。行政机关申请人民法院强制执行其具体行政行为，由申请人所在地的基层人民法院受理；执行对象为不动产的，由不动产所在地的基层人民法院受理。基层人民法院认为执行确有困难的，可以报请上级人民法院执行；上级人民法院可以决定由其执行，也可以决定由下级人民法院执行。④非诉行政案件的受理。行政机关申请执行其具体行政行为，应当具备以下条件：其一，具体行政行为依法可以由人民法院执行；其二，具体行政行为已经生效并具有可执行内容；其三，申请人是作出该具体行政行为的行政机关或者法律、法规、规章授权的组织；其四，被申请人是该具体行政行为所确定的义务人；其五，被申请人在具体行政行为确定的期限内或者行政机关另行指定的期限内未履行义务；其六，申请人在法定期限内提出申请；其七，被申请执行的行政案件属于受理申请执行的人民法院管辖。除上述条件外，行政机关申请人民法院强制执行具体行政行为，应当提交申请执行书、据以执行的行政法律文书、证明该具体行政行为的材料和被执行人财产状况及其他必须提交的材料。而享有权利的公民、法人或者其他组织申请人民法院强制执行的，人民法院可向作出裁决的行政机关调取材料。人民法院对符合上述条件的申请应该立案受理并通知申请人；对不符合条件的申请应当裁定不予受理。⑤非诉行政案件执行前的财产保全。行政机关或者具体行政行为确定的权利人申请人民法院强制执行前，有充分理由认为被执行人可能逃避执行的，可以申请人民法院采取财产保全措施。后者申请强制执行的，应当提供相应的财产担保。

(2)人民法院对非诉讼行政案件执行申请的审查与处理。人民法院决定立案后，应当继续对执行申请进行审查，但不同于立案审查。这一程序包含以下内容：①审查内容。人民法院受理行政机关申请执行其具体行政行为的案件后，应当对具体行政行为的合法性进行审查。这种审查是对具体行政行为是否合法进行的实质性审查，而非程序性审查，这就要求法院不仅要看行政机关材料是否齐全，手续是否具备，是否具备申请非诉行政案件执行的条件，而且还要审查具体行政行为是否有事实依据、法律依据、行政机关是否超越职权、滥用职权、是否违反法定程序。②审查标准。《若干问题的解释》第95条规定，被申请执行的具体行政行为有下列情形之一的，人民法院应当裁定不准予执行：明显缺乏事实根据的；明显缺乏法律依据的；其他明显违法并损害被执行人合法权益的。据此规定，人民法院对于非诉行政案件的审查标准是被申请执行的具体行政行为是否“明显违法并损害被执行人合法权益”。这一标准显然没有人民法院对于行政诉讼案件的审查标准严格。③审查主体。人民法院受理行政机关申请执行其具体行政行为的案件后，应当由行政审判庭组成合议庭对具体行政行为的合法性进行审查。④审查期限。人民法院办理非诉行政案件的执行，从立案受理至作出是否予以执行的裁定，期限为30日。⑤审查后的处理。人民法院对被申请执行的具体行政行为进行合法性审查后，应就是否准予执行作出裁定。对于明显违法并损害被执行人合法权益的具体行政行为，人民法院应当裁定不准予执行。需要采取强制执行措施的，由本院负责强制执行非诉行政行为的机构执行。

配套习题

一、单项选择题

1. 赵某向工商局申请办理营业执照，工商局以材料不全为由一直拖延不办。赵某于是提起行政诉讼。法院经审理认为，赵某的申请符合法定条件，工商局应当办理。在上述情况下，法院应当作出什么判决？(　)

A. 确认工商局拖延不办的行为违法

B. 判决赵某取得营业执照

C. 判决工商局在法定期限内给赵某办理营业执照

D. 确认工商局拖延不办的行为无效

2.(接上题)如果判决生效后工商局在法定期限内仍未给赵某办理营业执照,赵某申请法院强制执行,法院不能如何处理?( )

A.向该工商局的上一级机关或者有关监察、人事机关提出司法建议

B.从履行期满之日起,对该行政机关按日处50元至100元的罚款

C.对工商局的主要负责人或者直接责任人员予以罚款处罚

D.对工商局的主要负责人或者直接责任人员予以罚款或者拘留处罚

3.关于非诉行政案件的申请执行人的范围,下列说法不正确的是( )

A.作出被申请执行的具体行政行为的行政机关是执行申请人

B.作出被申请执行的具体行政行为的法律法规授权的组织是执行申请人

C.申请执行人只能是行政机关或者法律法规授权的组织

D.生效的行政裁决行为确定的权利人可以是该行政裁决的申请执行人

4.关于行政诉讼执行的特点,以下选项不正确的是( )

A.执行机关有时同时是执行当事人

B.对行政机关和行政相对人一方适用不同的执行措施

C.执行主体既可以是法院也可以是有强制执行权的行政机关

D.执行根据既可以是法院的裁判也可以是行政机关的行政决定

5.下列关于行政诉讼执行管辖表述正确的是( )

A.发生法律效力的行政判决书、行政裁决书、行政赔偿判决书和行政赔偿调解书必须由一审人民法院执行

B.发生法律效力的行政判决书、行政裁决书、行政赔偿判决书和行政赔偿调解书必须由中级人民法院执行

C.发生法律效力的行政判决书、行政裁决书、行政赔偿判决书和行政赔偿调解书原则上由一审人民法院执行,情况特殊的,二审人民法院可决定由其执行

D.发生法律效力的行政判决书、行政裁决书、行政赔偿判决书和行政赔偿调解书原则上由中级人民法院执行,情况特殊的,高级人民法院可决定由其执行

6.下列不属于行政诉讼执行中对行政机关所采取的强制措施的是( )

A.对应当归还的罚款或者应当给付的赔偿金通知银行从该行政机关的账户中划拨

B.在规定期限内不履行的,对该行政机关按日处50元至100元的罚款

C.查封、扣押、冻结、拍卖行政机关属于该机关所有的财产

D.拒不履行判决、裁定的,对主要负责人或者直接责任人员予以罚款

7.非诉行政案件执行的前提是( )

A.公民、法人或其他组织在法定期限内不提起诉讼

B.公民、法人或其他组织在法定期限内不履行具体行政行为所确定的义务

C.公民、法人或其他组织在法定期限内既不提起诉讼又不履行具体行政行为所确定的义务

D.公民、法人或其他组织在法定期限内提起诉讼

二、多项选择题

1.李某购买中巴车从事个体客运,但未办理税务登记,且一直未缴纳税款。某县国税局要求李某限期缴纳税款1 500元并决定罚款1 000元。后因李某逾期未缴纳税款和罚款,该国税局将李某的中巴车扣押,李某不服。下列哪些说法是不正确的?( )

A.对缴纳税款和罚款决定,李某应当先申请复议,再提起诉讼

B.李某对上述三行为不服申请复议,应向某县国税局的上一级国税局申请

C.对扣押行为不服,李某可以直接向法院提起诉讼

D.该国税局扣押李某中巴车的措施,可以交由县交通局采取

2.非诉行政案件执行的适用范围包括( )

A.人民法院和行政机关共享具体行政行为的强制执行权

B.人民法院独享具体行政行为的强制执行权

C. 人民法院和行政机关分享具体行政行为的强制执行权

D. 规章及规章以下的规范性文件规定可以由行政机关依法强制执行的

3. 下列关于非诉行政案件执行的申请期限是( )

A. 行政机关申请人民法院强制执行其具体行政行为，应当自被执行人法定起诉期限届满之日起180日内

B. 行政机关申请人民法院强制执行其具体行政行为，应当自被执行人履行期限届满之日起180日内

C. 权利人申请人民法院强制执行其具体行政行为，应当自被执行人履行期限届满之日起3个月内

D. 权利人申请人民法院强制执行其具体行政行为，应当自行政机关申请强制执行期限届满之日起3个月内

4. 甲、乙两村因某一土地所有权发生争议，县人民政府将该土地确定为甲村所有，乙村在法定期限内没有向法院起诉，但仍继续占有并使用该片土地。下列说法哪些是正确的？( )(司考2003年卷二，第73题)

A. 甲村无权向人民法院申请强制执行

B. 县政府可以向人民法院申请强制执行

C. 甲村可以要求县政府履行法定职责

D. 甲村可以对乙村提起民事诉讼

5. 某市技术监督局根据举报，对力青公司进行突击检查，发现该公司正在生产伪劣产品，立即查封了厂房和设备，事后作出了没收全部伪劣产品并处罚款的决定。力青公司既不申请行政复议，也不提起行政诉讼，且逾期拒绝履行处罚决定。对于力青公司拒绝履行处罚决定的行为，技术监督局可以采取下列哪些措施？( )(司考2004年卷二，第78题)

A. 申请人民法院强制执行

B. 将查封的财物拍卖抵缴罚款

C. 通知银行将力青公司的存款划拨抵缴罚款

D. 每日按罚款数额的3%加处罚款

6. 某市建筑材料厂超标准排放污水违反了《中华人民共和国水污染防治法》，该市环境保护局对其处以2万元的罚款。在规定期间内该厂既不交纳罚款也未向法院提起诉讼，该市环境保护局向法院申请强制执行。下列哪些说法是正确的？( )(司考2005年卷二，第83题)

A. 市环境保护局应当自罚款决定生效之日起90日向法院提起执行申请

B. 市环境保护局如有理由认为某市建筑材料厂逃避执行的，可以在提出执行申请之前要求法院采取财产保全措施

C. 市环境保护局应当向法院提供某市建筑材料厂财产状况的材料

D. 人民法院在强制执行此罚款决定前，应当对罚款决定是否合法进行审查

三、名词解释

1. 行政诉讼的执行

2. 非诉行政案件的执行

四、案例分析题

1998年6月12日，京海造纸厂因严重超标排污被县环保局予以行政处罚3万元，被县人民政府责令在3个月内整治完毕。环保局在处罚决定中没有告知造纸厂有权申请复议或者提起诉讼以及相应的期限。在接到环保局送达的处罚决定后，造纸厂不缴纳罚款，也没有申请复议、提起诉讼。1998年11月20日，县环保局申请法院强制执行罚款决定。3天后，京海造纸厂就罚款决定向法院提起诉讼。

请根据行政诉讼法、环境保护法以及有关司法解释分析法院是否应当受理环保局的执行申请以及造纸厂的起诉。(环保法第40条规定，当事人应当在接到处罚通知之日起15日内向作出处罚决定的机关的上一级行政机关申请复议或者向法院提起诉讼。)

参考答案

一、单项选择题

1. 答案:C

提示:本题考查的是履行判决

解析:工商局对赵某的申请拖延不办,属于不履行法定职责。本案中判决工商局履行职责具有实际意义,不适用确认违法的判决,A项错误。由于法院不能行使行政权,因此不能判决赵某取得营业执照,B项错误。工商局的行为不属于依法不成立或者无效的情形,不能适用无效判决的条件,D项错误。法院应当适用责令在一定期限内履行职责的判决。

2. 答案:D

提示:本题考查的是履行判决的强制执行

解析:A、B、C项都是法院可以针对行政机关采取的执行措施。法院无权因行政机关不履行生效判决、裁定拘留行政机关的主要负责人和直接责任人,D项正确。

3. 答案:C

提示:本题考查的是非诉行政案件的申请执行人的范围

解析:在非诉行政案件的执行中,作出被申请执行的具体行政行为的行政机关、法律法规授权的组织和生效的行政裁决行为确定的权利人都可以是申请执行人。A、B、D项不符合题意。

4. 答案:D

提示:本题考查的是行政诉讼执行的特点

解析:在行政诉讼的执行中,执行依据只能是法院的裁判法律文书。D项符合题意。

5. 答案:C

提示:本题考查的是行政诉讼执行管辖

解析:行政裁判的执行一般向第一审法院提出申请,如果一审人民法院认为应由上一级法院执行的,可以报经上一级法院决定。第二审人民法院既可以决定由自己执行,也可以决定由第一审法院执行。故C项正确。

6. 答案:C

提示:本题考查的是行政诉讼执行中对行政机关所采取的强制措施

解析:我国行政诉讼法及相关司法解释规定了对行政机关适用的执行措施有:罚款、划拨、建议对责任人给予行政处分或者建议追究责任人刑事责任。故C项正确。

7. 答案:C

提示:本题考查的是非诉行政案件执行的概念

解析:在我国,非诉行政案件的执行是指公民、法人或其他组织既不向人民法院提起行政诉讼,又不履行行政机关作出的具体行政行为,行政机关向人民法院提出执行申请,由人民法院采取强制措施,使行政机关的具体行政行为得以实现的制度。故C项正确。

二、多项选择题

1. 答案:AD

提示:本题考查的是公民对行政机关强制执行措施不服的救济措施

解析:根据《税收征收管理法》第88条第1款和第2款的规定,对缴纳税款决定不服的,应该先申请复议,然后才能提起行政诉讼,但对于税务机关的处罚决定、强制执行措施或税收保全措施不服的,可以申请复议,也可以提起行政诉讼,故A项错误,C项正确;根据《行政复议法》第12条第1款规定,国税系统属于垂直领导的行政机关,故应该向其上一级主管部门申请复议,B项正确;根据《税收征收管理法》第88条第3款的规定,强制执行措施应由作出处罚决定的税务机关实施,或申请人民法院实施,故D项错误。

2. 答案:ABC

提示:本题考查的是非诉行政案件执行的适用范围

解析:根据《行政诉讼法》第66条的原则规定和最高人民法院的《若干问题的解释》第87条的具体规定,非诉行政案件的执行的适用范围是:凡行政机关对具体行政行为没有强制执行权,以及行政机关和人民法院对具体行政行为皆享有强制执行权时,行政机关都可以申请人民法院强制执行该具体行政行为。

3. 答案:AD

提示:本题考查的是非诉行政案件执行的申请期限

解析:行政机关申请人民法院强制执行其具体

行政行为，应当自被执行人的法定起诉期限届满之日起180日内提出，逾期申请的，除有正当理由外，人民法院不予受理。权利人提出强制执行申请，只限于行政机关申请强制执行期限届满之日起3个月内提出。故A、D项正确。

4. 答案：BCD

提示：本题考查的是非诉行政案件的强制执行

解析：甲村是县人民政府确定的土地所有权人，根据《若干问题的解释》第90条第1款的规定，有权向法院申请强制执行，A项错误。县政府作为裁决机关，其裁决行为未得到执行，可以向法院申请强制执行，B项正确。因县政府没有履行法定职责，导致乙村占有土地，甲村可以要求县政府履行法定职责，C项正确。甲村也可以直接对乙村提起民事诉讼，要求转移土地的占有，D项正确。

5. 答案：AD

提示：本题考查的是行政强制执行

解析：根据《行政处罚法》第51条的规定："当事人逾期不履行行政处罚决定的，作出行政处罚决定的行政机关可以采取下列措施：①到期不缴纳罚款的，每日按罚款数额的3%加处罚款；②根据法律规定，将查封、扣押的财物拍卖或者将冻结的存款划拨抵缴罚款；③申请人民法院强制执行。"本条规定既是行政处罚法中的重点法条，也是难点所在，不易理解。

6. 答案：BCD

提示：本题考查的是非诉行政案件的强制执行

解析：申请执行的期限系从被执行人的法定起诉期限届满之日起算，且期限为180日，所以，选项A项错误。依《若干问题的解释》第91、92、93条的规定，B、C、D项正确。

三、名词解释

1. 提示：参照本章"基础知识讲解"行政诉讼执行的概述部分，从行政诉讼执行的概念回答

2. 提示：参照本章"基础知识讲解"非诉行政行为的执行部分，从非诉行政案件执行的概念回答

四、案例分析题

答案：(1)行政机关申请法院强制执行其具体行政行为，应当自被申请人的法定起诉期限届满之日起180日内提出。在本案中，环保局在作出处罚决定时，未告知被处罚人有权申请复议或者提起诉讼的权利以及相应的期限。在这种情况下，公民、法人和其他组织的起诉期限从其知道或者应当知道诉权或者起诉之日起算，但从知道或者应当知道具体行政行为之日起最长不得超过两年。因此，行政机关若无法证明被处罚人知道或者应当知道诉权或者起诉期限，并且其法定起诉期限已经届满，则不符合申请法院强制执行其具体行政行为关于申请期限的规定，法院对该申请应当裁定不予受理。从本案情况看，造纸厂的起诉期限尚未届满，法院不应当受理环保局的执行申请。

(2)造纸厂的起诉期限尚未届满，并且符合起诉条件的要求，兼之环境行政处罚并非复议前置，法院应当受理造纸厂的起诉。

解析：本案例主要是考查考生对行政相对人起诉期限的掌握以及与之相关的非诉行政案件执行的受理条件。具体请参见本章"重点知识讲解"的非诉行政案件的强制执行部分。

第二十五章　行政赔偿诉讼

内容提示

通过本章的学习，要了解行政赔偿的概念、特征、构成要件；重点掌握行政赔偿的范围，赔偿请求人和赔偿义务机关的确定以及行政赔偿程序。

基础知识图解

一、行政赔偿概述

<table>
<tr><td rowspan="5">行政赔偿概述</td><td>概念</td><td>是指对行政机关及其工作人员在行使行政职权时，违法侵犯公民、法人或其他组织合法权益造成的损害给予赔偿的制度</td></tr>
<tr><td>行政赔偿与行政补偿</td><td>行政补偿，是指国家对行政机关及其工作人员在行使职权过程中因合法行为损害公民、法人和其他组织合法权益而采取的补救措施
(1)相同点：都是国家对行政机关及其工作人员行使职权过程中给公民、法人和其他组织合法权益造成的损害采取的补救措施
(2)区别点：①行政赔偿属于行政法律责任，行政补偿属于具体行政行为；②行政赔偿所针对的是违法行为，行政补偿针对的是合法行为；③行政补偿可能在损害发生之前，也可能在损害发生之后，行政赔偿只能在侵权行为发生之后；④公民等与行政机关对行政补偿不能达成协议而起诉的，适用行政诉讼程序；与行政赔偿义务机关对行政赔偿不能达成协议而起诉的，适用行政侵权赔偿诉讼程序</td></tr>
<tr><td>行政赔偿与司法赔偿</td><td>司法赔偿是司法机关及其工作人员在行使职权过程中侵犯公民、法人和其他组织的合法权益并造成损害由国家承担的赔偿责任
(1)相同点：行政赔偿与司法赔偿都属于国家赔偿，赔偿损害的范围、计算标准、赔偿主体等方面一致
(2)区别点：①侵权行为主体不同；②侵权行为发生的领域不同；③追偿的条件不同；④赔偿的范围不同；⑤赔偿的程序不同</td></tr>
<tr><td>行政赔偿的归责原则</td><td>我国行政赔偿的归责原则适用的是违法原则。理解该原则需要注意：
(1)确定违法的依据是广义的法，既指法律、法规、规章和其他具有普遍约束力的规范性文件，也包括法的基本原则和精神
(2)违法的行为既包括法律行为，也包括事实行为，既包括积极的作为性违法，也包括消极的不作为违法
(3)表现为侵权主体的行为没有履行对特定人的职责义务或违反了对特定人的职责义务，或者在行使自由裁量权时滥用职权或没有尽到合理注意</td></tr>
</table>

二、行政赔偿的范围

<table>
<tr><td rowspan="2">行政赔偿范围★</td><td>概念</td><td>是指行政机关及其工作人员在行使行政职权时违法侵犯公民、法人和其他组织的合法权益并造成损害的行为中,国家对哪些行为承担赔偿责任</td></tr>
<tr><td>范围</td><td>(1)侵犯人身权的行为
(2)侵犯财产权的行为
(3)国家不承担赔偿责任的情形
详见本章重点知识讲解一</td></tr>
</table>

三、赔偿请求人和赔偿义务机关的范围

<table>
<tr><td rowspan="3">行政赔偿请求人的范围★</td><td>公民</td><td>(1)受害的公民本人
(2)受害公民死亡的,其继承人和其他有抚养关系的亲属,可以成为赔偿请求人
(3)受害公民为限制行为能力或者无行为能力人的,其法定代理人可以代为行使行政赔偿请求权</td></tr>
<tr><td>法人</td><td>受害的法人,即其合法权益遭受行政侵权行为直接侵害的法人。受害的法人终止的,承受其权利的法人或者其他组织是赔偿请求人</td></tr>
<tr><td>其他组织</td><td>其他组织是指没有取得法人资格的社会组织</td></tr>
<tr><td>赔偿义务机关的范围★</td><td colspan="2">行政赔偿义务机关,即行政赔偿义务人,指代替国家履行具体赔偿义务,支付赔偿费用,参加赔偿案件解决的行政机关或法律、法规授权的组织。我国采取国家责任、机关赔偿的作法。国家赔偿法对赔偿义务机关的确认作出了明确规定</td></tr>
</table>

四、行政赔偿程序

<table>
<tr><td rowspan="4">行政赔偿程序★</td><td rowspan="3">先行处理程序</td><td>概念</td><td>是指行政赔偿请求人请求损害赔偿时,须先向有关的赔偿义务机关提出赔偿请求,双方就有关赔偿的范围、方式、金额等事项进行自愿协商或由赔偿义务机关决定,从而解决赔偿争议的一种制度</td></tr>
<tr><td>确认程序</td><td>(1)赔偿义务机关自己确认
(2)通过行政复议与行政诉讼程序确认</td></tr>
<tr><td>义务机关的处理</td><td>行政赔偿义务机关在收到赔偿请求人的申请后,应按照法律的规定,对申请书提出的赔偿要求进行审查,符合法定赔偿条件,应当在收到申请之日起2个月内,依法给予请求人赔偿</td></tr>
<tr><td>行政赔偿诉讼程序</td><td colspan="2">是指公民、法人和其他组织认为其合法权益受到行政机关及其工作人员违法行使职权行为的侵害,受害人向人民法院提起的要求赔偿义务机关给予行政赔偿的程序</td></tr>
</table>

重点知识讲解

一、行政赔偿的范围

1. 侵犯人身权的赔偿范围。人身权是一种民事权利，包括人身自由权、身体健康权和生命权等。侵害人身权应当承担相应的法律责任。行政机关及工作人员在行使行政职权时，有下列侵犯人身权情形之一的，受害人有取得赔偿的权利：

(1)违法拘留或违法采取限制公民人身自由的行政强制措施的。①违法拘留。我国实施行政拘留的机关主要是公安机关，而且法律对行政拘留的对象、条件、程序等作了严格规定，违反这些规定就构成对公民人身权的侵害，对此应给予赔偿。②违法采取限制人身自由的行政强制措施。违法限制人身自由的行政强制措施主要有强制治疗、强制戒毒、强制遣送等。行政机关及其工作人员违法采取行政强制措施对公民人身造成损害的，受害人有权获得行政赔偿。

(2)非法拘禁或以其他方法非法剥夺公民的人身自由。非法拘禁或以其他方法非法剥夺公民人身自由是指国家行政机关及工作人员在行使行政职权的过程中，不具有行政拘留或行政强制措施权限，或虽拥有上述权限而越权非法限制或剥夺公民的人身自由权的行为。其特征在于非法，即指国家根本无法律规定，行政机关及工作人员无此职权而擅作主张，剥夺或限制公民人身自由，国家对此须承担赔偿责任。

(3)以殴打等暴力行为或唆使他人以殴打等暴力行为造成公民身体伤害或死亡的。行政机关及其工作人员的暴力殴打行为是明显的、严重的侵犯公民人身权的行为，国家对此应承担赔偿责任。严格地讲，暴力殴打和唆使他人暴力殴打不是执行职务的行为，但其与职务行为有关联，无论以何种方式实施了暴力殴打行为，只要与行使职权、执行职务相关联，对公民的生命健康造成损害的，都产生行政赔偿责任。

(4)违法使用武器、警械造成公民身体伤害或死亡的。在我国，配置武器警械的主要是公安机关。我国法律对武器、警械的使用都规定了一定的条件，如果行使行为不符合法律的规定就是违法行使。违法使用武器、警械有多种表现形式，如在不应当使用的场合使用，使用种类选择错误，使用武器、警械与被实施者的行为不相适应等。如导致公民伤害或死亡的，国家要承担赔偿责任。

(5)造成公民身体伤害或者死亡的其他违法行为。此项属于概括规定，其旨在说明凡是行政机关及其工作人员违法行使职权，侵犯公民人身权造成身体伤害或死亡的，均属于职务违法行为，国家都承担赔偿责任。

2. 侵犯财产权的赔偿范围。财产权既是公民的宪法性权利，又是公民的民事权利。行政机关及工作人员行使职权时，有下列侵犯财产权情形之一的，受害人取得赔偿的权利。

(1)违法实施罚款、吊销许可证和执照、责令停产停业、没收财物等行政处罚的。此类属于违法行政处罚中涉及到财产损害的国家赔偿。行政机关实施的行政处罚中涉及到财产损害的可分为两类：①财产罚损害赔偿。财产罚是行政机关直接针对相对人的财产施加的惩戒制裁，如罚款、没收等。但财产罚必须依法进行，即必须按照法定的处罚条件、种类、数额幅度等进行处罚。否则即构成违法处罚，由此造成的财产权损害，国家应承担赔偿责任。②行为罚损害赔偿。行为罚所针对的是行为者能力的惩戒，但其会间接地影响到相对人的财产，如吊销许可证、执照、责令停产停业等，虽未直接针对相对人的财产作出，但它却剥夺了相对人获得财产利益的能力，给相对人造成经济利益的损失。如果行政机关违法吊销许可证和执照、违法责令停产停业，造成相对人财产权损害的,国家即应负行政赔偿责任。

(2)违法对财产采取查封、扣押、冻结等行政强制措施。行政强制措施包括限制人身自由和限制财产权的强制措施两类。对财产的行政强制措施是指行政机关采取强制手段对公民、法人和其他组织的财产加以限制或强制处置,如查封、扣押、冻结等。行政机关采取强制措施影响到公民、法人或其他组织对财产的所有权和使用权,因此必须严格依法定规则、条件和程序实施。违法采取对财产的强制措施的主要表现有:①行政机关无强制权;②不符合法定行政强制程序;③疏于履行对财产妥善保管的义务;④强制措施的对象错误;⑤违反行政强制措施的期限规定等。上述违法行政强制措施造成公民、法人或其他组织财产权损害的,受害人有权依法获得国家行政赔偿。

(3)违反国家规定征收财物、摊派费用。公民、法人或其他组织除依法缴纳正常税金和履行正常征收义务外,不再负担任何缴纳财物的义务,即行政机关不得随意向公民、法人和其他组织实施征收权。违法征收财物和摊派费用的表现形式主要有:①行政机关无法定的征收职权;②征收财物和费用无法律上的根据;③征收的程序不合法;④无法律、法规规定的征收事项和征收数额而实施征收等。对于行政机关的上述行为造成相对人财产权损害的,国家应负赔偿责任。

(4)造成财产损害的其他违法行为。上述列举的三种侵犯相对人财产权的违法行为,并不能概括行政机关违法行使职权侵犯相对人财产权的全部情形,此项概括式规定旨在说明凡涉及到有关财产权损害的,只要符合国家赔偿责任的构成要件,受害人均可请求行政赔偿。以对公民、法人和其他组织的合法财产权益提供充分保障。

3. 国家不承担赔偿责任的情形。

(1)行政机关工作人员实施与职权无关的个人行为。国家不可能为公务员的任何行为所造成的损害都承担赔偿责任。其界限划分关键要看该行为和相应职权之间有无关联。

(2)因受害人自己的行为致使损害发生的。这里主要有一个因果关系的问题,尤其要注意多因一果与受害人或第三人的责任分担问题。

(3)法律规定的其他情形。此处所说的法律,应该是全国人大及其常委会制定的法律,不包括法规、规章。如不可抗力、第三人过错等。

二、行政赔偿请求人

1. 行政赔偿请求人的概念和特征。行政赔偿请求人是指依法享有取得国家赔偿的权利,请求赔偿义务机关确认和履行国家赔偿责任的公民、法人或者其他组织。具有如下特征:

(1)行政赔偿请求人是公民、法人或其他组织。

(2)行政赔偿请求人是依法享有取得国家赔偿权利的公民、法人或者其他组织。

(3)行政赔偿请求人是依法以自己的名义请求赔偿义务机关履行国家赔偿责任的公民、法人或者其他组织。

(4)行政赔偿请求人是依法被确认合格的公民、法人或者其他组织。

2. 行政赔偿请求人的范围。《国家赔偿法》第 6 条规定:“受害的公民、法人或者其他组织有权要求赔偿。受害的公民死亡,其继承人和其他有扶养关系的亲属有权要求赔偿。受害的法人或者其他组织终止,承受其权利的法人或者其他组织有权要求赔偿。”根据本条规定,行政赔偿请求人分为公民、法人或者其他组织三种。

(1)公民。是指具有特定国家国籍的自然人,包括中国公民和外国公民。①受害的公民本人。②受害公民死亡的,其继承人和其他有抚养关系的亲属,可以成为赔偿请求人。继承人包括遗嘱继承人和法定继承人,法定继承人行使赔偿请求权受继承顺序的限制,前一顺序的继承人不行使请求权的，后一顺序的人就不能逾越行使请求权。关于继承顺序，我国《继承法》规定，第一顺序的继承人是配偶、子女、父母，第二顺序的继承人是兄弟姐妹、祖父母、外祖父母。其他有扶养关系的亲属是指上述继承人之外与死亡的公民具有抚养或者被抚养关系的亲属。③受害公民为限制行为能力或者无行为能力人的，其法定代理人可以代为行使行政赔偿请求权。

(2)法人。法人作为行政赔偿请求人，有两种情况：①受害的法人，即其合法权益遭受行政侵权行为直接侵害的法人；②受害的法人终止的，承受其权利的法人或者其他组织是赔偿请求人。

(3)其他组织。是指没有取得法人资格的社会组织。包括：①依法登记领取营业执照的私营独资企业、合伙组织、合伙型联营企业，其中，合伙企业申请赔偿的，应当以核准登记的字号为申请人；②依法登记领取我国营业执照的中外合作经营企业、外资企业；③经民政部门核准登记领取社会团体登记证的社会团体；④法人依法设立并领取营业执照的分支机构，包括中国人民银行，各专业银行设在各地的分支机构，中国人民保险公司设在各地的分支机构；⑤经核准登记领取营业执照的乡镇、街道、村办企业；其他组织终止的，承受其权利的法人或者其他组织可以作为行政赔偿请求人。

三、行政赔偿义务机关

行政赔偿义务机关，即行政赔偿义务人，指代替国家履行具体赔偿义务，支付赔偿费用，参加赔偿案件解决的行政机关或法律、法规授权的组织。我国采取国家责任、机关赔偿的作法。《国家赔偿法》对赔偿义务机关的确认作出了明确规定。

1. 实施侵害的行政机关。行政机关及其工作人员行使行政职权侵犯公民、法人和其他组织的合法权益造成损害的，该行政机关为赔偿义务机关。这包括三种情形：

(1)行政机关违法行使行政职权侵犯公民、法人和其他组织的合法权益造成损害的，该行政机关为赔偿义务机关。

(2)行政机关的工作人员违法行使行政职权侵犯公民、法人或其他组织的合法权益造成损害的，该工作人员所在的行政机关为行政赔偿义务机关。

(3)两个以上行政机关共同行使职权时侵犯公民、法人或其他组织的合法权益造成损害的，共同行使行政职权的行政机关为共同赔偿义务机关。共同行使行政职权是指两个以上行政机关对同一事实共同签署、共同署名行使行政职权。

2. 法律、法规授权的组织。法律、法规授权的组织运用行政职权所为的行为，造成公民、法人或其他组织权益损害，则该法律、法规授权的组织为赔偿义务机关。法律、法规授权的组织作为赔偿义务机关应当具备两个条件：①必须有法律、法规明确授予的行政职权，如果没有法律、法规的授权，则只能视为是委托；②必须是在行使被授予的行政职权时侵害公民、法人或其他组织合法权益并造成损害。只有同时具备这两项条件，法律、法规授权的组织才是适格的赔偿义务机关。

3. 委托与赔偿义务机关。行政委托是指行政机关将自己的部分行政职权委托于其他机关或组织行使。受行政机关委托的组织或者个人在行使受委托的行政权力时侵犯公民、法人和其他组织的合法权益造成损害的，不是接受委托的组织，而是由作出委托的行政机关为赔偿义务机关。

4. 机关撤销与赔偿义务机关。在机关撤销的情况下，由继续行使其职权的行政机关为赔偿义务机关。继续行使其职权的行政机关，在实践中通常有两种情况：①有明确的继续行使其职权的行政机关。通常行政机关被撤销是通过合并、分立或新设立来取代，此时接受合并的或取代原机关的行政机关为继续行使其职权的行政机关，由其作为赔偿义务机关；②没有继续行使其职权的行政机关。此时可能就是简单地撤销，并未合并或分立，则由决定撤销的行政机关为赔偿义务机关。

5. 复议与赔偿义务机关。经过行政复议的赔偿义务机关有以下两种情况：①经过行政复议，复议机关减轻损害或者维持原状的，受害人请求赔偿，由最初作出侵权损害行为的行政机关为赔偿义务机关；②经过行政复议，复议机关的复议决定加重损害的，复议机关对加重部分履行赔偿义务，即原行为机关与复议机关作为共同赔偿义务机关，复议机关对加重的损害部分承担赔偿义务，而对没有加重的损害部分，仍由最初造成侵权损害的行政机关为赔偿义务机关。在此点上与行政诉讼的被告确认稍有不同。

四、行政赔偿程序

行政赔偿程序是赔偿请求人对行政侵权损害向有关国家行政机关请求赔偿，由有关国家机关解决行政赔偿纠纷的程序。我国行政赔偿程序包括两部分：①行政程序，即赔偿义务机关对受害人单独就损害赔偿提出请求的先行处理程序；②行政赔偿诉讼程序，即在行政赔偿请求人因行政赔偿义务机关逾期不予赔偿或赔偿请求人对赔偿数额有争议，以及提起行政诉讼时一并要求赔偿的情况下，由人民法院予以处理的程序。

1. 行政赔偿的先行处理程序。行政赔偿的先行处理程序是指行政赔偿请求人请求损害赔偿时，须先向有关的赔偿义务机关提出赔偿请求，双方就有关赔偿的范围、方式、金额等事项进行自愿协商或由赔偿义务机关决定，从而解决赔偿争议的一种制度。

(1)确认程序。行政赔偿先行处理程序发生的前提条件是损害行为违法的确认。确认途径一般分为两种：①赔偿义务机关自己确认。即作出行政侵权行为的机关承认自己的行为违法，包括承认其具体行政行为违法，承认有暴力殴打或违法使用武器等行为。根据赔偿请求人单独提起行政赔偿诉讼，须以赔偿义务机关先行处理为前提。赔偿请求人对赔偿义务机关确定的赔偿数额有异议或者赔偿义务机关逾期不予赔偿，赔偿请求人有权向人民法院提起行政赔偿诉讼。②通过行政复议与行政诉讼程序确认。如果行政复议机关和人民法院经过审理，认为具体行政行为违法，并且作出撤销或变更被申请和被诉具体行政行为的裁判，或裁决或判决履行法定职责，则意味着对侵权行为的违法性作出了确认。但是，赔偿请求人认为行政机关及其工作人员实施了以殴打等暴力行为或者唆使他人以殴打等暴力行为造成公民身体伤害或者死亡的；违法使用武器、警械造成公民身体伤害或者死亡的；造成公民身体伤害或者死亡的其他违法行为以及造成财产损害其他违法行为，对此赔偿义务机关拒不确认致害行为违法，赔偿请求人可直接向人民法院提起行政赔偿诉讼。

(2)提出行政赔偿的要件。在行政赔偿程序中，受害人提出赔偿请求，赔偿义务机关受理请求均须符合一定条件。这些要件包括：①实质要件。具体包括：其一，赔偿请求人必须具有请求权。请求权是我国国家赔偿法赋予受害人主张赔偿的权利，只有符合法定条件的人才能行使请求权。请求权人原则上是因行政机关及其工作人员行使职权行为而直接遭受损害的人。其二，被请求人是赔偿义务机关。也就是说，请求人的赔偿请求必须是向赔偿义务机关提出，其他任何机关均无权直接受理。其三，赔偿请求事项必须符合法律规定的范围。赔偿请求人所提出的赔偿请求事项，必须属于国家赔偿法规定的行政赔偿范围，或者是其他法律明确规定的行政赔偿事项。其四，赔偿请求必须在法律规定的期限内提起。赔偿请求人请求赔偿义务机关予以行政赔偿，必须在法定期限内提起。如果向赔偿义务机关提出赔偿请求，必须在规定的 2 年时限内提出。超过法定期限，请求权即消灭。②形式要件。请求人向赔偿义务机关提出行政赔偿请求，应以书面形式申请。如果赔偿请求人书写确有困难的,可以委托他人代书,由本人签名或盖章。申请书必须记载下列事项:其一,受害人的姓名、性别、年龄、工作单位、职业和住所。如果是由受害人的继承人、法定代理人或者有抚养关系的亲属代为行使请求权,还应写明相关情况。其二,具体的行政赔偿请求。如要求赔偿的数额,是否恢复原状或返还财产等。请求人可以根据其受到的不同的损害,同时提出数项赔偿要求。其三,要求行政赔偿的理由和事实根据。其四,赔偿义务机关。申请书上必须写明赔偿义务机关,以便明确该申请的受理与处理。

(3)行政赔偿先行处理程序的提起方式。赔偿请求人向行政赔偿义务机关提出赔偿请求的方式一般有两种:单独提出赔偿请求和附带提出赔偿请求。单独提出赔偿请求指不涉及其他要求仅要求赔偿。赔偿义务机关接受这类请求无须确认行政行为的合法性,只须就侵权事实成立与否、赔偿数额等问题与受害人协商,达成一致意见。附带提出赔偿请求是请求人在提出行政复议或审查具体行政行为合法性要求的同时请求对其所受损害予以赔偿。

(4)行政赔偿义务机关的处理。行政赔偿义务机关在收到赔偿请求人的申请后,应按照法律的规定,对申请书提出的赔偿要求进行审查,符合法定赔偿条件,应当在收到申请之日起2个月内,依法给予请求人赔偿。行政赔偿义务机关的处理方式有两种:①协议式处理,即请求人向赔偿义务主体提出赔偿,由双方互相协商,达成协议,解决赔偿;②决定式处理,即请求人要求国家赔偿,向赔偿义务机关提出请求,由赔偿义务机关直接作出决定是否予以赔偿。对决定不服的,再向法院起诉。

行政赔偿义务机关对于已经受理的行政赔偿请求经过审查一般有如下处理结果:①给予赔偿。可以决定书形式作出,也可以协议书形式作出。协商或决定的内容主要包括赔偿方式、金额以及计算数额的依据和理由、履行期限等。②不予赔偿。赔偿义务机关经审查,认为赔偿请求人的申请不符合法律规定的赔偿条件的,应予以拒绝,不予赔偿。一般应以书面形式通知请求人不予赔偿。

2.行政赔偿诉讼程序。行政赔偿诉讼程序是指公民、法人和其他组织认为其合法权益受到行政机关及其工作人员违法行使职权行为的侵害,受害人向人民法院提起的要求赔偿义务机关给予行政赔偿的程序。《国家赔偿法》规定,行政赔偿义务机关逾期不予赔偿,或者赔偿请求人对赔偿数额有异议的,可以自期间届满之日起3个月内向人民法院提起诉讼。行政赔偿诉讼程序完全适用行政诉讼程序,但行政赔偿诉讼亦具有自身的特征:

(1)行政赔偿诉讼可以适用调解。行政案件的审理不适用调解,但行政赔偿诉讼则可以调解。人民法院在坚持合法自愿的前提下,可以就赔偿范围、赔偿方式和赔偿数额进行调解。人民法院主持调解,达成协议的应当制作调解书,调解书应当写明赔偿请求、案件事实和调解结果。调解书经双方当事人签收后即具有法律效力,并可作为执行根据。

(2)行政赔偿诉讼中原告负初步证明责任。行政诉讼中证据规则的突出特征是由被告行政机关负担举证责任,但在行政赔偿诉讼中,则要先由原告证明损害事实的存在,以及该损害系由行政机关的行政行为所造成;继而证明责任转移到被告。被告可提供不予赔偿或者减少赔偿数额方面的证据。

3.行政追偿的概念和条件。行政追偿是指国家在向行政赔偿请求人支付赔偿费用之后,依法责令具有故意或重大过失的工作人员、受委托的组织或者个人承担部分或全部赔偿费用的法律制度。赔偿义务机关代表国家对行政机关工作人员行使行政追偿权必须具备一定的条件。

配套习题

一、单项选择题

1. 王某因无证驾车被交通警察将汽车扣留,交通警察在将汽车开往市公安局时不慎将汽车损坏。但该车的所有人是高某。高某就该损害向法院提起诉讼被法院裁定驳回。下列理由中哪些是可能的?( )

A. 请求赔偿的程序不合法

B. 高某无主体资格

C. 损害后果由王某的违法行为导致,排除国家的赔偿责任

D. 交通警察的行为系与职权无关的个人行为

2. 某市公安局刑事警察赵某下班期间发现有人斗殴,即予以制止。正巧打架的马某与赵某有隙,便对赵某出言不逊。赵某大怒,拔枪将马某击伤。下列关于赔偿责任的说法正确的是( )(律考 2000 年卷一,第 17 题)

A. 应由赵某赔偿,因其行为属于与行使职权无关的个人行为

B. 应由赵某赔偿,因其是刑事警察,无治安管理职权,且是在下班期间

C. 应由公安局赔偿,因赵某的行为是执行职务

D. 应由公安局赔偿,因赵某的行为属于违法使用武器、警械造成公民身体伤害的情形

3. 某男雇用一女冒充其妻子到镇人民政府办理离婚手续,镇人民政府未经审查即发给了离婚证。该男妻子知道后,精神上遭受极大刺激而导致入院治疗,花去医疗费 3000 余元。事后,其妻向法院提起诉讼,请求国家赔偿。下列说法正确的是( )

A. 不能获得国家赔偿,因为镇政府的行为不是违法行为

B. 可以获得国家赔偿,包括医疗费和精神损害赔偿金

C. 可以获得国家赔偿,因为镇政府的行为违法且造成了物质损害

D. 不能获得国家赔偿,因为对精神损害不给予金钱赔偿

4. 刘某 1999 年 4 月向某县郊区某村申请建房,经同意后,在该村地界修建了 105 平方米的平房。同年 10 月,县城建局认定该建筑为违章建筑,责令刘某拆除。同年 12 月某日,城建局将刘某的平房强行拆除,并在强拆时将刘某部分财产损坏。刘某诉至法院,要求赔偿。下列说法正确的是( )

A. 城建局的行为合法,不予赔偿

B. 城建局的行为违反法定程序,但因所拆建筑属违章建筑,因此不予赔偿

C. 城建局的行为合法,只能对刘某进行补偿

D. 城建局的行为违反法定程序,应对刘某财产权造成的损害进行赔偿

5. 我国国家赔偿法的归责原则是违法归责,下列选项中对违法的含义理解不正确的是( )

A. 违法指的是行为违法

B. 违法指的是行为结果违法

C. 违法指的是违反法律,是一个客观标准

D. 行政违法既包括积极的作为,也包括消极的不作为

6. 行政机关及其工作人员在行使下列哪些情形时,受害人有权取得赔偿?( )

A. 对桥梁管理欠缺

B. 因军事演习发生损害

C. 行政裁量不当

D. 乱摊派

7. 两刑警在追击某犯罪嫌疑人的过程中,租了一辆出租车。出租车不幸被犯罪嫌疑人炸毁,司机被炸伤,犯罪嫌疑人被刑警击毙。该司机正确的救济途径是下列哪一项?( )(司考 2003 年卷二,第 29 题)

A. 请求两刑警给予民事赔偿

B. 请求两刑警所在的公安局给予国家赔偿

C. 请求两刑警所在的公安局给予国家补偿

D. 要求犯罪嫌疑人的家属给予民事赔偿

二、多项选择题

1. 某市工商局和税务局为整顿市场秩序进行联合执法，对个体户甲给予罚款和吊销营业执照的行政处罚。甲不服，向市政府申请复议，市政府维持行政处罚决定。后来经过调查，发现对甲给予行政处罚的事实不清，程序违法，应当予以撤销。在此情形下下列说法正确的是（ ）

A. 市工商局和税务局是共同赔偿义务机关

B. 市政府是赔偿义务机关

C. 甲可以向市工商局和税务局中的任何一个机关要求赔偿，该机关应当先予赔偿

D. 市工商局、税务局和市政府是共同赔偿义务机关

2. 春风乡政府联防队受县公安局委托负责本乡的治安工作。某日，联防队接到举报说华家村张某家有人聚赌，于是前往张某家抓赌，抓获张某、刘某、王某、朱某、胡某等5人。联防队决定将他们带到乡政府先行询问后再进行处罚。联防队员孙某等3人和被抓的张某等5人（双手都被铐住）都挤在一辆吉普车内。因人多，孙某未关闭吉普车后门。途中刘某乘孙某不注意跳下吉普车，导致左腿骨折。本案中刘某对其损害如果申请国家赔偿，能否获得支持？（ ）

A. 不能。因为这是刘某为逃避处罚自己导致的损害

B. 不能。因为联防队行使职权合法

C. 能。因为联防队不认真履行职责未关闭车门致使损害发生

D. 能。因为联防队员疏忽大意，未发现并及时制止刘某跳车

3.（接上题）关于刘某请求赔偿的程序，以下说法正确的是（ ）

A. 刘某首先应当请求县公安局确认联防队的行为违法，而后才可以请求赔偿

B. 刘某可以向县公安局的上一级公安机关申请复议，并同时提出赔偿请求

C. 如果县公安局拒不确认，刘某可以直接请求法院确认联防队的行为违法，并同时提出赔偿请求

D. 如果县公安局拒不确认，刘某应当先向县公安局的上一级公安机关申请复议，并同时提出赔偿请求

4. 1996年10月11日晚，丁某酒后在某饮食店酗酒闹事，砸碎店里玻璃数块。后经人劝说，丁某承认错误并表示愿意赔偿。此时恰巧碰上某区公安局任某、赵某执勤到店里，任某对丁某又推又打，欲将丁某带回派出所处理。在扭推过程中，致丁某跌倒，头撞在水泥地上，造成颅内出血死亡。1997年12月20日，丁某之父向某区公安局提出行政侵权赔偿。根据现行法律，本案损害赔偿应通过何种方式、由谁负责赔偿？（ ）（律考2000年卷一，第91题）

A. 应由任某个人赔偿

B. 可以通过民事诉讼

C. 应由任某所在机关赔偿

D. 可以通过行政赔偿诉讼

5.（接上题）公安局对受害人赔偿后，可以如何处理？（ ）（律考2000年卷一，第94题）

A. 可以进行追偿

B. 不可以追偿

C. 可以要求任某承担部分或全部赔偿费用

D. 可以要求任某和赵某共同承担部分或全部赔偿费用

6. 在哪些情况下，赔偿义务机关拒不确认致害行为违法，赔偿请求人可以直接向法院提起行政赔偿诉讼？（ ）（司考2002年卷二，第71题）

A. 看守所干警唆使被羁押人员殴打他人的

B. 乡政府违反国家规定向农民征收提留款的

C. 镇政府对超生妇女集中教育不许回家的

D. 商检局错发商检证明导致出口商品被退货的

7. 下列哪些情形属于国家赔偿的范围？（ ）（司考2003年卷二，第71题）

A. 警察王某之子玩弄王某手枪走火，致人伤残的

B. 章某因盗窃被判刑后，为达到保外就医目的而自伤的

C. 民事诉讼中，申请人提供担保后，法院未及时采取保全措施致使判决无法执行，给申请人造成损失的

D. 警察接到报警后，拒不出警造成财物被抢劫的

8. 下列哪些国家侵权行为不适用消除影响、恢复名誉、赠礼道歉的责任方式？（　）（司考2003年卷二，第80题）

A. 公安人员盘问过程中殴打刘某

B. 海关违法扣留张某5小时

C. 法院以转移被查封财产为由错误拘留陈某15日

D. 镇政府公布本镇有不良嗜好人员名单

9. 1983年3月2日，13岁的张某被公安局传唤，当晚被放回。此后张某报名参军，参加招工、招干都因政审不合格而被拒绝。后了解到，当年县公安局在传唤后，因工作失误错误地将张某列为“监控对象”进行监控达17年。张某提出国家赔偿请求，对于张某的赔偿请求，下列哪些说法是正确的？（　）（司考2004年卷二，第80题）

A. 将张某列为监控对象的行为，是一种不影响其权利义务的非强制行为

B. 对于张某在参军、招工、招干中遭受的损失，因法律没有明确规定，不予赔偿

C. 对于张某提出的精神损失，公安局不承担金钱赔偿责任

D. 对于张某为撤销错误监控打官司支付的2000元交通费损失，国家应予赔偿

10. 兴汇有限公司申报进口人工草坪，某海关征收关税和代征增值税后放行。后某海关发现兴汇有限公司进口人工草坪税则归类错误导致税率差异，遂又向兴汇有限公司补征关税和代征增值税近5万元。兴汇有限公司以第一次征税行为违法致使其未能将税款纳入成本造成损失为由要求某海关赔偿，在遭拒绝后，兴汇有限公司遂向法院提起行政赔偿诉讼。下列说法正确的是（　）（司考2005年卷二，第100题）

A. 此案为涉外行政案件

B. 因兴汇有限公司提起诉讼，补征税款的决定停止执行

C. 兴汇有限公司的起诉符合单独提起行政赔偿诉讼的程序要求

D. 兴汇有限公司应当对所遭受的损失承担举证责任

11. 经张某申请并缴纳了相应费用后，某县土地局和某乡政府将一土地（实为已被征用的土地）批准同意由张某建房。某县土地局和某乡政府还向张某发放了建设用地规划许可证和建设工程许可证。后市规划局认定张某建房违法，责令立即停工。张某不听，继续施工。市规划局申请法院将张某所建房屋拆除，张某要求赔偿。下列哪些说法是正确的？（　）（司考2006年卷二，第88题）

A. 某县土地局、某乡政府和市规划局为共同赔偿义务机关

B. 某县土地局和某乡政府向张某发放规划许可证和建设工程许可证的行为系超越职权的行为

C. 市规划局有权撤销张某的规划许可证

D. 对张某继续施工造成的损失，国家不承担赔偿责任

12. 某县工商局以某厂擅自使用专利申请号用于产品包装广告进行宣传、销售为由，向某厂发出扣押封存该厂胶片带成品通知书。该厂不服，向法院起诉要求撤销某县工商局的扣押财物通知书，并提出下列赔偿要求：返还扣押财物、赔偿该厂不能履行合同损失100万元、该厂名誉损失和因扣押财物造成该厂停产损失100万元。后法院认定某县工商局的扣押通知书违法，该厂提出的下列何种请求事项不属于国家赔偿的范围？（　）（司考2006年卷二，第95题）

A. 返还扣押财物

B. 某厂不能履行合同损失100万元

C. 某厂名誉损失

D. 某厂停产损失100万元

13. 李某租用一商店经营服装。某区公安分局公安人员驾驶警车追捕时，为躲闪其他车辆，不慎将李某服装厅的橱窗玻璃及模特、衣物撞坏。事后，公安分局与李某协商赔偿不成，李某请求国家赔偿。下列哪些选项是错误的？（　）（司考2007年卷二，第89题）

A. 公安分局应作为赔偿义务机关，因为李某曾与其协商赔偿

B. 公安分局不应作为赔偿义务机关，因该公安人员行为属于与行使职权无关的个人行为

C. 公安分局不应作为赔偿义务机关，因为该公安人员的行为不是违法行使职权，应按行政补偿解决

D. 公安分局应作为赔偿义务机关，因为该公安人员的行为属于与行使职权有关的行为

14. 县工商部门以办理营业执照存在问题为由查封了张某开办的美容店。查封时，工商人员将美容店的窗户、仪器损坏。张某向法院起诉，法院撤销了工商部门的查封决定。张某要求行政赔偿。下列哪些损失属于县工商部门应予赔偿的费用？（　）（司考 2007 年卷二，第 90 题）

A. 张某因美容店被查封损坏而生病支付的医疗费

B. 美容店被损坏仪器及窗户所需修复费用

C. 美容店被查封停业期间必要的经常性费用开支

D. 张某根据前 1 个月利润计算的被查封停业期间的利润损失

三、名词解释

1. 行政补偿（考研中国政法大学 2003 年）

2. 行政追偿（考研中国政法大学 2004 年）

四、论述题

论述行政赔偿的构成要件。（考研中国政法大学 2003 年）

五、案例分析题

张某因涉嫌强奸被某县公安局依法拘留，关押在该县看守所。看守所内被关押的其他人听说张某因强奸被拘留，对其十分不屑，不时有其他人过来向他挑衅。深夜，因张某打鼾，孙某与之发生口角，其他人见张某出言不逊，皆大怒，群起殴打张某。值勤警察第二天发现张某死亡。张某之父认为看守所不依法履行职责，致使张某被打死，欲提起国家赔偿。

请问：假如你是接受张某之父聘任的律师，将如何分析此案？

参考答案

一、单项选择题

1. **答案**：A

提示：本题考查的是行政赔偿的主体、程序以及对职务行为的认定

解析：交通警察损坏汽车的行为发生在执行职务过程中，与扣留行为有关，属于执行职务的行为，损坏发动机的后果应由国家承担责任。D 错误。高某作为汽车的所有权人，对汽车被损害有权请求赔偿。B 错误。王某的违法行为与汽车被损坏无因果关系，C 错误。损害汽车的行为属于事实行为，对此高某应当先向公安局申请确认违法并请求赔偿。如果高某未先申请公安局确认违法并请求赔偿，法院不受理其赔偿诉讼。

2. **答案**：B

提示：本题考查的是对职务行为的认定

解析：赵某尽管在下班期间，但制止斗殴的行为依法属于执行公务；但是在执行职务过程中违法使用武器的行为系发泄私愤，与执行职务没有任何实质上的关联性，属于与行使职权无关的个人行为。本题需要重点注意。

3. **答案**：C

提示：本题考查的是行政赔偿的构成要件

解析：该男妻子因为行政机关履行职责不合法而精神失常而且损失了医疗费，造成了实际损失，符合国家赔偿的构成要件，可以获得国家赔偿。故 C 项正确。

4. **答案**：D

提示：本题考查的是行政赔偿的构成要件

解析：城建局认定刘某的房屋为违章建筑本身没有违法，但法律并没有赋予所有的行政机关强制执行权。城建局因为没有强制拆除违章建筑的权力，所以其行为属于违法行为，并直接造成了相对人的财产损失，应当承担赔偿责任。故 D 项正确。

5. **答案**：B

提示：本题考查的是对违法归责原则的理解

解析:《国家赔偿法》第2条第1款规定:国家机关和国家机关工作人员违法行使职权侵犯公民、法人或其他组织的合法权益造成损害的,受害人有依照本法取得国家赔偿的权利。①违法归责原则中的“法”是广义的法,既包括实体法,也包括程序法;既包括法律、法规和其他具有普遍约束力的规范性文件,也包括法的基本原则和精神。②违法既包括积极的作为性违法,也包括消极的不作为违法。结果违法不利于保护相对人的权益,故这种理解已经不正确。B项正确。

6. 答案:D

提示:本题考查的是行政赔偿的范围

解析:在目前,对共有公共设施之害我国主要采取民事赔偿的途径;而对于军事演习则属于国家行为,是国家赔偿责任的除外情形;行政裁量不当属于行政不合理,不属于违法行政行为,故无行政赔偿存在之余地。故D项正确。

7. 答案:C

提示:本题考查的是国家赔偿途径与行政补偿之间的区别

解析:两刑警为履行职务而租用出租车,该出租车即具有公务用车的性质,司机同时在事实上成为国家雇佣的工作人员。在追击过程中出租车被炸毁,司机负伤,属于为执行职务所受到的伤害,对此应当由国家承担责任。因此,A项不正确。刑警租用出租车追击罪犯的行为是合法行为,在追击过程中司机的人身和财产受到的损害属于为执行职务造成的损害,对此应当适用国家补偿责任而不是赔偿责任,B项不正确,C项正确。司机的人身和财产受到的损害属于为执行职务遭受的损害,应当请求国家补偿,D项不正确。

二、多项选择题

1. 答案:AC

提示:本题考查的是共同执法的共同赔偿问题

解析:市工商局和税务局共同行使行政职权侵犯甲的合法权益造成损害,为共同赔偿义务机关。赔偿请求人可以向共同赔偿义务机关中的任何一个赔偿义务机关要求赔偿,该赔偿义务机关应当先予赔偿。A、C项正确。经复议机关复议的,最初造成侵权行为的行政机关为赔偿义务机关,但复议机关的复议决定加重损害的,复议机关对加重的部分履行赔偿义务。市政府未加重损害,不承担赔偿责任;即使市政府加重损害,也与市工商局和税务局不构成共同赔偿义务机关。B、D项错误。

2. 答案:CD

提示:本题考查的是行政赔偿构成要件

解析:刘某遭受的损害首先存在自己的过错,但其中也有联防队的过错,因此可以取得国家赔偿。①联防队员不关闭车门就是一种不认真履行职责的行为,客观上将车上人员置于一种危险状态之下,也为刘某的跳车行为创造了条件;②在车门未关闭而车上的刘某等人的人身自由受到限制的情况下,联防队负有维护他们人身安全的义务,孙某疏忽大意导致刘某乘机跳车,也是造成损害发生的重要原因。当然需要指出,联防队负有的维护安全的职责具有特定内容,在当时的情况下主要是防止因其先前行为所导致的危险状态致使损害发生,不能随意扩大解释。所以,C、D项正确。

3. 答案:AC

提示:本题考查的是行政赔偿的程序

解析:取得国家赔偿的前提是致害行为违法,刘某应当先申请确认联防队的行为违法;由于联防队的行为是事实行为,不属于行政复议的范围,无须申请复议;刘某可以在公安局拒不确认事实行为违法时直接请求法院确认事实行为违法,并同时提出赔偿请求。所以,A、C项正确。

4. 答案:CD

提示:本题考查的是行政赔偿的范围

解析:本案中的损害属于行政赔偿的范围,应当由任某所在的公安机关承担赔偿责任。丁某之父应先向任某所在的公安机关请求确认任某的行为违法并赔偿;任某所在的公安机关不确认违法或者确认违法但不予赔偿时,丁某之父可以通过行政赔偿诉讼请求赔偿。所以,C、D项正确。

5. 答案:AC

提示:本题考查的是行政追偿

解析:任某对丁某进行暴力殴打行为,并造成丁某死亡,对损害的发生起码存在重大过失,公安局有权向其追偿,责令承担部分或全部赔偿费用。赵某在本案中不是侵权行为人,不适用追偿。所以,A、C项正确。

6. 答案:AC

提示:本题考查的是赔偿请求人直接提起行政赔偿诉讼的适用

解析:对于行政机关及其工作人员实施了暴力

殴打行为、违法使用武器警械或者国家赔偿法没有明确列举的其他侵害人身权、财产权的非具体行政行为,并造成损失,赔偿义务机关拒不确认致害行为违法,赔偿请求人可以直接向法院提起行政赔偿诉讼。A项属于唆使他人暴力殴打的事实行为,D项是其他侵犯财产权的行为。A、D项符合题意。B项是违法征收行为,C项是非法拘禁行为,属于国家赔偿法明确列举的违法行为,不适用以上规定。

7.答案:CD

提示:本题考查的是国家赔偿的范围

解析:胡某之子玩弄胡某手枪走火,致人伤残,属于与执行职务无关的个人行为,对此胡某之子承担民事责任。A项不正确。章某的伤害由自己的行为造成,国家对不承担责任,B项不正确。法院不依法采取保全措施致使申请人的胜诉判决无法执行,造成损失,依据最高人民法院《关于民事、行政诉讼中司法赔偿若干问题的解释》第3条,属于国家承担赔偿责任的情形,C项正确。警察接到报警后,拒不出警造成财物被抢劫的,其不作为行为违法并造成损害,属于国家承担赔偿责任的情形,D项正确。

8.答案:AD

提示:本题考查的是国家侵权行为承担责任的方式

解析:根据《国家赔偿法》第30条的规定,具有以下情形之一的,并造成受害人名誉权和荣誉权的损害的,适用消除影响、恢复名誉、赠礼道歉的责任方式:行政机关违法拘留或者违法采取限制公民人身自由的行政强制措施;行政机关非法拘留或者以其他方式非法剥夺公民人身自由;行使侦查、检察、审判权的国家机关对没有犯罪事实或者没有证据证明有犯罪重大嫌疑的人错误逮捕;行使侦查、检察、审判权的国家机关对没有犯罪事实的人错误逮捕;依照审判监督程序再审改判无罪,原判刑罚已经执行完毕。A、D项不属于上述行为,因此没有适用以上责任方式的可能,符合题意。B项为违法采取限制公民人身自由的行政强制措施,适用消除影响、恢复名誉、赔礼道歉的责任方式。C项为违法拘留行为,依据最高人民法院《关于民事、行政诉讼中司法赔偿若干问题的解释》第13条,适用消除影响、恢复名誉、赔礼道歉的责任方式。

9.答案:BCD

提示:本题考查的是国家赔偿要件

解析:将张某列为监控对象的行为,虽然是一种非强制行为,但严重影响张某的权利义务,A项不正确。对于张某在参军、招工、招干中遭受的损失,以及精神损失,因法律没有明确规定,国家不予赔偿,B、C项正确。对于张某为撤销错误监控打官司支付的2000元交通费损失,属于张某因此遭受的直接损失,国家应予赔偿,D项正确。

10.答案:CD

提示:本题考查的是行政赔偿程序

解析:本案的原告兴汇有限公司系中国公司,因而并不是涉外行政案件,A表述错误。依据《行政诉讼法》第44条的规定,本案中补征税款的决定并不因兴汇有限公司提起诉讼而停止执行,故B项不正确。本案补征税款的决定可视为对第一次征税行为违法的确认,且赔偿义务机关已先行处理赔偿要求,符合《最高法院行政赔偿规定》第21条规定的程序性要求。所以,C、D项正确。

11.答案:BCD

提示:本题考查的是行政赔偿

解析:某县土地局和某乡政府向张某发放规划许可证和建设工程许可证的行为系超越了法定职权范围,该职权应当由规划部门行使,因此属超越职权的行为,市规划局有权将规划许可证撤销,B、C项正确。张某未经规划部门同意建房是违章建房行为,当然张某基于对县土地局和乡政府的信赖并缴纳费用而建房,其利益应当受到法律保护,因此张某对于拆除该房屋可以要求赔偿。市规划局要求张某停工,但张某并未停工,在继续施工期间产生的利益已经是一种不合法的利益,不能得到法律的保护,因此对于张某继续施工造成的损失,国家不承担赔偿责任。所以,B、C、D项正确。

12.答案:BCD

提示:本题考查的是行政赔偿的范围

解析:根据《国家赔偿法》第28条第2项的规定,查封、扣押、冻结财产的,解除对财产的查封、扣押、冻结,返还原物。至于不能履行合同的损失、名誉损失以及停产损失等国家均不予赔偿。所以,B、C、D项正确。

13.答案:ABD

提示:本题考查的是国家赔偿的要件

解析:国家赔偿的构成要件是法定的,不能根据当事人的协商来确定,故A项错误。该公安机关工作人员属于行使职权的过程中损害了相对人的利益,并非个人行为,故B项错误。行政补偿的前提是行政机关行使职权的合法行为引起的损害救济问题,故C项正确。国家赔偿以违法行使职权为要件,本案件中并不存在违法行使职权的问题。故D项错误。

14. 答案:BC

提示:本题考查的是行政赔偿的范围

解析:根据《国家赔偿法》第28条的规定,对于侵犯财产赔偿金的计算,责令停产停业的应当支付停业期间必要的经常性费用开支,故C项正确。对于财产权的其他损失,应当按照直接损失给予赔偿,所以,损坏的仪器、门窗在赔偿的范围之内,而预期利润则不在赔偿范围之内,故B项正确,D项错误。医疗费用不属于直接损失,不在赔偿范围之内。故A项错误。

三、名词解释

1. 提示:应当从行政补偿的概念来回答

答案:行政补偿,是指国家对行政机关及其工作人员在行使职权过程中因合法行为损害公民、法人和其他组织合法权益而采取的补救措施。

2. **提示**:答出行政追偿的概念即可

答案:行政追偿,是指国家在向行政赔偿请求人支付赔偿费用之后,依法责令具有故意或重大过失的工作人员、受委托的组织或者个人承担部分或全部赔偿费用的法律制度。

四、论述题

提示:应从行政赔偿构成要件的概念,各个要件具体的方面展开论述

答案:国家赔偿责任的构成要件是指国家承担赔偿责任所应具备的条件。主要有以下四项条件:

(1)主体要件。国家只对一定范围内的主体的侵权行为承担赔偿责任。我国国家赔偿法规定了两类侵权行为主体:①国家机关;②法律、法规授权的组织。

第一,国家机关。我国国家机关包括国家权力机关、行政机关、审判机关、检察机关和国家军事机关,但国家赔偿法所称的国家机关仅限于:①国家行政机关。包括国务院和地方各级人民政府,以及各级人民政府中对外行使行政职权的职能机构,还包括劳教管理机关和监狱管理机关;②国家检察机关。即各级人民检察院;③国家审判机关。即各级人民法院。

第二,法律、法规授权的组织。法律、法规授权的组织在行使授予的行政权力时侵犯公民、法人或其他组织的合法权益造成损害的,同样也引起国家赔偿,该被授权的组织为赔偿义务机关。

(2)侵权行为要件。这一构成要件包含两项内容:①致害行为必须是执行职务的行为。国家机关及工作人员的致害行为必须是行使职权的行为,这是引起国家赔偿责任的根本条件。②执行职务的行为必须违法。违法包括违反法律的一般原则,如诚实信用、公序良俗原则等。应该对违法作广义的理解,因为国家机关活动的原则是任何行为必须有法律根据,法律未规定不得为之。

(3)损害结果要件。损害,是指对受害人的合法权益造成的不利后果,只有具备某种性质的损害才引起国家赔偿:①损害必须具有现实性和确定性,即损害之事实必须是已经发生的,确实存在的事实,假想或臆造的损害不引起国家赔偿责任;②损害必须是针对合法权益而言,违法的利益不受法律保护,不引起国家赔偿责任。如对违章建筑的拆除等一般不受法律保护。

(4)因果关系要件。国家赔偿责任的另一个重要构成要件是可引起国家赔偿的损害结果必须为侵权行为主体的违法执行职务行为所造成,即侵权行为与损害结果之间存在因果关系,只有两者之间存在必然的、内在的、本质的联系,国家才对其承担赔偿责任。

以上四项要件是相互联系的统一整体,缺一不可,只有四个要件同时具备,国家才承担赔偿责任。

五、案例分析题

答案:张某被羁押在看守所,在其人身自由受到限制的情况下,看守所负有保护其人身与财产安全的法定义务。看守所违反了对张某承担的这一义务,构成了国家赔偿法上的违法行为。

本案发生在刑事诉讼过程中,但使张某受到侵害的行为不是拘留行为,也不是国家赔偿法明确列举予以赔偿的其他刑事违法行为,因此本案不产生刑事赔偿责任。

尽管该损害发生在刑事诉讼过程中,但看守所维护张某人身与财产安全的法定义务不属于拘留本身的内容,对张某的羁押才是拘留的内容,看守所履行该义务是基于其行政职权与职责,它不是一种司法义务,而是一种行政义务。因此,张某遭受的损害

属于行政赔偿的范围,张某之父依法有权请求行政赔偿。

解析:本案例主要考查考生对职务行为性质的判断以及行政赔偿范围和司法赔偿范围的理解。本案中,张某在看守所被其他人群殴致死,看守所是否承担责任取决于:①看守所的行为是否违法;②看守所的行为是否属于国家赔偿范围,尤其是属于哪种赔偿。

违法行为是违反法律规定,不符合法律原则的行为。我国法律、法规将违法的具体行政行为归纳为:确认事实的主要证据不足;适用法律、法规错误;违反法定程序;超越法定职权;依法应当作为而不作为等。本案中,看守所作为执法机构负有法定的职责,即看守犯罪嫌疑人以使其能接受法律的审判。其中重要的职责就是要保障犯罪嫌疑人安全,才能最终有机会通过法律程序判断其是否犯罪,如果犯罪才能对其进行处罚。所以,在看守所职责范围内,其没有履行法定职责,导致其他犯罪嫌疑人致张某死亡,属于行政违法。

关于行政赔偿的范围,国家赔偿法和其他法律作了明确规定,人身权就包括在内。人身权是一种民事权利,包括人身自由权、身体健康权和生命权等。侵害人身权应当承担相应的法律责任。行政机关及工作人员在行使行政职权时,有侵犯人身权情形的,受害人有取得赔偿的权利。国家赔偿法规定,造成公民身体伤害或者死亡的其他违法行为。此项属于概括规定,其旨在说明凡是行政机关及其工作人员违法行使职权,侵犯公民人身权造成身体伤害或死亡的,均属于职务违法行为,国家都承担赔偿责任。这里看守所虽然没有以暴力或者唆使他人以暴力殴打张某,但却引起违法没有履行法定职责导致张某的人身权利受到了严重损害,生命损失。当然属于行政赔偿的范围。

综合测试题

一、单项选择题

1. 下列有关法律规范的适用和备案的哪一种说法是正确的？(　)

A. 地方性法规与部门规章对同一事项的规定不一致，不能确定如何适用时，由国务院作出最终裁决

B. 不同行政法规的特别规定与一般规定不一致不能确定如何适用时，由国务院裁决

C. 部门规章之间、部门规章与地方政府规章之间对同一事项的规定不一致的，由国务院裁决

D. 地方政府规章内容不适当的，同级人民代表大会常务委员会有权改变或者撤销

2. 某县图书公司 2003 年 12 月购进一批盗版图书进行销售，至 2004 年 10 月盗版图书全部销售完毕。2006 年 3 月经人举报，某行政机关对图书公司的违法行为进行调查。请问行政机关应该在什么时间内对图书公司的违法行为进行处罚？(　)

A. 2004 年 6 月以前　　B. 2004 年 12 月以前

C. 2005 年 12 月以前　　D. 2006 年 10 月以前

3. 2005 年 12 月，陈某经村委会和规划建设部门批准，在其原房屋旧址上新建平房两间，其中一间承包给王某经营饭店，每月租金 500 元。2006 年 5 月 1 日，县交通局以陈某房屋距交通干线过近为由，令其限期拆除，陈某不服，拒不拆除。2006 年 5 月 15 日，交通局强制执行，将陈某的房屋屋顶破坏，致使不能使用。陈某对交通局强制执行行为不服，向市交通局申请行政复议，下列说法错误的是(　)

A. 陈某应当在 2006 年 7 月 15 日前申请行政复议

B. 市交通局无正当理由不予受理，省交通局应当责令其受理

C. 市交通局在审查过程中，发现县交通局采取强制执行行为依据的是市人民政府发布的规范性文件，而该规定是不合法的，市交通局有权在 30 日内依法作出处理

D. 陈某在行政复议期间向人民法院提起行政诉讼，人民法院不予受理

4. 某县政府根据市场上棉花供不应求的情况，号召本县农户扩大棉花种植面积，并规定：对种植棉花的农户，政府将优先供应农资，并在价格方面予以优惠，政府包购农户棉花；种植其他作物的农户不得享受优惠供应农资的待遇，对其农产品，政府也不按国务院规定的保护价收购。于是该县半数以上农户均将自己所耕种的土地全部种植了棉花。不料棉花第二年供过于求，价格暴跌，县政府也拒绝收购棉花，广大农户的棉花大量积压，造成很大损失。本案中，县政府的行为是性质的行为，是否具有可诉性？(　)

A. 这是政府的行政指导行为，对农户的权利义务不产生实际影响，不具有可诉性

B. 这是政府的行政指导行为，不具有强制力，不具有可诉性

C. 这是政府的行政指导行为，其具体内容既有利益诱导又包含了利益制裁，对农户的行为趋向具有强制力，具有可诉性

D. 这是政府与农户的行政合同行为，政府违反合同约定的义务，具有可诉性

5. 某生产企业位于 A 市 B 区。某日因有人举报该企业加工制造伪劣产品，B 区工商部门对其进行了突击检查。检查结果认定该企业生产加工中确实存在违法行为，决定对其处以 3 000 元罚款，扣押查封部分生产设备。该企业不服处罚决定，向 A 市工商管理部门申请行政复议。A 市工商部门认定该企业违法行为存在，原处罚措施不力，决定对其罚款 5 000 元并扣押查封更多生产设备。该企业对行政复议决定不服，决定起诉，应当(　)

A. 在复议期满之日起 15 日内起诉

B. 在复议期满之日起 10 日内起诉

C. 在收到复议决定书之日起 15 日内起诉

D. 在收到复议决定书之日起 10 日内起诉

6. 甲、乙两村分别处于不同的两县，因土地所有权归属产生纠纷，向市人民政府申请解决，市人民政府作出了争议的土地所有权属于乙村的裁决，甲村不服，向上一级行政机关申请复议，复议决定改变了市人民政府的裁定，将争议的土地所有权裁决给甲村。对此，乙村不服，提起行政诉讼，本案中哪个人民法院有管辖权？（　）

A. 复议机关所在地的人民法院

B. 争议的土地所在地的人民法院

C. 市人民政府所在地的人民法院或复议机关所在地的人民法院

D. 市人民政府所在地的人民法院

7. 马某对市税务局在 2004 年 5 月 12 日作出的税收保全措施不服，于 2004 年 5 月 30 日向省税务局申请行政复议，在复议过程中，马某经复议机关同意，撤回了行政复议申请，并于 8 月 20 日向法院提起行政诉讼，则法院应该如何处理？（　）

A. 不予受理，因为属于复议前置案件

B. 不予受理，因为超过了起诉期限

C. 不予受理，因为属于对同一具体行政行为的重复起诉

D. 应该受理，因为没有超出起诉期限

8. 张某认为王某的经营活动违法，侵犯了自己的合法权益。要求市工商局对王某进行处罚。市工商局以不属于自己管辖为由拒绝作出处罚王某的行政决定。于是，张某要求县工商局对王某进行处罚。县工商局根据有关法律规定对王某进行了行政处罚，王某因此停止了违法经营活动。但是，张某仍然认为市工商局不对王某进行处罚是错误的，于是到法院提起行政诉讼，请求法院确认市工商局拒绝处罚的行为违法。人民法院经审查发现市工商局的确没有管辖权，应当如何处理？（　）

A. 裁定终结诉讼

B. 判决维持被告的行为

C. 判决确认被告的拒绝行为合法

D. 判决驳回诉讼请求

9. 商某对公安机关对其实施的拘留行为不服，向县人民法院提起行政诉讼，县法院以该拘留行为属于刑事拘留行为为由裁定不予受理，商某上诉到市中级法院，市中院维持了县法院的不予受理裁定。商某向省高级法院申诉，省高院立案后，认为公安机关对商某实施的拘留名义上是刑事拘留，实际上是借此干涉经济纠纷，属于行政行为。商某对此不服可以提起行政诉讼，法院不予受理是错误的，此时，省高院应该如何处理？（　）

A. 撤销县法院的裁定，指令县法院受理

B. 撤销县法院的裁定，指令市中院受理

C. 撤销县法院和市中院的裁定，指令县法院受理

D. 撤销县法院和市中院的裁定，指令市中院受理

10. 县公安局以涉嫌强奸犯罪为由将张某拘留，县人民检察院批准对张某的逮捕。3 个月后，经张某亲属暗中查访并向公安机关提供线索，公安机关抓获了真正的罪犯，县人民检察院对张某作出不起诉决定，张某遂请求国家赔偿。下列哪一说法是正确的？（　）（司考 2004 年卷二，第 39 题）

A. 县公安局和人民检察院为共同赔偿义务机关

B. 县公安局和人民检察院没有违法行为，国家对张某不承担赔偿责任

C. 县人民检察院作出不起诉决定是对错捕行为的确认

D. 县公安局应当对错误拘留造成的损失承担赔偿义务

二、多项选择题

1. 根据《公务员法》的规定，下列哪些情形不符合有关辞职的规定？（　）

A. 俞某为县财政局局长，因经济问题受到检察机关的调查，俞某提出辞职

B. 何某原为县司法局局长，辞职 2 年后到某律师事务所任主任

C. 姜某原为省司法厅律管处的科长，辞职 2 年后到某律师事务所任主任

D. 汤某原为某海关稽查大队干警，辞职后到某沙发厂任厂长

2. 某直辖市原副市长赵某在任职期间，利用职务之便，为他人谋取利益，先后索取、收受他人财物折合人民币数百万元；生活腐化堕落，

包养情妇并滥用职权为其情妇承揽工程谋取巨额非法利益。经监察部报请国务院批准,决定给予赵某行政开除处分。下列说法正确的有(　)

A.赵某对开除处分决定不服,可以自知道这一处理决定之日起30日内向监察部申请复核

B.赵某对复核结果不服,可以在接到复核决定之日起30日内向国务院提出申诉

C.赵某可以直接针对行政处分决定提起行政诉讼

D.对赵某涉嫌犯罪的问题,应当移送司法机关依法查处。

3.张某开办了一家食品厂,因业务扩展的需要,决定扩大生产经营的范围,营业执照上记载的有效期至2005年12月15日。张某决定申请变更营业执照并将有效期进行延续。下列说法正确的是(　)

A.张某只要在2005年12月15日前向工商机关提出延续营业执照的申请即可

B.工商机关在张某提出延续申请后2个月一直未作出决定,可以视为准予延续

C.张某变更营业执照上生产经营范围,应当向当时颁发营业执照的工商机关提出申请

D.工商机关受理张某变更营业执照上生产经营范围的申请,同时可以收取一定的费用

4.王杰家住荔湾区十八甫南路,属于清平社区,离其家步行4分钟就有一所基东小学。2004年6月,王杰到了入学年龄,但区教育局通知其父母,让王杰到较远的珠玑路小学注册入学。因要跨5条街道,步行近20分钟,其父母感到甚不方便,加上担心孩子路上安全问题,便缴纳了6 000元赞助费,将儿子调回就近的基东小学。王杰的父母向市教育局申请行政复议,但被告知不属于行政复议范围。王杰的父母欲起诉取教育局,下列说法正确的有(　)

A.本案属于行政诉讼受案范围,人民法院应当受理

B.本案属于行政复议范围,市教育局应当受理申请

C.本案中的原告应当是王杰的父母

D.王杰的父母要求教育局赔偿其6 000元赞助费的请求,法院应当支持

5.某派出所民警以扰乱社会秩序为由扣押了张某的拖拉机。张某不服,以派出所为被告提起行政诉讼。诉讼过程中,法院认为被告应当是县公安局,要求变更被告,张某拒不同意。法院的做法错误的是(　)

A.以派出所为被告继续审理

B.以县公安局为被告予以审理

C.裁定驳回原告起诉

D.裁定终结诉讼

6.发生法律效力的行政赔偿调解书,具备以下哪些条件可以申请再审?(　)

A.调解协议的内容尚未执行

B.当事人确有证据证明对调解协议的内容认识错误

C.当事人确有证据证明调解违背自愿原则

D.在调解书发生法律效力后两年内提出再审申请

7.某商场与该市对外经济贸易委员会因房屋拆迁发生纠纷,市房屋拆迁管理处对此作出行政裁决,商场不服该行政裁决,向法院提起行政诉讼,下列哪些说法是正确的?(　)

A.如果被告的行政裁决违法,原告要求法院一并解决相关民事争议,法院可以一并审理

B.法院可以先进行调解

C.如果原告申请撤诉,法院应当同意

D.法院应当通知该市对外经济贸易委员会作为第三人参加诉讼

8.张某与林某同为甲市田山有限公司的股东,林某以个人名义在甲市免税进口一辆轿车,由张某代办各类手续,平时归张某使用。后张某将轿车卖给甲市国浩公司,并将所得款35万元人民币划入田山有限公司的账户内。甲市某区工商局认为张某的行为构成倒卖国家禁止或者限制自由买卖的物资、物品行为,决定没收张某销售款;此后又冻结田山有限公司的账款。张某不服,向甲市工商局申请复议。甲市工商局以张某的行为构成偷税为由,维持了原处罚决定。张某遂向法院提起行政诉讼。下列说法不正确的是(　)(司考2005年卷二,第99题)

A.林某也有权对处罚决定提起行政诉讼

B.张某可以田山有限公司的名义提起诉讼

C.本案的被告为甲市某区工商局

D. 冻结账款行为不属于本案的审理对象

9. 位于大王乡的多金属硫铁矿区是国家出资勘察形成的大型硫铁矿基地。2003 年 5 月，百乐公司向法定发证机关省国土资源厅申请办理该矿区采矿许可证。2003 年 11 月 1 日，某市国土资源局以解决遗留问题为由向另一家企业强力公司颁发了该矿区的采矿许可证。2004 年 1 月，省国土资源厅答复百乐公司，该矿区已设置矿权，不受理你公司的申请。关于百乐公司的救济途径，下列哪些说法是正确的？（ ）（司考 2004 年卷二，第 72 题）

A. 就省国土资源厅的拒绝发证行为应当先申请行政复议才能提起诉讼

B. 就省国土资源厅的拒绝发证行为可以直接向人民法院提起诉讼

C. 就市国土资源局向强力公司的发证行为应当先申请行政复议才能提起诉讼

D. 就市国土资源局向强力公司的发证行为可以直接向人民法院提起诉讼

10. 根据行政许可法的规定，下列关于行政许可的撤销、撤回、注销的哪些说法是正确的？（ ）（司考 2006 年卷二，第 86 题）

A. 行政许可的撤销和撤回都涉及到被许可人实体权利

B. 规章的修改可以作为行政机关撤回已经生效的行政许可的理由

C. 因行政机关工作人员滥用职权授予的行政许可被撤销的，行政机关应予赔偿

D. 注销是行政许可被撤销和撤回后的法定程序

三、不定项选择题

1. 王某未经批准非法占用土地建房 3 间，区土地管理局作出责令其在一定期限内拆除违章建筑的决定，王某未在指定的期限内拆除，区土地管理局应当采取下列什么措施？（ ）

A. 采取代执行的方式强制执行

B. 直接强制执行

C. 申请其上级行政机关强制执行

D. 申请人民法院强制执行

2. 1995 年田某向原国家专利局申请 A 发明专利，次年 4 月与胡某签订“关于创办 B 厂协议书”。在田某不知情的情况下，1998 年 4 月 20 日某区工商局根据胡某的申请向胡某颁发了 B 厂企业法人营业执照，胡某为法定代表人。1999 年 5 月 11 日，某区工商局根据 B 厂的申请注销了该厂的登记。2000 年 10 月 20 日田某向某区工商局了解 B 厂情况，同年 11 月 2 日该局告知该厂登记、注销情况。2003 年 7 月 31 日国家专利行政部门授予田某 A 专利权并予以公告。2004 年 8 月 10 日，田某以某区工商局向胡某颁发企业法人营业执照行为侵犯其专利权为由向法院提起诉讼。下列哪一种说法是正确的？（ ）（司考 2005 年卷二，第 48 题）

A. 田某的专利权保护期自 2004 年 7 月 31 日开始起算

B. 田某起诉期限自 2000 年 10 月 20 日开始起算

C. 如果《专利法》对起诉期限有特别规定时，田某提起诉讼的起诉期限应从其规定

D. 对田某的起诉，法院不予受理

3. 某市万达房地产评估事务所于 2001 年 5 月 14 日依法成立，其资格等级为三级，经营范围系房地产评估、经纪服务。2002 年 4 月 1 日，万达事务所接受购房户黄某的委托，为其办理房地产价格评估和产权过户手续。某市房地产管理局以只受理某市天恒评估事务所（该房管局的下属单位，资格等级为二级）的评估报告为由，拒绝为其办理产权变更过户手续。万达事务所向市人民政府提出行政复议申请，市政府一直没有答复。2 个月后，万达事务所欲提起诉讼，下列说法错误的有（ ）

A. 房管局拒绝为万达事务所办理产权变更过户手续的行为侵犯了其公平竞争权，可以提起行政诉讼

B. 万达事务所也可以针对市政府的不作为行政为提起行政诉讼

C. 对于万达事务所请求判令市房管局履行法定职责的请求，法院应当支持

D. 万达事务所以市房管局为被告提起行政诉讼，人民法院应当追加市人民政府为被告

4. 甲、乙二人是邻居，某日因甲养的狼狗从乙家门前跑过，使乙五岁的女儿受到惊吓而倒地。乙在一怒之下冲到甲家院内，二话不说把甲打了一顿，造成轻微伤。甲的家人把乙带到

公安派出所要求处理。后来二人达成协议，由乙赔偿甲医疗费500元。回家后，乙认为医疗费过高，不愿意支付给甲，双方再次发生争执。下列说法正确的有（　）

A. 公安派出所应当按照规定给予乙处罚

B. 乙可以向人民法院提起行政诉讼

C. 乙可以提起民事诉讼

D. 因公安派出所不得再对乙进行处罚

5. 某市公安局经市规划局批准，在居民区盖一栋高大的办公楼。由于距离过近，致使大批居民的住宅无法采光。于是居民将规划局诉至法院。法院经审查认为规划局的批准行为违法。法院对此案应当如何处理？（　）

A. 撤销规划局的批准行为

B. 确认批准行为违法

C. 因涉及国家财产，维持批准行为

D. 责令规划局采取相应的补救措施

6. 李某与邻居张某因公房发生纠纷，虽经居委会调解，未能解决。某日上午，李某伙同其表弟袁某，乘该屋主人张某上班之机将房门撬开，强行将张某的家具、物品全部搬到院内搁放，拦上绳子以示防止丢失，还拆除了屋内的电表、电灯；与此同时，又把自己的部分家具、物品搬入屋内，后将门锁上。张某发现后到派出所报案，派出所对李某作出行政拘留10日的行政处罚决定。李某认为处罚太重，向法院提起行政诉讼。在诉讼过程中，李某向法院提供了其朋友刘某的证言，证明李某当天在外地出差。下列说法正确的有（　）

A. 刘某的证言必须有其签名或者盖章

B. 刘某的证言应当附有居民证复印件

C. 被告申请刘某出庭作证的，应当在举证期限届满前提出，并经人民法院许可

D. 人民法院经鉴定认为，刘某并不能正确表达自己的意志，其提供的证言不能作为定案依据

7. 赵某因地皮款和该组组长张某、会计计某发生纠纷，赵某遭到不同程度的殴打。市公安局宛城分局枣林派出所接到市局110的指令后，到达现场将赵某带到派出所值班室。当日下午约三四点钟，二组组长张某和会计计某及白河村副村长常某到派出所了解情况，在该所值班室的套间里，常某与计某对原告头部等处进行了殴打，派出所工作人员未加以制止。后原告在派出所提出到医院看病，该所领导同意。赵某住院后，当日检查为右第5、6肋及左第11肋骨骨折。赵某以枣林派出所为被告起诉至法院，要求赔偿。下列说法正确的有（　）

A. 国家应当为派出所工作人员的不作为行为承担赔偿责任

B. 赵某应当向常某与计某等人要求民事赔偿

C. 行政赔偿义务机关应当是宛城公安分局

D. 赵某可以直接向人民法院单独提起行政赔偿诉讼，但须以宛城公安分局先行处理为前提

8. 吉林辰旭彩钢生产安装有限公司长春市青年路甲1号租赁厂房从事彩钢等生产经营，排放噪声及废气污染物。2005年6月23日，长春市环保局相关部门根据其污染物排放情况，向其下达了排污费缴纳通知单，决定向其征收26 640元排污费，该公司负责人认为此项收费无事实依据。下列说法错误的有（　）

A. 吉林辰旭彩钢生产安装有限公司预逾期不缴纳排污费，环保局可以向其收取滞纳金

B. 如果吉林辰旭彩钢生产安装有限公司逾期既不申请行政复议、不提起行政诉讼、也不履行处罚决定，长春市环保局可以向法院申请对该公司排污费本金及滞纳金予以强制执行

C. 吉林辰旭彩钢生产安装有限公司不服向人民法院提起行政诉讼，应当在开庭审理前提供证据

D. 如果人民法院判决维持环保局的决定，环保局应当向其所在地的基层人民法院申请强制执行

9. 甲方、乙方因一起经济纠纷案件诉至法院，法院判决乙方向甲方给付93万元。由于乙方不主动履行义务，甲方申请法院强制执行。执行时，由于执行人员对乙方极为不满，因此故意将乙方的98万元存款强行划拨，乙方要求法院赔偿因错误强制执行所造成的损失。对此，法院应如何处理？（　）

A. 人民法院不予赔偿，应当由执行人员赔偿

B. 人民法院应予赔偿，赔偿后再向执行人员进行追偿

C. 人民法院应予赔偿，赔偿后不能向执行人员进行追偿

D. 人民法院可以向执行人员追偿部分或全部赔偿费用

10. 某县工商局以某厂擅自使用专利申请号用于产品包装广告进行宣传、销售为由，向某厂发出扣押封存该厂胶片带成品通知书。该厂不服，向法院起诉要求撤销某县工商局的扣押财物通知书，并提出下列赔偿要求：返还扣押财物、赔偿该厂不能履行合同损失100万元、该厂名誉损失和因扣押财物造成该厂停产损失100万元。后法院认定某县工商局的扣押通知书违法，该厂提出的下列何种请求事项不属于国家赔偿的范围？（　）（司考2006年卷二，第95题）

A. 返还扣押财物

B. 某厂不能履行合同损失100万元

C. 某厂名誉损失

D. 某厂停产损失100万元

四、名词解释

1. 行政主体

2. 具体行政行为

3. 行政强制执行

4. 行政诉讼受案范围

五、简答题

1. 简述行政行为的效力内容。

2. 我国中级人民法院受理哪些第一审行政案件？

3. 简述行政诉讼与行政复议的关系。

六、论述题

论依法行政原则。

七、案例分析题

1999年7月，张华村四队村民李某向村委会和乡政府申请用地，得到了村委会的同意和乡政府的批准。随后，村委会向李某收取了建房增容费8万元，乡政府向李某收取土地补偿费1.2万元。2000年6月，区土地局设在该乡的土地所给李某发了“高港区农户建房用地2000年增标卡”，并为他划土地200平方米。乡土地所也向李某收取了临时用地管理费、建房押金5 500元。同年6月，区建设局设在该乡的建设站对李某建房用地进行了规划选址，并给他发了“个人建设用地规划许可证”、“私人建房建设工程许可证”，乡建设站又向李某收取了建房押金、增容费等2 940元。此后不久，李某开始动工建楼房。同年7月8日，区建设局以李某施工现场无正式手续为由书面通知他停止施工。李某认为他的建房手续全办齐了，不存在违法的问题，继续施工。同年8月1日，市规划局发现李某未经其批准建房，认为违反了《城市规划法》、《延程市城市管理规定》的规定，于同年8月14日作出[2000]第060号处罚决定，认定乡建设站给李某发“个人建设用地规划许可证”违反了《城市规划法》的规定，应确认无效，并限令李某在15日内将其在非法占有的200平方米国有土地上所建的房屋全部自行拆除。2000年7月，市土地管理局下文明确李某建房所占用的土地已被国家征用，乡土地所将已被征用的土地当作集体所有土地审批给李某建房，属于越权审批，该批准文件无效。李某不服市规划局[2000]第060号处罚决定，向省建设厅申请复议。请回答下列问题：

（1）李某不服市规划局[2000]第060号处罚决定，可以向哪些机关申请行政复议？

（2）李某提起行政诉讼，法院在审查过程中，发现《延程市城市管理规定》中的有关条款与《城市规划法》中的有关规定相矛盾，应当如何处理？

（3）李某对房屋被拆除造成的损失，依法可以向哪些赔偿义务机关要求国家赔偿？

（4）李某直接提起行政赔偿诉讼，要求赔偿义务机关赔偿其损失的，受诉人民法院应当如何处理？

参考答案

一、单项选择题

1. 答案:C

提示:本题考查的是法律规范的适用和备案

解析:地方性法规与部门规章之间对同一事项的规定不一致、不能确定如何适用时,应当区分两种情况。如果国务院认为应当适用部门规章的,它并无权作出最终裁决,而是应当提请全国人大常会裁决,因此,A项错误。不同行政法规的特别规定与一般规定不一致时,适用"特别规定优于一般规定"的规则,而不必由国务院裁决,故B错误。根据《立法法》第86条第3项的规定,C项正确。根据《立法法》第88条第5项的规定,地方人民代表大会常务委员会有权撤销本级人民政府制定的不适当的规章,但不能直接进行改变,因此,D项错误。

2. 答案:D

提示:本题考查的是行政处罚的追罚时效

解析:根据《行政处罚法》第29条的规定,对违法行为的行政处罚追诉时效为2年,图书公司的违法行为属于具有连续状态的行为,应该从其行为终了即2004年10月开始起算2年的追诉时效,故只有D项正确。

3. 答案:C

提示:本题考查的是行政复议申请与受理的有关规定

解析:根据《行政复议法》第9条的规定,行政相对人认为具体行政行为侵犯自己合法权益的,可以自知道该具体行政行为之日起60日内提出行政复议申请。本题中交通局于2006年5月15日强制执行,将陈某房屋破坏,申请行政复议的期限应当自2006年5月15日起算。A项正确。根据《行政复议法》第20条的规定,行政复议机关无正当理由不予受理行政复议申请的,上级行政机关应当责令其受理,必要时,上级行政机关也可以直接受理。B项正确。根据《行政复议法》第27条的规定,行政复议机关在对被申请作出的具体行政行为进行审查时,认为其依据不合法,本机关有权处理的,应当在30日内处理,如果本机关无权处理的,应当按照法定程序转送有权处理的机关处理。市政府的规范性文件,市交通局无权处理。C项错误。《行政复议法》第16条第1款规定,行政复议期间不得向人民法院提起行政诉讼,因此,如果陈某提起行政诉讼,人民法院应当不予受理。D项表述正确。

4. 答案:C

提示:本题考查的是行政诉讼的受案范围

解析:县政府的行为属于行政指导行为,并非行政合同,故D项错误;县政府的指导行为既有利益诱导又有制裁,对农户产生了实际上的强制力,影响到了农户的权利和义务,故并非不具有强制力的行政指导行为,应属可诉的行政行为,故A、B项错误,C项正确。

5. 答案:C

提示:本题考查的是行政诉讼起诉的期限

解析:根据《行政诉讼法》第38条第2款的规定,申请人不服行政复议决定的,可以在收到复议决定书之日起15日内向人民法院提起诉讼。故C项正确。如果复议机关逾期不作复议决定的,申请人可以在复议期满之日起15日内向人民法院起诉。

6. 答案:B

提示:本题考查的是行政诉讼一般管辖和特殊管辖

解析:因不动产提起的行政诉讼,由不动产所在地人民法院管辖。这是关于行政诉讼中专属管辖的规定,与复议机关是否改变原具体行政行为没有关系。本题中应当由争议土地的所在地人民法院管辖。因此,B项正确。对于涉及不动产的行政案件,有以下问题需要注意:①所谓不动产,是指形体上不可移动或者移动就会损失其经济价值的财产,如土地、建筑物、滩涂、山林、草原等;②必须是"不动产案件",即"不动产"必须是案件的客体或者当事人争议的标的,或者"不动产"是产生行政诉讼的原因,当事人起诉就是为了解决不动产权属问题。如果不动产仅仅是证据或者关联情况,则不属于不动产案件。

7. 答案:B

提示:本题考查的是行政诉讼的受理

解析:根据《税收征收管理法》第88条的规定,对税收保全措施不服的,可以复议也可以诉讼,不属于复议前置,故A项错误;《若干问题的解释》第35

条规定:"法律、法规未规定行政复议为行政诉讼必经程序,公民、法人或者其他组织向复议机关申请行政复议后,又经复议机关同意撤回复议申请,在法定起诉期限内对原具体行政行为提起诉讼的,人民法院应当依法受理。"故C项错误,另外,当事人撤回复议后再次起诉的,必须在法定起诉期限内,根据《行政诉讼法》的规定,当事人应当在知道具体行政行为之日起3个月内提起诉讼,马某知道的日期是5月12日,到8月20日提起行政诉讼,超出了起诉期限,法院应不予受理,故B项正确,D项错误。

8. 答案:C

提示:本题考查的是行政诉讼判决

解析:本题中并未出现终结诉讼的情形,因此,A项错误。原告的诉讼请求是请求法院确认市工商局拒绝处罚的行为违法,但法院经审查发现市工商局对于王某违法经营的确没有行政处罚的管辖权。如果法院判决维持被告的行为,已经没有意义。因此B项错误。又因为张某提出的诉讼请求不是要求市工商局履行法定职责,法院判决驳回原告诉讼请求,也不适宜。D项错误。

9. 答案:C

提示:本题考查的是行政诉讼的再审裁定

解析:根据《若干问题的解释》第79条第2项的规定:"第二审人民法院维持第一审人民法院不予受理裁定错误的,再审法院应当撤销第一审、第二审人民法院裁定,指令第一审人民法院受理。"故C项正确,A、B、D项错误。

10. 答案:C

提示:本题考查的是刑事赔偿义务机关

解析:错误逮捕实行结果责任,县人民检察院对张某作出不起诉决定,说明对张某的逮捕属于错误逮捕,国家应当依法承担赔偿责任,B项错误,C项正确。对于错误逮捕的,批准逮捕的检察机关是赔偿义务机关,作出拘留决定的公安机关不是赔偿义务机关,A、D项错误。

二、多项选择题

1. 答案:ABC

提示:本题考查的是公务员辞职的规定

解析:根据《公务员法》第81条的规定,正在接受审计、纪律审查,或者涉嫌犯罪,司法程序尚未终结的公务员,不得辞去公职,故A项不符合;第102条规定:"公务员辞去公职或者退休的,原系领导成员的公务员在离职三年内,其他公务员在离职两年内,不得到与原工作业务直接相关的企业或者其他营利性组织任职,不得从事与原工作业务直接相关的营利性活动。"至于领导成员应当如何理解,参见《公务员法》第16条的规定,故B、C项不符合,因为不到3年;D项符合,因为与原工作业务并不直接相关。

2. 答案:AD

提示:本题考查的是公务员的人事处理决定及其救济

解析:根据《公务员法》第90条第1款的规定,公务员对涉及本人的人事处理决定不服的,可以自知道该人事处理决定之日起30日内向原处理机关申请复核。A项正确。根据《行政诉讼法》第12条和《若干问题的解释》第4条的规定,对于这种人事任免决定不能提起行政诉讼,B项错误。根据同款规定,对复核结果不服的,可以自接到复核决定之日起15日内,向同级公务员管理部门或者作出该人事处理决定的机关的上一级机关提出申诉。C项错误。根据《公务员法》第104条的规定,D项正确。

3. 答案:BC

提示:本题考查的是行政许可的变更与延续问题

解析:根据《行政许可法》第50条第1款的规定,被许可人需要延续依法取得的行政许可的有效期的,应当在该行政许可有效期届满30日前向作出行政许可决定的行政机关提出申请。本题中张某营业执照有效期于2005年12月15日届满,应当在2005年11月15之前提出延续申请,A项错误。根据《行政许可法》第50条第2款的规定,行政机关应当根据被许可人的申请,在该行政许可有效期届满前作出是否准予延续的决定;逾期未作决定的,视为准予延续。B项正确。《行政许可法》第49条规定,被许可人要求变更行政许可事项的,应当向作出行政许可决定的行政机关提出申请,C项正确。《行政许可法》第58条第1款规定,行政机关实施行政许可和对行政许可事项进行监督检查,不得收取任何费用。行政许可的变更与延续属于行政机关实施行政许可的内容,因此,D项错误。

4. 答案:AB

提示:本题考查的是行政复议范围、行政诉讼受案范围、行政诉讼当事人和行政赔偿的规定

解析:根据最高人民法院关于教育行政决定的

一个批复，当事人不服教育行政部门对适龄儿童入学争议作出的行政处理决定，属于行政诉讼法的受案范围，A 项正确。同理也属于行政复议范围，B 项正确。本案中原告是王杰，因其没有诉讼行为能力，由其父母代为诉讼，根据《行政诉讼法》第 28 条的规定，C 项错误。教育局的决定并未侵犯王杰的合法权益，至于 6 000 元赞助费，是王杰的父母自愿缴纳的，不予赔偿。D 项错误。

5. **答案**：ABD

提示：本题考查的是行政诉讼当事人

解析：根据《若干问题的解释》第 23 条第 1 款的规定，原告所起诉的被告不适格，人民法院应当告知原告变更被告；原告不同意变更的，裁定驳回起诉，故 C 项正确。应当注意的是，在这里人民法院是运用裁定的手段，而不是判决。根据该条第 2 款的规定，如果应当追加被告而原告不同意的，人民法院应当通知其以第三人的名义参加诉讼。

6. **答案**：CD

提示：本题考查的是行政赔偿调解书的再审

解析：根据《若干问题的解释》第 73 条第 2 款的规定，当事人对已经发生法律效力的行政赔偿调解书，提出证据证明调解违反自愿原则或者调解协议的内容违反法律规定的，可以在 2 年内申请再审，故 C、D 项正确。

7. **答案**：AD

提示：本题考查的是行政附带民事诉讼

解析：被告对平等主体之间民事争议所作的裁决违法，民事争议当事人要求人民法院一并解决相关民事争议的，人民法院可以一并审理，故 A 项正确。行政诉讼不使用调解原则，因此，B 项错误。原告申请撤诉，法院必须经过审查才能决定是否同意，不是“应当同意”，因此，C 项错误。行政机关的同一具体行政行为涉及两个以上利害关系人，其中一部分利害关系人对具体行政行为不服提起诉讼，人民法院应当通知没有起诉的其他利害关系人作为第三人参加诉讼，故 D 项正确。

8. **答案**：ABC

提示：本题考查的是行政诉讼原告、被告和审理对象

解析：林某虽然原是轿车的所有权人，但工商局处罚的对象是张某，该处罚与林某无法律上利害关系，所以他无权提起行政诉讼，故 A 项错误。《若干问题的解释》第 18 条规定，可以公司名义起诉的主体有股东大会、股东代表大会、董事会等，而不包括股东，所以，B 项不正确。甲市工商局维持了原处罚决定，但改变了处罚事由，据此，本案的被告应当为甲市工商局，故 C 项也错误。本案的审理对象是甲市工商局的复议决定，该复议决定改变了原处罚的理由。区工商局冻结田山有限公司帐款的行为属于行政强制措施，不属于本案的审理对象，D 项表述正确。

9. **答案**：BD

提示：本题考查的是行政复议与行政诉讼的关系

解析：本题中共有两个行政行为：①省国土资源厅不受理百乐公司办理采矿许可证申请的行为；②市国土资源局向强力公司颁发采矿许可证的行为。本题主要考查行政复议与行政诉讼的先后关系。根据《行政复议法》第 30 条第 1 款的规定：“公民、法人或者其他组织认为行政机关的具体行政行为侵犯其已经依法取得的土地、矿藏、水流、森林、山岭、草原、荒地、滩涂、海域等自然资源的所有权或者使用权的，应当先申请行政复议；对行政复议决定不服的，可以依法向人民法院提起行政诉讼。”本题中由于百乐公司尚未取得采矿权，市国土资源局向强力公司颁发采矿许可证的行为并没有侵犯它的任何权利，所以这并不属于行政复议前置的情形，就市国土资源局向强力公司的发证行为可以直接向人民法院提起诉讼，故 D 项正确，C 项不正确。省国土资源厅不受理百乐公司办理采矿许可证申请的行为属于不予受理行政许可的决定，行政相对人可以直接提起行政诉讼，故 B 项正确，A 项错误。

10. **答案**：ABD

提示：本题考查的是行政许可的撤销、撤回、注销

解析：根据《行政许可法》第 8 条、69 条的规定，撤销、撤回许可都意味着被许可人丧失了该项许可，实体权利受到影响，故 A 项正确；B 项符合第 8 条第 2 款，正确；因行政机关工作人员滥用职权撤销了许可，而且被许可人的合法权益确实受到损害的，才应当给予赔偿，未受到损害、非法权益受损害的，都不赔偿，故 C 项错误；根据第 70 条规定，行政许可依法被撤销、撤回的，应当注销许可，D 项正确。

三、不定项选择题

1. **答案**：D

提示:本题考查的是行政强制执行

解析:根据《土地管理法》第 83 条的规定,对违法者不起诉又不自行拆除的,由行政机关依法申请人民法院强制执行,行政机关不能自行强制执行,故 D 项正确。

2. 答案:D

提示:本题考查的是行政诉讼起诉期限

解析:国家专利行政部门于 2003 年 7 月 31 日授予田某 A 专利权,某区工商局向胡某颁发 B 厂企业法人营业执照,以及胡某注销 B 厂的行为均发生在 2003 年 7 月 31 日之前,也就是说当时田某并未获得 A 专利权,因此胡某并未侵犯其专利权。田某的起诉不符合条件,人民法院应当不予受理,故 D 项正确。

3. 答案:D

提示:本题考查的是行政诉讼程序的有关知识

解析:本案中,市房管局利用自己的职权,只受理经其下属单位天恒评估事务所评估的房地产交易者的申请,并办理产权变更过户手续,实际上是通过行政手段把房地产评估业务给其下属天恒事务所独家经营,使得其他房地产评估事务所在经营中处于劣势,房地产交易者只能委托天恒事务所进行评估,别无选择。市房管局这种不正当竞争行为,虽然不是以明示的方式予以表现,但客观上产生了限制房地产交易者选择其他评估事务所的后果,符合《反不正当竞争法》第 7 条所规定的"限制其他经营者正当的经营活动"特征,其结果必然造成限制其他评估事务所正当经营活动的局面。所以,市房管局的行为构成了不正当竞争,损害了公民、法人和其他组织的公平竞争权。A 项表述正确。市政府作为行政复议机关,受理行政复议申请后不作出行政复议决定,属于一种行政不作为,对于这种行为,相对人有权提起行政诉讼,B 项表述正确。市房管局拒绝为万达事务所办理产权变更过户手续,万达事务所可以要求法院判决其履行法定职责,根据《行政诉讼法》第 54 条的规定,C 项正确。如果万达事务所以市房管局为被告提起行政诉讼,被告是市房管局。市政府怠于履行职责,没有作出行政复议决定的行为是另一个行为,与此无关,人民法院不应追加被告。D 项错误。

4. 答案:AC

提示:本题考查的是行政诉讼与民事诉讼的选择问题

解析:《治安管理处罚法》第 9 条规定,对于因民间纠纷引起的打架斗殴或者损毁他人财物等违反治安管理行为,情节较轻的,公安机关可以调解处理。经公安机关调解,当事人达成协议的,不予处罚。经调解未达成协议或者达成协议后不履行的,公安机关应当依照本法的规定对违反治安管理行为人给予处罚,并告知当事人可以就民事争议依法向人民法院提起民事诉讼。因此,不可以提起行政诉讼。《若干问题的解释》第 1 条第 2 款第 3 项规定,对于调解行为以及法律规定的仲裁行为,不属于行政诉讼受案范围。因此,本题应选 A、C 项。相应地,B、D 项错误。

5. 答案:BD

提示:本题考查的是行政诉讼判决

解析:公安局的大楼已经建成,若撤销该批准行为,大楼应当被拆除,这将会给国家利益造成重大损失,因此应当适用确认批准行为违法的判决。同时为保护附近居民的合法权益,应责令规划局采取相应的补救措施尽量减轻危害后果。根据《若干问题的解释》第 58 条的规定,B、D 项正确。

6. 答案:ABCD

提示:本题考查的是行政诉讼中的证人证言

解析:根据《行政诉讼证据规定》第 13 条的规定,证人证言应当有证人签名,不能签名的,应当以盖章等方式证明。A、B 项正确。根据《规定》第 43 条的规定,当事人申请证人出庭作证的,应当在举证期限届满前提出,并经人民法院许可。人民法院准许证人出庭作证的,应当在开庭审理前通知证人出庭作证。C 项正确。根据《规定》第 57 条第 8 项的规定,D 项正确。

7. 答案:ACD

提示:本题考查的是行政赔偿的范围、行政赔偿与民事赔偿的区别、行政赔偿义务机关、行政赔偿程序

解析:公安派出所的工作人员没有履行保护公民人身权的职责,在派出所内放任公民被殴打致伤,是一种行政不作为行为,应当由国家承担赔偿责任。A 项正确,B 项错误。《国家赔偿法》第 7 条第 1 款规定:"行政机关及其工作人员行使行政职权侵犯公民、法人和其他组织的合法权益造成损害的,该行政机关为赔偿义务机关。"公安派出所是公安分局的派出机构,虽然《治安管理处罚法》授予其一定数额的罚款、警告等行政处罚权,实施这些行政处罚行为时

可以以自己的名义。但法律并未对其他的行为给予授权,因此应当以公安分局为行政赔偿义务机关。C项正确。根据最高人民法院《关于审理行政赔偿案件若干问题的规定》第4条第2款的规定,D项正确。

8. **答案**:C

提示:本题考查的是行政强制执行和行政诉讼证据的提供

解析:根据《行政处罚法》第51条的规定,A项正确;根据《环境保护法》第40条的规定,B项正确;根据《证据若干问题的规定》第7条的规定,原告或者第三人应当在开庭审理前或者人民法院指定的交换证据之日提供证据,C项错误;根据《若干问题的解释》第89条的规定,D项正确。

9. **答案**:BD

提示:本题考查的是司法赔偿的范围与司法追偿

解析:参见《国家赔偿法》第14条和最高人民法院《关于民事、行政诉讼中司法赔偿若干问题的解释》第1条和第4条的规定。本案属于明显超过申请执行的数额予以执行的情形,应由执行法院对受害人依法予以赔偿,由于本案中人民法院的执行人员在执行中有故意错误执行的情形,人民法院在赔偿受害人的损失后可以向执行人员追偿。故B、D项正确。

10. **答案**:BCD

提示:本题考查的是国家赔偿的范围

解析:根据《国家赔偿法》第28条第二项的规定,查封、扣押、冻结财产的,解除对财产的查封、扣押、冻结,返还原物。至于不能履行合同的损失、名誉损失以及停产损失等国家均不予赔偿,故B、C、D项不属于国家赔偿的范围。

四、名词解释

1. **提示**:应从行政主体的概念和内容两方面进行回答

答案:行政主体,是指依法享有国家行政职权,能代表国家独立进行行政管理并独立参加行政诉讼的组织。主要内容包括:①行政主体是一种组织,而不是个人;②行政主体是依法拥有国家行政职权的组织;③行政主体有权代表国家独立行使行政权力;④行政主体能够独立参加行政诉讼。

2. **提示**:应从具体行政行为的概念来回答

答案:所谓具体行政行为,是指在行政管理过程中,针对特定的人或事所采取具体措施的行为,其行为的内容和结果将直接影响某一个人或组织的权益,具体行政行为最突出的特点,就是行为对象的特定化和具体化,属于某个个人或组织,或者某一具体社会事项。具体行政行为一般包括行政许可行为与确认行为、行政奖励与行政给付行为、行政征收行为、行政处罚行为、行政强制行为、行政监督行为、行政裁决行为。

3. **提示**:应从行政强制执行的概念和特征两方面进行回答

答案:行政强制执行,是指公民、法人或者其他社会组织逾期不履行行政法上的义务时,国家行政机关直接或者申请人民法院依法采取必要的强制性措施,迫使其履行义务,或者达到与履行义务相同状态的程序性行为。其特征包括:①以义务人逾期不履行义务为前提;②这种义务是行政法上的义务;③主体是特定的行政机关或者是人民法院;④一般不适用和解。

4. **提示**:应从行政诉讼受案范围的概念、确立标准和确立方式等方面进行回答

答案:行政诉讼受案范围,也称法院的主管范围,是指人民法院受理行政案件的范围,即法律规定的、法院受理审判一定范围内行政案件的权限。确立标准包括:①符合我国政治制度的特点;②最大限度地保护公民、法人和其他组织的合法权益,同时要适应我国行政诉讼制度发展水平的实际情况;③稳定性和灵活性相结合。我国行政诉讼制度在确定受案范围上基本采取混合的方式。主要包括:①以概括的方式确立行政诉讼受案范围的基本界限。公民、法人或者其他组织认为行政机关和行政机关工作人员的具体行政行为侵犯其合法权益,有权依照本法向人民法院提起诉讼。②以否定列举的方式对不属于行政诉讼受案范围的事项作了排除的规定。③以肯定列举的方式列出了应当受案的一系列具体行政案件。

五、简答题

1. **提示**:应从行政行为的公定力、确定力、拘束力和执行力等方面回答

答案:行政行为效力的内容,是指行政行为生效后,对有关各方主体所产生的法律约束力。这种约束力主要表现为以下几个方面:

(1)公定力。行政行为的公定力是指行政行为一经成立,一般都被推定为合法有效,任何个人和组织都应予以尊重和服从。也就是说,行政行为即使被当事人认为违法或不当并发生争议,它在尚未被有权机关撤销或变更前,任何人和组织都不得否认它的法律效力,尤其是在紧急状态和应急管理中更是如此。行政行为的公定力是基于国家行政权力的严肃性、权威性和行政效率的要求,也是为了保障国家行政管理活动的连续性和稳定性。当然,行政行为的公定力是有限的、相对的,如果行政行为存在重大或明显违法情形,法律要规定它不具有公定力并失去效力。

(2)确定力。行政行为的确定力也称不可变更力,指行政行为成立、生效后,其内容具有确定性,非法定主体不可随意变更和撤销。行政行为的确定力来源于国家行政权的权威性。

行政行为的确定力在于稳定行政管理秩序,使行政相对人一方服从必要的国家行政管理。但行政行为也并不是绝对不能变更,经过法定程序、具有法定理由,有权的国家机关可以依法变更或撤销行政行为。行政行为依法被改变的情况主要是:①由国家权力机关行使监督权予以撤销;②经行政复议机关作出复议决定予以变更和撤销;③由上级行政主体行使监督权予以变更和撤销;④经行政诉讼由人民法院判决予以撤销和变更;⑤因发现确有错误,由作出该行政行为的行政主体自己变更和撤销。

(3)拘束力。行政行为的拘束力,是指行政行为成立、生效后,其内容对有关对象产生法律上的约束性,有关对象都必须遵守和服从,否则将要承担法律后果。行政行为的这种拘束力主要表现在以下两个方面:①对行政相对人的拘束力。行政行为主要是针对行政相对人的,它要对行政相对人的权利义务产生约束,而且行政相对人必须服从。②对行政主体自身的拘束力。行政行为成立生效后,行政主体也受其拘束,行政主体必须依照行政行为的内容履行自己的职责,否则要承担相应的法律责任。

(4)执行力。行政行为的执行力,指行政行为成立、生效后,行政主体依法有权采取强制手段使行政行为的内容得以实现。但需明确的是:①行政行为具有执行效力,并不等于行政行为都必须强制执行,如果行政相对人自动履行了行政行为所要求的义务,就不存在强制执行的问题。一般来说,必须是在行政相对人无正当理由而拒绝履行义务的情况下,行政行为才需要予以强制执行。②行政行为具有执行力,并不是说都要立即执行,有些行政行为可以立即执行,有些则可以根据条件暂缓执行。行政行为的执行力使行政行为实行"不停止执行原则",即行政行为一旦作出,除特殊例外情况可以有条件地暂缓执行外,一般都不予停止执行。无论行政相对人对行政行为是否存在异议,还是相对人正处于申请行政复议、提起行政诉讼期间,都是如此。这种对行政行为执行力的保障,主要是为了维护国家权力的威严,保证行政管理活动的连续性和稳定性。

2. 提示:结合相关法律和司法解释的规定简要列出中级人民法院管辖的第一审案件范围

答案:根据《行政诉讼法》第14条和最高人民法院《关于审理国际贸易行政案件若干问题的规定》的有关规定,中级人民法院管辖下列第一审行政案件:①确认发明专利案件、海关处理的案件。②对国务院各部门或省、自治区、直辖市人民政府所作的具体行政行为提起诉讼的案件。③本辖区重大、复杂的行政案件。所谓重大案件是指对本辖区的政治、经济、文化和社会生活有重大影响的案件;所谓复杂案件是指案情复杂、处理难度较大的案件。本辖区内重大、复杂的案件是指以下四种案件:被告为县级以上人民政府,且基层人民法院不适宜审理的案件;社会影响重大的共同诉讼、集团诉讼案件;重大涉外或者涉及香港特别行政区、澳门特别行政区、台湾地区的案件;其他重大、复杂的案件。

3. 提示:行政诉讼与行政复议的关系包括区别联系两方面,重点在于二者的联系即衔接关系

答案:行政诉讼与行政复议既有区别又相联系的两种制度。二者都以行政争议为处理对象,都是依申请而为的行政救济行为,目的是为了为公民、法人和其他组织的合法权益提供救济,同时也监督行政机关依法行政。

二者的区别:①性质不同。行政诉讼是司法救济,行政复议是行政上的救济行为。②审理(查)范围不同。行政诉讼只审查具体行政行为,而行政复议对具体行政行为是否合法和合理进行全面审查。③审查方式不同。行政诉讼一般采用开庭审理的方式;而行政复议一般书面审理。④审级不同。行政复议一般实行一级复议制;而行政诉讼则实行两审终审制。⑤法律效力不同。行政复议决定并不具有最终效力;行政诉讼终审判决具有最终的效力。

行政复议与行政诉讼的衔接:①复议前置。是

指行政复议是行政诉讼的必经阶段,公民、法人或其他组织在起诉前必须先经过复议程序,否则人民法院不予受理。②复议与诉讼由相对人自由选择。除法律、法规规定复议前置的情况外,均是如此。③法律规定复议终局的,相对人不得再提起行政诉讼。

六、论述题

提示:应从依法行政原则的概念和具体内容两方面进行回答

答案:依法行政原则,是指行政机关行使行政权力、管理行政事务,必须依法进行。其具体内容包括:

(1)行政组织法定。这里指行政组织的权限、中央和地方行政权的划分、行政机关的设置、职能以及行政编制等都要由法律设定,其他任何组织和个人都无权规定,通常法律设定行政组织的形式有两种:①通过制定行政组织法对行政组织的权限、结构、规模以及行政机关的设置、职权等进行规定。如《国务院组织法》、《地方组织法》。②在单行的法律、法规中规定行政组织的有关问题,如《行政处罚法》对行政处罚权的设定以及行政处罚的实施机关作了明确规定。

(2)法律保留与法律优位。行政法律规范不局限于由国家立法机关制定。在我国,行政法律规范由宪法、法律、行政法规、地方性法规以及规章等几个层次的规范组成。法律保留强调的是,在立法上,对于重要的事项如涉及公民的基本自由和权利的事项、国家的基本制度或重要制度的设定等,都只能由法律来规定。其他规范不得越位规定,法律也不得将应由自己规定的事项授权其他机关规定。法律优位强调的是在宪法之下,法律具有最重要的地位,在法律规范的效力层级方面,除宪法外,法律的效力高于其他法律规范。在已有法律规定的情况下,其他法律规范都不得与法律相抵触,凡有抵触,以法律为准。在没有法律规定的情况下,其他法律规范可在法定权限或授权的范围内就某事项作出规定,而一旦法律就同一事项作出规定时,以法律规定为准。

(3)符合法律规定。这里是指行政机关等行政主体行使行政权、实施管理活动要以法律为依据。此处法律泛指行政法律规范,不仅包括国家权力机关制定的法律,还包括行政法规、地方性法规和规章等。符合法律规定,主要包括三层含义:

第一,形式合法。即行政主体的管理活动应当符合法律的规定。具体包括:①行政主体进行管理时不得超越法定职权。无论是制定抽象的规范性文件,还是实施具体行政行为,或者是做出其他管理行为,都要严格依法进行。②行政主体的管理活动不仅要遵守实体法的规定,还要遵守程序法的规定。③行政授权和行政委托都必须具有法律依据,具备法定条件。

第二,实质合法。即行政主体的管理活动应当符合法律规定的内在精神和要求。具体包括:①行政活动要符合法律的目的。任何法律的制定都有特定的目的,行政活动不能与法律相背离。②行政主体在作出具体决定时要考虑相关因素。凡是法律要求考虑的因素必须考虑,不相干的因素不得考虑。③符合公正原则。这是实质合法最一般的要求。所谓公正,是指合乎理性。例如,对某一事物的判断和决定要符合常人的推理和行为标准。

第三,违法的行为无效,行政主体要对此承担法律责任。违法的行为不仅应被确认无效,予以撤销,而且给公民造成实际损失的还应依法给予赔偿。

(4)法律面前平等。这里包括两层内容:①法律必须平等地对待行政主体和公民。虽然由于管理的需要,行政主体被赋予许多个人所不拥有的权力,但行政主体不享有法定外的任何特权。行政主体违法越权也要承当相应的法律责任。②法律必须平等地对待每个公民。我国《宪法》第33条第2款规定:"中华人民共和国公民在法律面前一律平等。"这一宪法原则具体在行政领域中,要求机会平等、适用法律平等、负担的权利义务和责任平等,任何公民没有特权。

七、案例分析题

答案:(1)李某不服市规划局[2000]第060号处罚决定,可以向省建设厅或者市人民政府申请行政复议。

(2)人民法院对《延程市城市管理规定》应当不予参考。

(3)李某对房屋被拆除造成的损失,可以向区土地局、区建设局、乡政府中任一机关申请赔偿。

(4)李某直接提起行政赔偿诉讼,要求赔偿义务机关赔偿其损失的,受诉人民法院应当裁定不予受理。

解析:(1)本题考查的是行政复议机关。根据《行政复议法》的规定,对县级以上地方各级人民政府工作部门的具体行政行为不服的，由申请人选择，可以向该部门的本级人民政府申请行政复议，也可以向上一级主管部门申请行政复议。

(2)本题考查的是行政诉讼的法律适用。从性质上看，《延程市城市管理规定》属于其他规范性文件。当其他规范性文件有明确的法律、法规和规章依据，同时不违反法律、法规和规章的情况下，人民法院应对其他规范性文件予以参考。但如果其他规范性文件与法律法规相矛盾时，人民法院应当不予参考。

(3)本题考查的是行政赔偿的义务机关。李某进行违章建筑所占有、使用的200平方米土地，是通过行政机关批划并支付了各项费用取得的，并非通过他自己非法侵占行为取得的。因此，李某在该土地上进行违章建筑，其责任应归之于对该土地的使用行使申请、批准权的行政机关，李某的违章建筑被强制拆除，受到了损失，是由于县土地局、县建设局、乡政府的违法行政行为造成的。区土地局、区建设局、乡政府将属于国家所有的土地批划给李某建房，对给李某造成的直接经济损失应承担赔偿责任，并应退还各自收取的费用。区建设局作为批准和办理建房手续的主要行政机关，在规划选址时，违法执法，未经市人民政府授权，越权审批，对造成的损失应承担主要赔偿责任。乡政府、区土地局在不查明土地权属的情况下批准建房、给予办理用地手续，对造成的损失应承担次要赔偿责任。

(4)本题考查的是行政赔偿诉讼的程序。最高人民法院《关于审理行政赔偿案件若干问题的规定》规定："公民、法人或者其他组织在提起行政诉讼的同时一并提出行政赔偿请求的，人民法院应一并受理。赔偿请求人单独提起行政赔偿诉讼，须以赔偿义务机关先行处理为前提。赔偿请求人对赔偿义务机关确定的赔偿数额有异议或者赔偿义务机关逾期不予赔偿，赔偿请求人有权向人民法院提起行政赔偿诉讼。"李某直接提起行政赔偿诉讼，而不先向赔偿义务机关要求赔偿其损失，人民法院应当裁定不予受理。

图书在版编目（CIP）数据

行政法与行政诉讼法学习指导／《高等政法院校必修课程学习指导丛书》编写组编. —北京：中国政法大学出版社，2007.6

(高等政法院校必修课程学习指导丛书)

ISBN 978-7-5620-2992-2

Ⅰ.行... Ⅱ.高... Ⅲ.①行政法-中国-高等学校-教学参考资料 ②行政诉讼法-中国-高等学校-教学参考资料 Ⅳ.D922.1 D925.3

中国版本图书馆CIP数据核字(2007)第079360号

出版发行 中国政法大学出版社

经　　销 全国各地新华书店

承　　印 固安华明印刷厂

787×1092　16开本　20.25印张　490千字

2008年10月第2版　2010年12月第2次印刷

ISBN 978-7-5620-2992-2/D•2952

印　数:6 001-9 000　定　价:29.00元

社　　址 北京市海淀区西土城路25号

电　　话 (010)58908435(编辑部)　58908325(发行部)　58908334(邮购部)

通信地址 北京100088信箱8034分箱　邮政编码 100088

电子信箱 fada.jc@sohu.com(编辑部)

网　　址 http://www.cuplpress.com　(网络实名：中国政法大学出版社)

反馈意见表

<table>
<tr><td rowspan="2">读者情况</td><td>姓　名</td><td></td><td>所在学校</td><td></td></tr>
<tr><td>电子邮箱
(非常重要)</td><td colspan="3"></td></tr>
<tr><td rowspan="6">图书情况调查</td><td rowspan="2">本书在哪一方面需要改进
(可多选)</td><td colspan="3">内容提示 □　基础知识图解 □　重点内容讲解 □
配套习题 □　参考答案 □　综合测试题 □</td></tr>
<tr><td colspan="3">具体建议：</td></tr>
<tr><td>本书在内容上还欠缺哪些知识</td><td colspan="3"></td></tr>
<tr><td>使用本书过程中遇到的问题</td><td colspan="3"></td></tr>
<tr><td>本书习题答案值得商榷之处(请标明页码和建议)</td><td colspan="3"></td></tr>
<tr><td>除十六门主干课外，您还需要哪门课程的学习指导</td><td colspan="3"></td></tr>
</table>

您可以通过两种方式将表格内容传达给我们：①将此表格寄至北京市海淀区西土城路25号中国政法大学出版社总编室(邮编:100088)；②将表格要求填写的全部或部分内容e-mail至 xuexizhidao@yahoo.com.cn

中国政法大学出版社感谢您对本套丛书的支持，希望您继续关注本社其他图书的出版动态，我们将积极听取您的意见和建议，不断追求高质量精品图书！